項目專案
投資管理學

(第二版)

張旭輝、趙 萍 主 編
伍虹儒、鄒釔煊 副主編

崧燁文化

前 言

　　本書綜合運用管理學、投資學、工程學、經濟學的知識，並結合項目投資管理實際案例，對項目投資管理專業知識及其應用進行了闡述。主要內容包括項目建議書、項目可行性研究、項目投資評價與決策、項目組織管理、項目採購管理、項目進度管理、項目質量管理、項目成本管理、項目風險管理、項目竣工驗收等內容。在內容編排上，我們盡量做到既注重理論的完整性和前沿性，又注重其可操作性和基礎性。每章章首以案例分析導入學習，有助於讀者加深對本章知識點的理解。每章章末附有類型多樣的習題，便於讀者檢驗學習。同時，每章附有二維碼，有助於讀者獲取相關知識、拓展學習內容，增強學習的趣味性和可讀性。

　　《項目投資管理學》（第二版）是在第一版的基礎上，結合國家最新出抬的政策、法規並且採用最新的評價方法進行修訂的。第二版教材共分為12章，第1章介紹了項目投資管理的相關內容，包括項目的生命週期、投資發展週期與建設程序；第2章介紹了項目建議書相關內容與編製要求、項目建議書與可行性研究報告的區別；第3章介紹了項目可行性研究的相關內容，可行性研究的內容與工作程序、項目評估的相關內容；第4章介紹了項目財務評價、國民經濟評價、不確定性分析以及環境影響評價的相關分析方法與編製要求；第5章介紹了項目利益相關主體之間的關係，項目組織、項目團隊的概念、類型與建設發展，項目經理的相關要求；第6章介紹了項目採購管理的方法和技術、項目採購計劃的制訂與實施；第7章介紹了項目活動的界定、排序、工期估算，項目計劃的制訂與控制；第8章介紹了項目質量規劃、保證、控制的確定因素、依據與控制流程；第9章介紹了項目資源計劃，成本估算、預算、控制的概念與方法；第10章介紹了項目風險識別、度量、應對、控制的概念、方法、內容與應對措施；第11章介紹了項目竣工驗收的相關內容與步驟；第12章介紹了項目後評價內容、方法與操作流程。最後，本書通過可行性研究報告的案例，幫助讀者進行綜合學習。

　　全書張旭輝教授編寫第1章和第12章；趙萍副教授編寫第2章、第3章、第4章、第5章，伍虹儒副教授編寫第6章、第7章、第9章、第10章，大鵬工程管理有限公司鄒釸煊總經理編寫

第 8 章和第 11 章，附錄由張旭輝和趙萍整理。全書由張旭輝和趙萍統稿。

由於編者水準有限，書中不足之處在所難免，敬請各位讀者和專家給予批評指正。

張旭輝

目 錄

1 項目投資管理學概論 ································ (1)
   1.1 項目 ·· (1)
   1.2 投資 ·· (8)
   1.3 項目管理 ······································ (13)

2 項目建議書 ·· (21)
   2.1 概述 ·· (24)
   2.2 項目建議書的內容 ······························ (26)

3 項目投資可行性研究 ································ (31)
   3.1 項目投資可行性研究概論 ························ (31)
   3.2 項目投資可行性研究的工作程序與研究內容 ········ (36)
   3.3 可行性研究報告的附文、附表與附圖 ·············· (51)
   3.4 項目評估 ······································ (52)

4 項目投資評價與決策 ································ (58)
   4.1 財務評價 ······································ (59)
   4.2 國民經濟評價 ·································· (78)
   4.3 不確定性分析 ·································· (86)
   4.4 環境影響評價 ·································· (91)

5 項目組織管理 ······································ (98)
   5.1 項目主要利益相關主體 ·························· (99)
   5.2 項目組織 ······································ (104)
   5.3 項目團隊 ······································ (108)

5.4 項目經理 ·· (112)

6　項目採購管理 ··· (118)
　　6.1 項目採購管理概述 ·· (120)
　　6.2 項目採購管理方法 ·· (122)
　　6.3 項目採購計劃的制訂 ··· (125)
　　6.4 項目採購計劃的實施 ··· (126)

7　項目進度管理 ··· (134)
　　7.1 項目活動的界定 ··· (135)
　　7.2 項目活動的排序 ··· (138)
　　7.3 項目活動工期估算 ·· (142)
　　7.4 項目工期計劃制訂 ·· (145)
　　7.5 項目工期計劃控制 ·· (147)

8　項目質量管理 ··· (150)
　　8.1 項目質量管理概述 ·· (151)
　　8.2 項目質量計劃 ··· (156)
　　8.3 項目質量控制 ··· (161)
　　8.4 項目質量保證 ··· (169)

9　項目成本管理 ··· (173)
　　9.1 項目成本管理 ··· (174)
　　9.2 項目資源計劃 ··· (176)
　　9.3 項目成本估算 ··· (178)
　　9.4 項目成本預算 ··· (181)
　　9.5 項目成本控制 ··· (183)
　　9.6 掙值分析方法 ··· (185)

10	項目風險管理	(190)
	10.1 項目風險和項目風險管理	(191)
	10.2 項目風險的識別	(197)
	10.3 項目風險度量	(200)
	10.4 項目風險應對措施的制定	(205)
	10.5 項目風險控制	(206)
11	項目竣工驗收	(211)
	11.1 項目竣工驗收的標準與組織	(212)
	11.2 項目竣工驗收的程序和內容	(215)
	11.3 項目竣工決算與技術檔案管理	(219)
	11.4 項目竣工決算審計	(225)
12	項目後評價	(230)
	12.1 概述	(230)
	12.2 項目後評價的內容	(232)
	12.3 項目後評價的方法與評價指標	(233)
	12.4 項目後評價的組織與管理	(237)

附表　邏輯框架表和項目成功度評價表 ································ (321)

1　項目投資管理學概論

【本章教學要點】

知識要點	掌握程度	相關知識
項目	掌握	定義、特性、分類、項目生命週期
投資	理解	定義、特性、分類
項目管理	掌握	定義、特性、發展歷程、知識構成
項目投資發展週期	掌握	定義、階段劃分
項目投資建設程序	掌握	定義、階段劃分

【關鍵詞】

項目　投資　項目管理　項目投資發展週期　項目投資建設程序

導入案例

　　北宋時期，皇帝命令大臣在汴京建立一個都城，工期非常緊張，如何在非常短的時間內把皇宮、相應的城市道路和相關設施建立起來呢？當時，指揮這個項目的大臣採用了一個非常絕妙的設計，即採用黃河故道修建水渠，把水直接引到汴京城中，並命令手下開溝修渠，然後取土就地燒磚，引水通航疏運建材，把從南北運來的木料、塗料等通過黃河和引水渠直接運輸到工地上。當皇宮與房屋建築物建好之後，又把沙土和土窯廢磚瓦全部平整到水渠裡，最後就修成了城市道路，也就是平渠築路、廢渣利用。這一非常絕妙的計劃使建設皇宮城的工期大大縮短。

　　項目投資是對特定項目進行的一種投資行為。完整的項目投資管理包括投資項目的論證、決策、實施以及竣工驗收以後評價等全過程的一系列管理。

1.1　項目

　　「項目」一詞已被越來越廣泛地應用於社會經濟和文化生活的各個方面。人們經常

用「項目」來表示一類事物。項目是人類社會獨有的一類經濟、社會活動形式，是為創造特定的產品或服務而開展的一次性活動。

1.1.1 項目的定義

什麼是項目？項目的概念比通常意義上的概念更廣，如北京奧運會、上海世博會、三峽工程等大型的建設項目，還有很多在日常工作中的小型工作，如一個產品的開發、一個市場的運作活動、企業的併購、組織一次座談會等，都被看作是項目。關於項目的定義很多，可以從不同的角度給出，其中比較具有代表性的有：

（1）美國項目管理協會（Project Management Institute，PMI）在《項目管理知識體系》（Project Management Body of Knowledge，PMBOK）中認為，項目是為創造特定產品或服務的一項有時限的任務。其中，「時限」是指每一個項目都有明確的起點和終點；「特定」是指一個項目所形成的產品或服務在關鍵特性上不同於其他的產品和服務。

（2）國際標準化組織（ISO）從項目過程的角度認為，項目是由一系列具有開始和結束日期、相互協調和控制的活動組成的，通過實施活動而達到滿足時間、費用和資源等約束條件和實現項目目標的獨特過程。ISO認為：一個大項目中可以包括多個具體的單個項目；某些類型項目的目標和產出物的特性和規定必須隨著項目的進展而逐步細化和明確；一個項目的成果可能是一個或幾個項目的產出物；項目組織都是臨時的並且在項目生命週期結束的時候會解散；項目活動之間的相互關係可能是簡單的也可能是非常複雜的。

（3）德國國家標準DIN69901將項目定義為在總體上符合如下條件的具有唯一性的任務（計劃）：具有預定的目標；具有時間、財務、人力和其他限制條件；具有專門的組織。

（4）此外，麥克·吉多的定義也很典型。他認為，項目就是以一套獨特而又相互關聯的任務為前提，有效利用資源，為實現一個特定的目標所做的努力。

從這些定義中可以看出，項目是組織的一項或多項任務所構成的一個整體，它們可以小到只涉及幾個人，也可以大到涉及幾千人。項目也可以是多個組織的共同努力，它們甚至可以大到涉及成千上萬人。項目的時間長短也不同，有的很短時間內就能完成，有的則需要很長時間，甚至很多年才能完成。從項目涉及的領域來看，其實現代項目管理所定義的項目包括各種組織所開展的各式各樣的一次性、獨特性的任務和活動，也可以說凡是人類創造特定產品或服務的活動都屬於項目的範疇。項目可以是一項新產品的開發、一項科研課題的研究、一種新藥的試製，也可以是建造一棟大樓、開發一個油田，或者是建設一座水壩，還可以是一項特定的服務、一項特別的活動，或是一項特殊的工作。

項目的含義與特性

1.1.2 項目的特性

從內容上講，各種不同專業領域內的項目千差萬別，不同項目都有各自的特性，如建設項目往往具有固定性以及投資額巨大、建設週期長的特性。但從本質上看，項

目是具有共同特性的，這些共同特性可以概括為：

（1）目的性。

目的性是指任何一個項目都是為實現特定的組織目標服務的，因此項目目標的制定必須以組織目標為依據。項目目標包括兩個方面的內容：一方面是針對項目工作本身的目標，就一棟建築物的建設項目而言，項目工作的目標包括項目工期、造價、質量、安全等方面的目標；另一方面是有關項目產出物的目標，如作為建設項目，項目產出物的目標應包括建築物的功能、特性、使用壽命和使用安全性等方面的目標。

（2）獨特性。

獨特性是指項目所生成的產品或服務與其他產品或服務相比具有一定的獨特之處。通常一個項目的產出物在一些關鍵方面與其他的產品和服務是不同的。如科研課題項目，每一個項目的產出都有很大差異，即使是項目中較為常規的建設項目，由於涉及不同的業主、地處不同的位置、氣候環境的不同等，都導致每個建設項目都是獨特的。

（3）一次性。

一次性是項目與日常營運活動相區分的關鍵特性。每個項目都有自己明確的起點和終點。項目的起點是項目開始的時間，項目終點是項目目標得以實現，或者項目的目標已經無法實現，從而終止項目的時間。項目在其目標確立後開始，項目在達到目標或失敗時終結，沒有任何項目是不斷地、周而復始地持續下去的。

（4）約束性。

項目的約束性也是一個項目成敗的關鍵特性之一。任何項目的實施都有一定的限制條件，除了時間上的限制外，還有資源的限制。首先是資金資源的限制，任何項目都不可能沒有財力上的限制，通常表現在：必須按投資者（企業、國家、地方等）所具有的或能夠提供的財力策劃相應範圍和規模的項目；必須按項目實施計劃安排資金計劃，並保障資金供應。此外還有其他資源的限制，如人力資源、物力資源、信息資源、技術資源等各個方面。通常情況下，一個項目的資源越寬裕，成功的可能性就越高；反之，則項目成功的可能性就會大大降低。

（5）其他特性。

除了上述特性外，項目還具有一些其他特性，包括：項目的創新性和風險性、項目過程的漸進性、項目成果的不可挽回性、項目組織的臨時性和開放性等。這些項目特性是相互關聯和相互影響的。

1.1.3 項目的目標

項目是在規定的時間內，滿足一定的限制條件下，利用有限的資源，為實現預期目標而進行的一次性活動。主要包括：

（1）宏觀目標。

宏觀目標是指對國家、地區、部門或行業要達到的整體發展目標所產生的積極影響和作用。比如項目的實施能夠促進就業，能夠帶來經濟的增長、能夠改善交通運輸條件，提高人民生活質量，等等。

（2）具體目標。

具體目標是指項目投資建設要達到的直接效果。不同性質項目的具體目標也是不同的，主要有：效益目標、規模目標、功能目標和市場目標。

效益目標是指項目要實現的經濟效益、社會效益和環境效益的目標值。比如：對於公共基礎設施項目，其效益目標主要是指滿足客戶需求的程度或提供服務的範圍；而對於環境治理項目，其效益目標主要是環境治理的效果。

規模目標是指對項目建設規模確定的目標值。如需要建設一個醫院，我們需確定其占地面積、門診大樓的建築面積、住院部的建築面積、樓層、床位數，等等。

功能目標是指對項目功能的定位。而企業在進行項目投資時，應根據企業的總體發展戰略、主要經營方向以及國家經濟社會發展規劃、產業政策和技術政策、資源政策等要求，研究確定建設項目的功能目標。如進行技術改造，調整產品結構，開發適銷對路產品、拓寬投資領域，分散經營風險等。

市場目標是指對項目產品（或服務）目標市場及市場佔有份額的確定。比如某光纜生產企業擴建光纖拉絲生產線項目的市場目標是95%以上的產品留作企業自用。

1.1.4 項目的分類

以建設項目為例，建設項目按性質分為新建項目、擴建項目、改建項目、遷建項目和恢復項目。

（1）新建項目。

新建項目主要是指原來沒有而重新開始建設的項目或者對於原來基礎很小，經過擴建後，新增固定資產價值超過原有固定資產價值三倍以上的，我也將它列入新建項目。

（2）擴建項目。

擴建項目是指原有企業或事業單位，為了提升原有產品的生產能力和擴大原有產品的效益或增加新的產品生產功能而新建的主要生產車間或其他固定資產。

（3）改建項目。

改建項目是指原有企業，為提高生產效率，增加科技含量，採用新技術，改進產品質量或對原有設備或工程進行改造的項目。而有的企業為了平衡生產能力，增建一些附屬的、輔助車間或非生產性工程，我們也稱其為改建項目。

（4）遷建項目。

遷建項目是指原有企業、事業單位，由於各種原因經上級批准搬遷到其他地方建設的項目。但是我們也要注意，在遷建項目中，凡是符合新建、擴建、改建條件的，我們應分別將其作為新建、擴建或改建項目。同時，我們在劃分時還要注意，遷建項目不包括留在原址的部分。

（5）恢復項目。

恢復項目是指企業、事業單位因自然災害、戰爭等原因使原有固定資產全部或部分報廢，以後又投資，並且按原有規模重新恢復起來的項目。在恢復項目中，值得我們注意的是：在恢復的同時進行擴建的項目，我們應將其歸為擴建項目。

另外，還有一些其他的分類，例如：
按用途分，可以分為生產性項目和非生產性項目；
按投資來源分，可分為政府投資、企業投資、利用外資及其他投資項目；
按經濟特徵分，分為競爭性項目、基礎設施項目、公益性項目。
當然，根據不同的分類方法，還有許多的項目類別劃分，在這裡就不一一介紹了。

1.1.5 項目的生命週期與階段劃分

項目的一次性與唯一性，決定了任何項目都有屬於自己的生命週期。在對項目生命週期的定義中，美國項目管理協會的定義最具代表性，其表述如下：「項目是分階段完成的一項獨特的任務，一個組織在完成一個項目時會將項目劃分成一系列的項目階段，以便更好地管理和控制項目，更好地將組織的日常運作與項目管理結合在一起。項目的各個階段連接在一起就構成了項目的生命週期。」這一定義從項目管理和控制的角度，強調了項目過程的階段性和由項目階段所構成的項目生命週期，這對於開展項目管理是非常有利的。因此，項目管理者必須根據項目生命週期及其各個階段的特點、性質和關鍵點做好對項目的管理。

項目的生命週期有狹義和廣義之分。廣義的項目生命週期也稱項目全生命週期，是指一個項目從建設、營運到拆除的全過程（如圖1-1所示）。

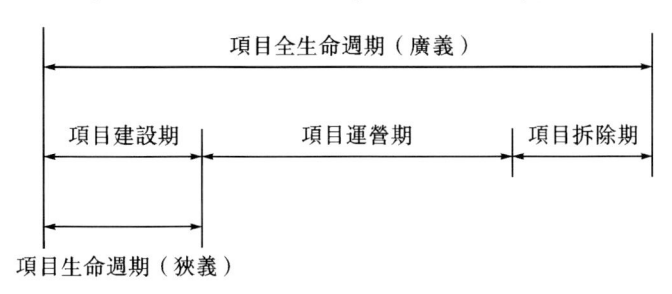

圖1-1 項目生命週期

狹義的項目生命週期是指一個項目從概念到完成所經過的所有階段，而這些階段，也就是廣義生命週期中的項目建設階段。我們知道，所有項目都可分成若干階段，且所有項目無論大小，都有一個類似的生命週期結構。其最簡單的形式主要由四個階段構成：定義與決策階段、計劃與設計階段、執行與控制階段以及完工與交付階段。

（1）項目的定義與決策階段。該階段的主要工作包括：投資機會研究、初步可行性研究、可行性研究、項目評估及決策等。這一階段的主要任務是提出項目概念，進行項目的界定，成立項目基本組織，對工程項目投資的必要性、可能性、可行性以及何時投資、在何地建設、如何實施等重大問題進行科學論證和多方案比較，最後做出項目決策。

（2）計劃與設計階段。該階段的主要工作包括：明確項目的限制條件，編製項目的計劃，對項目進行初步設計、技術設計和施工圖設計，確定貨物採購、招標的相關事宜、最後簽訂合同等。這一階段需根據前一階段提出的項目概念做出具體研究和規

劃，制訂項目的各項目標，是戰略決策的具體化，這在很大程度上決定了項目實施的成敗及能否高效率地達到預期目標。

（3）執行與控制階段。也稱為項目實施階段。該階段是將投入要素進行組合，通過施工、採購等活動，在規定範圍、工期、費用、質量內，按設計要求高效地實現項目的目標。在此階段，我們需要定期和不定期地進行度量，並與計劃進行比較，發現差距，及時採取糾偏措施，在整個執行和控制階段，需要不斷地實施指揮、組織和協調工作，以保證項目的質量、成本和進度等。本階段在項目週期中工作量最大、投入的人力、物力和財力最多，項目管理的難度也最大。

（4）完工與交付階段。該階段主要是對整個項目進行全面的驗收，對驗收合格的項目進行項目成果的交付，對項目存在的問題進行善後處理，並總結項目的經驗和教訓，解散項目組織機構。

在項目的生命週期的各個階段中，我們需要不斷地進行協調與控制，希望能夠實現預期目標，但往往會有週期拖延或費用超支等情況出現。而造成週期拖延、費用超支的原因有很多，最為關鍵的，則是沒有很好地進行階段劃分和里程碑劃分。

如果項目從開始到成果完成，我們追求一步到位，而不進行階段的劃分，則會因為距離目標太遠，難免走不少的彎路還不容易察覺偏差，當感覺偏離目標時再進行校正，便走了許多的彎路，校正後可能又偏離到另外一個方向，同樣不易察覺。而如果把項目的實施過程分為若干個階段，則每個階段都有標誌性的里程碑，每個階段都有明確的目標，雖然每個階段仍免不了走彎路，但由於目標相對明確，不至於繞很大的圈子。

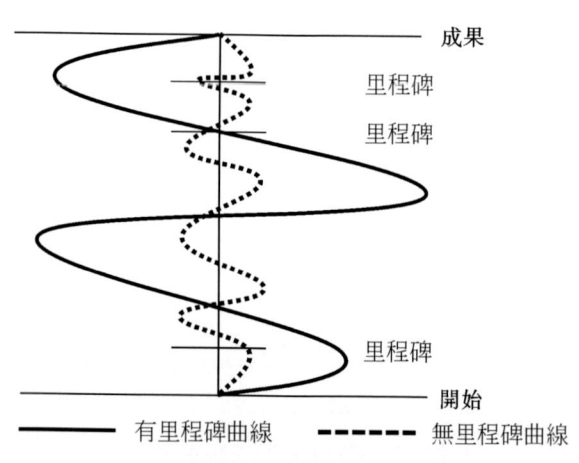

圖 1-2　項目成果實現過程中的階段劃分

所以，需要瞭解項目生命週期中的三個重要概念：

（1）檢查點。

檢查點是指在規定的時間間隔內對項目進行檢查，比較實際與計劃之間的差異，並根據差異進行調整。我們可將檢查點看作是一個固定的「採樣」時點，而這個時間間隔應根據項目週期長短不同而不同，一般採用的是間隔一週一次。

（2）里程碑。

里程碑是完成階段性工作的標誌，里程碑產出的「交付物」也就是我們控制的對象。如果沒有里程碑，想知道項目實施的情況，將會很困難。所以，里程碑的確定不僅可以對項目實施情況進行有效的控制，還能降低項目風險，使得實施人員合理分配工作，細化管理。比如按項目階段進行劃分時，其定義與決策階段的里程碑事件是項目可行性研究報告的提交與獲得批准；而計劃與設計階段的里程碑事件是全部設計完成，設計文件的交出；實施階段的里程碑事件則是整個項目全部完工。

（3）基線。

基線是指一個配置在項目生命週期的不同時間點上，通過正式評審而進入正式受控的一種狀態。我們說，基線也是一些重要的里程碑，但它的相關交付物要通過正式評審並作為後續工作的基準和出發點。

1.1.6 項目與營運的區別

人類的社會經濟活動可分為兩大類：一類是在相對封閉和確定的環境下所開展的重複性的、周而復始的、持續的活動或工作，通常人們將這種活動或工作稱為日常「營運或運行」（Operation）。另一類活動是在相對開放和不確定的環境下開展的獨特的、一次性的活動或工作，這就是「項目」。「項目」與「營運」的不同主要包括下述幾個方面：

（1）工作性質與內容的不同。

一般在日常「營運」中存在著大量的常規性、不斷重複的工作或活動，而在「項目」中則存在較多創新性、一次性的工作或活動。因為營運工作通常是不斷重複、周而復始的，所以營運中的工作基本上是重複進行的常規作業，但是每個項目都是獨具特色的，其中的許多工作是開創性的，所以二者的工作性質與內容是不同的。例如，企業日常生產經營一種產品或服務的工作內容多數時間是相同的，很少有創新的成分；而企業新產品的研究與開發項目的工作多數是不同的，基本上都是創新性的工作。因為沒有創新就不會有這種項目，也就不會有新產品。

（2）工作環境與方式的不同。

一般日常「營運」工作的環境是相對封閉和相對確定的，而「項目」的環境是相對開放和相對不確定的。因為營運工作的很大一部分是在組織內部開展的，所以它的營運環境是相對封閉的，譬如企業的生產活動主要是在企業內部完成的。同時，營運中涉及的外部環境也是一種相對確定的外部環境，比如，企業一種產品的銷售多數是在一個相對確定性的環境中開展的，雖然企業的外部環境會有一些變化和競爭，但是從相對的角度而言，還是比較確定的。由於工作環境的這種相對封閉性，加上營運工作的重複性，所以營運中的不確定性較低，而且在不斷重複的作業過程中還可以使許多不確定性因素逐步得以消除。然而，項目工作基本上是在組織外部環境下開展的，所以它的工作環境是相對開放的，譬如工程建設項目只能在外部環境中完成，而新產品研製項目主要是針對外部市場新的需求開發的。由於項目所處環境的這種相對開放性，再加上項目工作的一次性和獨特性，就使得項目的不確定性較高，因為人們很難

7

全面預先認識和預測事物的未來發展。

（3）組織與管理上的不同。

由於「營運」工作是重複性的和相對確定的，所以一般營運工作的組織是相對不變的，營運的組織形式基本上是分部門成體系的。由於項目是一次性的和相對不確定的，所以一般項目的組織是相對變化的和臨時性的，項目的組織形式多數是團隊性的。同時，營運工作的組織管理模式以基於部門的職能性和直線指揮管理系統為主；而項目的組織管理模式主要是基於過程和活動的管理系統為主。例如，一項產品的生產經營管理基本上是按照供應、生產、銷售部門的供產銷計劃、組織和領導與人、財、物、信息的控制展開的，而一個工程項目的管理基本上是按照項目建議書、可行性分析、工程設計、工程施工、完工交付的過程以及其中的各項具體活動展開的。

（4）項目與營運的結果不同。

項目的結果是獲得創新性的成果，這種成果是一次性形成的，也可以供日後日常營運使用。例如，每個新產品的研發都能獲得獨一無二的成果，而對這一新產品進行大規模生產的成果都會是一樣的。

1.2 投資

在市場經濟環境下，人們的投資活動日益頻繁，「投資」成為人們耳熟能詳的概念。作為一個客觀經濟範疇，投資具有數量上的集合性，機遇上的選擇性、空間上的流動性、時間上的延續性、產業上的轉讓性、收益上的風險性和資金的長期性。

1.2.1 投資的含義

投資形式的多樣化使得人們對投資概念的理解多種多樣，實際上，各類投資活動和投資本身蘊藏著一般的共同規律，這就是投資的本質特性。從已有的研究來看，目前對投資一詞有著以下不同的表述：

（1）從投資和消費的關係來界定投資。投資的解釋，一般是與投資者的消費動機相聯繫，投資者無非是通過投資使自己的財富保值增值，從而使自己的消費安排不受影響，使自己的消費效用得到提高。如威廉·夏普將投資定義為：「為了（可能不確定的）將來的消費（價值）而犧牲現在一定消費（價值）。」

（2）從資本的形成過程來界定投資。薩繆爾森在《經濟學》中認為：「對於經濟學家而言，投資的意義總是實際的資本形成-增加存貨的生產，或新工廠、房屋和工具的生產⋯⋯只有當物質資本形成生產時，才有投資。」西方經濟學家編寫的《現代經濟學辭典》對投資概念的解釋為：「該術語最常用來指增加或保持實際資本存量的支出流量。」

（3）將投資區分為廣義投資和狹義投資。如唐尼和福勒（G. M. Dowrie 和 D. R. Fuller）在《投資學》中定義：「廣義的投資是指以獲利為目的的資本使用，包括購買股票和債券，也包括運用資金以建築廠房、購置設備、原材料等從事擴大生產流通事

業；狹義的投資指投資人購買各種證券，包括政府公債、公司股票、公司債券、金融債券等。」

投資是指經濟主體（法人或自然人）為了獲得預期收益而在現時投入生產要素（資金或資源），從而形成資產並實現其增值的經濟活動的總稱。預期收益主要是指經濟收益，也包括社會效益。投入的資金（資源）可以是貨幣資本，也可以是實物資金或其他資源。

在對投資含義的理解中，需注意以下幾點：
（1）投資總是一定主體的經濟行為。
（2）投資的目的是為了獲取一定的效益。
（3）投資所獲取預期收益具有風險性。
（4）投資必須花費現期的一定收入。

1.2.2　投資的特點

投資具有以下方面的特點：

（1）投資資金使用的長期性。從資金的投入到最終效益的產出一般需要經歷相當長的時間，投資存在明顯的時滯。現時投入資金的活動要持續很長時間，而且投入的資金在一段時期內不能為社會提供有效的產出。因此，為了使投資能夠發揮正常的擴大再生產能力，保證經濟運行的連續性，需要合理安排每一個時期的投資活動。

（2）投資的風險性與收益性均衡。投資必定有風險，而投資者希望獲取預期的收益。只有在效益和風險相統一的條件下，投資行為才能得到有效調節。

（3）投資影響的不可逆性。投資的過程是組合各種資源形成新的生產能力的過程，它主要是資金的物化過程。投入的資金一旦得到了物化，就被固化在某一場所，具有顯著的固定性和不可分割性。投資產生的效果無論好壞都將對國民經濟產生持續影響，如果某項投資行為被證明是錯誤的，在短期內將難以消除其不良影響；同時，扭轉錯誤的投資行為，也需要付出巨大的代價。這意味著，在相當長的一段時期來說，投資影響通常是不可逆的。投資的這一特點要求人們在投資活動中應保持謹慎的態度，盡力提高投資的質量。

1.2.3　投資的分類

（1）按投資的方向劃分，可分為實物投資和金融投資。

實物投資時指投資者將資金用於建造、購置固定資產和流動資產，直接用於生產經營，並以此獲得未來收益的投資行為。

金融投資，也叫證券投資，是指投資者以獲得未來收益為目的，預先墊付一定的資金並獲得金融資產。

實物投資與金融投資的根本區別在於實物投資是社會累積的直接實現者，即通過實物投資最終完成和實現社會的累積；而金融投資是一種間接的過程，是投資者以最終獲得金融資產為目的，而資金如何轉化為實物形態則與證券投資者沒有關係。

（2）按投資的地域劃分，可分為國際投資和國內投資。

國際投資又稱「對外投資」或「海外投資」。指一個國家向國外進行經營資本的輸出。這種輸出可以是私人資本也可以是國家資本但不包括政府及其所屬機構對外的贈予、賠償以及純屬接待資本輸出範圍的各種貸款活動。

國內投資，是指國家、企業單位、個人在本國境內所進行的國內投資的總量，代表一個國家經濟發展水準的高低、累積能力的大小和經濟實力的強弱。

（3）按是否參與投資企業的經營管理權劃分，可分為直接投資和間接投資。

直接投資是投資者直接將資本用於購買生產資料、勞動力或其他企業一定比例的股份，通過一定的經營組織形式進行生產、管理、銷售活動以實現預期收益。

間接投資是指投資者以購買他國或本國債券、股票等方式進行的投資。

（4）按資金週轉方式的不同，分為固定資產投資和流動資產投資。

固定資產投資包括基本建設投資和更新改造投資兩部分。基本建設投資是指以擴大生產能力或工程效益為主要目的的新建、擴建、改建工程及相關投資，其經濟實質是進行固定資產的外延擴大再生產。更新改造投資是指以設備更新、企業技術改造為主要形式的固定資產投資，其經濟實質是進行內含擴大再生產。

流動資產是對企業生產經營中所需勞動對象、工資和其他費用方面的貨幣的預先支付。

（5）按投資在擴大再生產中所起作用的方式不同，分為外延性投資和內含性投資。

外延性投資是指用於擴大生產經營場所，增加生產要素數量的投資，它代表投入生產的資本不斷增長，其實質是從投資要素量的增加上來擴大投資規模以促進社會擴大再生產的進行。

內含性投資是指用於提高生產要素的質量，改善勞動經營組織的投資，其實質是從提高投資要素的使用效率、加強勞動過程的組織管理、提高勞動效率上來促進社會擴大再生產的進行。

（6）按經營目標不同，分為經營性投資和政策性投資。

經營性投資即為營利性投資，是為了獲取盈利而進行的投資，項目建成後，以經營方式使用。

政策性投資又稱非營利性投資，指用於保證社會發展和群眾生活需要而不能或允許不能帶來經濟盈利的投資。

（7）按投資的經濟用途，分為生產性投資和非生產性投資。

生產性投資是直接用於物質生產或直接為物質生產服務的投資。它能直接增加國民經濟各部門的生產能力，加快商品流通速度，提高國民經濟技術水準。

非生產性投資是指在一定時期內用於滿足人民物質和文化生活需要以及其他非物質生產的投資。

（8）按是否納入國家財政預算，可分為預算內投資和預算外投資。

預算內投資是指納入國家預算安排的投資，包括預算內基本建設投資和預算內更新改造投資。

預算外投資是指各地區、各部門和企事業單位，運用自行支配的財力物力、各種專項資金和其他自由資金以及向國內外金融機構借款所安排的投資。

(9) 其他分類。

按投資主體可分為國家投資、企業單位投資、個人投資。

按資金來源可分為財政投資、銀行信貸投資、企業自籌投資、證券投資。

按企業性質可分為全民所有制單位投資、集體所有制單位投資、鄉鎮企業投資、中外合資、外商獨資。

按項目是否納入國家計劃可分為計劃內投資、計劃外投資，等等。

投資按不同所有制形式或經濟類型，可分為包括國民經濟投資、集體經濟投資、私營經濟投資、個體經濟投資、聯營經濟投資、股份制經濟投資、外商投資、港澳臺投資以及其他經濟投資。

1.2.4 項目投資發展週期

項目投資週期也稱項目投資發展週期，是指一個投資項目從提出項目設想、立項、決策、開發、建設、施工直到竣工投產、進行生產活動和總結評價的全過程。雖然每個項目所處的社會、經濟、技術、體制和政治等外部環境和內部結構各不相同，但大多數項目都必須經歷一個由產生、發展和終結的循序發展的生命週期。

一個典型項目投資發展週期從項目著手規劃到完成，一般需要經過項目設想、項目初選、項目準備、項目評估決策、項目實施與監督、項目投產與經營和項目評價與總結等七個工作階段，如圖1-3所示。這些階段是相互聯繫並遵循一定的邏輯程序不斷發展的漸進過程，每個階段的工作又都是相互銜接、相互制約的，上一個階段的工作是下一個階段工作的先導和基礎，下一個階段的工作又是上一個階段工作的延續、深入和發展，項目最後階段工作的結束又導致產生新的項目設想和選定的開始，從而使項目週期的內容不斷更新。

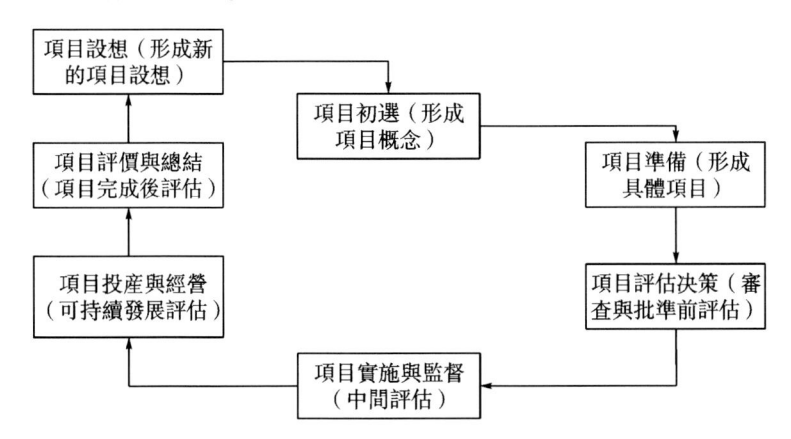

圖1-3 項目投資發展週期示意圖

項目投資發展週期從投資的角度大致可以分為三個時期：投資前時期，投資執行時期和生產營運時期。每個時期又包括若干個工作活動，如投資前時期包括機會研究、初步可行性研究、可行性研究、項目評估、投資決策；投資執行時期就是項目實施階

段，包括合同談判簽約、工程設計、施工安裝、試運行、竣工驗收；生產營運時期包括項目生產經營和項目後評價。每個時期的工作活動，形成了一個循序漸進的工作過程，在這一過程中項目逐漸形成。

1.2.5 項目投資建設程序

項目投資建設程序，又稱項目建設程序，是指國家按照項目建設的客觀規律制定的項目從設想、選擇、評估、決策、設計、施工、投入生產或交付使用整個建設過程中，各項工作必須遵循的先後次序。項目建設程序是項目建設過程客觀規律的反應，是項目科學決策和順利進行的重要保證。

儘管世界上各個國家和國際組織在項目建設程序上可能存在某些差異，如世界銀行對任何一個國家的貸款項目，都要經過項目選定、項目準備、項目評估、項目談判、項目實施和項目總結評價等階段的項目週期，從而保證世界銀行在各國的投資保持較高的成功率。但一般說來，按照項目發展的內在規律，投資建設任何一個項目都要經過投資決策、建設實施和交付使用三個發展時期，這三個發展時期又分為若干個階段，它們之間存在著嚴格的先後次序，可以合理交叉，但不能任意顛倒次序。

按照中國規定，一般大中型及限額以上項目的基本建設程序可以分為以下幾個階段，如圖1-4所示。

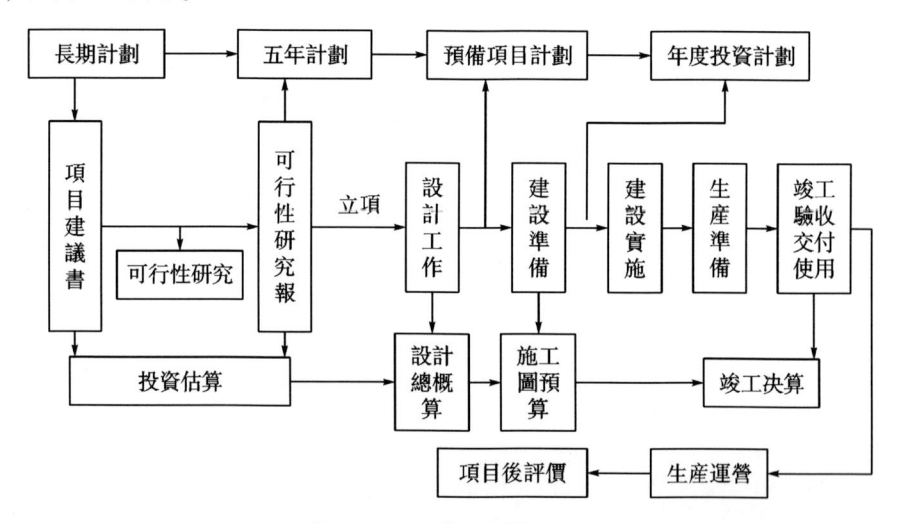

圖1-4 項目基本建設程序圖

（1）根據國民經濟和社會發展長遠規劃，結合行業和地區發展規劃的要求，提出項目建議書；
（2）在勘察、試驗、調查研究及詳細技術經濟論證的基礎上編製可行性研究報告；
（3）根據諮詢評估情況，對建設項目進行決策；
（4）根據可行性研究報告，編製設計文件；
（5）初步設計經批准後，做好施工前的各項準備工作；

（6）組織施工，並根據施工進度，做好生產或動工前的準備工作；
（7）項目按批准的設計內容建完，經投料試車驗收合格後正式投產交付使用；
（8）生產營運一段時間（一般為1年）後，進行項目後評價。

1.3　項目管理

項目作為一項複雜的系統工程活動，往往需要耗費大量的人力、物力和財力。為了在預定的時間內實現特定的目標，必須推行項目的科學管理。

1.3.1　項目管理的定義

項目管理，從字面上理解應是對項目進行管理，即項目管理屬於管理的大範疇，同時也指明了項目管理的對象應是項目。

然而，隨著項目及其管理實踐的發展，項目管理的內涵得到了充實和發展，當今的項目管理已是一種新的管理方式、一門新的管理學科。

可見，項目管理一詞有兩種不同的含義，其一是指一種管理活動，即有意識地按照項目的特點和規律，對項目進行組織管理的活動；其二是指一種管理學科，即以項目管理活動為研究對象的一門學科，它是探求項目活動科學組織管理的理論和方法。前者是一種客觀實踐活動，後者是前者的理論總結；前者以後者為指導，後者以前者為基礎。

現代項目管理認為：項目管理是運用各種知識、技能、方法與工具，為超越項目有關各方對項目的要求與期望所開展的各種管理活動。在項目管理的定義中，包括兩層含義。首先，項目管理的根本目的是滿足或超越項目有關各方對項目的需求與期望。項目有關各方是指一個項目的所有相關利益者，包括項目的業主/客戶、項目的承包商或實施者、項目的供應商、項目的設計者或研製者、項目所在的社區、項目的政府管轄部門，等等。這些項目的項目利益者對項目的要求與期望既有一致的方面，又有衝突的方面，可表述為：

①項目有關各方對項目的共同要求和期望；
②項目有關各方不同的需求和期望；
③項目已識別的需求和期望；
④項目尚未識別的要求和期望。

其次，項目管理的根本手段是運用各種知識、技能、方法和工具開展各種管理活動。為使項目能夠最大限度地滿足或超越項目所有相關利益者的要求和期望，就必須開展各種各樣的管理活動。項目管理活動與一般的營運管理活動的原理和方法有所不同，因為二者管理的對象不同。前者管理的是具有一次性、獨特性和相對不確定性的項目工作，後者管理的是重複性、常規性和相對確定性的日常營運工作。因此項目管理不僅需要運用各種知識、技能、方法和工具，還需要平衡項目範圍、時間、成本、風險和質量等多種相互矛盾的要求，滿足項目干系人的各種需要和期望，滿足其他特

定的要求。為此，需要採用科學的方法和有效的管理手段。

1.3.2 項目管理的特點

項目管理具有如下基本特性：

（1）普遍性。

項目作為一種創新活動普遍存在於社會、經濟和生產活動之中。現有各種營運活動都是各種項目的延伸和延續，人們的各種創新的想法、建議或提案遲或早都會轉化成項目，並通過項目的方式得以驗證或實現。由於項目的這種普遍性，使得項目管理也具有了普遍性。

（2）創新性。

項目管理的創新性包括兩層含義，其一是指項目管理是對於創新（項目所包含的創新之處）的管理，其二是指任何一個項目的管理都沒有一成不變的模式和方法，都需要通過管理創新去實現對於具體項目的有效管理。

（3）目的性。

一切項目管理活動都是為實現「滿足或超越項目有關各方對項目的要求與期望」這一目的服務的。項目管理的目的性不但表現在要通過項目管理活動去保證滿足或超越那些已經明確提出並清楚地規定出的項目目標，而且要通過項目管理去識別和滿足、超越那些尚未識別和明確的潛在需要。

（4）獨特性。

項目管理的獨特性是指項目管理既不同於一般的生產、服務的營運管理，也不同於常規的行政管理，它有自己獨特的管理對象、自己獨特的管理活動和自己獨特的管理方法與工具，是一種完全不同的管理活動。

（5）集成性。

項目管理的集成性是相對於一般營運管理的專門性而言的。在一般營運管理之中，分別有生產管理、質量管理、成本管理、供應管理、市場行銷管理等各種各樣的專業管理，這種專業管理是由於一般營運的重複性和相對確定性，營運管理的詳細分工而形成的。項目管理要求的主要是管理的集成性，雖然也有一定的分工要求，但是項目管理要求充分強調管理的集成特性。

1.3.3 項目管理的發展歷程

項目和項目管理的發展是工程和工程管理實踐的結果。傳統項目和項目管理的概念，主要起源於建築業，這是由於傳統的實踐中建築項目相對於其他項目來說，組織實施過程表現得更為複雜。隨著社會進步和現代科技的發展，項目管理也不斷得以完善，其應用領域也不斷得以擴充，現代項目與項目管理的真正發展是大型國防工業發展的結果。

現代項目管理通常被認為是第二次世界大戰的產物（如美國研製原子彈的曼哈頓計劃），從整個項目管理的發展歷程來看，大致可以分為以下階段：

（1）潛意識的項目管理階段。

這一階段從遠古到20世紀30年代以前，人們無意識地按照項目的形式運作。其代表作如中國的長城、埃及的金字塔、古羅馬的供水渠這樣不朽的偉大工程。西方人提出，人類最早的項目管理是埃及的金字塔和中國的長城。但是，這個階段的項目管理還沒有形成有效的計劃和方法，沒有科學的管理手段和明確的操作技術標準，因此對項目的管理憑藉的僅僅是個人的經驗、智慧和直覺，談不上科學性。

（2）傳統項目管理的形成階段。

這一階段從20世紀30年代初期到50年代初期，人們開始使用橫道圖進行項目的規劃和控制。20世紀初期，人們就已經開始了對項目進行科學管理的探索。第二次世界大戰前夕，橫道圖成為計劃和控制軍事工程與建設項目的重要工具。橫道圖又稱為甘特圖，於1900年左右由亨利‧L‧甘特發明。甘特圖簡單直觀，便於監督和控制項目的進展狀況。但是甘特圖難以表現工作環節之間的邏輯關係，在大型項目中存在應用的局限性。1931年，卡洛爾‧阿丹密基研製出協調圖，但沒有引起足夠的重視。與此同時，里程碑系統開始在規模較大的工程項目和軍事項目中得以廣泛採用。在這一階段，人們對如何管理項目開展了廣泛的研究和實踐，但還沒有明確提出項目管理的概念，項目管理概念的提出是在第二次世界大戰後期——實施曼哈頓計劃時提出的。

（3）項目管理的傳播和現代化。

這一階段從20世紀50年代初期到70年代末期，其重要特徵是網絡計劃技術的開發和應用，網絡計劃技術的開端是關鍵路線法和計劃評審技術的產生和推廣應用。

進入20世紀50年代，美國軍界和各大企業的管理人員紛紛為管理各類項目尋求更為有效的計劃和控制技術。20世紀50年代後期，美國出現了關鍵路線法和計劃評審技術。1957年，美國的路易斯維化工廠，由於生產過程的要求，必須晝夜連續運行。因此，每年都不得不安排一定的時間，停下生產線進行全面檢修。過去的檢修時間一般為125小時。後來，他們把檢修流程精細分解，竟然發現，在整個檢修過程中所經過的不同路線上的總時間是不一樣的。縮短最長路線上工序的工期，就能夠縮短整個檢修的時間。他們經過反覆優化，最後只用了78個小時就完成了檢修，節省時間達到38%，當年產生效益達100多萬美元。這就是至今項目管理工作者還在應用的著名的時間管理技術「關鍵路徑法」，簡稱CPM（Critical Path Method）。計劃評審技術（Program Evaluation & Review Technique，PERT）出現於1958年，是美國海軍研究開發北極星號潛水艇艦所採用的導彈F. B. M的項目中開發出來的。當時的項目組織者想出了一個方法：為每個任務估計一個悲觀的、一個樂觀的和一個最可能情況下的工期，在關鍵路徑法技術的基礎上，用「三值加權」方法進行計劃編排，最後只用了6年的時間就完成了預定8年完成的項目，節省時間近25%。PERT的應用，使美國海軍部門順利解決了組織、協調問題，節約了投資，縮短了工期。此後，美國三軍和航空航天局在各自的管轄範圍內全面推廣了這一技術。美國國防部甚至在1962年發文規定，凡承包有關工程的單位都要採用這種方法來安排計劃。美國政府也明文規定，所有承包商若要獲得政府合同，必須提交詳盡的PERT網絡計劃以保證工程的進度和質量。隨後這一技術很快就在世界範圍內得到重視，成為管理項目的一種先進手段。20世紀60年代，耗資400億美元、涉及兩萬多企業的阿波羅載人登月計劃，也是採用PERT進行計

劃和管理的。

PERT考慮了項目各項工作在完成時間上的不確定性，但實際上還要明確其他不確定因素，如網絡中是否每個活動都要完成，網絡中是否應有回路等。1966年，出現了圖示評審技術（Graphical Evaluation & Review Technique，GERT），增強了隨機適應性。

隨後，又出現了風險評審技術（Venture Evaluation & Review Technique，VERT）。

在這一階段，項目管理有了科學的系統方法，但當時主要應用於國防和建築業，項目管理的任務主要是強調項目的執行。

（4）現代項目管理的發展。

這一階段是從20世紀80年代至今，這一階段的特點表現為項目管理範圍的擴大以及與其他學科專業的交叉滲透和相互促進。

1987年美國項目管理協會PMI推出了項目管理知識體系指南（Project Management Body of Knowledge），簡稱PMBOK。這是項目管理領域的又一個里程碑。因此，項目管理專家們把20世紀80年代以前稱為「傳統的項目管理」階段，而之後稱為「現代項目管理」階段。這個知識體系把項目管理歸納為範圍管理、時間管理、費用管理、質量管理、人力資源管理、風險管理、採購管理、溝通管理和集成管理九大知識領域。隨後，PMBOK又進行了多次修訂，使該體系更加成熟和完整。

在這一階段，項目管理應用領域進一步擴大，尤其在新興行業中得到迅速發展，如電訊、軟件、信息、金融、醫藥等。現代項目管理的任務也不再僅僅是執行任務，而且還要開發項目、經營項目和項目完成後形成的其他設施或成果。

項目管理的理論來自管理項目的工作實踐。時至今日，項目管理已經成為一門學科，但是當前大多數的項目管理人員擁有的項目管理專業知識不是通過系統教育培訓得到的，而是在實踐中逐步累積的。並且還有許多項目管理人員仍在不斷地重新發現累積這些專業知識。通常，他們要在相當長的時間內（5~10年），付出昂貴的代價後，才能成為合格的項目管理專業人員。正因為如此，近年來，隨著項目管理的重要性為越來越多的組織（包括各類企業，社會團體，甚至政府機關）所認識，組織的決策者開始認識到項目管理知識、工具和技術可以為他們提供幫助，以減少項目的盲目性。於是這些組織開始要求他們的雇員系統地學習項目管理知識，以減少項目過程的偶發性。在多種需求的促進下，項目管理迅速得到推廣普及。在西方發達國家高等學院中陸續開設了項目管理碩士、博士學位教育，其畢業生常常比MBA畢業生更受到各大公司的歡迎。

項目管理是一種特別適用於那些責任重大、關係複雜、時間緊迫、資源有限的一次性任務的管理方法。近幾年來，隨著國際、國內形勢的發展，這類任務越來越多，人們對項目管理的呼聲越來越強烈，專業界的活動也日益頻繁。國際項目管理發展的現狀和特點是什麼，中國應該如何發展項目管理，已成為政府部門和各行各業共同關注的問題。

目前，在歐美發達國家，項目管理不僅普遍應用於建築、航天、國防等傳統領域，而且已經在電子、通信、計算機、軟件開發、製造業、金融業、保險業甚至政府機關和國際組織中成為其運作的中心模式，比如AT&T、Bell（貝爾）、US West、IBM、EDS、ABB、NCR、Citybank、Morgan Stanley（摩根斯坦利）、美國白宮行政辦公室、美

國能源部、世界銀行等在其營運的核心部門都採用項目管理。

1.3.4 項目管理與日常營運管理的不同

項目與日常營運存在很大的差異，因此項目管理與日常營運管理也有很大的不同，其不同主要表現如下：

（1）管理的對象不同。

項目管理的對象是一個或多個一次性、獨特性的項目，針對有關項目的評估、決策、實施和控制過程；而日常營運管理的對象是周而復始經常性的日常營運作業。

（2）管理的方法不同。

項目管理是面向任務和過程的，因此其方法中有許多是針對具體任務的管理技術和方法；而日常營運中有更多的部門協調、指揮命令等針對日常運行的管理方法和工具。

（3）管理的週期不同。

項目管理的週期是一個項目的生命週期，從項目的定義和決策一直到項目的完工交付，相對比較短暫；而日常營運管理在計劃管理週期上，可以是一年、三年、五年甚至更長，是整個企業的存續時間，因此日常營運管理週期相對較長。

雖然，由於項目和日常營運的差異性，在項目管理和日常營運管理上有很多不同之處，但是它們在管理原理上也有很多相同之處，如管理的科學性和藝術性，管理過程的經濟性和效率等。

1.3.5 項目管理知識構成

項目管理所需的知識既包括了專門知識，也包括一般管理知識，如圖1-5所示。具體內容可歸納如下：

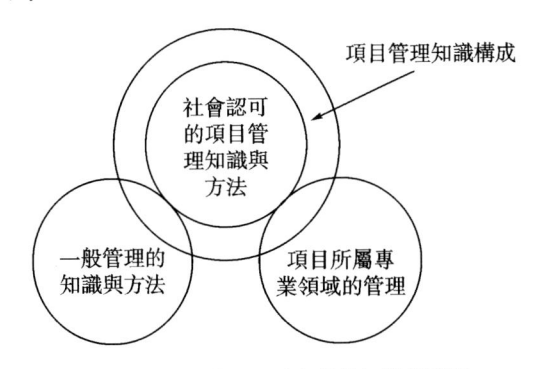

圖1-5 項目管理知識與其他知識的關係

（1）一般管理知識。

一般管理知識體系的主要內容包括：

①對於企業營運過程的管理知識。這包括：企業營運的計劃管理、組織管理、決策、領導和管理控制等方面的內容。

②對於企業資源的管理知識。這包括：企業人力資源管理、財務管理、設備與固定資產管理、信息資源管理、供應與存貨管理等方面的內容。

③一般管理中的專業性管理知識。這包括：企業信息系統的管理、產品與服務質量的管理、企業物流管理、企業形象管理等方面的內容。

(2) 項目所屬專業領域的專業知識。

這是指與具體項目所涉及的專業領域有關的各種專業知識。項目所涉及的專業知識通常包括下列三個方面：

①專業技術知識。這是指項目所涉及的具體專業領域中的專業技術知識。例如，軟件開發項目中的計算機編程技術、新藥研製項目中的藥物毒理和病理知識、建築工程項目中的結構設計和施工技術知識等。

②專業管理知識。這是指項目所涉及的具體專業領域中的專業管理知識。例如，政府性項目中涉及的政府財政撥款等行政管理方面的知識、科技開發項目中的國家或企業的科技政策方面的知識等。

③專門行業知識。這是指項目所涉及的具體產業領域中的一些專門的知識。例如，汽車行業項目中的相關行業知識（相關的能源消耗、環境保護知識等）、化工行業項目中的相關行業知識（相關的流程工業和上、下游行業的知識等）、金融行業項目中的相關行業知識（相關的保險、信託、證券行業知識等）等。

【本章小結】

(1) 項目投資是對特定項目進行的一種投資行為。完整的項目投資管理包括投資項目的論證、決策、實施以及竣工驗收與後評價等全過程的一系列管理。

(2) 項目的特性包括目的性、獨特性、一次性、約束性、項目的創新性和風險性、項目過程的漸進性、項目成果的不可挽回性、項目組織的臨時性和開放性等。

(3) 項目由始到終的整個過程構成了一個項目的生命週期。

(4) 項目與營運主要的不同之處包括工作性質與內容的不同、工作環境與方式的不同、組織與管理上的不同，等等。

(5) 投資是指經濟主體（法人或自然人）為了獲得預期收益而在現時投入生產要素（資金或資源），從而形成資產並實現其增值的經濟活動的總稱。

(6) 投資的特點包括投資資金使用的長期性、投資的風險性與收益性均衡、投資影響的不可逆性等。

(7) 項目管理是運用各種知識、技能、方法與工具，為超越項目有關各方對項目的要求與期望所開展的各種管理活動。

(8) 項目管理的基本特性包括普遍性、創新性、目的性、獨特性、集成性等。

(9) 項目管理與日常營運管理的不同主要表現為管理的對象不同、管理的方法不同、管理的週期不同，等等。

(10) 項目管理所需的知識既包括了專門知識，也包括一般管理知識。

（11）項目投資週期也稱項目投資發展週期，是指一個投資項目從提出項目設想、立項、決策、開發、建設、施工直到竣工投產、進行生產活動和總結評價的全過程。

（12）一個典型項目投資發展週期從項目著手規劃到完成，一般需要經過項目設想、項目初選、項目準備、項目評估、項目實施、項目投產經營和項目評價總結等七個工作階段。

（13）項目投資建設程序，又稱項目建設程序，是指國家按照項目建設的客觀規律制定的項目從設想、選擇、評估、決策、設計、施工、投入生產或交付使用整個建設過程中，各項工作必須遵循的先後次序。

（14）中國規定一般大中型及限額以上項目的基本建設程序可以分為項目建議書階段、可行性研究階段、設計工作階段、建設準備階段、建設實施階段以及竣工驗收階段。

【習題】

一、選擇題

1. （　　）是項目最基本、最主要的特徵。
   A. 一次性　　　　　　　　B. 目標明確
   C. 整體性　　　　　　　　D. 制約性
2. 不屬於項目的選項（　　）
   A. 一個酒店的建設　　　　B. 科研課題
   C. 生產啤酒　　　　　　　D. 寫一篇論文
3. 計劃、組織、指揮、協調、控制是項目管理的（　　）
   A. 基本作用　　　　　　　B. 基本性質
   C. 基本職能　　　　　　　D. 基本內容
4. 項目實施階段的項目管理的主要任務是（　　）。
   A. 確定項目的定義
   B. 通過管理使項目的目標得以實現
   C. 確定項目的範圍
   D. 通過經營使項目的目標得以實現
5. 各類項目管理中，（　　）項目管理是核心。
   A. 業主方　　　　　　　　B. 設計方
   C. 施工方　　　　　　　　D. 供貨方
6. 建設程序，是指建設項目從設想、選擇、評估、決策、設計、施工到竣工驗收過程中，各項工作必須遵循的先後次序的（　　）
   A. 原則　　　　　　　　　B. 法則
   C. 原理　　　　　　　　　D. 規則

二、問答題

1. 什麼是項目？項目的特性有哪些？
2. 根據不同的分類方式，可將項目分為哪些類別？
3. 項目與營運的區別是什麼？項目管理與營運管理的區別是什麼？
4. 什麼是投資？投資的特點有哪些？可以如何分類？
5. 什麼是項目管理？項目管理的特點有哪些？如何分類？
6. 項目管理的知識體系如何構成？
7. 什麼是項目投資週期？
8. 項目投資週期可劃分為哪幾個階段？
9. 什麼是項目投資建設程序？
10. 中國規定一般大中型及限額以上項目的基本建設程序可以分為哪幾個階段？

第一章習題參考答案

2　項目建議書

【本章教學要點】

知識要點	掌握程度	相關知識
初步可行性研究	瞭解	目的、作用，與項目建議書的區別
項目建議書	掌握	內容、與可行性研究的關係、區別

【關鍵詞】

項目建議書　可行性研究

導入案例

雙東鎮生態旅遊養老項目建議書

一、總論

1. 項目名稱：雙東鎮生態旅遊養老項目

2. 項目單位概況：旌陽區雙東鎮，轄區面積79.53平方千米，人口2.66萬人，是美麗的旌城後花園，城市的綠肺，天然的氧吧，其森林覆蓋率47%以上，鎮內青山綠水，鳥語花香，是個觸手可及的樂活小鎮。青山、綠水，沿山生態旅遊帶，八十平方千米天然氧吧任您馳騁；美麗的凱江河畔讓您美不勝收；一年一度的民俗文化賞花節更是熱鬧非凡。

3. 項目擬建地點：旌陽區雙東鎮

4. 項目建設內容與規模：以雙東的優良生態條件和區位優勢以及政策規劃打造一個旅遊休閒區、文化古跡觀光、城郊休閒養老的生態樂活小鎮。

5. 項目年限：1~3年

二、項目建設的必要性和條件

（1）雙東鎮地處德陽市旌陽區東北部深丘，東與中江縣瓦店鄉、南靠旌陽區新中鎮，西鄰旌陽區東湖鄉，北同旌陽區黃許鎮、羅江縣蟠龍鎮相連，是農村綜合改革由原雙東鎮與通江鎮整體合併而成的丘陵農業大鎮。龍鳳村8組約13.3公頃的杏花，龍鳳村8組、翻身村4組、東美村5組約6.67公頃的李花，翻身村3、4、8、12、13組的約46.67公頃梨花，大柏村6、8、9組約13.3公頃的桃花，已初步形成了沿德

（陽）通（江）公路呈梯次的果林觀光帶，一到春天，百花爭豔，與其他鎮相比，雙東鎮具備了獨特的生態資源。

（2）雙東鎮位於德陽城區東北面，這裡是整個德陽森林覆蓋率最高的區域，根據德陽市新一輪規劃，東山沿線以及其東部地區，是城市生態居住的最佳地點，城市生態居住的旅遊資源開發的要地。德陽市正在規劃和待建的華強溝水庫，擬投資10個億，容量4,700平方米，引進人民渠的優質水源，不僅為經濟高速發展和快速城市化擴張提供應用水源，也為德陽、特別是水庫所在地雙東鎮提高了空氣質量，優化了自然生態環境。雙東作為距離德陽城區二十分鐘車程的近郊生態小鎮，鎮內現有6.67公頃李花、46.67公頃梨花、13.3公頃的桃花，已初步形成了沿德（陽）通（江）公路呈梯次的果林觀光帶，一到春天，百花爭豔，與其他鎮相比，雙東鎮具備了獨特的生態資源、具有豐富的生態景觀資源，具有城區所不能比擬的宜居條件和休閒條件。

（3）雙東鎮雖然遠離了108國道以及成綿高速公路，但與規劃中的二環相鄰，遠期發展前景可觀。現有交通線路十分通暢，隨城市交通環線的不斷擴張，雙東就是德陽的後花園。

（4）雙東有豐富的地文景觀，有上百年歷史的美女裸曬山（美女曬），有山體像烏龜的烏龜山，還有綿延300多米的蠻人洞；有川祖廟、神聖庵、美女廟、玉佛寺（經佛教協會批准的佛教聖地，規劃占地10公頃）、東漢崖墓、古津渡、古驛道、古寺廟及張獻忠屯兵遺址等歷史遺址、遺跡。一年一度為期兩週的民俗文化賞花節、民歌對唱吸引無數遊客參觀。

三、建設規模與產品方案

（1）在雙東鎮建設集種植生產、包裝、交易於一體的現代生態農業產業化示範基地；集生態農業觀光、自然養生休閒、生態遊樂、旅遊度假為一體的旅遊度假基地；集生態居住、精緻生活為一體的郊區化養老居家基地；集產業交易、商貿投資、商務活動為一體的和諧財富基地。

（2）旌陽區逍遙谷沿山旅遊經濟帶基礎設施：依靠沿山路、凱江河、交通幹線「工」字形生態旅遊產業帶繼續打造25千米生態長廊。引進天然水源，用於灌溉、養殖水源。

（3）社區氛圍：分養老居住區、生活服務區、健康活動區和養老院四個部分，其中養老居住區分期田園型養老區、陪護型養老區、家居型養老區、自助型養老區和集中型養老區五種類型，戶型分為60～150平方米不等，充分滿足各類目標顧客群的需求。除此之外，生活服務區還設有生態種植基地、康樂中心、小型超市等商業設施滿足老年人日常生活需求。

（4）打造凱江旅遊生態園區：主要依山而建，修建農家樂10餘個，附帶休閒場所數個。能接待假日閒暇、友人相約、家人團聚；在休憩中，或品一杯綠茶，或小酌暢飲，體會著田園風光，驀然回首，欣賞屏山綠障，其中妙處自然不可言喻。擴大魚塘，設休閒垂釣區。完善景點建設和農家樂休閒娛樂區，為景點導入文化內涵，使項目區提檔升級。

四、投資估算及資金籌措

（一）投資估算

（1）生態旅遊觀光區共計1,830萬元。其中：山場整治、道路、開梯、護坡1,000萬元；水上棧橋2座10萬元；涼亭5個20萬元；餐飲食宿用房500萬元；餐飲食宿設施100萬元；景觀和建築小品100萬元；照明、綠化、給排水、停車場、消防等100萬元。

（2）養老公寓7,000萬元，周邊配套3,700萬元，共計10,700萬元。其中：土地成本4,000萬元；建安工程成本2,000萬元；老年公寓建設2,200萬元；生活服務區建設1,800萬元；健康活動區建設400萬元；輔助及公用工程項目300萬元。

（3）項目總投資：12,530萬元。

（二）資金籌措

（1）自籌資金為主

（2）獨資

（3）合資

五、效益分析

（一）經濟效益

（1）本項目實現銷售收入×萬元。詳見表下表：

項目	面積（平方米）	銷售單價（元/平方米）	租用（元/月）
養老居住區	×××	3,000	600
田園養老區（100戶）	×××	4,000	1,000
陪護型養老（220戶）	×××	4,000	1,000
家居型養老區（800戶）	×××	3,500	800
自助型養老區（660戶）	×××	4,200	1,100
集中型養老區（5,700戶）	×××	2,500	500

（2）生態旅遊項目收入：

①固定收入：每年接待5萬人，按人均消費200元計算，共計收入100萬元。

②間接經濟效益：通過項目建設，不僅優化了旅遊產業結構，帶動第三產業發展，而且使人們休閒、養老有了一個好去處，在促進人民身心健康等方面都發揮著積極的作用，由此而產生的間接經濟效益更是難以估算。

（二）社會效益

（1）對國家產業的促進。發展生態旅遊業的養老產業對促進經濟發展和社會和諧有著十分重要的現實意義和深遠的歷史意義。通過政企聯動對產業鏈進行強力整合，將會為中國老年產業帶來一個全新的發展模式。

（2）對區域經濟的利好。將會為地方政府創造高額稅收，提升區域經濟發展。多種業態的進駐，將會消化剩餘勞動力，優化區域產業結構發展。加速區域特色產業的集聚，延長產業鏈條，推進區域整體建設和產業發展。

（3）項目的實施對當地老齡化社會福利事業的影響。圍繞老齡事業與全面建設小康社會協調發展要求，切實加強老齡工作，不斷完善老年人社會保障制度，發展老年服務業，建立健全社區管理和服務體系，增加老年福利設施，開展老年文化體育活動，維護老年人合法權益。

（4）對區域經濟的影響。①直接影響。本項目建設所需的大部分建築材料和設備將由本地區供應，這將給建築業和設備製造業帶來一定的發展機遇，這將直接促進地區經濟的發展。②間接影響。項目建成後，將對德陽市乃至四川省老年人社會福利事業產生積極而又深遠的影響，地方也可從與其相關的諸多產業中的潛在消費中獲取一定的收入，以此增加地方財政收入。

六、結論

通過以上分析可以看出：

（1）該項目符合我市規劃的要求，結合「25千米生態走廊，傾力打造城市後花園」的城鎮建設方向，推廣運動休閒綠色環保理念，提供一種全新的生活方式，是造福子孫後代的利好事業。

（2）可極大地滿足老年人對社會福利設施的需要。在某種意義上使城市的社會化養老服務體系建設更加完善，能夠在更高層次、更高水準上為廣大市民提供全方位的服務，將極大地推動老年福利事業的發展。本項目的實施可以促進雙東鎮乃至整個德陽市內老年福利事業的長足發展，與所在地有較強的互適性，社會可行性良好。

資料來源：http://doc.mbalib.com/view/3345b854ccc7d89f5c5465de83ca60d4.html.

項目建議書是項目投資發展週期中的最初階段，是對投資項目的初步選擇階段，它要對擬建項目提出一個輪廓設想，主要是從宏觀上考察項目建設的必要性、建設條件的可行性和獲利的可能性，並做出項目的投資建議和初步設想，作為選擇投資項目的初步決策依據和進行可行性研究的基礎。因此，項目建議書是要求建設某一具體投資項目的建議性文件。對於政府投資項目，項目建議書是立項的必要程序。對於企業投資項目，在核准和備案過程中各級政府投資主管部門根據需要對項目建議書採取一些靈活要求；企業自主決策過程中，根據自身需要自主選擇前期不同階段的研究成果作為立項依據。

2.1 概述

項目建議書又稱項目立項申請書或立項申請報告，是由項目投資方向其主管部門上報的文件，目前廣泛應用於項目的國家立項審批工作中。項目建議書受項目所在細分行業、資金規模、建設地區、投資方式等不同影響，項目建議書均有不同側重。為了保證項目順利通過地區或者國家發改委批准完成立項備案，項目建議書的編製必須由專業有經驗的諮詢機構協助完成，一些大型項目立項所提交的項目建議書及可行性研究報告必須附帶相應等級的諮詢機構的公章。

政府投資項目按照程序和要求編製和報批項目建議書，企業投資項目可以根據需

要自行決定是否編製項目建議書（初步可行性研究報告）。

2.1.1 項目建議書的作用

項目建議書，對於政府投資項目是決策程序上的要求。同時，對於投資者也是通過初步的研究，判斷項目是否有生命力，是否值得投入更多的人力和資金進行可行性研究，避免造成浪費。

（1）在宏觀上考察擬建項目是否符合國家（或地區或企業）長遠規劃、宏觀經濟政策和國民經濟發展的要求，初步說明項目建設的必要性；初步分析人力、物力和財力投入等建設條件的可能性與具備程度。

（2）經審批後的項目建議書是編製可行性研究報告和作為擬建項目立項的依據。

（3）對於涉及利用外資的項目，項目建議書還應從宏觀上論述合資、獨資項目設立的必要性和可能性；在項目批准立項後，項目建設單位方可正式對外開展工作，編寫可行性研究報告。

2.1.2 項目建議書的編製要求

（1）內容真實：項目建議書涉及的內容以及反應情況的數據，應該盡量真實可靠，減少偏差及失誤。其中所運用的資料、數據，都要經過反覆核實，以確保內容的真實性。

（2）預測準確：項目建議書是投資決策前的活動，具有預測性及前瞻性。它是在事件沒有發生之前的研究，也是對事務未來發展的情況、可能遇到的問題和結果的估計。因此，必須進行深入的調查研究，充分的佔有資料，運用切合實際的預測方法，科學預測未來前景。

（3）論證嚴密：論證性是項目建議書的一個顯著特點。要使其有論證性，必須做到運用系統的分析方法，圍繞影響項目的各種因素進行全面、系統的分析，包括宏觀分析和微觀分析兩方面。

2.1.3 項目建議書與可行性研究報告的區別

中國項目前期工作中的項目建議書和可行性研究報告，在研究範圍和內容結構上基本相同，但因二者所處工作階段的作用和要求不同，研究的目的和工作條件也不同，因而在研究的重點、深度和計算精度上也有所不同。它們之間的主要區別主要有以下五點：

（1）研究任務不同。

項目建議書階段的任務屬於初步可行性研究，其目的只是初步選擇項目以決定是否需要進行下一步工作，所以主要是論證項目的必要性、是否符合國家長遠規劃、地區和行業發展規劃、產業政策和生產力佈局的合理性，建設條件的可能性；而在可行性研究階段，則必須進行全面深入的技術經濟論證，做多方案比較，推薦最佳方案，或者提出充分理由否定該項目，為最終的項目決策提供可靠的依據。

（2）基礎資料和依據不同。

在項目建議書階段，由於缺乏詳細的設計資料和論證材料作為研究工作的基礎，其基本依據是國家的長遠規劃、行業及地區規劃、產業政策，與擬建項目有關的自然資源條件和生產佈局狀況，項目主管部門的有關批准文件，以及初步的市場預測資料等；而在可行性研究階段，除了已批准的項目建議書和初步可行性研究作為依據外，還具有詳細的設計資料和經過深入調查研究後掌握的比較翔實確鑿的數據與資料作為依據。

（3）內容繁簡和深淺程度不同。

項目建議書階段所做工作不要求也不可能做得很詳細，只要求有大致的輪廓，因此其內容較為概略和簡潔。如對項目的生產工藝技術方面的研究，在項目建議書階段只做出初步設想方案和基本的規定；而在可行性研究階段，則要求盡可能詳細，從工藝流程到主要設備選型等都要涉及。在進行項目的經濟評價時，項目建議書階段只作一般的靜態的初步分析，而在可行性研究階段要做出詳細的動態分析評價。

（4）投資估算精度要求不同。

在項目建議書階段所做的項目總投資，一般都是根據國內外類似已建工程的相關數據和生產能力進行測算或對比推算得出的，因此與實際發生的投資額有較大的差距（允許誤差控制在±20%以內）；而在可行性研究階段，則必須對項目所需的各項投資費用，包括固定資產投資、流動資金、建設期貸款利息、物價因素影響的投資等分別進行詳細的精確計算，其誤差控制在±10%以內，資金籌措應有具體方案，項目效益測算以動態為主。

（5）研究成果內容不同。

項目建議書階段的研究成果為項目建議書，並附上市場初步調查報告、建設地點初選報告、初步勘查報告等文件；而可行性研究階段的成果應包括可行性研究報告，並附上市場調查報告、廠址選擇報告、地質勘察報告、水資源及資源調查報告、環境影響評價報告和自然災害預測資料等文件。

隨著《國務院關於投資體制改革的決定》的出抬和落實，中國投資體制改革深入，非政府投資類項目一律改為核准制和備案制，取消審批制。項目建議書和可行性研究報告可以合併。企業只需依法辦理土地使用、城市規劃、環境保護、安全生產、資源利用等許可手續和減免稅確認手續，按照屬地原則向當地發改委進行項目備案即可。

2.2　項目建議書的內容

投資項目建議書主要內容包括：

（1）總論。

總論包括項目名稱、主辦單位基本情況、項目概況、編製依據、主要結論和存在的主要問題和建議。

（2）投資項目建設的必要性和依據。

①項目背景。闡明擬建項目投資建設的理由，概述項目醞釀和策劃的過程，說明

項目建設的主要目的和目標。對改擴建項目要說明現有企業概況；對於引進技術和設備的項目，還要說明國內外技術的差距和概況以及進口的理由、工藝流程和生產條件的概要等。

②宏觀戰略分析。從宏觀層面上提出（或出具）與項目有關的長遠規劃或行業、地區規劃資料，說明項目建設的必要性，闡述擬建項目對相關規劃、產業政策、行業准入條件和政府投資項目相關規定的符合性。

③社會需求和市場需求分析。從社會需求角度，闡述對擬建項目的需求願望和迫切程度。從社會、經濟、技術條件等方面闡述擬建項目建設時機的適當性。對於經營性投資項目，需要闡述國內外同內服務（產品）的供需基本狀況及市場發展前景。

④項目建設的作用及意義。闡述擬建項目對合理利用資源、保護生態環境、促進社會公平、推動技術進步等方面的必要性和意義。闡述擬建項目對促進經濟社會協調發展和可持續性等方面的重要作用。

（3）項目建設內容與建設條件。

①建設目標與功能定位。闡述擬建項目的功能定位、建設目標和建成後滿足需求的程度等。

②建設內容與規模。通過對國內外同類產品的生產能力、銷售情況分析和預測、產品銷售方向和銷售價格的初步分析等，進行擬建項目的市場預測，根據需求分析的結果，確定建設內容，結合有關規範要求及內外部約束條件，綜合確定項目的合理建設規模和服務（產品）方案。

③建設條件。闡述擬建項目所在區域的自然地理、水系概況、氣候特徵、地形地貌、地質構造以及擬建項目所在地和附近相關地區的生態、社會、人文環境等條件，初步確定擬建區域地震基本烈度，並對工程地質環境及主要工程地質問題，提出初步評價意見。

（4）場（廠）址選擇。

①場（廠）址選擇原則。按照土地管理、自然資源和環境保護等法律法規的規定，從區域規劃、地區規劃、節約用地、少占耕地、減少拆遷移民、保護自然環境和生態平衡、場（廠）區合理布置和安全運行燈方面出發，結合項目所處行業及項目自身特點，科學合理地提出項目選址原則。

②場（廠）址方案與場（廠）址選擇。分析項目擬建地點的自然條件和社會經濟條件，論證建設地點是否符合地區佈局的要求。通過擬建項目所在位置及周邊環境等，提出兩個或兩個以上備選方案，通過科學的比較，給出推薦方案和推薦理由。

③徵地拆遷和移民安置。對涉及徵地拆遷的項目，依法提出拆遷補償的主要原則、標準、範圍和方式，初步確定移民安置數量，擬定移民安置原則和初步設想。

④地質災害危險性評估。對於不同性質和類型的項目，應充分考慮行業特點和項目具體情況，結合國家地質災害防治要求等一系列法規，進行地質災害危險性評估，避免和減輕地質災害造成的損失。

（5）技術與配套方案。

①主要生產技術與工藝。如擬引進國外技術，要說明引進的國別以及國內技術與

之相比存在的差距、技術來源、技術鑒定及轉讓等概況。

②主要專用設備來源。如擬採用國外設備，要說明引進的理由以及擬引進國外廠商的概況。

③配套建設方案。分析為滿足擬建項目主體建設目標與功能，除主體建設方案之外的必要配套工程建設方案和營運服務方式及方案。

(6) 資源利用與節約。

①資源利用種類與數量。闡述擬建項目建設期和營運期需要消耗的能源、水、土地及其他資源的種類，初步估算實際用量。

②資源綜合利用方案。按照發展循環經濟、建設節約型社會的要求，從綠色、循環、清潔、低碳的角度，分析資源供應的可能性和可靠性，項目對當地資源承載能力影響等。

③節約措施。闡述擬建項目節能、節水、節地、節才等主要措施。

(7) 環境和生態影響。

①環境和生態現狀。闡述擬建項目建設地點及周邊的自然條件、生態環境、環境質量和容量情況。

②主要污染物。闡述污染物種類，測算其排放量與強度，說明危害物的性質。

③影響分析和防治措施。分析擬建項目對自然、社會、生態可能造成的影響，並提出防治目標和相應措施。

(8) 項目組織與管理。

①建設期及進度安排。根據擬建項目的內外部條件，結合項目特點，分析項目從決策到建成投產、交付使用所需時間，初步提出合理的建設工期和進度安排方案。建設前期工作的安排，應包括涉外項目的詢價、考察、談判、設計等。

②建設期管理組織方案。說明擬建項目管理模式，明確建設單位，提出必要的人員培訓尤其是境外培訓安排和設想等。對於代建制項目，應說明代建制方案。

③項目營運管理設想。分析擬建項目營運期的管理模式、組織機構、定員數量、人員構成和來源、必要的培訓特別是境外培訓安排、營運資金來源等。

(9) 投資估算和資金籌措設想

①編製依據與說明。根據行業特點，確定投資估算的編製方法及依據，說明投資估算的範圍及費用構成。

②投資估算。投資估算既可根據掌握數據的情況進行詳細估算，也可按單位生產能力或類似企業情況進行估算。

③資金籌措。資金籌措計劃中應說明資金來源，利用貸款的需要附上貸款意向書，分析貸款條件及利率，說明償還方式，測算償還能力。

④資金使用計劃。初步提出資金分期使用計劃。

(10) 財務與經濟影響和社會影響分析。

①財務與費用效果分析。計算項目全部投資的內部收益率、貸款償還期等指標及其他必要的指標，進行盈利能力、清償能力初步分析。對於營運期盈利不足或虧損的項目，應提出財務可持續性的措施和建議。

②經濟影響和社會影響分析。分析擬建項目對地區或區域經濟發展的影響，當地社會環境對擬建項目的適應性和可接受程度，明確可能出現的風險，估計風險可能導致的後果以及提出規避風險的建議。

（11）有關的初步結論和建議。

包括項目概論提出的相關結論，明確是否可以進行下一步工作。對於技術引進和設備進口項目建議書，還應具備邀請外國廠商來華進行技術交流的計劃、出國考察計劃以及可行性研究工作的計劃（如聘請外國專家指導或委託諮詢的計劃）等附件。

【本章小結】

（1）中國投資項目決策可以分為投資機會研究階段、項目建議書階段、可行性研究階段、項目評估階段和項目決策審批階段。

（2）項目建議書是項目發起人向權力部門提出的要求建設某一項目的建議文件，是對建設項目的輪廓設想，是從擬建項目建設的必要性及大方向的可能性加以考慮的。

（3）項目建議書是項目投資發展週期中的最初階段，是對投資項目的初步選擇階段，它要對擬建項目提出一個輪廓設想，主要是從宏觀上考察項目建設的必要性、建設條件的可行性和獲利的可能性，並做出項目的投資建議和初步設想，作為選擇投資項目的初步決策依據和進行可行性研究的基礎。

（4）項目建議書和可行性研究報告，在研究範圍和內容結構上基本相同，但因二者所處工作階段的作用和要求不同，研究的目的和工作條件也不同，因而在研究的重點、深度和計算精度上也有所不同。

【習題】

一、選擇題

1. 關於項目建議書的正確說法是（　　）。
   A. 項目建議書被批准，則項目立項
   B. 項目建議書被批准是可行性研究的前提
   C. 項目建議書由建設主管部門批准
   D. 各類項目的建議書內容必須相同
2. 中國投資項目決策程序中，提出項目後，應該（　　）。
   A. 編製可行性研究報告　　　　B. 決策部門提出審批意見
   C. 提出項目建議書　　　　　　D. 編製項目申請報告
3. 項目建議書是可行性研究的依據，（　　）一般不屬於項目建議書的內容。
   A. 設備選型　　　　　　　　　B. 建設背景和必需的條件
   C. 市場規模　　　　　　　　　D. 產品方案

4. 項目建設的必要性論證中需注意的問題是（　　）。
   A. 對項目區存在的問題要進行深入調查和分析，瞭解問題的癥結所在，盡量採用翔實具體的數據資料，客觀真實地反應問題和影響
   B. 分析地區國民經濟和社會發展規模及預測指標以及論證對水利建設的需求時，要有可靠充分的依據，避免預測指標擴大化、盲目化
   C. 應盡可能量化計算擬建項目對促進經濟社會發展、減少災害損失等方面的作用和直接、間接效益、確實無法準確、可靠地計算量化效益時，應進行效果分析，並注意對問題、需求與作用三者關係的協調
   D. 針對滿足流域和區域治理、開發、保護要求而確定的水利水電工程興利除害等方面的功能性任務
5. 項目建議書階段，要基本選定和基本確定的主要內容包括（　　）。
   A. 工程登記標準和總體佈局　　B. 工程任務和工程規模
   C. 施工導流方式和施工總布置　　D. 建設徵地範圍
   E. 機電及金屬結構主要設備選型

二、問答題：
1. 項目建議書的作用與編製要求是什麼？
2. 項目建議書的內容包括什麼？
3. 項目建議書與可行性研究報告的區別與聯繫是什麼？

第二章習題參考答案

3 項目投資可行性研究

【本章教學要點】

知識要點	掌握程度	相關知識
可行性研究	掌握	概念、作用、工作階段、工作程序、可行性研究報告
項目評估	理解	概念、作用、內容、工作程序、與可行性研究報告的關係

【關鍵詞】

項目建議書　可行性研究　項目評估

導入案例

鄉鎮衛生院週轉宿舍建設項目可行性研究報告（略）①

項目可行性研究是項目投資管理的一個主要環節，作為一種決策技術，是技術經濟學的重要組成部分。在項目投資發展週期中，可行性研究處於項目決策前期工作的關鍵階段，其結論是項目投資決策的重要依據。可行性研究主要採用動態和靜態相結合、定量分析與定性分析相結合、宏觀效益分析與微觀效益分析相結合的方法，對項目建設的必要性和可行性進行全面的論證和評價。

3.1 項目投資可行性研究概論

可行性研究是項目前期工作的最重要內容，它是在項目投資決策前，對項目進行全面的技術經濟分析論證的科學方法和工作階段。

3.1.1 可行性研究的概念

可行性研究是在投資決策前，對與擬建項目有關的社會、經濟、技術等各方面進

---

① https://wenku.baidu.com/view/ad4170a72e3f5727a4e96267.html.

行深入細緻的調查研究，對各種可能擬定的技術方案和建設方案進行認真的技術經濟分析和比較論證，對項目建成後的經濟效益進行科學的預測和評價。在此基礎上，對擬建項目的技術先進性和適用性、經濟合理性和有效性以及建設必要性和可行性進行全面分析、系統論證、多方案比較和綜合評價，由此得出該項目是否應該投資和如何投資等結論性意見，為項目投資決策提供可靠的科學依據。

可行性研究的任務主要是根據國民經濟長期規劃和地區規劃、行業規劃的要求，對擬建項目進行投資方案規劃、工程技術論證、社會與經濟效果預測和組織機構分析，經過多方面的計算、分析、論證和評價，為項目決策提供可靠的依據和建議。因此，項目可行性研究是保證建設項目以最少的投資耗費取得最佳經濟效果的科學手段，也是實現建設項目在技術上先進、經濟上合理和建設上可行的科學方法。

3.1.2 可行性研究的作用

作為建設項目決策期工作的核心和重點的可行性研究工作，在整個項目週期中，發揮著非常重要的作用。可行性研究的最終成果是可行性研究報告，它是投資者在前期準備工作階段的綱領性文件，是進行其他各項投資準備工作的主要依據。對於投資者而言，可行性研究有如下作用：

（1）為投資者進行投資決策提供依據。進行可行性研究是投資者在投資前期的重要工作。項目的成功與否受到自然的、技術的、經濟的、社會的諸多不確定因素的影響，投資者需要委託有資質、有信譽的投資諮詢機構或通過多方論證，在充分調研和分析論證的基礎上，提出可靠的或合理的建議，並編製可行性研究報告，其結論將作為投資決策的主要依據。

（2）為項目融資提供依據。金融機構在受理項目貸款申請時，首先要求申請者提供可行性研究報告，然後對其進行全面細緻的審查和分析論證，在此基礎上編製項目評估報告，評估報告的結論是銀行確定貸款與否的重要依據。

（3）為與其他單位進行商務談判和簽訂合同、協議提供依據。根據可行性研究報告的內容，可以與有關單位簽訂項目設備訂貨合同、原材料供應合同、銷售合同，與供水、供電、供氣、通信和原材料等單位或部門簽訂協作配套協議。

（4）為工程進行設計、實施提供依據。在可行性研究報告中，對項目的建設規模、場址選擇、生產工藝、設備選型等都做了比較詳細的說明。可行性研究報告在獲得批准後，即可以作為項目編製設計和進行建設工作的依據。

（5）作為環保部門、規劃部門審批項目的依據。

（6）作為施工組織、工程進度安排及竣工驗收的依據。

（7）作為項目後評價的依據。

（8）作為企業組織管理、機構設置、勞動定員、職工培訓等企業管理工作的依據。

3.1.3 可行性研究的依據

一個擬建項目的可行性研究，必須在國家有關的規劃、政策、法規的指導下完成，同時，還必須要有相應的各種技術資料。進行可行性研究工作的主要依據包括：

（1）國家經濟和社會發展的長期規劃、部門與地區規劃、經濟建設的指導方針、任務、產業政策、投資政策和技術經濟政策以及國家和地方法規等。

（2）經過批准的項目建議書和在項目建議書批准後簽訂的意向性協議等。

（3）由國家批准的資源報告、國土開發整治規劃、區域規劃和工業基地規劃。對於交通運輸項目建設要有有關的江河流域規劃與路網規劃等。

（4）國家進出口貿易政策和關稅政策。

（5）當地的擬建廠址的自然、經濟、社會等基礎資料。

（6）有關國家、地區和行業的工程技術、經濟方面的法令、法規、標準定額資料等。

（7）由國家頒布的建設項目可行性研究及經濟評價的有關規定。

（8）包含各種市場信息的市場調研報告。

3.1.4 可行性研究的工作階段

聯合國工業發展組織編寫的《工業項目可行性研究手冊》把投資前期的可行性研究工作分為機會研究、初步可行性研究、可行性研究和項目評估決策四個階段。由於基礎資料的佔有程度和研究深度與可靠程度各不相同，建設前期的各個工作階段的研究性質、工作目標、工作要求及作用、工作時間與費用各不相同，如表3-1所示。一般說來，各階段研究的內容由淺入深，項目投資和成本估算的精度要求由粗到細，研究工作量由小到大，研究的目標和作用逐步提高，因而研究工作時間和費用也逐漸增加。

表3-1　　　　　　　　可行性研究各階段工作的區別

研究階段	研究性質	研究目的和內容	研究要求	研究作用	估算精度	研究費用（%）	工作時間（月）
機會研究	項目設想	鑑別投資方向，尋找投資機會，選擇項目，提出項目建議書	編製項目建議書	為初步選擇投資項目提供依據	±30%	0.2~1.0	1~3
初步可行性研究	項目初選	對項目做初步評價，進行專題輔助研究，廣泛分析、篩選方案，確定項目的初步可行性	編製初步可行性研究報告	判斷是否有必要進行下一步詳細可行性研究，進一步判明建設項目的生命力	±20%	0.25~1.25	4~6
可行性研究	項目準備	對項目進行深入的技術經濟論證，重點針對項目的技術方案和經濟效益進行分析評價，多方案比選，給出結論性意見	編製可行性研究報告	作為項目投資決策的基礎和重要依據	±10%	0.8~1.0 1.0~3.0	8~12
項目評估	項目評估	綜合分析各種效益，對可研報告進行全面審核和評估，分析判斷可研報告的可靠性和真實性	提出項目評估報告	為投資決策者提供最後決策依據，決定項目取捨和選擇最佳投資方案	±10%	—	—

（1）機會研究階段。

機會研究階段是可行性研究的起點。機會研究的目的是為建設項目的投資方向和設想提出建議。在中國，應根據國民經濟發展的長遠規劃，行業、地區規劃，經濟建設方針，建設任務和技術經濟政策，在一個確定的地區或部門內，結合自然資源、市場預測和建設佈局等條件，通過調查、預測和分析研究，選擇建設項目，尋找投資的有利機會。

機會研究可分為一般研究（如地區、行業或部門、資源的機會研究）和項目的機會研究。一般機會研究是指對某個指定的地區、行業或部門鑑別各種投資機會，或是識別利用以某種自然資源或工農業產品為基礎的投資機會研究。這項研究一般是由國家機構或公共機構進行，作為制定經濟發展計劃的基礎。在對這些投資機會做出最初鑑別之後，再進行項目的機會研究，將項目設想轉變為概括的項目投資建議，以引起投資者的注意，使其做出投資回應，並從幾個有投資機會的項目中迅速而經濟地做出抉擇。然後編製項目建議書，為初步選擇投資項目提供依據。經批准後，列入項目建設前期工作計劃，作為國家對投資項目的初步決策。

由於這一階段的研究工作比較粗略，一般是根據相類似條件和背景的項目來估算投資額與生產成本，初步分析建設投資效果，提供一個或一個以上可能進行建設的投資項目和投資方案。這個階段所估算的投資額和生產成本的精確程度控制在±30%，大中型項目的機會研究所需時間約在1~3個月，所需費用約占投資總額的0.2%~1.0%。如果投資者對這個項目感興趣，則可再進行下一步的可行性研究工作。

機會研究要解決兩個方面的問題：①機會是否需要；②有沒有可以開展項目的基本條件。

（2）初步可行性研究階段。

初步可行性研究也稱預可行性研究，是正式的詳細可行性研究前的預備性研究階段。初步可行性研究是投資項目機會研究階段和詳細可行性研究的中間性或過渡性研究階段。項目建議書經國家相關部門審定同意後，對於投資規模較大、工藝技術複雜的大中型骨幹建設項目，僅靠機會研究還不能決定取捨，在開展全面研究工作之前，往往需要先進行初步可行性研究，進一步判明建設項目的生命力。這一階段的主要工作目標是：

①分析機會研究的結論，並在佔有詳細資料的基礎上做出初步投資估價。需要深入研究項目的規模、原材料資源、工藝技術、廠址、組織結構和建設進度等情況，進行經濟效果評價，以判定是否有可能和必要進行下一步的詳細可行性研究。

②對某些關鍵性問題進行專題的輔助研究。例如，市場需求預測和競爭能力研究，原料輔助材料和燃料動力等供應和價格預測研究，工廠中間試驗、廠址選擇、合理經濟規模以及主要設備選型等研究。在廣泛的方案分析比較論證後，對各類技術方案進行篩選，選擇效益最佳方案，排除不利方案，縮小下一階段的工作範圍和工作量，盡量節省時間和費用。

③鑒定項目的選擇依據和標準，確定項目的初步可行性。根據初步可行性研究結果編製初步可行性研究報告，判定是否有必要繼續進行研究，如通過所獲資料的研究

確定該項目設想不可行，則立即停止工作。本階段是項目初選階段，研究結果應做出是否投資的初步決定。

④初步可行性研究是介於機會研究和可行性研究的中間階段，其研究內容和結構基本相同，主要區別是所獲資料的詳盡程度不同，研究的深度不同。對建設投資和生產成本的估算精度一般要求控制在±20%，研究所需時間為4~6個月，所需費用約占投資總額的0.25%~1.25%。

（3）可行性研究階段。

可行性研究也稱詳細可行性研究。這是建設項目投資的基礎，它為項目決策提供技術、經濟、社會和財務方面的評價依據，為項目的具體實施提供科學依據。因此，這個階段是進行詳細深入的技術經濟分析的論證階段，其主要目標有：

①必須深入研究有關產品方案、生產綱領、資源供應、廠址選擇、工藝技術、設備選型、工程實施進度計劃、投資籌措計劃以及組織管理機構和定員等各種可能選擇的技術方案，進行全面深入的技術經濟分析和比選工作，並推薦一個可行的投資建設方案。

②著重對投資總體建設方案進行企業財務評價、國民經濟效益和社會效益的分析與評價，對投資方案進行多方案比選，確定一個能使項目投資費用和生產成本降到最低限度並能取得顯著經濟效益和社會效益的最佳建設方案。

③確定項目投資的最終可行性和選擇依據標準。對擬建項目提出結論性意見。可行性研究得結論，可以推薦一個認為最好的建設方案，也可以提出可供選擇的方案，說明各自的利弊和可能採取的措施，或者也可提出不可行的結論。按照可行性研究結論編製出可行性研究報告，作為項目投資決策的基礎和重要依據。

④可行性研究是項目的定性階段，也是項目決策研究的關鍵環節，並為下一步工程設計提供基礎資料和決策依據。因此，在此階段，要求建設投資和生產成本計算精度控制在±10%以內，研究工作所花費的時間為8~12個月，所需費用對於中小型項目約占總投資的1.0%~3.0%，對於大中型項目約占總投資的0.8%~1.0%。

（4）項目評估階段。

項目評估是由投資決策部門組織和授權國家開發銀行、建設銀行、投資銀行、國防工程諮詢公司或有關專家，代表國家對上報的建設項目可行性研究報告進行的全面審核和再評價。其主要任務是對擬建項目的可行性研究報告提出評價意見，最終決策該項目投資是否可行，確定最佳投資方案。項目評估是可行性研究報告的基礎上進行的，其內容包括：

①全面審核可行性研究報告中反應的各項情況是否屬實；

②分析項目可行性研究中各項指標計算是否都正確，包括各種參數、基礎數據、定額費率的選擇；

③從企業、國家、社會等方面綜合分析和判斷項目的經濟效益和社會效益；

④分析和判斷項目可行性研究的可靠性、真實性和客觀性，對項目做出取捨的最終投資決策；

⑤寫出項目評估報告。

3.2　項目投資可行性研究的工作程序與研究內容

項目可行性研究是一項涉及多學科、多領域的系統分析工作，其內容涵蓋社會政治生活和社會經濟生活的各個方面，具有極強的綜合性、邏輯性與科學性。

3.2.1　可行性研究的工作程序

根據中國現行的項目建設程序和國家頒布有關可行性研究的管理辦法，可行性研究的工作程序如下：

（1）建設單位提出項目建議書和初步可行性研究報告。

各部、省、自治區、市和全國性工業公司以及現有的企事業單位，根據國家經濟發展的長遠規劃、經濟建設的方針任務和技術經濟政策、結合資源情況、建設佈局等條件，在廣泛調查研究、收集資料、踏勘建設地點、初步分析投資效果的基礎上，提出需要進行可行性研究的項目建議書和策劃部可行性研究報告。跨地區、跨行業的建設項目以及對國計民生有重大影響的大型項目，由有關部門和地區聯合提出項目建議書和初步可行性研究報告。

（2）項目業主、承辦單位委託有資格的單位進行可行性研究工作。

各級計劃部門匯總和平衡項目建議書、當項目建議書經相關部門評估同意，並經審定批准後，該項目即可立項。項目業主或承辦單位可委託經過資格審定的工程諮詢公司（或設計單位）著手編製擬建項目的可行性研究報告。在委託合同中，應規定研究工作的依據、研究的範圍和內容、前提條件、研究工作的質量和進度安排、費用支付辦法以及合同雙方的責任、協作方式和關於違約處理的辦法等。

（3）諮詢或設計單位進行可行性研究工作。

合同簽訂後，諮詢或設計單位即可根據合同開展可行性研究工作，一般按照以下步驟展開工作：

①組織人員與制訂計劃。

承擔可行性研究的單位在承接任務後，需獲得項目建議書和有關項目背景與指示文件，摸清委託者的目標、意見和要求，明確研究內容，即可組成可行性研究工作小組或項目組，確定項目負責人和專業負責人。項目組根據書面任務書，研究工作範圍和要求，制定項目工作計劃和安排具體實施進度。

②調查研究與收集資料。

項目組在摸清了委託單位對項目建設的意圖和要求後，即應組織收集和查閱與項目有關的自然環境、經濟與社會等基礎資料和文件資料，並擬定調研提綱，組織人員赴現場進行實地踏勘與抽樣調查，收集整理所得的設計基礎資料。必要時還需進行專題調查、試驗和研究。

這個階段主要是通過實際調查和技術經濟研究，進一步明確擬建項目的必要性和現實性。調查研究主要從市場調查和資源調查兩方面入手。市場調查要查明和預測社

會對產品需求量、產品價格和市場競爭能力，以便確定項目產品方案和經濟規模；資源調查包括原材料、能源、廠址、工藝技術、勞動力、建材、運輸條件、外圍基礎設施、環境保護、組織管理和人員培訓等自然、社會、經濟的調查。為選定建設地點、生產工藝、技術方案、設備選型、組織機構和定員等提供確切的技術經濟分析資料。通過論證分析，研究項目建設的必要性。

③方案設計和優選。

根據項目建議書要求，結合市場和資源調查，在收集到一定的基礎資料和基準數據的基礎上，建立幾種可供選擇的技術方案和建設方案，結合實際條件進行多次反覆的方案論證比較，合同委託部門明確選擇方案的重大原則問題和優選標準，從若干方案中選擇或推薦最優或次優方案，研究論證項目在技術上的可行性。進一步確定產品方案、生產經濟規模、工藝流程、設備選型、車間組成、組織機構和人員配備等總體建設方案，以備做進一步的綜合經濟評價。在方案設計和優選中，對重大問題或有爭論的問題，要會同委託部門共同討論確定。

④經濟分析和評價。

項目經濟分析人員根據調查資料和領導機關有關規定，選定與本項目有關的經濟評價基礎數據和定額指標參數，列表並指明數據來源。

應對所選擇確定的最佳建設總體方案進行詳細的財務預測、財務效益分析、國民經濟評價和社會效益評價。從測算項目建設投資、生產成本和銷售利潤入手，進行項目盈利性分析、費用效益分析和社會效益與影響分析，研究論證項目在經濟上和社會上的盈利性和合理性，進一步提出資金籌集建議和制定項目實施總進度計劃。當項目的經濟評價結論不能滿足國家要求時，可對建設方案進行調整或重新設計。

⑤編寫可行性研究報告。

對建設項目進行了認真的技術經濟分析論證，證明了項目建設上的必要性、技術上的可行性和經濟上與社會上的合理性後，即可編製詳盡的可行性研究報告，推薦一個以上項目建設可行性方案和實施計劃，提出結論性意見和重大措施建議，為決策部門的最終決策提供科學依據。也可提出項目不可行的結論意見或項目改進的建議。

3.2.2　可行性研究報告的內容

不同的項目，其具體研究內容也不相同。根據《投資項目可行性研究指南》，其內容包括：

（1）項目興建理由與目標。

項目興建理由與目標的研究，是根據已確定的初步可行性研究報告（或者項目建議書），從總體上進一步論證項目提出的依據、背景、理由和預期目標，即進行項目建設必要性分析；與此同時，分析論證項目建設和生產營運必備的基本條件及其獲得的可能性，即進行項目建設可能性分析。對於確實必要又有可能建設的項目，繼續進行可行性研究，開展技術、工程、經濟、環境等方案的論證、比選和優化工作。

①項目興建理由。

對項目興建理由的分析，一般應從項目本身和國民經濟兩個層次上進行。

項目層次：項目業主或投資人興建項目的理由，或者是為了向社會提供產品、服務的同時獲取合法利潤或投資回報，或者是為了促進國家、地區經濟和社會發展。項目層次的分析，應側重從項目產品和投資效益角度論證興建理由是否充分合理。

國民經濟層次：有些項目興建的理由從項目層次看可能是合理的、可行的，但從國民經濟全局看就不一定合理、可行。因此，對那些受宏觀經濟條件制約較大的項目，應進行國民經濟層次分析。例如，分析擬建項目是否符合合理配置和有效利用資源的要求；是否符合區域規劃、行業發展規劃、城市規劃、水利流域開發規劃、交通路網規劃的要求；是否符合國家技術政策和產業政策的要求；是否符合保護環境、可持續發展的要求等。

通過以上兩個層次的分析，判別項目建設的理由是否充分、合理，以確定項目建設的必要性。

②項目預期目標。

根據項目興建的理由，對初步可行性研究研究報告提出的擬建項目的輪廓和預期達到的目標進行總體分析論證。分析論證的內容主要有：項目建設內容和建設規模，技術裝備水準、產品性能和檔次，成本、收益等經濟目標，項目建成後在國內外同行業中所處的位置或者在經濟和社會發展中的作用等。

通過分析論證，判別項目預期目標與項目興建理由是否吻合，預期目標是否具有合理性與現實性。

③項目建設基本條件。

對於確需建設且目標合理的項目，應分析論證其是否具備建設的基本條件。一般應分析市場條件、資源條件、技術條件、資金條件、環境條件、社會條件、施工條件、法律條件以及外部協作配套條件等對擬建項目支持和滿足的程度，考察項目建設和營運的可能性。

（2）市場預測。

市場預測是對項目產出品和所需的主要投入品的市場容量、價格、競爭力以及市場風險進行分析預測。市場預測的結果為確定項目建設規模和產品方案提供依據。

①市場預測內容。

市場預測主要圍繞與項目產品相關的市場條件展開。由於項目產品的多樣性，既包括為特定使用人提供的有形產品、無形產品，還包括為社會公眾提供使用或服務的公共產品，如鐵路、公路、城市基礎設施，因此市場預測的具體內容有很大差異，但就其基本內容和方法而言又是相通的。

市場預測的時間跨度應根據產品的生命週期、市場變化規律以及佔有數據資料的時效性等情況綜合確定。競爭性項目的產品，預測時段一般為10年左右；更新換代快、生命週期短的產品，預測時段可適當縮短；大型交通運輸、水利水電等基礎設施項目，預測時段可適當延長。市場預測範圍應包括國內外兩個市場，並應進行區域市場分析。市場預測深度應滿足確定項目建設規模與產品方案的要求。

②市場現狀調查。

主要是調查擬建項目同類產品的市場容量、價格以及市場競爭力現狀。

市場容量現狀調查主要是調查項目產品在近期和預測時段的市場供需總量及其地區分佈情況，為項目產品供需預測提供條件。調查內容應包括國內外市場供應現狀和項目產品的進出口現狀。

　　價格現狀調查主要是調查項目產品的國內外市場價格、價格變化過程及變化規律，分析價格形成機制。

　　市場競爭力現狀調查主要是分析項目產品目前國內外市場競爭程度，市場競爭的主要對手的生產、行銷及其競爭力情況等。

　　③產品供需預測。

　　產品供需預測是利用市場調查和所獲得的信息資料，對項目產品未來市場供應和需求的數量、品種、質量、服務進行定性與定量分析。

　　產品供需預測應考慮以下因素：國民經濟與社會發展對項目產品供需的影響；相關產業產品和上下游產品的情況及其變化，對項目產品供需的影響；產品結構變化，產品升級換代情況；項目產品在其生命週期中所處階段對供需的影響；不同地區和不同消費群體的消費水準、消費習慣、消費方式及其變化，對項目產品供需的影響；涉及進出口的項目產品，應考慮國際政治經濟條件及貿易政策變化對供需的影響。

　　④價格預測。

　　項目產品價格是測算項目投產後的銷售收入、生產成本和經濟效益的基礎，也是考察項目產品競爭力的重要方面。預測價格時，應對影響價格形成與導致價格變化的各種因素進行分析，初步設定項目產品的銷售價格和投入品的採購價格。進行價格預測時應考慮以下因素：項目產品國際市場的供需情況、價格水準和變化趨勢；項目產品和主要投入品國內市場的供需情況，價格水準和變化趨勢；項目產品和主要投入品的運輸方式、運輸距離、各種費用對價格的影響；新技術、新材料產品和新的替代品對價格的影響；國內外稅費、利率、匯率等變化以及非貿易壁壘對價格的影響；項目產品的成本對價格的影響；價格政策變化對項目產品價格的影響。

　　進行價格預測時，不應低估投入品的價格和高估產出品的價格，避免預測的項目經濟效益失真。

　　在價格預測方法上，一般可採用迴歸法和比較法。

　　⑤競爭力分析。

　　競爭力分析是研究擬建項目在國內外市場競爭中獲勝的可能性和獲勝能力。進行競爭能力分析，既要研究項目自身競爭能力，又要研究競爭對手的競爭力，並進行對比。在競爭力優勢和劣勢的分析中，應從以下幾方面進行分析：自然資源佔有的優勢、劣勢；工藝技術和裝備的優勢、劣勢；規模效益的優勢、劣勢；新產品開發能力的優勢、劣勢；產品質量性能的優勢、劣勢；價格的優勢、劣勢；商標、品牌、商譽的優勢、劣勢；項目區位的優勢、劣勢；人力資源的優勢、劣勢。

　　選擇項目目標市場範圍內，占市場份額較大、實力較強的幾家競爭對手，將項目自身條件與競爭對手條件的優勢、劣勢對比並排序，編製競爭力對比分析表。

　　對市場競爭比較激烈的項目產品，應進行行銷策略分析，研究項目產品進入市場和擴大銷售份額在行銷方面應採取的策略。

⑥市場風險分析。

在可行性研究中，市場風險分析是在產品供需、價格變動趨勢和競爭能力等常規分析已達到一定深度要求的情況下，對未來國內外市場某些重大不確定因素發生的可能性及其可能對項目造成的損失程度進行分析。市場風險分析可以定性描述，估計風險程度，也可定量計算風險發生的概率，分析對項目的影響程度。

（3）資源條件評價。

礦產資源、水利水能資源和森林資源等是資源開發項目的物質基礎，直接關係到項目開發方案和建設規模的確定。資源開發項目包括：金屬礦、煤礦、石油天然氣礦、建材礦、化學礦、水利水電和森林採伐等項目。在可行性研究階段，應對資源開發利用的可能性、合理性和資源的可靠性進行研究和評價，為確定項目的開發方案和建設規模提供依據。

（4）建設規模與產品方案。

建設規模與產品方案是在市場預測和資源評價（指資源開發項目）的基礎上，論證比選擬建項目的建設規模和產品方案，作為確定項目技術方案、設備方案、工程方案、原材料供應方案及投資估算的依據。

①建設規模方案選擇。

建設規模也稱為生產規模，是指項目設定的正常生產營運年份可能達到的生產能力或者使用效率。不同類型項目建設規模的表述不同，工業項目通常以年產量、年加工量、裝機容量等表示，農林水利項目以年產量、種植面積、灌溉面積、防洪防澇面積、水庫容量、供水能力等表示，交通運輸項目以運算能力、吞吐能力等表示，城市基礎設施項目和服務行業項目以年處理量、建築面積、服務能力等表示，生產多種產品的項目一般以主要產品的生產能力表示該項目的建設規模。

確定建設規模一般應考慮以下因素：合理經濟規模；市場容量對項目規模的影響；環境容量對項目規模的影響；資金、原材料以及主要外部協作條件等對項目規模的滿足程度。此外，不同行業、不同類型的項目還應考慮相關因素。

②產品方案選擇。

產品方案是研究擬建項目生產的產品品種及其組合的方案。生產多種產品的擬建項目，應研究其主要產品、輔助產品、副產品的種類及其生產能力的合理組合。

確定產品方案一般應研究以下主要因素和內容：市場需求、產業政策、專業化協作、資源綜合利用、環境條件、原材料燃料供應、技術設備條件、生產儲運條件。

③建設規模與產品方案比選。

經過對建設規模與產品方案的論證，提出兩個或兩個以上的方案進行比選，分別說明各方案的優缺點，並提出推薦方案。比選內容主要有：單位產品生產能力（或者使用效益）投資、投資效益（即投入產出比、勞動生產率等）、多產品項目資源綜合利用方案與效益等。

（5）場（廠）址選擇。

可行性研究階段的場（廠）址選擇，是在初步可行性研究或項目建議書規劃選擇已確定的建設地區和地點範圍內，進行具體坐落位置選擇。

①場（廠）址選擇的基本要求。

a. 節約用地，少占耕地。建設用地應因地制宜，優先考慮利用荒地、劣地、山地和空地，盡可能不占或少占耕地，並力求節約用地。

b. 減少拆遷移民。工程選址、選線應著眼於少拆遷、少移民，盡可能不靠近、不穿越人口密集的城鎮或居民區。

c. 有利於場區合理布置和安全運行。場（廠）址選址應滿足生產工藝要求，場區布置緊湊合理，有利於安全生產運行。

d. 有利於保護環境和生態，有利於保護風景區和文物古跡。

交通運輸項目選線應有利於沿線地區的經濟和社會發展，技術改造項目應充分利用原有場地。

②場（廠）址選擇內容。

不同行業項目選址場址需要研究的具體內容、方法和遵循的規程規範不同，其稱謂也不同，如工業項目稱廠址選擇，水利水電項目稱場址選擇，鐵路、公路、城市軌道交通項目稱線路選擇，輸油氣管道、輸電和通信線路項目稱路徑選擇。場址選擇應研究的主要內容包括：場址位置、占地面積、地形地貌氣象條件、地震情況、工程地質水文地質條件、徵地拆遷移民安置條件、交通運輸條件、水電等供應條件、環境保護條件、法律支持條件、施工條件等。

③場（廠）址方案比選

通過上述研究，對多個場（廠）址方案進行工程條件和經濟性條件的比較。其中，經濟性條件比選的內容，一是建設投資比較，而是營運費用比較。通過工程條件和經濟性條件比較，提出推薦場（廠）址方案，並繪製場（廠）址地理位置圖。在地形圖上，標明場（廠）址的四周界址、場（廠）址內生產區、辦公區、場（廠）外工程、取水點、排污點、堆場、運輸線等位置以及與周邊建築物、設施的相互位置。

（6）技術方案、設備方案和工程方案。

項目的建設規模與產品方案確定後，應進行技術方案、設備方案和工程方案的具體研究論證工作。技術、設備與工程方案構成項目的主體，體現項目的技術和工藝水準，也是決定項目是否經濟合理的重要基礎。

①技術方案選擇。

技術方案，主要指生產方法、工藝流程等。

其中，生產方法選擇的內容主要包括：

a. 研究與項目產品相關的國內外各種生產方法，分析其優缺點及發展趨勢，採用先進適用的生產方法。

b. 研究擬採用的生產方法是否與採用的原材料相適應。

c. 研究擬採用生產方法的技術來源的可得性，若採用引進技術或專利，應比較購買技術或者專利所需的費用。

d. 研究擬採用生產方法是否符合節能和清潔生產要求，力求能耗低、物耗低、廢物少。

工藝流程選擇的內容主要包括：

a. 研究工藝流程對產品質量的保證程度。
　　b. 研究工藝流程各工序之間的合理銜接，工藝流程應通暢、簡捷。
　　c. 研究選擇先進合理的物料消耗定額。
　　d. 研究選擇主要工藝參數，如壓力、溫度、真空度，等等。
　　e. 研究工藝流程的柔性安排，既能保證主要工序生產的穩定性，又能根據市場需要的變化，使生產的產品在品種規格上保持一定的靈活性。
　　在對技術方案的比選論證上，比選內容應包括：技術的先進程度，技術的可靠程度，技術對產品質量性能的保證程度，技術對原材料的適應性，工藝流程的合理性，自動化控制水準，技術獲得的難易程度，對環境的影響程度以及購買技術或者專利費用等技術經濟指標。
　　對於技術改造項目技術方案的比選論證，還要與企業原有技術方案進行比較。
　　②主要設備方案選擇。
　　設備方案選擇是在研究和初步確定技術方案的基礎上，對所需主要設備的規格、型號、數量、來源、價格等進行研究比選。
　　在調查研究國內外設備製造、供應以及運行狀況的基礎上，對擬選的主要設備做多方案比選，提出推薦方案。比選內容主要是各設備方案對建設規模的滿足程度，對產品質量和生產工藝要求的保證程度，設備使用壽命，物料消耗指標，備品備料保證程度，安裝試車技術服務以及所需設備投資等。採用的比選方法主要以定性分析為主，輔之以定量分析方法。定性分析是將各設備方案的內容進行分析對比，定量分析一般包括計算營運成本、壽命週期費用和差額投資回收期等指標。
　　③工程方案選擇。
　　工程方案是在已選定項目建設規模、技術方案和設備方案的基礎上，研究論證主要建築物、構築物的建造方案。
　　在研究內容上，一般工業項目的廠房、工業窯爐、生產裝置等建築物、構築物的工程方案，主要研究其建築特徵（面積、層數、高度、跨度），建築物構築物的結構形式以及特殊建築要求，基礎工程方案，抗震設防等。
　　礦產開採項目的工程方案主要研究開採方式。根據礦體分佈、形態、產狀、埋藏深度、地質構造等條件，結合礦產品位、可採資源量，確定井下開採或者露天開採的工程方案。這類工程方案將直接轉化為生產方案。
　　鐵路項目工程方案，主要包括線路、路基、軌道、橋涵、隧道、站場以及通信信號等方案。
　　水利水電項目工程方案，主要包括防洪、治澇、灌溉、供水、發電等工程方案。
　　④節能措施。
　　在研究技術方案時、設備方案和工程方案時，能源消耗量大的項目，應提出節約能源措施，並對能耗指標進行分析。
　　⑤節水措施。
　　在研究技術方案時、設備方案和工程方案時，水資源消耗量大的項目，應提出節水措施，並對水耗指標進行分析。

（7）原材料燃料供應。

在可行性研究中，應對項目所需的原材料、輔助材料和燃料的品種、規格、成分、數量、價格、來源和供應方式，進行研究論證，以確保項目建成後正常生產營運，並為計算生產營運成本提供依據。

①主要原材料供應方案。

主要原材料是項目建成後生產營運所需的主要投入物，該部分的主要研究內容應包括：

a. 研究確定所需各種物料的品種、質量和數量。為了保證正常生產，根據生產週期、生產批量、採購運輸條件等計算物料的經常儲備量，同時還要考慮保險儲備量和季節儲備量。為確保採購的原材料、輔助材料的質量符合生產工藝要求，應研究提出建立必要的檢驗、化驗和試驗設施。

b. 研究確定供應來源和供應方式。

c. 研究確定運輸方式。

d. 研究選取原材料價格。

②燃料供應方案。

項目所需燃料包括生產工藝用燃料、公用和輔助設施用燃料、其他設施用燃料。主要研究內容包括：

a. 燃料品種、質量和數量。

b. 燃料運輸方式和來源。

c. 燃料價格。

③主要原材料燃料供應方案比選。

主要原材料燃料供應方案應進行多方案比選。比選的主要內容包括：

a. 滿足生產要求的程度。

b. 採購來源的可靠程度。

c. 價格和運輸費用是否經濟合理。

（8）總圖運輸與公用輔助工程。

總圖運輸與公用輔助工程是在已選定的場（廠）址範圍內，研究生產系統、公用工程、輔助工程及運輸設施的平面和豎向布置以及工程方案。

①總圖布置方案。

項目總圖布置應根據項目的生產工藝流程或者使用功能的需要及其相互關係，結合場地和外部環境條件，對項目各個組成部分的位置進行合成，使整個項目形成布置緊湊、流程順暢、經濟合理、使用方便的格局。

總圖布置的研究內容主要有：

a. 研究項目的建設內容，確定各個單項工程建築物、構築物的平面尺寸和占地面積。

b. 研究功能區的合理劃分。

c. 研究各功能區和各單項工程的總圖布置。

d. 合理布置場內外運輸、消防道路、火車專用線走向以及碼頭和堆場的位置。

e. 合理確定土地利用系數、建築系數和綠化系數。

總圖布置方案應從技術經濟指標和功能方面來進行比選，擇優確定推薦方案。技術經濟指標比選主要包括場區占地面積、建築物構築物占地面積、道路和鐵路占地面積、土地利用系數、建築系數、綠化系數、土石方挖填工程量、地上和地下管線工程量、防洪治澇措施工程量、不良地質處理工程量以及總圖布置費用等。功能比選主要是從生產流程的短捷、流暢、連續程度，內部運輸的便捷程度以及滿足安全生產程度等方面評判。

②場內外運輸方案。

運輸方案研究主要是計算運輸量，選擇運輸方式，合理布置運輸線路，選擇運輸設備和建設運輸設施。

③公用工程與輔助工程方案。

公用工程與輔助工程是為項目主體工程正常運轉服務的配套工程。公用工程主要有給水、排水、供電、通信、供熱、通風等工程，輔助工程包括維修、化驗、檢測、倉儲等工程。在可行性研究階段，公用工程和輔助工程應同時進行研究。公用工程與輔助工程的設置應盡可能依託社會進行專業化協作。技術改造項目則應充分利用企業現有的公用和輔助設施。

給水：主要是確定用水量和水質要求，研究水源、取水、輸水、淨水、場內給水方案等。

排水：主要是確定排水量，研究排水方案，計算生產、生活污水和自然降水的年平均排水量和日最大排水量，分析排水污染物成分。

供電：主要是研究確定電源方案、用電負荷、負荷等級、供電方式以及是否需要建設自備電廠。

通信設施：主要是研究項目生產營運所需的各種通信設施，提出通信設施採用租用、建造或購置的方案。

供熱設施：研究計算項目的熱負荷，選擇熱源和供熱方案。

空分空壓制冷設施：研究計算項目生產所需的氧氣、氮氣、壓縮空氣用量以及制冷負荷，分別提出供應參數，並提出依託社會供應方案或自建方案。

維修設施：應立足於依託社會專業化設施，一般項目只應配備小修設備，需要自建大修、中修設施的，應提出建設方案。

倉儲設施：根據生產需要和合理週轉次數，計算主要原材料、燃料、中間產品和最終產品的倉儲量和倉儲面積。研究倉儲設施方案時，應盡可能立足依託社會設施解決。

（9）環境影響評價。

建設項目一般會引起項目所在地自然環境、社會環境和生態環境的變化，對環境狀況、環境質量產生不同程度的影響。環境影響評價是指調查研究環境條件，識別和分析擬建項目影響環境的因素，研究提出治理和保護環境的措施，比選和優化環境保護方案。

對環境條件的調查主要是調查自然環境、生態環境和社會環境。

識別和分析擬建項目影響環境的因素主要是分析項目建設過程中破壞環境，生產營運過程中污染環境，導致環境惡化的主要因素。污染環境的因素一般包括以下方面：

廢氣：分析氣體排放點，計算污染物產生量和排放量、有害成分和濃度，研究排放特徵及其對環境危害的程度，編製廢氣排放一覽表。

廢水：分析工業廢水（廢液）和生活污水的排放點，計算污染物產生量和排放量、有害成分和濃度，研究排放特徵、排放去向及其對環境危害程度，編製廢水排放一覽表。

固體廢棄物：分析計算固體廢棄物產生量和排放量、有害成分和濃度及其對環境危害程度，編製固體廢棄物排放一覽表。

噪聲：分析噪聲源位置，計算聲壓等級，研究噪聲特徵及其對環境造成的危害程度，編製噪聲源一覽表。

粉塵：分析粉塵排放點，計算產生量與排放量，研究成分與特徵、排放方式及其對環境造成的危害程度，編製粉塵排放一覽表。

其他污染物：分析生產過程中產生的電磁波、放射性物質等污染物發生的位置、特徵、計算強度值及其對周圍環境的危害程度。

分析項目建設施工和生產營運對環境可能造成的破壞因素，預期破壞程度，主要包括對地形、地貌等自然環境的破壞，對森林草地植被的破壞，對社會環境、文物古跡、風景名勝區、水源保護區的破壞等。

在分析環境影響因素及其影響程度的基礎上，按照國家有關環境保護法律、法規的要求，研究提出治理方案，並從技術水準、治理效果、管理及監測方式、環境效益對比等方面進行多方案的比選，推薦最優方案，並編製環境保護治理設施和設備表。

（10）勞動安全衛生與消防。

主要是分析論證在項目建設和生產過程中存在對勞動者和財產可能產生的不安全因素，並提出相應的防範措施。

①勞動安全衛生。

主要從危害因素和危害程度分析以及安全措施方案兩個方面進行研究。

a. 危害因素和危害程度分析。分析在生產或者作業過程中可能對勞動者身體健康和生產安全造成危害的物品、部位、場所以及危害範圍和程度。

b. 安全措施方案。針對不同危害和危險性因素的場所、範圍以及危害程度，研究提出相應的安全措施方案，主要有：在選擇工藝技術方案時，應盡可能選用安全生產和無危害的生產工藝和設備；對危險部位和危險作業應提出安全防護措施方案；對危險場所，按勞動安全規範提出合理的生產工藝方案和設置安全間距；對易產生職業病的場所，應提出防護和衛生保健措施方案。

②消防設施。

消防設施研究，主要是分析項目在生產營運過程中可能存在的火災隱患和重點消防部位，根據消防安全規範確定消防等級，並結合當地公安消防設施狀況，提出消防監控報警系統和消防設施配置方案。

（11）組織機構與人力資源配置。

在可行性研究階段，應對項目的組織機構設置、人力資源配置、員工培訓等內容進行研究，比選和優化方案。

①組織機構設置及其適應性分析。

根據擬建項目的特點和生產營運的需要，應研究提出項目組織機構的設置方案，並對其適應性進行分析。根據擬建項目出資者特點，研究確定相適應的組織機構模式，根據擬建項目規模的大小，確定項目的管理層次，根據建設和生產營運特點和需要，設置相應的管理職能部門。

技術改造項目，應分析企業現有組織機構，管理層次、人員構成情況，結合改造項目的需要，制定組織機構設置方案。

經過比選提出推薦方案，並應進行適應性分析。

②人力資源配置。

其內容主要應包括：

a. 研究制定合理的工作制度與運轉班次，根據行業類型和生產過程特點，提出工作時間、工作制度和工作班次方案。

b. 研究員工配置數量，根據精簡、高效的原則和勞動定額，提出配備各職能部門、各工作崗位所需人員數量。技術改造項目，應根據改造後技術水準和自動化水準提高的情況，優化人員配置，所需人員首先從企業內部調劑解決。

c. 研究確定各類人員應具備的勞動技能和文化素質。

d. 研究測算職工工資和福利費用。

e. 研究測算勞動生產率。

f. 研究提出員工選聘方案，特別是高層次管理人員和技術人員的來源和選聘方案。

③員工培訓。

可行性研究階段應提出員工培訓計劃，包括培訓崗位、人數、培訓內容、目標、方法、地點和培訓費用等。

（12）項目實施進度。

①建設工期。

項目建設工期可參考有關部門或專門機構制定的建設項目工期定額和單位工程工期定額，結合項目建設內容、工程量大小、建設難易程度以及施工條件等具體情況綜合研究確定。

②實施進度安排。

項目工期確定後，應根據工程實施各階段工作量和所需時間，對時序做出大體安排，編製項目實施進度表。

（13）投資估算。

估算項目投入總資金（包括建設投資和流動資金）並測算建設期內分年資金需要量。

①建設投資估算。

建設投資由建築工程費、設備及工器具購置費、安裝工程費、工程建設其他費、

基本預備費、漲價預備費、建設期利息構成。

建設投資估算步驟為：分別估算各單項工程所需的建築工程費、設備及工器具購置費、安裝工程費；在匯總各單項工程費用基礎上，估算工程建設其他費用和基本預備費；估算漲價預備費和建設期利息。

應編製建築工程費用估算表，估算方法如下：

a. 建築工程費估算。

建築工程費是指為建造永久性建築物和構築物所需要的費用，如場地平整、廠房、倉庫、電站、設備基礎、工業窯爐、礦井開拓、露天剝離、橋樑、碼頭、堤壩、隧道、涵洞、鐵路、公路、管線敷設、水庫、灌區等工程的費用。建築工程費投資估算一般採用以下方法：

單位建築工程投資估算法：以單位建築工程量投資乘以建築工程總量。一般工業與民用建築以單位建築面積（平方米）的投資，工業窯爐砌築以單位容積（立方米）的投資，水庫以水壩單位長度（米）的投資，鐵路路基以單位長度（千米）的投資，礦山掘進以單位長度（米）的投資，乘以相應的建築工程總量計算建築工程費。

單位實物工程量投資估算法：以單位實物工程量的投資乘以實物工程總量計算。土石方工程按每立方米投資，礦井巷道襯砌工程按每延米投資，路面鋪設工程按每平方米投資，乘以相應的實物工程總量計算建築工程費。

概算指標投資估算法：對於沒有上述估算指標且建築工程占總投資比例較大的項目，可採用概算指標估算法。

b. 設備及工器具購置費估算。

設備購置費估算應根據項目主要設備表及價格、費用資料編製，工器具購置費一般按設備費的一定比例計取。

設備及工器具購置費，包括設備的購置費、工器具費、現場製作非標準設備費、生產用家具購置費和相應的運雜費。對於價值高的設備應按單臺（套）估算購置費，價值較小的設備可按類估算。國內設備和進口設備的設備購置費應分別估算。

國內設備購置費為設備出廠價加運雜費。設備運雜費主要包括運輸費、裝卸費和倉庫保管費等，運雜費可按設備出廠價的一定百分比計算，應編製國內設備購置費估算表。

進口設備購置費由進口設備貨價、進口從屬費用及國內運雜費組成。進口設備貨價按交貨地點和方式不同，分為離岸價（FOB）與到岸價（CIF）兩種價格。進口從屬費用包括國外運費、國外運輸保險費、進口關稅、進口環節增值稅、外貿手續費、銀行財務費和海關監管手續費、國內運雜費包括運輸費、裝卸費、運輸保險費等。

進口設備按離岸價計價時，應計算設備運抵中國口岸的國外運費和國外保險費，得出到岸價。計算公式為：

$$進口設備到岸價 = 離岸價 + 國外運費 + 國外運輸保險費$$

其中：

$$國外運費 = 離岸價 \times 運費率 \quad 或 \quad 國外運費 = 單位運價 \times 運量$$

$$國外運輸保險費 = （離岸價 + 國外運費）\times 國外保險費率$$

進口設備的其他幾項從屬費用通常按以下公式估算：

$$進口關稅＝進口設備到岸價×人民幣外匯牌價×進口關稅率$$

$$消費稅＝(進口設備到岸價×人民幣外匯牌價＋關稅)×消費稅稅率÷(1-消費稅稅率)$$

$$進口環節增值稅＝(進口設備到岸價×人民幣外匯牌價＋進口關稅＋消費稅)×增值稅率$$

$$外貿手續費＝進口設備到岸價×人民幣外匯牌價×銀行財務費率$$

$$銀行財務費＝進口設備貨價×人民幣外匯牌價×銀行財務費率$$

$$海關監管手續費＝進口設備到岸價×人民幣外匯牌價×海關監管手續費率$$

國內運費按運輸方式，根據運量或設備費金額估算。

c. 安裝工程費估算。

需要安裝設備的應估算安裝工程費，包括各種機電設備裝配和安裝工程費用，與設備相連的工作臺、梯子及其裝設工程費用，附屬於被安裝設備的管線敷設工程費用；安裝設備的絕緣、保溫、防腐等工程費用；單體試運轉和聯動無負荷試運轉費用等。

安裝工程費通常按行業或專門機構發布的安裝工程定額、取費標準和指標估算投資。具體計算可按安裝費率、每噸設備安裝費或者每單位安裝實物工程量的費用估算，即：

$$安裝工程費＝設備原價×安裝費率$$

$$安裝工程費＝設備噸位×每噸安裝費$$

$$安裝工程費＝安裝工程實物量×安裝費用指標$$

編製出安裝工程費估算表。

d. 工程建設其他費用估算。

按各項費用科目的費率或者取費標準估算，編製出工程建設其他費用估算表。

e. 基本預備費估算。

又稱工程建設不可預見費，是指在項目實施中可能發生難以預料的支出，需要預先預留的費用，主要是指設計變更以及施工過程中可能增加的工程量的費用。

基本預備費以建築工程費、設備及工器具購置費、安裝工程費及工程建設其他費用之和為計算基數，乘以基本預備費率。

f. 漲價預備費估算。

漲價預備費是對建設工期較長的項目，由於在建設期內可能發生材料、設備、人工價格上漲引起投資增加，需要事先預留的費用，也稱價格變動不可預見費。計算公式為：

$$PC=\sum_{t=1}^{n}I_t[(1+f)^t-1]$$

式中：

PC 是漲價預備費；

I_t 是第 t 年的建築工程費、設備及工器具購置費、安裝工程費之和；

f 是建設期價格上漲指數；

n 是建設期。

建設期價格上漲指數，政府有關部門有規定的按規定執行，沒有規定的由可行性研究人員預測。

g. 建設期利息估算。

建設期利息是指項目借款在建設期內發生並計入固定資產的利息。計算建設期利息時，為了簡化計算，通常假定借款均在每年的年中支用，借款第一年按半年計息，其餘年份按全年計息，計算公式為：

$$各年應計利息 =（年初借款本息累計 + 本年借款額/2）\times 年利率$$

②流動資金估算。

流動資金是指生產經營性項目投產後，為進行正常生產營運，用於購買原材料、燃料、支付工資及其他經營費用等所需的週轉資金。流動資金估算一般採用分項詳細估算法，個別情況或小型項目可採用擴大指標法。其中，擴大指標估算法是一種簡化的流動資金估算方法，一般可參照同類企業流動資金占銷售收入、經營成本的比例，或者單位產量占用流動資金的數額估算。

一般情況下，對構成流動資金的各項流動資產和流動負債應分別估算。在可行性研究中，為簡化計算，僅對存貨、現金、應收帳款和應付帳款四項內容進行估算。計算公式為：

$$流動資金 = 流動資產 - 流動負債$$
$$流動資產 = 應收帳款 + 存貨 + 現金$$
$$流動負債 = 應付帳款$$
$$流動資金本年增加額 = 本年流動資金 - 上年流動資金$$

估算的具體步驟，首先應計算各類流動資產和流動負債的年週轉次數，然後再分項估算占用資金額。

a. 週轉次數計算：週轉次數等於360天除以最低週轉天數。存貨、現金、應收帳款和應付帳款的最低週轉天數，可參照同類企業的平均週轉天數並結合項目特點確定。

b. 應收帳款估算：應收帳款是指企業已對外銷售商品、提供勞務尚未收回的資金，包括若干科目，在可行性研究中，只計算應收銷售款。計算公式為：

$$應收帳款 = 年銷售收入 / 應收帳款週轉次數$$

c. 存貨估算：存貨是企業為銷售或生產耗用而儲備的各種貨物，主要有原材料、輔助材料、燃料、低值易耗品、維修備品、包裝物、在產品、自制半成品和產成品等。為簡化計算，僅考慮外購原材料、外購燃料、在產品和產成品，並分項進行計算。計算公式為：

$$存貨 = 外購原材料 + 外購燃料 + 在產品 + 產成品$$
$$外購原材料 = 年外購原材料 / 按種類分項週轉次數$$
$$外購燃料 = 年外購燃料 / 按種類分項週轉次數$$
$$在產品 =（年外購原材料 + 年外購燃料 + 年工資及福利費 + 年修理費 + 年其他製造費用）/ 在產品週轉次數$$
$$產成品 = 年經營成本 / 產成品週轉次數$$

d. 現金需要量估算：項目流動資金中的現金包括企業庫存現金和銀行存款。計算

公式為：

現金需要量＝（年工資及福利費+年其他費用）/現金週轉次數

年其他費用＝製造費用+管理費用+銷售費用−（以上三項費用中所含的工資及福利費、折舊費、維簡費、攤銷費、修理費）

e. 流動負債估算：流動負債是指在一年或超過一年的一個營業週期內，需要償還的各種債務。在可行性研究中，流動負債的估算只考慮應付帳款一項。計算公式為：

應付帳款＝（年外購原材料+年外購燃料）/應付帳款週轉次數

根據流動資金各項估算的結果，編製流動資金估算表。

③項目投入總資金及分年投入計劃

按投資估算內容和估算方法估算各項投資並匯總，分別編製項目投入總資金估算匯總表、主要單項工程投資估算表，並對項目投入總資金構成和各單項工程投資比例的合理性、單位生產能力（使用效益）投資指標的先進性分析。

估算出項目投入總資金後，應根據項目實施進度的安排，編製分年資金投入計劃表。

（14）融資方案。

融資方案是在投資估算的基礎上，研究擬建項目的資金渠道、融資形式、融資結構、融資成本、融資風險，比選推薦項目的融資方案，並以此研究資金籌措方案和進行財務評價。

（15）財務評價。

財務評價是在國家現行財稅制度和市場價格體系下，分析預測項目的財務效益與費用，計算財務評價指標，考察擬建項目的盈利能力、償債能力，據以判斷項目的財務可行性。

（16）國民經濟評價。

國民經濟評價是按合理配置資源的原則，採用影子價格等國民經濟評價參數，從國民經濟的角度考察投資項目所耗費的社會資源和對社會的貢獻，評價投資項目的經濟合理性。

（17）社會評價。

社會評價是分析擬建項目對當地社會的影響和當地社會條件對項目的適應性和可接受程度，評價項目的社會可行性。對於由於徵地拆遷等可能產生重要社會影響的項目以及扶貧、區域綜合開發、文化教育、公共衛生等具有明顯社會發展目標的項目，應從維護公共利益、構建和諧社會、落實以人為本的科學發展觀等角度，進行社會評價，包括社會影響分析、互適性分析以及社會風險分析。

（18）風險分析。

項目風險分析是在市場預測、技術方案、工程方案、融資方案和社會評價論證中已進行的初步風險分析的基礎上，進一步綜合分析識別擬建項目在建設和營運中潛在的主要風險因素，揭示風險來源，判別風險程度，提出規避風險對策，降低風險損失。

（19）研究結論與建議。

通過對推薦方案的詳細分析論證，說明所推薦方案的優點，指出可能存在的問題和可能遇到的風險，明確提出項目和方案是否可行的結論意見，並對下一步工作提出

建議。建議主要包括兩方面內容：

①對項目下一步工作的重要意見和建議。例如在技術談判、初步設計、建設實施中需要引起重視的問題和工作安排的意見、建議。

②項目實施中需要協調解決的問題和相應的意見、建議。

3.3 可行性研究報告的附文、附表與附圖

3.3.1 附文

（1）編製可行性研究報告依據的有關文件（包括：項目建議書及其批覆文件；初步可行性研究報告及其批覆文件或評估意見；編製單位與委託單位簽訂的協議書或合同；國內科研單位或技術開發單位開發的新技術鑒定書；聯營及合營各方簽署的合作協議書等）。

（2）建設單位與有關協作單位或有關部門簽訂的主要原材料、燃料、動力供應以及交通運輸、土地使用、設備維修等合作配套協議書、意向性文件或意見。

（3）國土資源部正式批准的資源儲量、品位、成分的審批意見（使用資源量較大的項目）。

（4）資金籌措意向性文件或有關證明文件。

（5）作為出資的資產的有關資產評估文件。

（6）投資項目環境影響報告書或環境影響報告表、批覆的環境影響報告書或環境影響報告表的審批文件。

（7）其他有關文件。

3.3.2 附表

（1）主要設備一覽表；

（2）投資估算表；

（3）財務分析報表；

（4）其他附表。

3.3.3 附圖

（1）區域位置圖；

（2）總平面布置圖；

（3）工藝流程圖；

（4）蒸汽平衡圖；

（5）水準衡圖；

（6）供電系統圖；

（7）其他附圖。

3.4 項目評估

項目評估是投資決策部門或貸款機構（主要是銀行、非銀行性金融機構）對上報的建設項目可行性研究報告進行再分析、再評價，即是對擬建項目的必要性、可行性、合理性及效益、費用進行的審核和評價。

3.4.1 項目評估的作用

項目評估的作用主要表現為：

（1）項目評估是實施項目管理的基礎保證。

進行項目評估需要收集擬建項目所在地區的關於自然、社會、經濟等方面的大量資料，這些資料是實施項目管理的基本依據和基礎保證。在項目實施過程中，管理人員可以把實際發生的情況和數據與評估時所掌握的資料進行對比分析，及時發現設計施工、項目進展、資金使用、物資供應等方面的問題，以便採取措施，糾正偏差，促進項目順利完成。

（2）項目評估可使項目的微觀效益與宏觀效益兩者之間得到統一。

項目的微觀效益和宏觀效益之間常常會產生矛盾，其根源在於投資結構的不合理。項目評估工作既要評估企業效益，也要重視國民經濟效益，而且兩者都要滿足才是合乎要求的項目。

（3）項目評估的結果是項目投資最終審批決策的重要依據。

項目評估的目的是審查和判斷項目可行性研究報告的可靠性、真實性和客觀性，對擬建項目投資是否可行以及最佳投資方案的確定是否合理提出評估意見，編寫評估報告，作為項目投資最終審批決策的重要依據。

3.4.2 項目評估的內容

項目評估的內容是由評估的要求所決定的，不同的評估部門有不同的要求，其評估內容也就不盡相同，但是，一個完整的評估報告應包括如下幾個方面的內容：

（1）項目的概況評估。

項目的概況評估著重研究項目提出的背景、項目設想、項目的進展概況以及項目評估文件審查。其中包括：評估項目是否符合國民經濟平衡發展需要、國家的產業政策、技術政策和區域經濟發展的需要；評估項目發起人單位狀況和項目提出的理由、項目的投資環境；評估項目的建設地址、市場條件、生產建設條件；評估項目的生產能力和產銷、總投資和資金來源；評估項目投產後的銷售收入、銷售稅金、成本和利潤；項目的進度和實施計劃；項目方案選擇和風險等。

（2）項目建設必要性評估。

項目建設必要性，受各種因素和條件的制約與影響，主要從宏觀與微觀兩個方面對項目建設必要性進行評估。宏觀必要性評估涉及項目建設是否符合國民經濟發展與

社會發展長遠規劃的需要、區域經濟發展的需要和國家的產業政策。微觀必要性評估涉及項目產品市場供求和競爭能力的評估；項目建設是否符合企業自身發展的需要；項目是否有利於科技進步的評估；對項目建設規模的評估；對項目經濟效益、社會效益和環境效益的評估。

（3）市場的評估。

包括產品市場概況、產品需求方面的分析、產品供給方面的分析、產品市場供求的綜合分析，其目的是明確項目產品市場是否能適應市場的需求，是否有競爭能力和足夠的銷售市場。

（4）技術、工藝與設備評估。

技術、工藝與設備評估包括技術的來源及水準分析，工藝流程的合理化程度及可行性分析，引進技術、工藝、設備是否合格以及是否與國內配套設備和操作技術水準相適應，新工藝、新技術、新設備是否已經過科學實驗和鑒定等，從而確定擬建項目能否正常投產或交付使用。

（5）項目實施計劃評估。

分析項目從提出、批准一直到竣工投產全過程的時間安排以及分段實施計劃。分析可行性研究的承辦單位、負責人、工作起止時間、項目實施計劃安排的主要依據。具體說明項目前期準備工作、安裝調試工作以及正式投產的時間安排，並對其進行科學分析，以考察其是否符合實際。

（6）組織及管理評估與人力資源分析。

分析組織結構與企業內部的人力資源管理定位是否相適應，項目的管理者及其工作人員的優劣情況。

（7）投資估算與資金籌措。

主要涉及項目總投資額的估算、資金籌措方式的選擇、資金成本的分析以及資金流量的測算等。

（8）財務數據預測分析。

涉及產品成本的估算、銷售收入和稅金估算。

（9）財務數據的評估。

根據預測的財務報表計算相關經濟指標，並就項目的盈利能力、償債能力和外匯平衡能力做出說明。

（10）國民經濟效益的評估。

從國民經濟全局出發，分析比較國民經濟為項目建設和經營付出的全部代價和項目為國民經濟做出的全部貢獻，以判斷項目建設對國民經濟的合理性。

（11）不確定性分析。

包括盈虧平衡分析、敏感性分析和概率分析。

（12）總評估。

歸納分析結果和評估意見，對擬建項目必要性以及技術上、財務上、經濟上的可行性進行總的評價，並最終確定該項目的最優方案。

3.4.3 項目評估與可行性研究的關係

項目評估與可行性研究是投資決策過程中的兩項重要的工作步驟，它們之間相輔相成，缺一不可，其聯繫主要表現在如下方面：

(1) 兩者同處於項目投資的前期階段。可行性研究是繼項目建議書批准後，對投資項目在技術、工程、外部協作配套條件和財務、經濟和社會上的合理性及可行性所進行的全面、系統的分析和論證工作；而項目評估則是在項目決策之前對項目的可行性研究報告及其所選方案所進行的系統評估。它們都是項目前期工作的重要準備，都是對項目是否可行及投資決策的諮詢論證工作。

(2) 二者的出發點一致。項目評估與可行性研究都以市場研究為出發點，遵循市場配置資源的原則，按照國家有關的方針政策，將資源條件同產業政策與行業規劃結合起來進行方案選擇。

(3) 考察的內容及方法基本一致。

(4) 目的和要求基本相同。二者的目的均是要提高項目投資科學決策的水準，提高投資效益，避免決策失誤，都要求進行深入、細緻的調查研究、進行科學的預測與分析，實事求是地進行方案評價，力求資料來源可靠、數據準確、結論客觀而公正。

(5) 可行性研究是項目評估的對象和基礎，沒有項目的可行性研究，就沒有項目評估。

(6) 項目評估是使可行性研究的結果得以實現的前提，不經過項目評估，項目的可行性研究就不能最後成立。

(7) 項目評估是可行性研究的延伸和再評價，是對可行性研究報告的各方面情況做出的進一步的論證和審核。

項目評估和可行性研究既有共性，又各有特點。它們的區別主要表現在以下方面：

(1) 二者的承擔主體不同。為了保證項目決策前的調查研究和審查評價活動相對獨立，應由不同的機構分別承擔這兩項工作。在中國，可行性研究通常由項目的投資者或項目的主管部門來主持，投資者既可以獨自承擔該項工作，也可委託給專業設計或諮詢機構進行，受託單位只對項目的投資者負責。項目評估一般由項目投資決策機構或項目貸款決策機構（如貸款銀行）主持和負責。主持評估的機構既可自行組織評估，也可委託專門諮詢機構進行。

(2) 評價的角度不同。可行性研究一般要從企業（微觀）角度去考察項目的盈利能力，決定項目的取捨，因此它著重於講求投資項目的微觀效益。而國家投資決策部門主持的項目評估，主要從宏觀經濟和社會的角度去評價項目的經濟和社會效益，側重於項目的宏觀評價。貸款銀行對項目進行的評估，則主要從項目還貸能力的角度，評價項目的融資主體（借款企業）的信用狀況及還貸能力。

(3) 二者在項目投資決策過程中的目的和任務不同。可行性研究除了對項目的合理性、可行性、必要性進行分析、論證外，還必須為建設項目規劃多種方案，並從工程、技術經濟方面對這些方案進行比較和選擇，從中選出最佳方案作為投資決策方案。因此，它是一項較為複雜的工程諮詢工作，需要較多人力進行較長時間的論證；而項

目評估一般則可以借助於可行性研究的成果，並且不必為項目設計多個實施方案，其主要任務是對項目的可行性研究報告的全部內容，包括所選擇的各種方案，進行系統的審查、核實，並提出評估結論和建議。

（4）二者在項目投資決策過程中所處的時序和作用不同。在項目建設程序中，可行性研究在先，評估在後，其作用也不相同。可行性研究是項目投資決策的基礎，是項目評估的重要前提，但它不能為項目投資決策提供最終依據。項目評估則是投資決策的必備條件，是可行性研究的延續、深化和再研究，通過更為客觀地對項目及其實施方案進行評估，獨立地為決策者提供直接的、最終的依據，比可行性研究更具有權威性。

【本章小結】

（1）項目可行性研究是項目投資管理的一個主要環節，作為一種決策技術，是技術經濟學的重要組成部分。在項目投資發展週期中，可行性研究處於項目決策前期工作的關鍵階段，其結論是項目投資決策的重要依據。

（2）可行性研究是在投資決策前，對與擬建項目有關的社會、經濟、技術等各方面進行深入細緻的調查研究，對各種可能擬定的技術方案和建設方案進行認真的技術經濟分析和比較論證，對項目建成後的經濟效益進行科學的預測和評價。在此基礎上，對擬建項目的技術先進性和適用性、經濟合理性和有效性以及建設必要性和可行性進行全面分析、系統論證、多方案比較和綜合評價，由此得出該項目是否應該投資和如何投資等結論性意見，為項目投資決策提供可靠的科學依據。

（3）可行性研究工作分為機會研究、初步可行性研究、可行性研究和項目評估決策四個階段。

（4）項目評估是投資決策部門或貸款機構（主要是銀行、非銀行性金融機構）對上報的建設項目可行性研究報告進行再分析、再評價，即是對擬建項目的必要性、可行性、合理性及效益、費用進行的審核和評價。

【習題】

一、選擇題

1. 如果初步設計提出的總概算超過總體投資估算的（　　）以上時，重新報批可行性研究報告。

  A. 5%　　　　　　　　　　B. 10%
  C. 20%　　　　　　　　　 D. 25%

2. 項目可行性研究是在工程項目（　　）時進行的。

  A. 決策　　　　　　　　　　B. 設計
  C. 施工　　　　　　　　　　D. 竣工驗收

3. 可行性研究的第一個階段是（　　）。
   A. 初步可行性研究階段　　　　B. 機會可行性研究階段
   C. 詳細可行性研究階段　　　　D. 項目評估與決策階段
4. 下面哪項不是對可行性研究作用的描述（　　）。
   A. 作為工程項目投資決策的依據
   B. 作為編製設計文件的依據
   C. 作為籌集資金和銀行申請貸款的依據
   D. 作為施工單位編製投標文件的依據
5. 可行性研究一般要回答的問題不包括（　　）。
   A. 市場及資源情況如何　　　　B. 項目立項時間
   C. 融資分析　　　　　　　　　D. 建成後的經濟效益＝
6. 初步可行性研究的任務不包括（　　）。
   A. 確定該項目是否需要進行詳細可行性研究
   B. 確定哪些關鍵性問題需要進行輔助性專題研究
   C. 確定下一階段研究的重點和難點，並排除一些明顯不可行方案
   D. 進行綜合效益分析和全面技術經濟論證
7. 在詳細可行性研究階段，投資估算的計算精度應控制在（　　）。
   A. ±30%　　　　　　　　　　B. ±20%
   C. ±10%　　　　　　　　　　D. ±5%
8. 下面哪項不是可行性研究報告的內容（　　）。
   A. 市場需求預測　　　　　　　B. 建設條件與選址
   C. 施工進度計劃　　　　　　　D. 投資估算與資金規劃
9. 下面不是作為可行性研究工作的依據性文件的是（　　）。
   A. 項目建議書　　　　　　　　B. 初步設計文件
   C. 各類批文　　　　　　　　　D. 市場調查報告
10. 項目評估報告一般是由（　　）編製的。
    A. 投資決策部門　　　　　　　B. 設計單位
    C. 施工單位　　　　　　　　　D. 監理單位
11. （　　）是從社會整體角度出發，分析和考察投資項目對實現國家和地方各項社會發展目標所做的貢獻與影響。
    A. 財務評價　　　　　　　　　B. 國民經濟評價
    C. 社會評價　　　　　　　　　D. 環境評價

二、問答題

1. 可行性研究的概念及其作用是什麼？
2. 可行性研究的依據和要求是什麼？
3. 可行性研究可分為哪幾個工作階段？
4. 項目投資可行性研究的工作程序與研究內容是什麼？

5. 可行性研究報告的內容應包括哪些方面？
6. 項目評估的概念及其作用是什麼？
7. 項目評估與可行性研究有什麼樣的關係？

4 項目投資評價與決策

【本章教學要點】

知識要點	掌握程度	相關知識
財務評價	掌握	概念、內容、步驟、基礎數據和參數選取、成本費用估算、指標、報表
國民經濟評價	掌握	概念、費用與效益識別、估算、指標、報表、參數
不確定性分析	掌握	盈虧平衡分析、敏感性分析
環境影響評價	理解	工作程序、編製要點

【關鍵詞】

財務評價　國民經濟評價　不確定性分析　環境影響評價

導入案例

　　1891 年，可口可樂公司正式成立，並且在三年內讓產品遍及整個美國。這種神奇的飲料以它不可抗拒的魅力徵服了全世界數以億計的消費者，成為「世界飲料之王」，甚至享有「飲料日不落帝國的贊譽」。但是，就在可口可樂如日中天之時，百事可樂以一則廣告，向可口可樂發起了挑戰，百事可樂的銷量猛增，與可口可樂的差距縮小為 2：3。面對百事可樂的調整，可口可樂董事會接受了奧斯丁和伍德拉夫的推薦，任命戈伊祖艾塔為總經理。戈伊祖艾塔認為，已經使用了 99 年的配方，已經滿足不上消費者的口感要求，公司需要對可口可樂的原有口味進行改變。後來，可口可樂不惜血本協助瓶裝商改造了生產線，為配合新可樂上市，可口可樂還進行了大量的廣告宣傳。1985 年 4 月，可口可樂在紐約舉辦了一次盛大的新聞發布會，邀請 200 多家新聞媒體參加，依靠傳媒的巨大影響力，新可樂一舉成名。但讓可口可樂的決策者們始料未及的是，越來越多的老可口可樂的忠實消費者開始抵制新可樂。他們的憤怒情緒猶如火山爆發般難以控制。最終，迫於巨大的壓力，決策者們不得不做出讓步，在保留新可樂生產線的同時，再次啟用近 100 年歷史的傳統配方，生產讓美國人視為驕傲的老可口可樂。

　　思考：決策的正確性，對於企業意味著什麼？

資料來源：https://wenku.baidu.com/view/2255313086c24028915f804d2b160b4e767f818a.html。

一個建設項目從投資意向開始到投資終結的全過程，大體分為四個階段，即項目投資評價與決策階段、項目實施前的準備工作階段、項目實施階段以及項目建成和總結階段。項目投資評價與決策階段要決定項目的具體建設規模、產品方案、建設地址，決定採取什麼工藝技術、購置什麼樣的設備以及建設哪些主體工程和配套工程、建設進度安排、資金籌措等事項，其中任何一項決策的失誤，都有可能導致投資項目的失敗。因此，項目投資評價與決策階段的工作是投資項目的首要環節和重要方面，對投資項目能否取得預期的經濟、社會效益起著關鍵作用。

4.1　財務評價

財務評價是在國家現行財稅制度和市場價格體系下，分析、預測項目的財務效益與費用，編製財務報表、計算評價指標，進行財務盈利能力分析和償債能力分析，考察擬建項目的盈利能力、償債能力和財務生存能力等，據以判別項目的財務可行性。財務評價應在初步確定的建設方案、投資估算和融資方案的基礎上進行，其結果可以反饋到方案設計中，用於方案比選，優化方案設計。

4.1.1　財務評價的內容和步驟

進行財務評價，首先要在明確項目評價範圍的基礎上，根據項目性質和融資方式選擇合適的方法，然後通過研究和預測選取必要的基礎數據進行成本費用估算、銷售（營業）收入和相關稅費估算，同時編製相關輔助性報表，即財務評價基礎數據與參數的確定、估算與分析。在此基礎上才能進入財務評價的實質性工作階段，即編製主要財務報表和計算財務評價指標進行財務分析。財務分析主要包括盈利能力分析和償債能力分析。必要時，對既有項目法人項目還需要進行主體企業的盈利能力和財務狀況進行分析。

財務評價的主要內容和步驟如下：

（1）選取財務評價基礎數據與參數，包括主要投入品和產出物財務價格、稅率、利率、匯率、計算期、固定資產折舊率、無形資產和遞延資產攤銷年限、生產負荷及基準收益率等基礎數據和參數。

（2）計算銷售（營業）收入、估算成本費用。

（3）編製財務評價報表，主要有：財務現金流量表、損益和利潤分配表、資金來源與運用表、借款償還計劃表。

（4）計算財務評價指標，進行盈利能力分析和償債能力分析。

（5）進行不確定性分析，包括敏感性分析和盈虧平衡分析。

（6）編寫財務評價報告。

財務評價的具體內容以及各部分的關係如圖 4-1 所示。

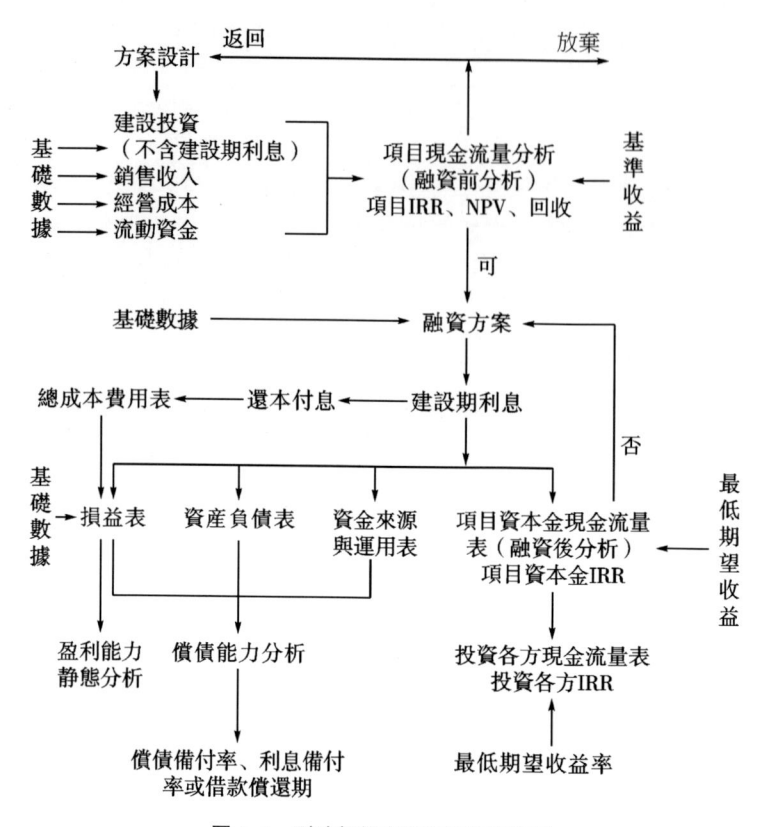

圖 4-1　財務評價內容和操作程序圖

4.1.2　財務評價的基本原則

財務評價應遵循以下基本原則：

（1）費用與效益計算範圍的一致性原則。

為了正確評價項目的獲利能力，必須遵循費用與效益計算範圍的一致性原則。如果在投資估算中包括了某項工程，那麼因建設該工程而增加的效益就應該考慮，否則就會低估項目的收益；反之，如果考慮了該工程對項目效益的貢獻，但投資卻未計算進去，那麼項目的效益就會被高估。只有將投入和產出的估算限定在同一範圍內，計算的淨效益才是真是的投資回報。

（2）費用和效益識別的有無對比原則。

有無對比是國際上項目評價中通用的費用與效益識別的基本原則，項目評價的許多方面都需要遵循這條原則，財務評價也不例外。所謂「有」是指實施項目後的將來狀況，「無」是指不實施項目時的將來狀況。識別項目的效益和費用時，須注意只有「有無對比」的差額部分才是由於項目的建設增加的效益和費用，即增量效益和費用。有些項目即使不實施，現狀效益也會由於各種原因發生變化。例如交通運輸項目效益的基礎−車流量，在無該項目時，也會由於地域經濟的變化而改變。採用有無對比的方

法，就是為了識別那些真正應該算作項目效益的部分，排除由於其他原因產生的效益，同時找出與增量效益相對應的增量費用，只有這樣才能真正體現項目投資的淨效益。

有無對比直接適用於改擴建與技術改造項目、停緩建後又恢復建設項目的增量效益分析。對於從無到有進行建設的新項目，也同樣適用該原則，只是通常認為無項目與現狀相同，其效益與費用均為零。

（3）動態分析與靜態分析相結合，以動態分析為主的原則。

國際上通行的財務評價都是以動態分析方法為主，即根據資金時間價值原理，考慮項目整個計算期內各年的效益和費用，採用現金流量分析的方法，計算內部收益率和淨現值等評價指標。

（4）基礎數據確定中的穩健性原則。

財務數據結果的準確性取決於基礎數據的可靠性。財務評價中需要大量基礎數據都來自預測和估計，難免存在不確定性。為了使財務評價結果能夠提供較為可靠的信息，避免人為的樂觀估計所帶來的風險，更好地滿足投資決策的需要，在基礎數據的確定和選取中遵循穩健性原則是十分必要的。

4.1.3 財務評價基礎數據與參數選取

財務評價的基礎數據與參數選取是否合理，直接影響到財務評價的結論，在進行財務分析計算之前，應做好這項基礎工作。

（1）財務價格。

財務價格是對擬建項目未來的效益與費用進行分析，應採用預測價格。預測價格應考慮價格變動因素，即各種產品相對價格變動和價格總水準變動（通貨膨脹或者通貨緊縮）。由於建設期和生產營運期的投入產出情況不同，應區別對待。基於在投資估算時已經預留了建設期漲價預備費，因此建築材料和設備等投入品，可採用一個固定的價格計算投資費用。生產營運期的投入品和產出品，應根據具體情況選用固定價格或變動價格進行財務評價。

①固定價格。指在項目生產營運期內不考慮價格相對變動和通貨膨脹影響的不變價格，即在整個生產營運期內都採用預測的固定價格，計算產品銷售收入和原材料、燃料動力費用。

②變動價格。這是指在項目生產營運期內考慮價格變動的預測價格。變動價格又分為兩種情況，一是只考慮價格相對變動引起的變動價格；二是既考慮價格相對變動，又考慮通貨膨脹引起的變動價格。採用變動價格預測在生產營運期內每年的價格都是變動的。為簡化起見，有些年份也可採用同一價格。

進行盈利能力分析，一般只考慮相對價格變動因素的預測價格，計算不含通貨膨脹因素的財務內部收益率等盈利性指標，不反應通貨膨脹對營利能力的影響。

進行償債能力分析，預測計算期內可能存在較為嚴重的通貨膨脹時，應採用包括通貨膨脹影響的變動價格計算償債能力指標，反應通貨膨脹因素對償債能力的影響。

在財務評價中計算銷售（營業）收入及生產成本所採用的價格，可以是含增值稅的價格，也可以是不含增值稅的價格，應在評價時說明採用何種計價方法。

(2) 項目計算期。

項目計算期是財務評價的重要參數，是指對項目進行經濟評價應延續的年限，包括建設期和生產營運期。評價用的建設期是指項目資金正式投入到項目建成投產所需時間。建設期的確定應綜合考慮項目的建設規模、建設性質（新建、擴建和技術改造）、項目複雜程度、當地建設條件、管理水準與人員素質等因素，並與項目進度計劃中的建設工期相協調。項目進度計劃中的建設工期是指項目從現場破土動工起到項目建成投產所需要的時間，對於既有項目法人融資的項目，評價用建設期與建設工期一般相同，但新設項目法人項目需要先註冊企業，因此需要投資者投入資金，項目再開工建設。

評價用生產期的確定應根據多種因素綜合確定，包括行業特點、主要裝置（或設備）的經濟壽命等。當行業有規定時，從其規定。

對於中外合資項目還要考慮合資雙方商定的合資年限，當按上述原則確定評價用生產期後，還要與該合資生產年限相比較，按兩者孰短的原則確定。

(3) 行銷計劃與營運負荷。

營運負荷是指項目營運過程中負荷達到設計能力的百分數，它的高低與項目複雜程度、技術成熟程度、市場開發程度、原材料供應、配套條件、管理因素等都有關係。在市場經濟條件下，若其他方面沒有大的問題，營運負荷的高低應主要取決於市場。

營運負荷的確定一般有兩種方式：一是經驗設定法，即根據以往項目的經驗，結合該項目的實際情況，粗估各年的營運負荷，以設計能力的百分數表示，據此估算分年成本費用和銷售（營業）收入；二是行銷計劃法，通過制定詳細的分年行銷計劃，確定出各種產出物各年的生產量和商品量，再據此估算分年成本費用和銷售（營業）收入。國內項目評價一般採用第一種方式。但有些項目產出物市場尚待開發，需逐步推廣應用，或者某種產品只生產一段時間就改換更新品種，此時最好按實際的分年行銷計劃，確定各年的生產量和商品量。

(4) 稅費。

財務評價中涉及多種稅費的計算，不同項目涉及的稅費種類和稅率可能各不相同。稅費計取得當是正確計算項目效益的重要因素，要根據項目的具體情況選用適宜的稅種和稅率。

財務評價涉及的稅費主要包括關稅、增值稅、資源稅、消費稅、所得稅、城市維護建設稅和教育費附加等，有些行業還涉及土地增值稅。財務評價時應說明稅種、徵稅方式、計稅依據、稅率等，如有減免稅優惠，應說明依據及減免方式。在會計處理上，資源稅、消費稅、土地增值稅、城市維護建設稅和教育費附加包含在「稅金及附加」中。

增值稅：財務評價中應按稅法規定計算增值稅。應注意，當採用含增值稅價格計算銷售收入和原材料、燃料動力成本時，損益表中應單列增值稅科目。應明確說明採用何種計價方式。

消費稅：中國對部分貨物徵收消費稅，項目評價中涉及適用消費稅的產品或進口貨物時，應按規定計算消費稅。

土地增值稅：按轉讓房地產取得的增值額徵收的稅種，房地產項目應按規定計算土地增值稅。

資源稅：國家對開採特定礦產品或者生產鹽的單位或個人徵收的稅種，通常按礦產的產量計徵。

企業所得稅：針對企業應納稅所得額徵收的稅種，應注意按有關規定對所得稅前扣除項目的要求正確計算應納稅所得額，並採用適宜的稅率計算企業所得稅，正確使用有關的所得稅優惠政策。

城市維護建設稅和教育費附加：以流轉稅額（增值稅和消費稅）為基數進行計算，屬於地方稅種，應注意當地的規定。

關稅：對進出口的應稅貨物為納稅對象的稅種，注意引進技術、設備材料的關稅體現在投資估算中，進口原材料的關稅則體現在成本中。

（5）基準參數。

財務評價中最重要的基準參數是判別內部收益率是否滿足要求的基準參數，也可稱財務基準收益率或最低可接受收益率，同時它也是計算淨現值的折現率。採用財務基準收益率或最低可接受收益率作為折現率，用於計算財務淨現值，可使財務淨現值大於或等於零，與財務內部收益率大於財務基準收益率或最低可接受收益率兩者對項目可行性的判斷一致。

從不同角度進行的現金流量分析所選取的判別基準可能是不同的，在選取中應注意：

①判別基準的確定要與指標的內涵相對應。所謂判別基準，即是要設定一個投資的截止率，收益低於這個水準不予投資，這也是最低可接受投資率的概念。判別基準的設定應明確對象，不同的人或者從不同的角度去考慮，對投資收益會有不同的最低期望，因此，判別基準的設定應有針對性，項目的財務評價中不應該總是用同一個最低可接受收益率作為各種內部收益率的判別基準。《投資項目可行性研究指南》規定了三個層次的內部收益率指標，即項目財務內部收益率、項目資本金內部收益率以及投資各方內部收益率。這些指標從不同的角度考察項目的盈利能力，用於判別項目盈利能力可接受性的最低可接受收益率也可能有所不同。

②判別基準的確定要與所採用的價格體系相協調。即採用價格是否包含通貨膨脹因素的問題。如果計算期內考慮通貨膨脹，財務價格的確定也考慮了通貨膨脹，則判別基準的設立也應考慮通貨膨脹，反之亦然。

③項目財務內部收益率的判別基準。對於項目財務內部收益率，其判別基準可採用行業或專業（總）公司統一發布執行的財務基準收益率，或者由評價者自行設立。設立時常考慮以下因素：行業邊際收益率、銀行貸款利率、資本金的資金成本等。

④資本金內部收益率的判別標準。對於資本金內部收益率來說，其判別標準應為最低可接受收益率，它的確定主要取決於當時的資本收益水準以及資金所有者對權益資金收益的要求，涉及資金機會成本的概念，還與投資者對風險的態度有關。最低可接受收益率最好按該項目所有資本金投資者對權益資金的綜合要求選取，沒有明確要求的，可以採用社會平均（理論上為邊際）或行業平均的權益資金收益水準。

⑤投資各方內部收益率的判別基準。投資各方內部收益率的判別基準為投資各方對投資收益水準的最低期望值，也可稱為最低可接受收益率，它只能由各投資者自行確定。因為不同投資者的決策理念、資本實力和風險承受能力有很大差異，而且出於某些原因，可能會對不同項目有不同的收益水準要求。

(6) 利率。

借款利率是項目財務評價的重要基礎數據，用以計算借款利率。採用固定利率的借款項目，財務評價直接採用約定的利率計算利息。採用浮動利率的借款項目，財務評價時應對借款期內的平均利率進行預測，採用預測的平均利率計算利息。

(7) 匯率。

財務評價匯率的取值，一般採用國家外匯管理部門公布的當期外匯牌價的賣出、買入的中間價。

4.1.4　銷售收入與成本費用估算

(1) 銷售收入估算。

銷售（營業）收入是指銷售產品或者提供服務取得的收入。生產多種產品和提供多項服務的，應分別估算各種產品及服務的銷售收入。對於不便按詳細的品種分類計算銷售收入的，可折算為標準產品的方法計算銷售收入。要求編製銷售收入、稅金及附加估算表見表4-1。

表4-1　　　　　　　銷售（營業）收入、稅金及附加估算表　　　金額單位：萬元

序號	項目	合計	計算期					
			1	2	3	4	…	n
1	銷售收入							
1.1	產品A銷售收入							
	單價							
	數量							
	銷項稅額							
1.2	產品B銷售收入							
	單價							
	數量							
	銷項稅額							
	……							
2	稅金及附加							
2.1	消費稅							
2.2	消費稅							
2.3	城市維護建設稅							

表4-1(續)

序號	項目	合計	計算期					
			1	2	3	4	...	n
2.4	教育費附加							
3	增值稅							
	銷項稅額							
	進項稅額							

(2) 成本費用估算。

成本費用是指項目生產營運支出的各項費用。按成本計算範圍，分為單位產品成本和總成本費用；按成本與產量的關係，分為固定成本和可變成本；按財務評價的特定要求，分為總成本費用和經營成本。成本估算應與銷售收入的計算口徑一致，各項費用應劃分清楚，防止重複計算或者低估費用支出。

①總成本費用估算。

總成本費用估算是指在一定時期內因生產和銷售產品產生的全部費用。總成本費用的構成及估算通常採用以下兩種方法：

a. 產品製造成本加企業期間費用估算法。

計算公式為：總成本費用＝製造成本＋銷售費用＋管理費用＋財務費用

其中：製造成本＝直接材料費＋直接燃料和動力費＋直接工資＋其他直接支出＋製造費用

b. 生產要素估算法。

是從估算各種生產要素的費用入手，匯總得到總成本費用。將生產和銷售過程中消耗的外購原材料、輔助材料、燃料、動力、人員工資福利，外部提供的勞務或服務，當期應計提的折舊和攤銷以及應付的財務費用相加，得出總成本費用。採用這種估算方法，不必計算內部各生產環節成本的轉移，也較容易計算可變成本和固定成本，計算公式為：

總成本費用＝外購原材料、輔助材料、燃料及動力＋人員工資福利費＋外部提供的勞務或服務＋維修費＋折舊費＋礦山維簡費（採掘、採伐項目計算此項費用）＋攤銷費＋財務費用＋其他費用

②經營成本估算。

經營成本估算是項目評價特有的概念，用於項目財務評價的現金流量分析。經營成本是指總成本費用扣除固定資產折舊費、礦山維簡費、無形資產及遞延資產攤銷費和財務費用後的成本費用。計算公式為：

經營成本＝總成本費用－折舊費－礦山維簡費－無形資產及遞延資產攤銷費－財務費用

③固定成本與可變成本估算。

財務評價進行盈虧平衡分析時，需要將總成本費用分解為固定成本和可變成本。

固定成本是指不隨產品產量及銷售量的增減發生變化的各項成本費用，主要包括非生產人員工資、折舊費、無形資產及遞延資產攤銷費、修理費、辦公費、管理費等。可變成本是指隨產品產量及銷售量增減而成正比例變化的各項費用，主要包括原材料、燃料、動力消耗、包裝費和生產人員工資等。

長期借款利息應視為固定成本，短期借款如果用於購置流動資產，可能部分與產品產量、銷售量相關，其利息可視為半可變半固定成本，為簡化計算，也可視為固定成本。

④編製成本費用估算表

分項計算上述各種成本費用後，編製相應的成本費用估算表，包括總成本費用估算表和各分項成本估算表，見表4-2至表4-8。

表4-2　　　　　　　　　總成本費用估算表（生產要素法）　　　金額單位：萬元

序號	項目	合計	計算期					
			1	2	3	4	…	n
1	外購原材料費							
2	外購燃料及動力費							
3	工資及福利費							
4	修理費							
5	其他費用							
6	經營成本（1+2+3+4+5）							
7	折舊費							
8	攤銷費							
9	利息支出							
10	總成本費用合計（6+7+8+9）							
	其中：可變成本							
	固定成本							

表4-3　　　　　　　　總成本費用估算表（生產成本加期間費用法）　　金額單位：萬元

序號	項目	合計	計算期					
			1	2	3	4	…	n
1	生產成本							
1.1	直接材料費							
1.2	直接燃料及動力費							
1.3	直接工資及福利費							
1.4	製造費用							
1.4.1	折舊費							

表4-3(續)

序號	項目	合計	計算期					
			1	2	3	4	...	n
1.4.2	修理費							
1.4.3	其他製造費							
2	管理費用							
2.1	無形資產攤銷							
2.2	其他資產攤銷							
2.3	其他管理費用							
3	財務費用							
3.1	利息支出							
3.1.1	長期借款利息							
3.1.2	流動資金借款利息							
3.1.3	短期借款利息							
4	銷售費用							
5	總成本費用合計（1+2+3+4）							
5.1	其中：可變成本							
5.2	固定成本							
6	經營成本（5−1.4.1−2.1−2.2−3.1）							

表 4-4　　　　　　　　**外購原材料費估算表**　　　　　　金額單位：萬元

序號	項目	合計	計算期					
			1	2	3	4	...	n
1	外購原材料費							
1.1	原材料 A							
	單價							
	數量							
	進項稅額							
1.2	原材料 B							
	單價							
	數量							
	進項稅額							
	……							
2	輔助材料費用							

表4-4(續)

序號	項目	合計	計算期					
			1	2	3	4	…	n
	進項稅額							
3	其他							
	進項稅額							
4	外購原材料費合計							
5	外購原材料進項稅額合計							

表 4-5　　　　　　　　　　外購燃料和動力費估算表　　　　　　金額單位：萬元

序號	項目	合計	計算期					
			1	2	3	4	…	n
1	燃料費							
1.1	燃料 A							
	單價							
	數量							
	進項稅額							
	……							
2	動力費							
2.1	動力 A							
	單價							
	數量							
	進項稅額							
	……							
3	外購燃料及動力費合計							
4	外購燃料及動力進項稅額合計							

表 4-6　　　　　　　　　　固定資產折舊費估算表　　　　　　金額單位：萬元

序號	項目	合計	計算期					
			1	2	3	4	…	n
1	房屋、建築物							
	原值							
	當期折舊費							
	淨值							

表4-6(續)

序號	項目	合計	計算期					
			1	2	3	4	…	n
2	機器設備							
	原值							
	當期折舊費							
	淨值							
	……							
3	合計							
	原值							
	當期折舊費							
	淨值							

表 4-7　　　　　　　　　　**無形資產和其他資產攤銷估算表**　　　　金額單位：萬元

序號	項目	合計	計算期					
			1	2	3	4	…	n
1	無形資產							
	原值							
	當期攤銷費							
	淨值							
2	其他資產							
	原值							
	當期攤銷費							
	淨值							
	……							
3	合計							
	原值							
	當期攤銷費							
	淨值							

表 4-8　　　　　　　　　　　**工資及福利費估算表**　　　　　　金額單位：萬元

序號	項目	合計	計算期					
			1	2	3	4	…	n
1	工人							
	人數							
	人均年工資							

表4-8(續)

序號	項目	合計	計算期				
			1	2	3	4	...	n
	工資額							
2	技術人員							
	人數							
	人均年工資							
	工資額							
3	管理人員							
	人數							
	人均年工資							
	工資額							
4	工資總額（1+2+3）							
5	福利費							
6	合計（4+5）							

4.1.5 新設項目法人項目財務評價

新設項目法人項目財務評價的主要內容，是在編製財務報表的基礎上進行盈利能力分析、償債能力分析和抗風險能力分析。

（1）編製財務報表。

財務評價報表主要有財務現金流量表、損益和利潤分配表、資金來源與運用表、借款償還計劃表等。

①財務現金流量表，分為：

a. 項目財務現金流量表，用於計算項目財務內部收益率及財務淨現值等評價指標，見表4-9；

b. 項目資本金財務現金流量表，用於計算資本金收益率指標，見表4-10；

c. 投資各方財務現金流量表，用於計算投資各方收益率，見表4-11。

表 4-9   項目投資現金流量表   金額單位：萬元

序號	項目	合計	計算期				
			1	2	3	4	...	n
1	現金流入							
1.1	銷售收入							
1.2	補貼收入							
1.3	回收固定資產餘值							
1.4	回收流動資金							

表4-9(續)

序號	項目	合計	計算期					
			1	2	3	4	…	n
2	現金流出							
2.1	建設投資							
2.2	流動資金							
2.3	經營成本							
2.4	稅金及附加							
2.5	維持營運投資							
3	所得稅前淨現金流量（1-2）							
4	累計所得稅前淨現金流量							
5	調整所得稅							
6	所得稅後淨現金流量（3-5）							
7	累計所得稅後淨現金流量							

計算指標：
項目投資財務內部收益率（％）（所得稅前）
項目投資財務內部收益率（％）（所得稅後）
項目投資財務淨現值（所得稅前）（$i_c = $ ％）
項目投資財務淨現值（所得稅後）（$i_c = $ ％）
項目投資回收期（年）（所得稅前）
項目投資回收期（年）（所得稅後）

表 4-10　　　　　　　　　**項目資本金現金流量表**　　　　　金額單位：萬元

序號	項目	合計	計算期					
			1	2	3	4	…	n
1	現金流入							
1.1	銷售收入							
1.2	補貼收入							
1.3	回收固定資產餘值							
1.4	回收流動資金							
2	現金流出							
2.1	項目資本金							
2.2	借款本金償還							
2.3	借款利息支付							
2.4	經營成本							
2.5	稅金及附加							

表4-10(續)

序號	項目	合計	計算期					
			1	2	3	4	…	n
2.6	所得稅							
2.7	維持營運投資							
3	淨現金流量（1-2）							
計算指標： 資本金財務內部收益率（%）								

表4-11　　　　　　　　　　投資各方現金流量表　　　　　　金額單位：萬元

序號	項目	合計	計算期					
			1	2	3	4	…	n
1	現金流入							
1.1	實分利潤							
1.2	資產處置收益分配							
1.3	租賃費收入							
1.4	技術轉讓或使用收入							
1.5	其他現金流入							
2	現金流出							
2.1	實繳資本							
2.2	租賃資產支出							
2.3	其他現金流出							
3	淨現金流量（1-2）							
計算指標： 投資各方財務內部收益率（%）								

②利潤和利潤分配表，用於計算項目投資利潤率，見表4-12。

表4-12　　　　　　　　　　利潤與利潤分配表　　　　　　金額單位：萬元

序號	項目	合計	計算期					
			1	2	3	4	…	n
1	銷售收入							
2	稅金及附加							
3	總成本費用							
4	補貼收入							
5	利潤總額（1-2-3+4）							

表4-12(續)

序號	項目	合計	計算期				
			1	2	3	4	...	n
6	彌補以前年度虧損							
7	應納稅所得額（5-6）							
8	所得稅							
9	淨利潤（5-8）							
10	期初未分配利潤							
11	可供分配的利潤（9+10）							
12	提取法定盈餘公積金							
13	可供投資者分配的利潤（11-12）							
14	應付優先股股利							
15	提取任意盈餘公積金							
16	應付普通股股利							
17	各投資方利潤分配							
	其中：××方							
	××方							
18	未分配利潤（13-14-15-17）							
19	息稅前利潤（利潤總額+利息支出）							
20	息稅前折舊攤銷前利潤（19+折舊+攤銷）							

③項目總投資使用計劃與資金籌措表，用於反應項目計算期各年的投資、融資及生產經營活動的資金流入、流出情況，考察資金平衡和餘缺情況，見表4-13。

表4-13　　　　　　　項目總投資使用計劃與資金籌措表　　　　　人民幣單位：萬元

序號	項目	合計			1			……		
		人民幣	外幣	小計	人民幣	外幣	小計	人民幣	外幣	小計
1	總投資									
1.1	建設投資									
1.2	建設期利息									
1.3	流動資金									
2	資金籌措									
2.1	項目資本金									
2.1.1	用於建設投資									
	××方									

表4-13(續)

序號	項目	合計			1			……		
		人民幣	外幣	小計	人民幣	外幣	小計	人民幣	外幣	小計
	……									
2.1.2	用於建設期利息									
	××方									
	……									
2.1.3	用於流動資金									
	××方									
	……									
2.2	債務資金									
2.2.1	用於建設投資									
	××借款									
	××債券									
	……									
2.2.2	用於建設期利息									
	××借款									
	××債券									
	……									
2.2.3	用於流動資金									
	××借款									
	××債券									
	……									
2.3	其他資金									
	×××									
	……									

④借款還本付息計劃表，用於反應項目計算期內各年借款的使用、還本付息，以及償債資金的來源，計算借款償還期或者償債備付率、利息備付率等指標，見表4-14。

表4-14　　　　　　　　　　借款還本付息計劃表　　　　　　　　人民幣單位：萬元

序號	項目	合計	計算期				
			1	2	3	4	…	n
1	借款1						
1.1	期初借款餘額						
1.2	當期還本付息						
	其中：還本						

表4-14(續)

序號	項目	合計	計算期 1	2	3	4	…	n
	付息							
1.3	期末借款餘額							
2	借款2							
2.1	期初借款餘額							
2.2	當期還本付息							
	其中：還本							
	付息							
2.3	期末借款餘額							
3	債券							
3.1	期初債務餘額							
3.2	當期還本付息							
	其中：還本							
	付息							
3.3	期末債務餘額							
4	借款和債券合計							
4.1	期初餘額							
4.2	當期還本付息							
	其中：還本							
	付息							
4.3	期末餘額							
計算指標	利息備付率（％）							
	償債備付率（％）							

（2）盈利能力分析。

盈利能力分析是項目財務評價的主要內容之一，是在編製現金流量表的基礎上，計算項目財務內部收益率、財務淨現值、投資回收期等指標。其中財務內部收益率是項目的主要營利指標，其他指標可以根據項目特點及財務評價的目的、要求等選用。

①財務內部收益率（FIRR）。

財務內部收益率是指項目在整個計算期內各年淨現金流流量現值累計等於零時的折現率，它是評價項目盈利能力的動態指標。其表達式為：

$$\sum_{t=1}^{n} (CI - CO)_t (1 + FIRR)^{-t} = 0$$

其中：
CI 是現金流入量；
CO 是現金流出量；
$(CI-CO)_t$ 是第 t 年的淨現金流量；
n 是計算期年數。

②財務淨現值（FNPV）。

財務淨現值是指按設定的折現率 i_c 計算的項目計算期內各年淨現金流量的現值之和。計算公式為：

$$FNPV = \sum_{t=1}^{n} (CI-CO)_t (1+i_c)^{-t}$$

其中：
i_c 是設定的折現率。

財務淨現值是評價項目盈利能力的絕對指標，它反應項目在滿足按設定折現率要求的盈利之外獲得的超額盈利的現值。財務淨現值等於或者大於零，表明項目的盈利能力達到或者超過按設定的折現率計算的盈利水準。

③投資回收期（P_t）。

投資回收期是指以項目的淨收益償還項目全部投資所需要的時間，一般以年為單位，並從項目建設起始年算起，若從項目投產年算起，應給予特別註明。其表達式為：

$$\sum_{t=1}^{P_t} (CI-CO)_t = 0$$

P_t 是累計淨現金流量開始出現正值的年份數-1+上年累計淨現金流量的絕對值/當年淨現金流量值。

投資回收期越短，表明項目的營利能力和抗風險能力越好。投資回收期的判別標準是基準投資回收期，其取值可根據行業水準或者投資者的要求設定。

④投資利潤率。

投資利潤率是指項目在計算期內正常生產年份的年利潤總和（或年平均利潤總額）與項目投入總資金的比例，它是考察單位投資營利能力的靜態指標。將項目投資利潤率與同行業平均投資利潤率對比，判斷項目的獲利能力。

（3）償債能力分析。

根據有關財務報表，計算借款償還期、利息備付率、償債備付率等指標，評價項目的借款償還能力。如果採用借款償還期指標，可不再計算備付率，二者選其一即可。

①借款償還期。

借款償還期是指以項目投產後獲得的可用於還本付息的資金，還清借款本息所需的時間，一般以年為單位表示。這項指標可由借款償還計劃表推算，指標值應能滿足貸款機構的要求。

借款償還期指標旨在計算最大償還能力，適用於盡快還款的項目，不適用於已約定借款償還期的項目。對於已約定借款償還期的項目，應採用利息備付率和償債備付率指標分析項目的償債能力。

②利息備付率

利息備付率是指項目在借款償還期內，各年可用於支付利息的稅息前利潤與當期應付利息費用的比值，即：

$$利息備付率 = 稅息前利潤 / 當期應付利息費用$$

其中：

$$稅息前利潤 = 利潤總額 + 計入總成本費用的利息費用$$

當期應付利息費用是指計入總成本費用的全部利息。

利息備付率可以按年計算，也可按整個借款期計算。利息備付率表示項目的利潤償付利息的保證倍率。對於正常營運的企業，利息備付率應大於2，否則，表示付息能力保障程度不足。

③償債備付率。

償債備付率是指項目在借款償還期內，各年可用於還本付息資金與當期應還本付息金額的比值，即：

$$償債備付率 = 可用於還本付息資金 / 當期應還本付息金額$$

可用與還本付息的資金，包括可用於還款的折舊和攤銷，在成本中列支的利息費用，可用於還款的利潤等。當期還本付息金額包括當期應還貸款本金及計入成本的利息。

償債備付率可以按年計算，也可按整個借款期計算。償債備付率表示可用於還本付息的資金償還借款本息的保證倍率，償債備付率在正常情況下應大於1，當指標小於1時，表示當年資金來源不足以償付當期債務，需要通過短期借款償付已到期債務。

4.1.6 既有項目法人項目財務評價

既有項目法人項目財務評價的盈利能力評價指標，是按「有項目」和「無項目」對比，採用增量分析方法計算。償債能力評價指標，一般是按「有項目」後項目的償債能力計算，必要時也可按「有項目」後既有法人整體的償債能力計算。評價步驟與內容如下：

(1) 確定財務評價範圍。

對投資項目的評價，首先應將項目範圍界定清楚。在所界定的範圍內，按照費用與效益計算範圍的一致性原則和費用與效益識別的有無對比原則，識別和估算項目的效益與費用。對於新設項目，項目範圍比較明確，就是項目本身所涉及的範圍。對於既有項目法人項目，應認真研究項目與原有企業的關係，合理界定項目範圍。項目範圍的界定應採取最小化原則，以能正確計算項目的投入和產出，說明項目給企業帶來的效益為限。項目範圍界定方法為：企業總體改造或雖局部改造但項目的效益和費用與企業的效益和費用難以分開的，應將項目範圍界定為企業整體；企業局部改造且項目範圍可以明確為企業的一個組成部分，可將項目直接有關的部分界定為項目範圍。

(2) 選取財務評價數據。

對既有項目法人項目的財務評價，採用「有無對比」進行增量分析，可能涉及以下五種數據：

①現狀數據：反應項目實施前的效益和費用現狀的數據。
②「無項目」數據：即不實施該項目時，在現狀基礎上考慮計算期內效益和費用的變化趨勢，經合理預測得出的數值序列。
③「有項目」數據：是指實施該項目後計算期內的總量效益和費用數據，是數值序列。
④新增數據：是「有項目」相對於現狀的變化額。
⑤增量數據：是「有項目」效益和費用數據與「無項目」效益和費用數據的差額，即有無對比得出的數據。

（3）編製財務報表。

既有項目法人項目財務評價，應按增量效益與增量費用的數據，編製項目增量財務現金流量表、資本金增量現金流量表。按「有項目」的效益與費用數據，編製項目損益和利潤分配表、資金來源與運用表、借款償還計劃表。

（4）盈利能力分析。

盈利能力分析指標、表達式和判別依據與新設項目法人基本相同。

（5）償債能力分析。

根據財務評價報表，計算借款償還期或者利息備付率和償債備付率，分析擬建項目自身償還債務的能力。

4.2　國民經濟評價

國民經濟評價是按合理配置資源的原則，採用影子價格等國民經濟評價參數，從國民經濟的角度考察投資項目所耗費的社會資源和對社會的貢獻，評價投資項目的經濟合理性。國民經濟評價與財務評價都是經濟評價，都使用基本的經濟評價理論，即費用與效益比較的理論方法。國民經濟評價與財務評價的區別在於：其一，兩種評價的角度和基本出發點不同，財務評價是站在項目的層次上，從項目的經營者、投資者、未來債權人的角度，分析項目在財務上能夠生存的可能性，分析各方的實際收益或損失，分析投資或貸款的風險及收益。國民經濟評價則是站在國家和地區的層次上，從全社會的角度分析評價項目對國民經濟的效益和費用。其二，由於分析的角度不同，項目的費用和效益的含義和範圍劃分不同。財務評價只根據項目直接發生的財務收支，計算項目的直接費用和效益。國民經濟評價則從全社會的角度考察項目的費用和效益，考察項目所消耗的有用社會資源和對社會提供的有用產品，不僅要考慮直接的費用和效益，還要考慮間接的費用和效益。其三，財務評價和國民經濟評價所使用的價格體系不同，財務評價使用預測的財務收支價格，國民經濟評價使用影子價格體系。其四，財務評價要從營利性和償債能力兩個方面分析，而國民經濟評價只需要進行營利分析。

但國民經濟評價和財務評價的關係也是非常密切的，很多情況下，國民經濟評價是在財務評價的基礎上進行的。國民經濟評價利用財務評價中使用的數據，以財務評價為基礎進行調整計算，得到國民經濟評價的結論。當然，國民經濟評價也可以在財

務評價之前獨立進行。

4.2.1 費用與效益的識別

識別和劃分費用與效益的基本原則是：凡項目對國民經濟所做的貢獻，均計為項目的效益；凡國民經濟為項目所付出的代價均計為項目的費用。也就是說，項目的國民經濟效益是指項目對國民經濟所做的貢獻，包括項目的直接效益和間接效益；項目的國民經濟費用是指國民經濟為項目付出的代價，包括項目的直接費用和間接費用。判別項目的效益和費用，所使用的方法為「有無對比」法。

（1）直接效益與直接費用。

項目的直接效益是指由項目產出物產生並在項目計算範圍內的經濟效益，一般表現為項目為社會生產提供的物質產品、科技文化成果和各種各樣的服務所產生的收益。例如工業項目生產的產品、副產品，礦產開採項目開採的礦產品，運輸項目提供的運輸服務，醫院提供的醫療服務，等等。這種效益的表現有多種形式：

①項目產出物滿足國內新增加的需求時，表現為國內新增需求的支付意願；

②替代效益較差的其他廠商的產品或服務，使被替代廠商減產或停產，節約國家有用資源；

③項目產出物使得國家增加出口或減少進口，反應為外匯收入的增加或支出的減少。

項目的直接費用是指項目使用投入物所產生並在項目範圍內計算的經濟費用，一般表現為投入項目的各種物料、人工、資金、技術以及自然資源而帶來的社會資源的消耗。這種資源消耗可能表現為社會擴大生產供給規模所耗用的資源費用，或者當社會不能增加供給時，導致其他人被迫放棄使用這些資源。當項目的投入物導致增加進口或減少出口時，這種資源消耗表現為國家外匯支出的增加或收入的減少。

直接效益和直接費用大多在財務評價中能夠得以反應。

（2）間接效益與間接費用。

間接效益是指由項目引起而在項目的直接效益中沒有得到反應的效益。如城市地下鐵道的建設使得沿線房地產升值的效益，或者項目中使用勞動力使得勞動力熟練化等。

間接費用是指由項目引起而在項目的直接費用中沒有得到反應的費用。如項目對自然環境造成的損害等。

間接效益和間接費用又稱為項目的外部效果，一般在財務評價中不會得到反應。通常對項目的外部效果的考察主要從以下方面進行：

①環境影響。有些項目會對自然環境廠商污染，對生態環境造成破壞，如排放污水造成水污染，排放有毒氣體和粉塵造成大氣污染，噪聲污染，臨時或永久性的交通阻塞，等等。項目對環境影響一般難以定量計算，近似的可按同類企業所造成的損失估計，或按恢復環境質量所需的費用估計。有些項目含有環境治理工程，會對環境產生好的影響，評價中也要對相應的效益加以考慮。如果無法對環境影響定量計算，至少也應當作定性分析。

②技術擴散效果。一個技術先進項目的實施，由於技術人員的流動，技術在社會上擴散和推廣，整個社會都將受益。但這類外部效果通常難以定量計算，一般只作定性分析。

③上下游企業相鄰效果。項目的上游企業是指為該項目提供原材料或半成品的企業，項目的實施可能會刺激這些上游企業得到發展，增加新的生產能力或是使原有生產能力得到更充分的利用。項目的下游企業是指使用項目的產出物作為原材料或半成品的企業，項目的產品可能會對下游企業的經濟效益產生影響，使其閒置的生產能力得到充分利用或使其在生產上節約成本。多數情況下，項目對上下游企業的相鄰效果可以在項目的投入和產出物的影子價格中得到反應，不應再計算間接效果。也有些間接影響難以反應在影子價格中，需要作為項目的外部效果計算。

④乘數效果。這是指項目的實施使原來閒置的資源得到利用，從而產生一系列的連鎖反應，刺激某一地區或全國的經濟發展。在對經濟落後地區的項目進行國民經濟評價時可能會需要考慮這種乘數效果，特別應注意選擇乘數效果大的項目作為扶貧項目。一般情況下，只計算一次相關效果，不連續擴展計算乘數效果。

⑤價格影響。有些項目大量出口，從而導致了中國此類產品出口價格的下降，減少了國家總體的創匯收益，成為項目的外部費用。如果項目產品增加了國內市場供應，導致產品市場價格下降，可以使用戶和消費者得到產品降價的好處，但這種好處一般不應計入項目的間接效益，只是收益從生產廠商轉移到了用戶和消費者。

(3) 轉移支付。

國民經濟評價中，項目的轉移支付主要包括：項目向政府繳納的稅費、政府給予項目的補貼、項目向國內銀行等金融機構支付的貸款利息和獲得的存款利息。從全社會的角度看，企業向國家交付稅金、向國內的銀行或其他金融機構支付利息或從國家得到補貼，都只是國內全社會內部不同社會成員之間的相互支付，是社會再分配，並不構成社會資源的實際消耗或增加，因此不能視為項目的費用或效益。在財務評價基礎上進行國民經濟評價時，要注意從財務效益和費用中剔除轉移支付部分。

4.2.2　費用與效益的估算

進行項目的國民經濟評價時，項目的主要投入物和產出物，原則上都應採用影子價格。影子價格應當根據項目的投入物和產出物對國民經濟的影響，從「有無對比」的角度確定。

(1) 市場定價的外貿貨物的影子價格。

外貿貨物是指項目使用或生產某種貨物將直接或間接影響國家對這種貨物的進口或出口。包括：

①項目產出物中直接出口、間接出口和替代進口的；

②項目投入物中直接進口、間接進口和減少出口的。

原則上，對於影響進出口的不同，應當區分不同情況，採用不同的影子價格定價。但在實踐中，為了簡化工作，可以只對項目投入物中直接進口的產出物中直接出口的，採取進出口價格測定影子價格，對於間接進出口的仍按國內市場價格定價。

直接進口投入物的影子價格（到廠價）＝到岸價（CIF）×影子匯率＋貿易費用＋國內運雜費

直接出口產出物的影子價格（出廠價）＝離岸價（FOB）×影子匯率－貿易費用－國內運雜費

（2）市場定價的非外貿貨物影子價格。

國內市場沒有價格管制的產品或服務，項目投入物和產出物不直接進出口的，按照非外貿貨物定價，以國內市場價格為基礎測定影子價格。

投入物影子價格（到廠價）＝市場價格＋國內運雜費

產出物影子價格（出廠價）＝市場價格－國內運雜費

（3）政府調控價格貨物的影子價格。

政府調控價格包括：政府定價、指導價、最高限價、最低限價等。採取政府調控價格的產品或服務不能完全反應其真實的價值。在國民經濟評價中，這些產品或服務要採取特殊的方式測定，測定方法主要有：成本分解法、消費者支付意願和機會成本。

成本分解法是指計算某種貨物的製造生產所需耗費的全部社會資源的價值，這種耗費包括各種物料投入以及人工、土地等投入，也包括資本投入所應分攤的機會成本費用。

支付意願是指消費者為獲得某種商品或服務所願意付出的價格。

機會成本是指用於項目的某種資源若不用於本項目而用於其他替代機會，在所有其他替代機會中所能獲得的最大效益。

（4）特殊投入物影子價格。

項目中的特殊投入物主要包括：勞動力、土地、自然資源。項目使用的這些特殊投入物，影子價格需要採用特定的計算方法。

①影子工資。

項目使用了勞動力這種資源，社會要為此付出代價，國民經濟評價中用影子工資來表示這種代價。影子工資就是工資成本的影子價格，即勞動力的影子價格，它是指項目所雇用的人員在沒有該項目的情況下，從事其他項目而對國民經濟的貢獻，影子工資有兩種計算方法：

a. 機會成本法。勞動力的機會成本是指項目所用的勞動力如果不用於該項目而在其他生產經營活動中所能創造的最大收益，它與勞動力的技術熟練程度和供求狀況有關。在計算影子工資時，一般把人工分為熟練勞動力和非熟練勞動力兩種，一般認為非熟練勞動力是有剩餘的，非熟練勞動力的影子工資定的比其實際工資低得多，其影子工資率一般為低於1的值。一般認為熟練勞動力是稀缺的，取其影子工資率為1或大於1的值。如果吸收的勞動力是從農村或其他產業轉移過來的，其影子工資應該是勞動力對原有產業做出的邊際貢獻。

b. 淨勞工國民經濟費用法。人工成本可以包括三項內容：人工的社會消耗，人工個人消費水準，人工的邊際生產力。人工的社會消耗用 C' 表示，指因人口增加，社會需要支付城市基礎設施等建設費用。這些費用一般都是政府支付，因此構成國民經濟費用的一部分。人工個人消費水準用 C 表示，指項目付給工人的工資和獎金。這些消

費增加，是一種國民經濟收益。淨勞工國民經濟費用的計算方式為：

淨勞工國民經濟費用＝$C' - (C - m)$ ＝成本（因人工增加，社會建設成本的增加）－收益（因人工增加，人工消費的增加）

②土地費用。

土地是一種特殊投入物，一個項目使用了某一塊土地，就不能用作其他用途，對國家來說就造成了社會費用。

城鎮的土地：城市的土地已經很大程度存在由市場形成的交易價格，市區內的土地、城市郊區的土地可以採用市場價格測定影子價格。

農村的土地按照機會成本的方法測定影子價格，由土地的機會成本和因土地用途轉變而發生的新增資源消耗兩部分構成，即：土地的影子價格＝土地機會成本＋新增資源消耗。

實際的項目評價中，可以從財務評價中土地的徵地費用出發進行調整計算，可將土地的徵地費用劃分為三部分，分別按照不同的方法調整：

a. 屬於機會成本性質的費用，如土地補償費、青苗補償費，按照機會成本計算方法調整計算；

b. 屬於新增資源消耗的費用，如拆遷費、剩餘勞動力安置費、養老保險費等，按影子價格調整計算；

c. 屬於轉移支付的，如糧食開發基金、耕地占用稅等，應予以扣除。

③自然資源費用。

各種不可再生的自然資源也屬於特殊投入物。礦產資源等不可再生資源的影子價格應當按資源的機會成本計算，水和森林等可再生資源的影子價格可以按資源再生費用計算。

4.2.3 國民經濟評價指標與報表

（1）國民經濟評價指標。

項目國民經濟評價只進行國民經濟盈利能力的分析，國民經濟盈利能力的評價指標是經濟內部收益率和經濟淨現值。

①經濟內部收益率（EIRR）。

經濟內部收益率是國民經濟評價的主要指標，項目的國民經濟評價必須要計算這一指標，並用其表示項目經濟盈利能力的大小。經濟內部收益率是項目在計算期內各年經濟淨效益流量的現值累計等於零時的折現率，用這樣一個隱函數表達式來定義：

$$\sum_{t=1}^{n}(B-C)_t(1+EIRR)^{-t}=0$$

其中：

$EIRR$ 是經濟內部收益率；

B 是效益流量；

C 是費用流量；

$(B-C)_t$ 在 是第 t 年的淨效益流量；

n 是項目的計算期。

經濟內部收益率是從國民經濟評價角度反應項目經濟效益的相對指標，表明項目占用的資金所能獲得的動態收益率。項目的經濟內部收益率等於或大於社會折現率時，表明項目對國民經濟的淨貢獻達到或超過了預定要求。

②經濟淨現值（ENPV）。

經濟淨現值是指用社會折現率將項目計算期內各年淨效益流量折算到項目建設期初的現值之和。其表達式為：

$$ENPV = \sum_{t=1}^{n} (B - C)_t (1 + i_s)^{-t}$$

式中，i_s 為社會折現率。

經濟淨現值是反應項目國民經濟淨貢獻的絕對指標，項目的經濟淨現值等於或大於零表示國家為擬建項目付出代價後，可以得到符合社會折現率所要求的社會盈餘的量值。

（2）國民經濟評價報表。

編製國民經濟評價報表是項目國民經濟評價的基礎性工作，項目的國民經濟評價報表用於顯示項目的國民經濟效益和費用並用以計算國民經濟評價指標。按照《投資項目可行性研究指南》，國民經濟評價報表包括項目國民經濟效益費用流量表和國內投資國民經濟效益費用流量表。項目國民經濟效益費用流量表用以綜合反應項目計算期內各年的按全部投資口徑計算的國民經濟各項效益與費用流量及淨效益流量，並用來計算項目經濟內部收益率、經濟淨現值指標。國內投資國民經濟效益費用流量表用以綜合反應項目建設期內各年按國內口徑計算的國民經濟各項效益與費用流量及淨效益流量，對於有從國外借款的項目，應編製此表，並計算國內投資經濟內部收益率和經濟淨現值。

大多數情況下國民經濟評價報表可以在項目財務評價的基礎上進行編製調整，有些項目也可以直接編製。在財務評價基礎上編製國民經濟評價報表，主要工作包含費用效益範圍、內容的調整或影子價格調整。具體的主要調整內容如下：

①調整轉移支付。

財務評價中的各項稅金、國內借款利息在國民經濟評價中應當作為轉移支付，不再作為項目的支出。

②計算外部效益和外部費用。

國民經濟的評價需要將外部效益和外部費用計算入項目的效益和費用中。每個項目需要根據項目的具體情況，分析項目的主要外部效益和外部費用。通常情況下，只計算直接相關的效益和費用，間接相關的效益和費用通常不容易把握。

③調整建設投資。

對財務評價中項目建設投資需要調整，其中的稅金、建設期利息、漲價預備金作為轉移支付從支出中剔除，其餘的費用需要用影子價格調整。勞動力按影子工資計算，土地費用調整為影子價格。

④調整流動資金。

如果財務評價中流動資金是採用擴大指標法估算的，國民經濟評價中仍按擴大指標法估算，但需要將計算基數調整為以影子價格計算的銷售收入和經營費用，再乘以相應的系數估算。如果財務評價中流動資金是按分項評估法估算的，要用影子價格分項估算。同時，財務評價中流動資產和流動負債中的現金、應收和應付款項並不實際消耗資源，國民經濟評價中應當將其從流動資金中剔除。

⑤調整經營費用。

財務評價中的各項經營費用需要用影子價格調整，一般應當對主要原材料、燃料及動力費用進行調整，對工資及福利費以影子工資調整。經營費用的調整可以借助輔助報表進行，編製國民經濟評價經營費用調整表。

⑥調整銷售收入。

財務評價的銷售收入需要用產出物影子價格調整，可編製出相應的國民經濟評價銷售收入調整表。

⑦調整外匯價值。

國民經濟評價中涉及外匯收入和支出時，均需要用影子匯率計算外匯價值。從國外引入的資金和向國外支付的投資收益、貸款本息等也需要用影子匯率調整。

⑧編製國民經濟效益費用流量表。

有些行業的項目可能需要直接進行國民經濟評價，判斷項目的合理性。可以按以下步驟直接編製國民經濟效益費用流量表。

①確定國民經濟效益、費用的計算範圍，包括直接效益、直接費用和間接效益、間接費用。

②測算各種主要投入物的影子價格和產出物的影子價格（交通運輸項目國民經濟效益不按產出物影子價格計算，而是採用由於節約運輸時間、費用等計算效益），並在此基礎上對各項國民經濟效益和費用進行估算。

③編製國民經濟效益費用流量表，如表4-15。

表 4-15　　　　　　　　　國民經濟效益費用流量表　　　　　金額單位：萬元

序號	項目	合計	計算期					
			1	2	3	4	…	n
1	效益流量							
1.1	項目直接效益							
1.2	資產餘值回收							
1.3	項目間接效益							
2	費用流量							
2.1	建設投資							
2.2	維持營運投資							
2.3	流動資金							

表4-15(續)

序號	項目	合計	計算期					
			1	2	3	4	…	n
2.4	經營費用							
2.5	項目間接費用							
3	項目淨效益流量（1-2）							

計算指標：
經濟內部收益率（%）
經濟淨現值（i_s = %）

4.2.4 國民經濟評價參數

　　國民經濟評價參數是國民經濟評價的重要基礎。國民經濟評價參數分為兩類，一類是通用參數，包括社會折現率、影子匯率、影子工資等，這些通用參數由專門機構組織測算和發布；另一類是各種貨物、服務、土地、自然資源等影子價格，需要由項目評價人員根據項目具體情況自行測算。

　　(1) 社會折現率（i_s）。

　　社會折現率是用以衡量資金時間價值的重要參數，代表社會資金被占用應獲得的最低收益率，並用作不同年份資金價值的折現率。社會折現率可根據國民經濟發展多種因素綜合測定。各類投資項目的國民經濟評價都應採用有關專門機構統一發布的社會折現率作為計算經濟淨現值的折現率。社會折現率應根據國家的社會經濟發展目標、發展戰略、發展優先順序、發展水準、宏觀調控意圖、社會成員的費用效益時間偏好、社會投資收益水準、資金供給狀況、資金機會成本等因素綜合測定。目前社會折現率測定為8%，對於受益期長的建設項目，如果遠期效益較大，效益實現的風險較小，社會折現率可以適當降低，但不應低於6%。

　　(2) 影子匯率。

　　影子匯率是指能正確反應國家外匯經濟價值的匯率。影子匯率可通過影子匯率換算系數得出，影子匯率換算系數是指影子匯率與外匯牌價之間的比值，即：影子匯率 = 外匯牌價×影子匯率換算系數。

　　根據中國外匯收支、外匯供求、進出口結構、進出口關稅、進出口增值稅及出口退稅補貼等情況，影子匯率換算系數為1.08。

　　(3) 影子工資。

　　影子工資是指項目使用勞動力資源而使社會付出的代價，可通過影子工資換算系數得到。影子工資換算系數是指影子工資與項目財務分析中的勞動力工資之間的比值，即：影子工資 = 財務工資×影子工資換算系數。

　　目前，技術勞動力的工資報酬一般可由市場供求決定，即影子工資換算系數為1。對於非技術勞動力，根據中國非技術勞動力就業狀況，其影子工資換算系數一般取為0.25~0.8，具體可根據當地的非技術勞動力供求狀況，非技術勞動力較為多餘的地區

可取較低值，不太多餘的地區可取較高值，中間狀況可取 0.5。

4.3 不確定性分析

客觀事物發展多變的特點以及人們對客觀事物認識的局限性，使得對客觀事物的預測結果可能偏離人們的預期，具有不確定性，項目投資也不例外。儘管在項目決策分析工作中已就項目市場、採用技術、設備、工程方案、環境保護、配套條件、投融資和投入產出等方面做了盡可能詳盡的研究，但項目經營的未來狀況仍然可能與設想狀況偏離。在完成項目基本方案的財務評價和國民經濟評價後，為了瞭解在不確定性情況下項目效益的可能變化，一般要對項目進行不確定性分析，不確定性分析的內容一般包括盈虧平衡分析和敏感性分析。

4.3.1 盈虧平衡分析

盈虧平衡分析是指在一定的生產能力下，研究分析項目成本費用與收益平衡關係的一種方法。隨著某些因素的變化，企業的盈利與虧損會有個轉折點，稱為盈虧平衡點（BEP）。在這一點上，銷售收入等於總成本費用，剛好盈虧平衡。盈虧平衡分析就是要找出盈虧平衡點，考察企業或項目對市場的適應能力和抗風險能力。

盈虧平衡分析可以分為線性盈虧平衡分析和非線性盈虧平衡分析，項目投資決策分析與評價中一般使用線性盈虧平衡分析。

盈虧平衡點的表達方式有多種，可以用產量、產品售價、單位可變成本和年總固定成本等絕對量表示，也可以用某些相對值表示，最常用的是以產量和生產能力利用率表示的盈虧平衡點，盈虧平衡點越低，表明企業適應市場變化的能力越大，抗風險能力越強。

（1）盈虧平衡分析的前提條件。

進行線性盈虧平衡分析有以下四個假設條件：

①產量等於銷售量，即當年生產的產品在當年銷售出去。

②產量變化，單位可變成本不變，從而總成本費用是產量的線性函數。

③產量變化，產品售價不變，從而銷售收入是銷售量的線性函數。

④只生產單一產品，或者生產多種產品，但可以換算為單一產品計算。

（2）盈虧平衡點的求取方法。

盈虧平衡點可以採用公式計算，也可採用圖解法求取。

①公式計算法。

根據盈虧平衡的原理，在盈虧平衡點上產品的生產成本與銷售收入相等，因而可以得到下面的數學公式。

設：生產成本函數為 $y_1 = f + vx$。

銷售收入函數為 $y_2 = px$。

當 $y_1 = y_2$ 時，有 $f + vx = px$。

式中：
y_1 是正常生產年份內生產總成本；
y_2 是項目投產後正常年份銷售收入；
v 是單位產品可變成本；
f 是總固定成本；
p 是單位產品價格；
x 是正常年份內產品產量。
基於以上公式，可得：
a. 用實際產量（或銷售量）表示的盈虧平衡點（BEP_x）

$$BEP_x = \frac{f}{p-v}$$

b. 用銷售收入表示的盈虧平衡點（BEP_s）

$$BEP_s = \frac{pf}{p-v}$$

c. 用生產能力利用率表示的盈虧平衡點（BEP_R）

$$BEP_R = \frac{f}{(p-v)R_X} \times 100\%$$

R_X 為正常年份的設計產量。
d. 以單位產品保本價格表示的盈虧平衡點（BEP_P）

$$BEP_P = \frac{f}{R_X} + v$$

②圖解法。

如圖 4-2，在以縱軸表示收入與支出、橫軸表示產品產量或銷售量的坐標上，按照正常年份的產量畫出固定成本線 $y=f$ 和可變成本線 $y=vx$，再 $y=f+vx$ 按畫出總生產成本線，然後按正常年份的生產量、銷售量和產品單價畫出銷售收入線 $y=px$，總生產成本線和銷售收入線的交點即為盈虧平衡點 BEP_x。

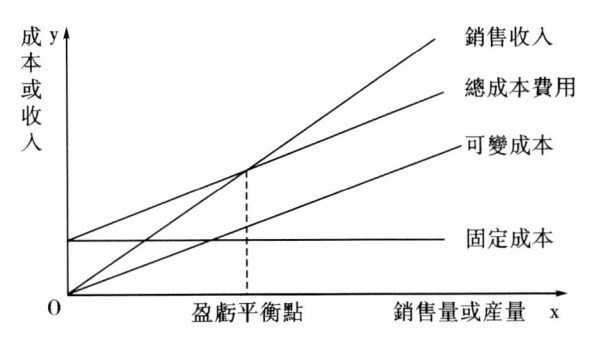

圖 4-2　盈虧平衡圖

例 4-1　某工業項目年設計生產能力為生產某種產品 3 萬件，單位產品售價 3,000 元，總成本費用為 7,800 萬元，其中固定成本 3,000 萬元，總變動成本與產品產量成正

比關係，求以產量、生產能力利用率、銷售價格、單位產品變動成本表示的盈虧平衡點。

解：首先計算單位變動成本：

$$v = \frac{y_1 - f}{x} = \frac{(7,800 - 3,000) \times 10^4}{30,000} = 1,600 \text{（元／件）}$$

盈虧平衡產量：

$$x_0 = \frac{3,000 \times 10^4}{3,000 - 1,600} = 21,400 \text{（件）}$$

盈虧平衡生產能力利用率

$$BEP_R = \frac{21,400}{30,000} = 71.3\%$$

（3）盈虧平衡分析的要點。

①盈虧平衡點應按項目達產年份的數據計算，不能按計算期內的平均值計算。

由於盈虧平衡點表示的是相對於設計能力下，達到多少產量或負荷率才能盈虧平衡，因此必須按項目達產年份的銷售收入和成本費用數據計算。

②當各年數值不同時，最好按還款期間和還完借款以後的年份分別計算。

項目達產後，由於固定成本中的利息各年不同，折舊費和攤銷費也不是每年相同，所以成本費用數值可能因年而異，具體按哪一年的數值計算盈虧平衡點，可以根據項目情況進行選擇。一般而言，最好選擇還款期間的第一個達產年和還完借款以後的年份分別計算，以便給出最高的盈虧平衡點和最低的盈虧平衡點。

採用線性盈虧平衡分析法有助於檢驗變量因素（如價格、固定成本、可變成本等）的變化對項目收支平衡的影響，但盈虧平衡點的計算有相當多的假設前提條件，這些條件在一般情況下很難滿足，這樣又給盈虧平衡分析帶來了不確定性。因此這種分析方法只能作為項目決策分析過程中的輔助手段。

4.3.2 敏感性分析

敏感性分析是項目經濟評價中應用十分廣泛的一種技術，用以考察項目涉及的各種不確定因素對項目效益的影響，找出敏感因素，估計項目效益對它們的敏感程度，粗略預測項目可能承擔的風險，為進一步的風險分析打下基礎。敏感性分析對項目財務評價和國民經濟評價同樣適用。

敏感性分析的做法通常是改變一種或多種不確定因素的數值，計算其對項目效益指標的影響，通過計算敏感度系數和臨界點，估計項目效益指標對它們的敏感程度，進而確定關鍵的敏感因素。通常將敏感性分析的結果匯總於敏感性分析表，也可通過繪製敏感性分析圖顯示各種因素的敏感程度並求得臨界點。

敏感性分析包括單因素敏感性分析和多因素敏感性分析。單因素敏感性分析是指每次只改變一個因素的數值來進行分析，估算單個因素的變化對項目效益產生的影響，多因素敏感性分析則是同時改變兩個或兩個以上因素進行分析，估算多因素同時發生變化的影響。為了找出關鍵的敏感性因素，通常多進行單因素敏感性分析。這裡主要

介紹單因素敏感性分析的步驟和方法如下：

（1）確定敏感性分析指標。

針對不同項目特點和要求、不同研究階段和實際需要情況，選擇合適的敏感性分析指標。由於敏感性分析建立在確定性分析的基礎之上，故一般敏感性分析指標都應與確定性分析指標相一致。當項目確定性分析指標比較多時，分析可圍繞其中一個或幾個重要的指標進行。最基本的分析指標是內部收益率，根據項目的實際情況也可選擇淨現值或投資回收期評價指標，必要時可同時針對兩個或兩個以上的指標進行敏感性分析。

（2）選擇需要分析的不確定性因素。

影響項目經濟效果的不確定性因素有很多，其內容因項目的規模、類型不同而各異。在進行敏感性分析時，只需要分析那些在成本、收益構成中占比重最大、對項目經濟效益指標有較大影響的，並且在整個計算期內最有可能發生變化的因素。經驗表明，主要對產出物價格、建設投資、主要投入物價格或可變價格、生產負荷、建設工期及匯率等不確定因素進行敏感性分析。

（3）研究並設定不確定性因素的變動範圍。

列出不確定性因素不同變化率或不同取值的幾個點。一般選擇不確定因素變化的百分率為±5%、±10%、±15%、±20%等，對於不便用百分數表示的因素，如建設工期，可採用延長一段時間表示，如延長一年。

（4）列出敏感性分析的計算指標。

分析各種不確定性因素在可能的變動範圍內發生不同幅度的變化對方案經濟效果指標產生的影響，給出敏感性分析的計算指標。

敏感性分析的計算指標主要有兩種：敏感度系數和臨界點。

①敏感度系數。

敏感度系數是指項目評價指標變化的百分率與不確定因素變化的百分率之比。敏感度系數高，表示項目效益對該不確定因素敏感程度高，計算公式為：

$$S_{AF} = \frac{\Delta A/A}{\Delta F/F}$$

式中：S_{AF} 是評價指標 A 對於不確定因素 F 的敏感系數；

$\Delta F/F$ 是不確定因素 F 的變化率；

$\Delta A/A$ 是不確定因素 F 發生 ΔF 變化率時，評價指標 A 的相應變化率。

$S_{AF} > 0$，表示評價指標與不確定因素同方向變化；$S_{AF} < 0$，表示評價指標與不確定因素反方向變化。$|S_{AF}|$ 較大者敏感度系數高。

②臨界點。

臨界點是指不確定因素的極限變化，即該不確定因素使項目內部收益率等於基準收益率或淨現值變為零時的變化百分比，當該不確定因素為費用科目時，即為其增加的百分比；為效益科目時，即為降低的百分比。臨界點也可用該百分比對應的具體數值表示。當不確定因素的變化超過了臨界點所表示的不確定因素的極限變化時，項目內部收益率指標將轉而低於基準收益率，表示項目將由可行變為不可行。

例4-2 某投資項目投資額、年銷售收入、年經營成本等數據如下表4-16所示。考慮到將來的某些不確定性，投資額、經營成本和產品價格有可能在±20%的範圍內變化，設基準收益率為10%，試分別就這三種不確定因素對淨現值的影響作敏感性分析。

表4-16　　　　　　　　　　某項目現金流量表　　　　　　　　單位：萬元

年份	0	1-10	11
投資 K'	15,000		
流動資金 L	3,000		
銷售收入 I		22,000	22,000
經營成本 C		15,000	15,000
銷售稅金 T		2,200	2,200
期末殘值 K_s			2,000
期末流動資金 L'			3,000
淨現金流量 I	-18,000	4,800	9,800

用淨現值指標，根據公式應有：

$NPV = -K + (I - C - T)(P/A, 10\%, 11) + K_s(P/F, 10\%, 11)$

$= -18,000 + 4,800 \times 6.495,1 + 5,000 \times 0.350,5 = 14,929(萬元)$

現分別就投資額、產品價格和經營成本不確定因素的變化對淨現值影響作敏感性分析。

設投資額變動 x，分析投資額變動對方案淨現值影響的計算公式為：

$NPV = -K(1 \pm x) + (I - C - T)(P/A, 10\%, 11) + K_s(1 \pm x)(P/F, 10\%, 11)$

設經營成本變動 x，分析經營成本變動對方案淨現值影響的計算公式為：

$NPV = -K + [I - C(1 \pm x) - T](P/A, 10\%, 11) + K_s(P/F, 10\%, 11)$

設產品價格變動 x，產品價格變動將導致銷售收入和銷售稅金變動，分析產品價格變動對方案淨現值影響的計算公式為：$NPV = -K + [(I - T)(1 \pm x) - C](P/A, 10\%, 11) + K_s(P/F, 10\%, 11)$

根據以上公式和已有數據，計算結果如下表4-17，繪出敏感性分析圖4-3。

表4-17　　　　　　　不確定因素變動對淨現值影響表　　　　　　　單位：萬元

變動率	-20%	-15%	-10%	-5%	0	+5%	+10%	+15%	+20%
投資額	14,400	15,300	16,200	17,100	18,000	18,900	19,800	20,700	21,600
淨現值	18,178	17,366	16,554	15,742	14,929	14,118	13,305	12,493	11,681
經營成本	12,000	12,750	13,500	14,250	15,000	15,750	16,500	17,250	18,000
淨現值	34,414	29,543	24,672	19,800	14,929	10,058	5,186	315	-4,556
產品價格	15,840	16,830	17,820	18,810	19,800	20,790	21,780	22,770	23,760
淨現值	-10,792	-4,362	-2,069	8,499	14,929	21,359	27,790	34,220	40,650

图 4-3 敏感性分析图

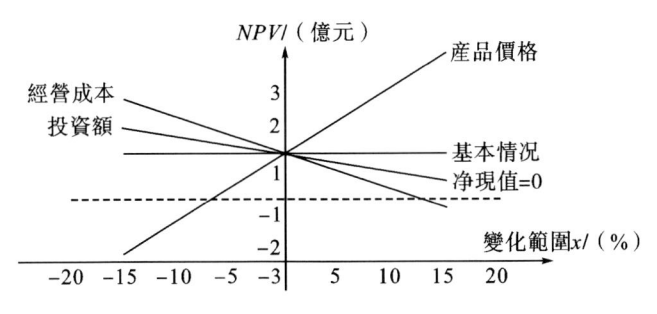

从表 4-17 和图 4-2 中可以看出，在同樣的變化率下，產品價格的變動對項目淨現值的影響最大，經營成本的影響次之，投資額變動的影響最小。

4.4 環境影響評價

環境影響評價簡稱環評（EIA，Environmental Impact Assessment），是指對項目實施後可能造成的環境影響進行分析、預測和評估，提出預防或者減輕不良環境影響的對策和措施，進行跟蹤監測的方法與制度。環境影響評價的根本目的是鼓勵在規劃和決策中考慮環境因素，最終達到更具環境相容性的人類活動。

環境影響評價的主體依據各國環境影響評價制度而定。中國的環境影響評價主體可以是學術研究機構、工程、規劃和環境諮詢機構，但必須獲得國家或地方環境保護行政機關認可的環境影響評價資格證書。一般說來，環境影響評價工作要生成環境影響報告書。中國《建設項目環境保護管理條例》規定，建設項目對環境可能造成重大影響的，應當編製環境影響報告書，對建設項目產生的污染和對環境的影響進行全面、詳細的評價。

4.4.1 環境影響評價的重要性

環境影響評價是一項技術，是強化環境管理的有效手段，對確定經濟發展方向和保護環境等一系列重大決策都有重要作用，具體表現在以下幾個方面：

（1）保證建設項目選址和佈局的合理性。

合理的經濟佈局是保證環境與經濟持續發展的前提條件，而不合理的佈局則是造成環境污染的重要原因。環境影響評價是從建設項目所在地區的整體出發，考察建設項目的不同選擇和佈局對區域整體的不同影響，並進行比較和取捨，選擇最有利的方案，保證建設項目選擇和佈局的合理性。

（2）指導環境保護措施的設計，強化環境管理。

一般說來，開發建設和生產活動都要消耗一定的資源，給環境帶來一定的污染與破壞，因此必須採取相應的環境保護措施。環境影響評價是針對具體的開發建設活動

或生產活動，綜合考慮開發活動特徵和環境特徵，通過對污染治理設施的技術、經濟和環境論證，可以得到相對最合理的環境保護對策和措施，把因人類活動而產生的環境污染或生態平衡限制在最小範圍。

(3) 為區域的社會經濟發展提供導向。

環境影響評價可以通過對區域的自然條件、資源條件、社會條件和經濟發展狀況等進行綜合分析，掌握該地區的資源、環境和社會承受能力等狀況，從而對該地區發展方向、發展規模、產業結構和產業佈局等做出科學的決策和規劃，以指導區域活動，實現可持續發展。

(4) 促進相關環境科學技術的發展。

環境影響評價涉及自然科學和社會科學的廣泛領域，包括基礎理論研究和應用技術開發。環境影響評價中遇到的很多問題，必然是對相關環境科學技術的挑戰，有利於推動相關環境科學技術的發展。

4.4.2 環境影響評價的工作程序

環境影響評價工作大致分為三個工作階段，如圖4-4所示。

(1) 準備階段。其主要工作為研究有關文件，進行初步的工程分析和環境現狀調查，篩選重點評價項目，確定各單項環境影響評價的工作等級，編製評價工作大綱。

(2) 正式工作階段。這個階段的主要工作為工程分析和環境現狀調查，並進行環境影響預測和評價環境影響。

(3) 報告書編製階段。本階段的主要工作為匯總、分析上一階段工作所得到的各種資料、數據，得出結論，完成環境影響報告書的編製。

4.4.3 環境影響評價的編製要點

環境影響報告書是環境影響評價工作成果的集中體現，是環境影響評價承擔單位向其委託單位提交的工作文件，要求滿足全面、客觀、公正的原則。建設項目的類型不同，對環境的影響差別很大，環境影響報告書的編製內容也就不同，但其基本內容差別不大，典型的環境影響報告書一般包括以下內容：

(1) 總論。

主要涉及環境影響評價項目的由來、編製環境影響報告書的目的、編製依據、評價標準、評價範圍、控制及保護目標等。

(2) 建設項目概況。

應介紹建設項目規模、生產工藝水準、產品方案、原料、燃料及用水量、污染物排放量、環保措施，並進行工程影響環境因素分析等。

(3) 環境現狀調查。

包括自然環境調查，社會環境調查，評價區大氣環境質量現狀調查，地面水環境質量現狀調查，地下水質現狀調查，土壤及農作物現狀調查，環境噪聲現狀調查，評價區內人體健康及地方病調查，其他社會、經濟活動污染、破壞環境現狀調查等。

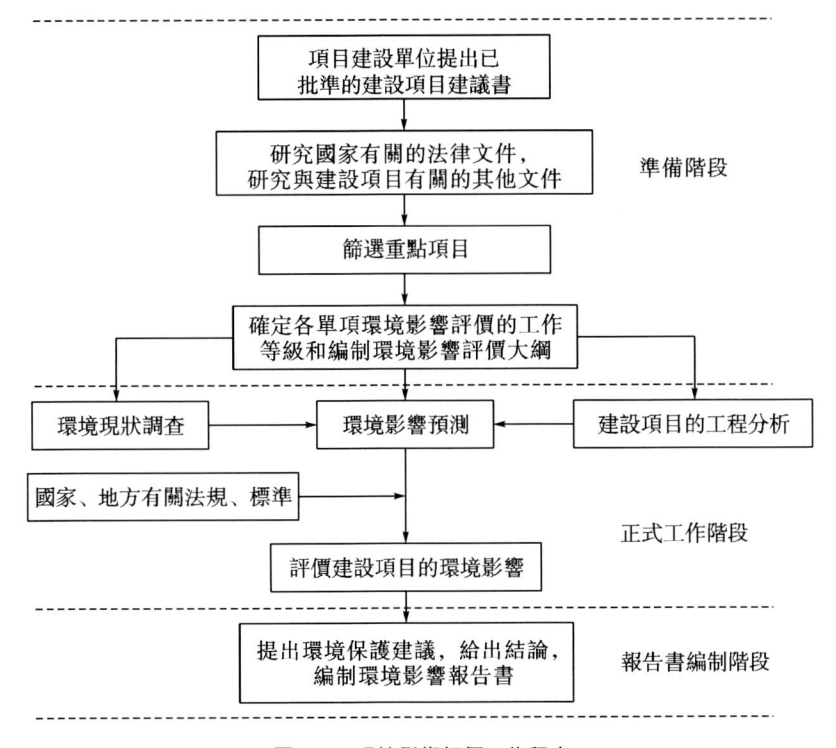

```
┌─────────────────────────────┐
│  項目建設單位提出已          │
│  批準的建設項目建議書        │
└─────────────────────────────┘
              │
              ▼
┌─────────────────────────────┐
│  研究國家有關的法律文件,     │   準備階段
│  研究與建設項目有關的其他文件│
└─────────────────────────────┘
              │
              ▼
┌─────────────────────────────┐
│      篩選重點項目            │
└─────────────────────────────┘
              │
              ▼
┌─────────────────────────────┐
│  確定各單項環境影響評價的工作│
│  等級和編制環境影響評價大綱  │
└─────────────────────────────┘
     │        │        │
     ▼        ▼        ▼
┌────────┐ ┌────────┐ ┌──────────────┐
│環境現狀│ │環境影響│ │建設項目的工程│
│  調查  │ │  預測  │ │     分析     │
└────────┘ └────────┘ └──────────────┘
              ▲
┌─────────────────────────┐
│國家、地方有關法規、標準 │
└─────────────────────────┘
              │
              ▼
┌─────────────────────────┐
│  評價建設項目的環境影響 │   正式工作階段
└─────────────────────────┘
              │
              ▼
┌─────────────────────────┐
│  提出環境保護建議,給出結論, │  報告書編制階段
│  編制環境影響報告書     │
└─────────────────────────┘
```

圖 4-4　環境影響評價工作程序

（4）污染源調查與評價。

包括對建設項目污染源預估和評價區內污染源調查與評價。

（5）環境影響預測與評價。

包括大氣環境影響預測與評價，水環境影響預測與評價，噪聲環境影響預測與評價，土壤及農作物環境影響分析，對人群健康影響分析，振動及電磁波的環境影響分析，對周圍地區的地質、水文、氣象可能產生的影響等。

（6）環保措施的可行性分析及建議。

包括大氣污染防治措施的可行性分析及建議，廢水治理措施的可行性分析及建議，對廢渣處理及處置的可行性分析，對噪聲、振動等其他污染控制措施的可行性分析，對綠化措施的評價及建議，對環境監測制度的建議等。

（7）環境影響經濟損益簡要分析。

環境影響經濟損益簡要分析是從社會效益、經濟效益、環境效益統一的角度論述建設項目的可行性。由於這三個效益的估算難度很大，特別是環境效益中的環境代價估算難度更大，目前還沒有很好的方法，需要進一步的研究和探索。

（8）結論及建議。

主要包括評價區的環境質量現狀，污染源評價的主要結論、主要污染源及主要污染物，建設項目對評價區環境的影響，環保措施可行性分析的主要結論及建議以及從三個效益統一的角度提出建設項目的選址、規模、佈局等是否可行的結論。

（9）附件、附圖及參考文獻。
此部分略。

【本章小結】

（1）財務評價是在國家現行會計制度、稅收法規和市場價格體系下，預測估計項目的財務效益與費用，編製財務報表、計算評價指標，進行財務盈利能力分析和償債能力分析，考察擬建項目的獲利能力和償債能力等財務狀況，據以判別項目的財務可行性。

（2）財務評價應遵循費用與效益計算範圍的一致性原則、費用和效益識別的有無對比原則、動態分析與靜態分析相結合（以動態分析為主）原則、基礎數據確定中的穩健性原則。

（3）財務價格是對擬建項目未來的效益與費用進行分析，應採用預測價格。

（4）項目計算期是財務評價的重要參數，是指對項目進行經濟評價應延續的年限，包括建設期和生產營運期。

（5）新設項目法人項目財務評價編製報表主要有財務現金流量表、損益和利潤分配表、資金來源與運用表、借款償還計劃表等。

（6）既有項目法人項目財務評價的盈利能力評價指標，是按「有項目」和「無項目」對比，採用增量分析方法計算。償債能力評價指標，一般是按「有項目」後項目的償債能力計算，必要時也可按「有項目」後既有法人整體的償債能力計算。

（7）國民經濟評價是按合理配置資源的原則，採用影子價格等國民經濟評價參數，從國民經濟的角度考察投資項目所耗費的社會資源和對社會的貢獻，評價投資項目的經濟合理性。

（8）識別和劃分費用與效益的基本原則是：凡項目對國民經濟所做的貢獻，均計為項目的效益；凡國民經濟為項目所付出的代價均計為項目的費用。

（9）進行項目的國民經濟評價時，項目的主要投入物和產出物，原則上都應採用影子價格。影子價格應當根據項目的投入物和產出物對國民經濟的影響，從「有無對比」的角度確定。

（10）項目國民經濟評價只進行國民經濟盈利能力的分析，國民經濟盈利能力的評價指標是經濟內部收益率和經濟淨現值。

（11）大多數情況下國民經濟評價報表可以在項目財務評價的基礎上進行編製調整，有些項目也可以直接編製。在財務評價基礎上編製國民經濟評價報表，主要工作包含費用效益範圍、內容的調整或影子價格調整。

（12）盈虧平衡點的表達方式有多種，可以用產量、產品售價、單位可變成本和年總固定成本等絕對量表示，也可以用某些相對值表示，最常用的是以產量和生產能力利用率表示的盈虧平衡點。盈虧平衡點越低，表明企業適應市場變化的能力越大，抗風險能力越強。

（13）敏感性分析是項目經濟評價中應用十分廣泛的一種技術，用以考察項目涉及的各種不確定因素對項目效益的影響，找出敏感因素，估計項目效益對它們的敏感程度，粗略預測項目可能承擔的風險，為進一步的風險分析打下基礎。敏感性分析對項目財務評價和國民經濟評價同樣適用。

（14）環境影響評價是指對項目實施後可能造成的環境影響進行分析、預測和評估，提出預防或者減輕不良環境影響的對策和措施並進行跟蹤監測的方法與制度。

【習題】

一、選擇題

1. 若計息週期為季度，計息週期季度利率為3%，則年名義利率為（　　）。
   A. 9%　　　　　　　　　　B. 12%
   C. 3%　　　　　　　　　　D. 36%

2. 設名義利率為r，一年內計息次數為m，實際利率為i，則名義利率與實際利率的關係是（　　）。
   A. $i = (1+\frac{r}{m})^m - 1$　　　　　B. $i = (1-\frac{r}{m})^m - 1$
   C. $i = (1-\frac{r}{m})^m + 1$　　　　　D. $i = (1+\frac{r}{m})^m + 1$

3. （　　）是綜合反應項目計算期各年年末資產，負債和所有者權益的增減變化及對應關係的一種報表。
   A. 資金來源與運用表　　　　B. 現金流量表
   C. 利潤表　　　　　　　　　D. 資產負債表

4. 項目財務現金流量表是以項目為一獨立資產，從（　　）的角度進行設置的。
   A. 項目實施過程　　　　　　B. 開始融資時期
   C. 項目實施後　　　　　　　D. 融資前

5. 某建設項目建設投資額為5,000萬元，投產前項目貸款利息總和為300萬元，建成投產後維持生產所占用的全部週轉資金1,000萬元，年平均淨收益為500萬元，該項目的投資收益率為（　　）。
   A. 7.9%　　　　　　　　　　B. 10%
   C. 8.3%　　　　　　　　　　D. 9.4%

5. 財務評價指標中，價值性指標是（　　）
   A. 財務內部收益率　　　　　B. 投資利潤率
   C. 借款償還期　　　　　　　D. 財務淨現值

6. 下面不屬於不確定行分析的基本方法是（　　）。
   A. 盈虧平衡分析　　　　　　B. 機會成本分析
   C. 敏感性分析　　　　　　　D. 概率分析

7. 對於敏感性因素下面說法正確的是（　　）。
   A. 一個項目一般只有一個敏感性因素
   B. 某不確定性因素有較小變動，而導致項目經濟評價指標有較大的波動，這個因素稱為敏感性因素
   C. 對敏感性因素的分析目的是判別項目在國民經濟評價上的可行性
   D. 淨現值，內部收益率通常情況下都是項目的敏感性因素
8. 財務評價的內容包括（　　）
   A. 財務盈利能力分析　　　B. 清償能力分析
   C. 外匯平衡能力分析　　　D. 不確定性分析
   E. 盈虧平衡分析
9. 下面對要項目的評價說法不正確的是（　　）
   A. 財務評價的結果是投資者作出決策的唯一依據
   B. 因為沒有定量的指標，國民經濟評價一般只能做定性的描述
   C. 因為社會評價對項目本身不重要，所以一般項目都不做社會評價
   D. 環境評價因其特殊性，只能等到項目結束後才能進行
   E. 財務評價與國民經濟評價是有區別的
10. 下面哪些可作為經濟參數來進行項目國民經濟評價（　　）。
    A. 期望值　　　　　　　B. 淨現值
    C. 影子價格　　　　　　D. 社會折現率
    E. 內部收益率
11. 用於分析項目財務盈利能力的指標是（　　）
    A. 財務內部收益率　　　　B. 財務淨現值
    C. 投資回收期　　　　　　D. 流動比率
    E. 負債比率

二、問答題

1. 什麼是財務評價？財務評價的內容包括哪些？其步驟是如何實施的？
2. 財務評價應遵循哪些原則？
3. 如何進行財務評價基礎數據和參數的選取？
4. 財務評價中如何進行相關成本和效益的估算？
5. 新設項目法人如何進行項目財務評價？
6. 既有項目法人如何進行項目財務評價？
7. 什麼是國民經濟評價？如何進行費用與效益的識別？如何估算？
8. 國民經濟評價中涉及哪些主要指標和報表？
9. 國民經濟評價參數如何測算？
10. 如何求取盈虧平衡點？
11. 如何進行項目的敏感性分析？
12. 環境影響報告書的編製應包括哪些主要內容？

13. 某項目設計生產能力 3.5 萬噸/年，產品單價 3,500 元，稅費占 10%，年生產成本為 8,500 萬元，其中固定成本 3,200 萬元，可變成本與產量成正比例關係。求以產量、生產能力利用率、銷售價格、單位產品可變成本表示的盈虧平衡點。

14. 某企業引進新的生產線，初始投資為 1,200 萬元，當年完工，次年啟用，使用期 10 年，每年可節省 330 萬元。若基準收益率為 8%，試分析：就初始投資和費用節省變動±5%、±10%、±15%、±20%及使用年限變動±10%、±20%，對該方案的淨現值作敏感性分析，畫出敏感性分析圖，指出最敏感因素及各因素臨界點。

第四章習題參考答案

5 項目組織管理

【本章教學要點】

知識要點	掌握程度	相關知識
項目利益相關主體	掌握	項目的業主、項目客戶
項目組織	掌握	項目組織的類型、適應性及其設計原則
項目團隊	掌握	項目團隊的生命週期及其管理原則
項目經理	掌握	概念、職責

【關鍵詞】

項目組織　項目業主　項目客戶　項目團隊　項目經理

導入案例

魯布革水電站

裝機容量60萬kW，多年平均發電量28.49億kW·h的魯布革水電站是黃泥河梯級電站的最後一級，位於雲南羅平縣和貴州興義市交界處黃泥河下游的深山峽谷中。這裡河流密布，水流湍急，落差較大。在1977年，水電部著手進行魯布革水電站的建設，水電十四局開始修路，但由於資金缺乏，工程一直未能正式開工，前後拖延7年之久。1983年，水電部決定利用世界銀行的貸款，總額度為1.454億美元。根據世界銀行要求，魯布革將引入項目管理進行國際競爭性招標，在招標過程中，標底為14,958萬美元，工期1,579天，日本大成公司最終以投標價8,463萬元、工期1,545天中標。承包方大成公司以30人組成的項目管理班子進行管理，施工人員是中國水電十四局的500名職工。1984年11月24日，引水系統工程正式開工；1985年11月，截流；1988年7月，大成公司承擔的引水系統工程全部完工；1988年年底，第一臺機組發電；1990年，水電站全部竣工。最終，日本大成公司以標的價60%、工期1,423天，保質保量地完成了水電站建設。

資料來源：https://baike.baidu.com/item/魯布革水電站/10975307?fr=aladdin.

項目可以是一個公司、一個政府機構、一個國際組織或專業團體，以及其他一些組織的一次性和獨特性的工作，也可以是涉及許多個組織的一項一次性與獨特性的活動。項目組織管理是指為了實現項目目標而進行的組織系統的設計、建立和運行。它

包括建成一個可以完成項目管理任務的組織機構，建立必要的規章制度，劃分並明確崗位、層次、責任和權利，通過一定崗位人員的規範化行為和信息流通，實現管理目標。由於項目本身的特性使得項目組織管理對於項目的成功而言十分重要，而項目經理作為項目組織的領導者就變得更為重要。項目實施中，那些參與項目或者是其利益會受項目成敗影響的個人或組織就是項目的相關利益主體。一個項目的不同利益相關者對項目有各種不同的需求，這就要求項目管理者對這些不同的需求加以協調，統籌兼顧，以取得某種平衡，最大限度地調動項目利益相關者的積極性，減少他們的阻力和消極的影響，確保項目的成功。

5.1　項目主要利益相關主體

項目利益相關者是指與組織有一定利益關係的個人或群體，他們受組織的影響或能影響組織，其意見將作為組織決策時需要考慮的因素，包括股東、債權人、業主、承包商、供應商、政府部門等。

5.1.1　項目利益相關方的分類

（1）按影響項目的方式，項目利益相關方可分為原生項目利益相關方和衍生項目利益相關方。

①原生項目利益相關方，是指最終會受到項目影響的人或組織，包括因項目目的而受益的人或組織，或者受到項目負面影響的人或組織。

②衍生項目利益相關方，是指為原生項目利益相關方提供幫助的銀行、財政部門、政府部門、商業服務提供商等。

（2）按項目組織的關係，項目利益相關方可分為內部項目利益相關方和外部項目利益相關方。

①內部項目利益相關方，是指支持和推動項目實施的機構或組織中工作的項目利益相關方。

②外部項目利益相關方，是指除內部項目利益相關方以外的其他項目利益相關方。

5.1.2　項目的主要利益相關者及其權益要求

項目的主要利益相關者及其權益要求見表5-1。

表5-1　　　　　　　　　項目的主要利益相關者及其權益要求

權益人	權益
股東	參與利潤、附加股提供、資產清償的分配，股票表決、檢查公司帳目、股票轉手、董事會的選舉、一些附加權利
債權人	參與投資應付利息支付和本金回報的分配；在清償中有相對優先權，如果公司內部出現某些情況分擔一定的管理和所有特權

表5-1(續)

權益人	權益
員工	經濟、社會和心理滿足，對公司部分職業有專斷性行動的自由；共享邊際利潤，自由加入工會和參與機體合約，通過勞工合同提供服務的個人自由；充分的工作環境
供應商	按照合同要求提供合格的產品和服務，提供產品使用技術參數，加強溝通和聯繫，及時結算貸款
政府	稅收、公平競爭、堅持對待「公平和自由」競爭的公共政策的嚴謹性
工會	參與管理、維護員工的利益，提供經營信息
競爭者	由社會和行業確定競爭行為的準則、現代的商業治理才能
當地社區	在當地社區中雇用有用的和健康的人、對當地政府的支持、對文化和慈善項目的支持
一般群眾	作為一個整體參與和促進社會的進步；在政府和商業部門間進行溝通，增加相互瞭解，承擔政府和社會一定比例的負擔；促進產品的公平價格的形成和技術的提高

5.1.3 項目關鍵利益相關方

在眾多的項目利益相關方中，項目的發起人或投資人有權決定項目是否啓動並持續進行，所以，在項目的全過程中，項目的發起人既是項目的主要決策方，也是項目目標的制定者，與項目之間利害關係的緊密程度也高於其他利益相關方。此外，在項目進行的全過程中，他們需要與項目各利益方就項目的進展保持必要的溝通，防止組織目標的變化與項目目標的衝突，同時還要檢查和督促項目經理實現項目目標的情況，並幫助其解決自身無法克服的困難。

業主是項目投資的主體，除業主之外的勘察、設計、監理、承包商、供應商等項目利益相關方對其實施的項目相關部分或相關階段的特定工作產生重要影響。其工作效率和成果質量也將直接影響整個項目的管理成效，因此，也是關鍵的利益相關方。一個項目成功與否，取決於這些關鍵的項目利益相關方各方的總體項目管理成效的高低。項目主要利益相關方如圖5-1所示。

圖5-1 項目主要利益相關方

（1）項目的投資者。

項目的投資者是指通過直接投資、認購股票等各種方式向項目經營者提供資金的單位或個人。他們只關心項目能否成功、能否盈利、收回本利的時間等。所以，他們的主要責任在投資決策上，管理重點在項目的啟動階段。他們採取的主要手段是項目的評估，但投資者要真正取得預期的投資收益仍需要對項目的整個生命週期進行全過程的監控和管理。投資者可以是政府、社會組織、個人、銀行財團等。

（2）項目的業主（項目法人）。

項目業主是指項目最終成果的接受者和經營者。項目的法人是指對建設項目策劃、資金籌措、建設實施、生產經營、債務償還和資產保值增值全過程負責的企事業單位或者其他經濟組織。

（3）項目的客戶。

項目的客戶是項目交付成果的使用者，包括個人或組織。任何一個項目都是為項目客戶服務的，而不同的客戶有不同的利益，所以在項目管理中必須認真考慮項目客戶的需要、期望和要求，準確理解客戶的業務，區分不同客戶的需求，並在不同需求之間求得平衡與折中。協調項目客戶的需求是一項艱難的工作，但必須做好，因為實際上，項目的成功和失敗就是用是否滿足客戶需求來定義的。項目經理有責任把自己與客戶的關係轉變成一種契約的形式，這將明確雙方應各自履行的任務和職責。通常，這不是一個由各方簽署的正式的契約，而是一個非正式的協議。

（4）項目經理。

項目經理是負責管理整個項目的人。項目經理既是一個項目的領導者、組織者、管理者和項目管理決策的制定者，也是項目重大決策的執行者。一個項目經理需要領導和組織好自己的項目團隊，需要做好項目的計劃、實施和控制等一系列的項目管理工作，而且還需要制定各種的決策。但是在有關項目工期、質量和成本等方面的重大決策上，項目經理就需要聽命於項目業主或客戶或項目最主要的相關利益者。項目經理對於一個項目的成敗是至關重要的，所以他必須具有很高的管理技能和較高的素質，他必須能夠積極與他人合作並能夠激勵和影響他人的行為，為實現項目的目標與要求服務。

（5）項目的諮詢方。

項目諮詢方包括設計公司、監理公司、項目管理公司以及其他為業主或者項目法人提供技術和管理服務的公司企業。設計公司與業主簽訂設計合同，並完成相應的設計任務，交付設計成果；監理公司與業主簽訂監理合同，為業主提供監理服務，最大限度地避免不當行為的發生，減少不良後果，實現投資效益的最大化；項目管理公司與業主簽訂的是項目管理合同，提供項目管理服務。

（6）政府機構。

項目所在地的地方政府機構主要是指政府的規劃管理部門、計劃管理部門、建設管理部門、環境管理部門等。這些部門分別對項目立項、項目質量、項目對環境造成的影響等進行監督和管理。政府注重的是項目所帶來的社會效益、環境效益，希望通過項目促進地區經濟的繁榮和社會的可持續發展、解決就業和其他社會問題、增加地

方財力、改善社會形象等。

(7) 項目其他相關利益主體。

除了上述各種項目相關利益主體之外，項目還會有像供應商、貸款銀行、政府主管部門等相關利益主體。項目涉及市民、社區、公共社團等方面的相關利益主體。他們的需要、期望、要求和行為都會對項目的成敗產生影響，都需要在項目管理中給予足夠的重視。一些關鍵的利益共享者，可能會對項目施加非常大的影響。項目或項目中的某些活動影響到這些人的利益時，他們會採取積極、中立或消極的態度來對待項目。項目管理者應列出在項目實施中對項目的目標、工作內容或進展有影響的、除了項目小組成員之外的所有人，分析和瞭解他們的立場，並對他們加以管理。

5.1.4　項目相關利益主體之間的關係

項目相關利益主體之間的關係既有相互一致的一面，也有相互衝突的一面。項目相關利益主體的要求和期望有時是不統一的，這就造成了項目相關利益主體會有一些不同的目標，有時這些目標還會發生相互衝突。例如：委託開發管理信息系統的企業部門，作為項目的業主會要求在系統技術性能得到保障的基礎上，系統的開發成本越低越好，但是承包系統開發的管理信息系統集成公司的要求和期望是在保證技術性能的基礎上能夠獲得最大的業務利潤，即項目的造價（開發費用）越高越好。一個房地產開發項目的業主看重的可能是項目的按時交工，而當地政府看重的是項目帶來的稅收和就業的增加，可是環保組織者期望的是最小的環境影響，而周圍的住戶可能希望乾脆另找地點建造該項目，從而不使自己受到打擾。通常，項目相關利益主體之間的關係有下列幾種：

(1) 項目業主與項目實施組織之間的利益關係。

項目業主與項目實施組織之間利益關係的一致性是形成項目業主與實施組織之間的合作關係的基礎。它最終使項目業主與項目實施組織形成了一種委託與受託，或者委託與代理的關係；而因為雙方都有各自獨立的利益、期望和目標，二者的利益關係必然具有衝突性。項目業主與項目實施組織之間的利益關係是否一致在很大程度上決定了一個項目的成敗。項目業主與項目實施組織需要按照互惠、互利的原則，通過友好協商的方法，運用委託代理合同的方式進行管理，以保障雙方的利益和調整雙方的利益關係。

(2) 項目業主與項目其他相關利益主體之間的利益關係。

項目業主與項目其他相關利益主體之間同樣存在著利益一致的一面和利益衝突的一面。通常，項目業主與項目其他相關利益主體之間利益一致的一面使得項目得以成立，而利益衝突的一面使得項目出現問題或失敗。因此，對於這些可能發生的項目業主與項目其他相關利益主體之間的利益衝突，項目的管理者必須在項目管理中予以充分的重視，設法做好事前的預測和控制，努力合理地協調這些利益關係和解決這些利益衝突，以保障項目的成功。

(3) 項目實施組織與項目其他相關利益主體之間的利益關係。

項目實施組織與項目其他相關利益主體也會發生各種利益關係，也包括利益一致

和利益衝突兩個方面。雖然項目實施組織與項目其他相關利益主體的利益關係沒有項目業主與項目其他相關利益主體之間的利益關係那麼直接和緊密，但是同樣也會有許多利益衝突的地方，也存在著利益衝突會導致項目失敗的危險，同樣也需要項目管理者採取各種方法進行合理的協調，努力地消除利益衝突，從而使項目獲得成功。

現代項目管理的實踐證明，不同項目相關利益主體之間的利益衝突和目標差異可以通過採用合作夥伴式管理和其他解決方案予以解決。

5.1.5 對項目主要利益主體的管理

對項目主要利益主體的管理，貫穿整個項目生命歷程。從項目的定義階段開始，項目經理就要充分瞭解項目相關利益主體各方面的要求和期望，就應該充分考慮項目全部相關利益主體的利益關係；而在項目的計劃階段，項目經理要合理安排和照顧好項目各方面利益相關主體的利益，協調好項目相關利益主體們在項目目標方面的衝突和差異；同時在項目的實施階段，項目經理要努力維護好項目各相關利益主體的不同利益，設法達到甚至超過各方面的需要和期望，從而最終成功地完成整個項目。

對項目主要利益主體的管理，應重點關注關鍵利益主體。項目經理應收集項目利益共享者的信息，分清他們與項目的關係，確認哪些是對項目至關重要的關鍵利益共享者、哪些是提供資源或解決爭議的決策者、哪些是直接影響者、哪些是間接影響者、哪些是觀察者，理解他們的需要，才能有針對性地實施管理。

收集每位利益共享者的信息是不現實的，但對項目決策者和有直接影響的關鍵利益共享者，是必須給予特別關注的。項目經理和項目成員可初步確定項目重要干系人並設身處地地思考他們的興趣、需要，他們對項目的影響力、組織權以及可為項目提供的經驗、知識和特殊的技能，他們因項目可能遇到收益、損失、妨礙、影響以及任何你可以想到的與項目有關的其他問題；運用所得到的信息加以適度證實，確認最重要的利益共享者並與他們建立聯繫，持續在項目的過程中定期或不定期地告知利益共享者感興趣的項目信息，向他們解釋參與的重要性，以調動他們參與項目的積極性，把消極和中立的利益共享者轉變為積極、熱心的利益共享者，從而幫助項目的實施。

客戶和項目業主是兩個最重要的利益共享者，因此必須與他們建立良好的工作關係。一位能發揮作用的項目業主可以通過下列行為為項目提供重大幫助：

①對需要高層管理者決策的問題做出迅速反應；
②保持組織中項目經理執行層面決策的優先權；
③保持項目的方向，以避免項目範圍擴大；
④保證項目在實施過程中始終集中考慮組織的戰略需求；
⑤與客戶建立協作關係；
⑥使項目組織按時為項目提供項目需要的資源和服務。

另外，實現客戶的期望、讓客戶滿意是項目的工作目標。但客戶的滿意有一部分是建立在對項目小組工作的瞭解之上的。並且也只有充分瞭解客戶的需求才能開發出令客戶滿意的項目。這些只有通過雙方良好的溝通與協作才能達到。

5.2 項目組織

組織是一切管理活動取得成功的基礎，包括與它要做的事相關的人、資源及其相互關係。「組織」一詞含義較廣，它既是一個名詞又是一個動詞。當組織被用作名詞時，組織是由人員、職位、職責、關係、信息等組織結構要素構成的一個實體概念。當組織被用作動詞時，更為確切的表達就是「組織工作」。本節主要討論作為名詞的項目組織，即為了完成某個特定的項目任務而由不同部門、不同專業的人員組成的一個特別的工作組織。

項目組織與其他組織一樣，要有好的領導、章程、溝通機制、人員配備、激勵機制，以及好的組織文化等。同時，項目組織也有與其他組織不同的特點：為實現項目的目標，項目組織和項目一樣有其生命週期，經歷建立、發展和解散的過程；項目組織根據項目的任務不斷地更替和變化，它因事設人，及時調整，甚至撤銷；項目組織的利益相關者通過合同、協議、法規以及其他各種社會關係結合起來，他們之間的聯繫是有條件的，鬆散的；項目組織不像其他組織那樣有明晰的組織邊界，項目利益相關者及其個別成員在某些事務中屬於某項目組織，在其他事務中可能又屬於其他組織。總之，項目組織與傳統的組織相比最大的特點是其有機動靈活的組織形式和用人機制，更強調項目負責人的作用，強調團隊的協作精神，其組織形式具有更大的靈活性和柔性。

5.2.1 項目組織的類型

組織結構是組織內部結構要素相互作用的方式或形式，是組織內的構成部分所規定的關係的形式。任何一個組織都是在特定的組織結構中運行，受到該組織結構（項目實施組織結構、體制、政策、文化等）影響。組織結構對項目的影響主要表現在項目經理與職能部門經理之間的權力劃分，以及資源的分配與獲取，因此，項目管理的組織環境實質上決定了項目管理團隊獲取所需資源的可能方法與相應的權利。因此，存在許多不同的項目實施組織結構的類型。一般來說，項目的組織結構有三大類型：項目式管理組織結構、職能式管理組織結構以及矩陣式管理組織結構。

（1）項目式管理組織結構。

項目式管理組織結構又稱線性組織結構。它適用於一種專門為開展一次性和獨特性的項目任務而建立的組織。其形式是按任務來劃歸所有資源，即系統中的部門全部是按項目進行設置的，每一項目部門均有項目經理，負責整個項目的實施。系統中的成員或調用或招聘，以項目進行分配和組合，接受項目經理的領導。在這個組織中，項目經理是專職的，具有很高的權威性，對項目的總體負全責。在項目式管理組織結構中，每個項目組之間相對獨立，為不同的項目提供支持服務。項目式管理組織結構如圖 5-2 所示。

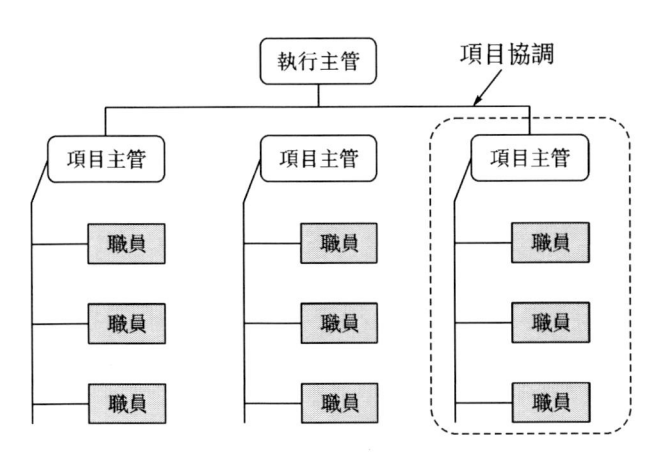

圖 5-2　項目式管理組織結構示意圖

項目式管理組織結構的設置避免了多頭領導的現象，有利於項目的進度、成本、質量等方面的控制與協調，同時為項目組人員之間的相互交流學習創造了良好的環境。但是，因為項目的一次性特點，項目組織隨著項目的產生而建立、結束而解體，也使得因項目需要而重複設立機構，造成資源的閒置。

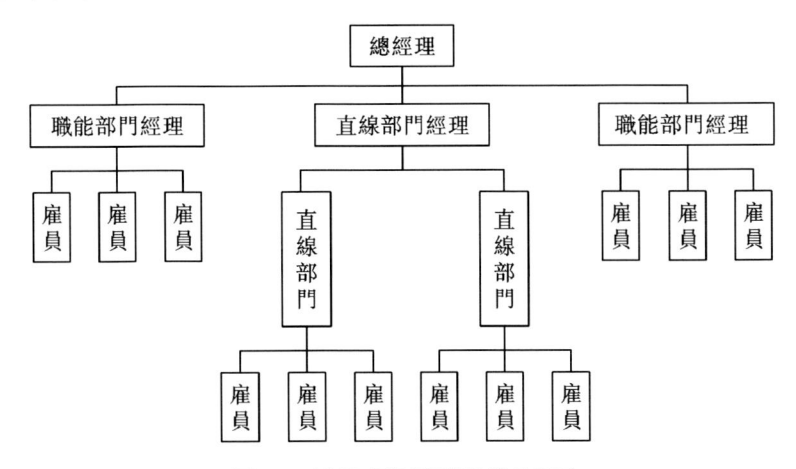

（2）職能式管理組織結構。

職能式管理組織結構適用於日常營運型企業。它是按照專業職能以及工作的相似性來設定、割分內部職能部門。組織在進行項目管理工作時，由各職能部門根據需要分別承擔本職能範圍內的工作，必要時可從專業相近的職能部門內派遣人員參加項目管理工作。如供應部門負責原材料的採購與供應，銷售部門負責產品或項目的行銷，財務部門負責財務管理等。但是，這種組織結構界限並不明確，存在著多重領導，使得協調難度大、組織成員責任淡化。職能式管理組織結構如圖 5-3 所示。

圖 5-3　職能式管理組織結構示意圖

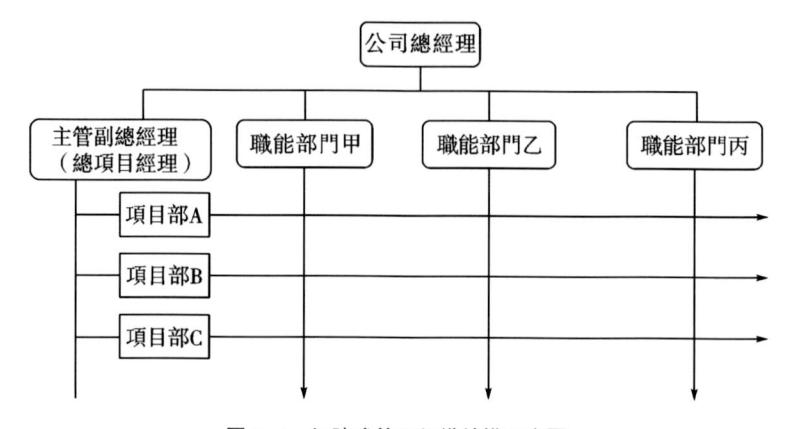

（3）矩陣式管理組織結構。

矩陣式管理組織結構適用於大的組織系統，是職能式管理組織結構和項目式管理組織結構結合的產物。它既有項目式管理組織結構注重項目和客戶的特點，也保留了職能式管理組織結構的職能特點。當多個項目對職能部門的專業支持形成廣泛的共性需求時，矩陣式管理組織結構是一種有效的組織形式。在矩陣式管理組織結構中，設橫向和縱向兩種不同類型的工作部門，項目經理對項目內的活動內容和時間安排行使權力，並直接對項目的主管領導負責，而職能部門負責人則決定如何以專業資源支持各個項目，並對自己的主管領導負責，因此，矩陣式管理組織結構存在兩個指令源。當縱向和橫向工作部門的指令發生矛盾時，由該系統的最高指揮者進行協調和決策。矩陣型項目組織結構如圖5-4所示。

圖5-4　矩陣式管理組織結構示意圖

矩陣式管理組織結構按照其中的職能式組織和項目式組織集成程度的不同，又可以分為弱矩陣式、均衡矩陣式和強矩陣式三種形式。

①弱矩陣式組織。在該組織結構下，一個項目經理負責協調各項項目工作，但因項目成員均在各職能部門為項目服務，而非全職性，故多數項目團隊是鬆散的，項目經理和管理人員的權力有限。

②強矩陣式組織。其組織結構與項目式管理組織結構類似。項目經理領導項目內一切人員，並通過項目管理職能來協調各職能部門人員完成項目任務，故項目團隊的權力較強。

③均衡矩陣式組織。這種組織結構是為了加強對項目的管理而對弱矩陣式項目組織形式的改進。其項目團隊中的人員都是專職從事項目的，項目團隊獲取資源的權力的大小介於弱矩陣式和強矩陣式之間。項目經理負責監督項目的執行，各職能部門經理對本部門的工作負責。項目經理負責項目的時間和成本，職能部門經理負責項目的界定和質量。

與項目式管理組織結構和職能式管理組織結構相比，矩陣式管理組織結構能更好地利用組織資源，明確職責分工，進行項目部門與職能部門的溝通，提高資源利用的有效性，保證各個項目都能滿足進度、費用、質量等要求；但存在兩個指令源，易出

現項目管理困難、雙重指揮的混亂現象。

一般來說，職能式管理組織結構適用於規模較小、以技術為重點的項目，而不適用於時間限制性強或要求對變化做出快速回應的項目。對於規模大、工期要求緊、技術複雜、重要程度高的項目，一般採用項目式管理組織結構。如果一個組織中包括許多相似的項目，需要多個職能部門的資源但又不需要技術人員全職為項目工作，矩陣式管理組織結構是較好的選擇。

5.2.2 三種組織結構的選擇與比較

三種組織結構的比較見表 5-2。

表 5-2　　　　　　　　　　　三種組織結構的對比

項目	結構形式	職能式管理組織	矩陣式管理組織	項目式管理組織
主要特徵		項目工作分解並交各職能部門完成，項目管理團隊沒有專職人員和明確的組織界限	項目團隊接受項目經理領導，同時接受各職能部門的專業指導	項目組織設置於職能部門外，項目團隊獨立負責實施項目主要工作
優點		資源集中，專業化程度高，專業人員可同時參與多個項目的管理、資源佔用與浪費少	資源利用率高，團隊的工作目標與任務明確	管理層次簡單，決策迅速，團隊成員目標一致，內部溝通便捷
缺點		跨部門溝通協調困難，不利於調動項目人員積極性	一定程度上接受多頭領導，權力平衡有困難	資源重複配置，信息閉塞，管控水準取決於個人能力
團隊人員情況	項目經理權限	很少甚至沒有	有限	較大甚至全權
	項目經理角色	兼職	兼職或全職	全職
	其他人力資源獨佔性	很低	部分	絕大部分甚至全部
主要適用項目		專業性強、項目規模小，實施期短，運行有規律	同期執行多個專業類似項目，項目規模中等，技術不複雜	項目規模大、週期長、技術複雜

在選擇項目適用的組織形式時，需要考慮以下影響因素：

（1）項目的優先級。一些特定項目對於組織來說有著重要的戰略意義，其優先級別比較高，需要較高的項目自由度，在組織結構選擇上，更適用於項目式管理組織結構。

（2）項目的創新性。創新性項目在實施的過程中可能遇到的風險較大，需要更多的項目自主決策權。因而，其更傾向於採取項目式管理組織結構。

（3）項目的集成度。若項目需要組織內多個部門的共同努力才能完成，由於涉及的部門比較多，組織界面關係複雜，需要更多地採用集成管理的方式。對集成管理的

強烈需求使項目更傾向於採用項目式管理組織結構。

（4）項目所處的環境。若項目面臨著複雜的外部環境，需要更多地基於項目問題進行決策，在這種情況下，更傾向於採用項目式管理組織結構。

5.3　項目團隊

為了完成某個項目，需要把各種技能的人組織起來，並要求大家關注同樣的目標，密切配合、協同工作。這便形成了項目團隊。現代項目管理十分強調項目團隊的組織建設和按照團隊作業的方式去開展項目工作，項目團隊的優劣很大程度決定著項目的成敗。因此，為項目組建一個優秀的團隊，並在項目實施中不斷建設、發展之，是項目成功的有力保障。

5.3.1　項目團隊的定義

團隊不同於一般的群體或組織，是為了達到某一確定目標，由分工與合作及不同層次的權力和責任構成的人群。團隊是相對部門或小組而言的。部門和小組的一個共同特點是：存在明確內部分工的同時，缺乏成員之間的緊密協作。團隊則不同，隊員之間沒有明確的分工，彼此之間的工作內容交叉程度高，相互間的協作性強。團隊在組織中的出現，根本上是組織適應快速變化環境要求的結果，「團隊是高效組織應付環境變化的最好方法之一」。

項目團隊，就是為適應項目的實施及有效協作而建立的團隊。項目團隊的具體職責、組織結構、人員構成和人數配備等方面因項目性質、複雜程度、規模大小和持續時間長短而異。簡單地把一組人員調集在一個項目中一起工作，並不一定能形成團隊，就像公共汽車上的一群人不能稱為團隊一樣。項目團隊不僅僅是指被分配到某個項目中工作的一組人員，它更是指一組互相聯繫的人員同心協力地進行工作，以實現項目目標，滿足客戶需求。而要使人員發展成一個有效協作的團隊，一方面需要項目經理做出努力，另一方面也需要項目團隊中每位成員積極地投入團隊中。一個有效率的團隊不一定能決定項目的成功，而一個效率低下的團隊，則注定要使項目失敗。

5.3.2　項目團隊的特性

一般認為，項目團隊主要具有如下幾個方面的特性：

（1）項目團隊的目的性。

項目團隊這種組織的使命就是完成某項特定的任務，實現某個特定項目的既定目標，因此這種組織具有很高的目的性。如項目管理團隊為完成項目的目標，受到成本、質量、進度、安全等多個具體目標的約束。

（2）項目團隊的臨時性。

項目團隊有著明確的項目生命週期，它隨著項目的開始而產生，項目的完成而解散。如果項目中止，項目團隊的使命也會中止，此時項目團隊或是解散，或是暫停工

作。如果中止的項目獲得解凍或重新開始，項目團隊也會重新開展工作。

(3) 項目經理是團隊的領導。

項目團隊是按照團隊作業的模式開展項目工作的，團隊性的作業是一種完全不同於一般營運組織中的部門、機構的特殊作業模式，這種作業模式強調團隊精神與團隊合作。項目經理是項目團隊的組建者、領導、核心，決定了項目團隊的氣質。

(4) 團隊成員組成的多樣性。

項目管理是一個綜合性非常強的項目，需要不同專業知識的專業人才共同來完成，所以項目團隊由各個專業、各個年齡段、各種經歷與文化素質的成員組成。

(5) 項目團隊成員的漸進性和靈活性。

項目團隊的漸進性是指項目團隊在初期一般是由較少成員構成的，隨著項目的進展和任務的展開，項目團隊會不斷地擴大。項目團隊的靈活性是指項目團隊人員的多少和具體人選也會隨著項目的發展與變化而不斷調整。這些特性也是與一般營運管理組織完全不同的。

5.3.3 項目團隊的建設

要成功組建項目團隊，項目經理首先必須擁有一定的人事管理權，能直接參與項目成員的選擇，決定其去留，決定其在項目中的角色。所有項目成員的工作必須直接向其匯報等。項目經理擁有人事管理權，便可為項目選擇最合適的成員，並為這些成員分配適宜的角色，使他們各得其所，發揮出較高工作水準。

在項目中，項目經理常會和一些不太瞭解的人一起工作。這些人性格特點、知識技能和興趣偏好各不相同，在一起不一定能很好地合作。正如將全世界最出色的足球明星組合成一個足球隊，並不一定就是全世界最棒的球隊一樣。一個優秀的足球隊不僅要有能夠與各關鍵位置匹配的球員，還要求球員能夠配合默契。為了選擇最合適的成員，項目經理必須努力去瞭解項目團隊成員的技能、知識和興趣，把個人的偏好與角色要求匹配，恰當地運用每個成員的才能，使其各得其所。如此，團隊成員才能相互促進和協作，項目團隊才能順利開展工作。

找到了優秀的項目人員，並將他們組織起來後，項目經理需要不斷地對項目成員構成的小組進行調適，建立起廣泛的信任基礎，並促進真正的合作，才能真正形成項目團隊。項目團隊的建設要以形成以下五種特點為目標：

(1) 明確而共同的目標。

每個組織都有自己的目標，項目團隊更不例外。為使項目團隊的工作有效，項目的經理不但要清楚項目目標，而且要通過各種途徑向團隊成員宣傳項目目標。這是因為項目裡的每個成員要扮演多種角色、做多種工作，還要完成多項任務，因此需要項目成員明確目標、成員之間建立良好的關係。共同的目標是項目團隊存在的基石，它包容了個人憧憬與個人目標，體現了個人的意志與利益，並產生了足夠的吸引力，引發並保持團隊成員的激情。只有項目團隊的每個成員都明確了項目目標並形成了共同目標，才能為項目目標的實現提供人員的保證。

（2）合理的分工與協作。

項目團隊中每個人的行動都會影響到其他人的工作，因此團隊成員都需要瞭解為實現項目目標而必須做的工作及其相互間的關係，以便在以後項目執行過程中減少各種誤解。項目經理和管理人員在團隊組建期初應使每位成員瞭解自己的角色與職責，明確成員之間的關係，使每個團隊成員不僅知道自己的職責，還能瞭解其他成員的職責，以及如何有機地構成一個整體。

（3）有效的溝通。

高效的項目團隊還需具有高效溝通的能力，擁有全方位的、各種各樣的、正式的和非正式的信息溝通渠道，能保證溝通直接、高效、層次少，實現信息和情感上的溝通，形成開放、坦誠的溝通氣氛。暢通的溝通渠道，能確保信息暢通，使整個活動始終處於有效的控制狀態，保證項目人員能在最快的時間內做出正確的判斷和決策。

（4）有效的激勵與約束。

激勵不足會使項目團隊成員對項目目標的追求力度不夠，對項目工作不夠投入。要解決這一問題，項目經理和管理人員需要積極採取各種激勵措施，包括目標激勵、工作挑戰性激勵、薪酬激勵、個人職業生涯激勵等措施。項目經理和項目管理人員應該知道每個團隊成員的激勵因素，並創造出一個充分激勵機制和環境。此外，項目經理應在項目開始時制定並向所有團隊成員充分傳達基本的管理規章制度，用以約束團隊成員的不良與錯誤行為。例如，對不積極努力工作、效率低下、製造矛盾、挑起衝突、誹謗貶低別人等行為都需要採取措施進行約束和懲處。有效的激勵與約束是項目團隊的工作績效能夠不斷提高的保證。

（5）高度的凝聚力與向心力。

凝聚力是指維持項目團隊運轉的所有成員之間的吸引力。它能使團隊成員積極熱情地為項目成功付出必要的時間和努力。團隊成員的吸引力越強，成員遵循規範的可能性就越大。一個成功的團隊需要有素質過硬的項目經理代表團隊的方向與大局。當項目團隊面臨不同方案時，項目經理能夠鼓勵、支持項目成員，接受不同的見解，珍視和理解差異，進行開放性的溝通並積極地傾聽，分析並確認最好的解決方案；

5.3.4　項目團隊的發展

一個項目團隊從開始到終止，是一個不斷成長和變化的過程。每個團隊都會經歷團隊建設的五個階段。1965年，布魯斯·塔克曼（Bruce Tuckman）提出團隊成長四階段理論，即形成、震盪、規範、成熟。1977年，塔克曼與瑪麗·詹森（Mary Jensen）一起，將「解散」作為第五個階段。不同的階段，項目成員的工作任務及團隊間的人際關係有很大的差別，項目經理應採用不同的領導策略加以適應。項目團隊生命週期示意圖如圖5-5所示。

（1）形成階段。

當團隊成員第一次碰面，形成階段就開始了。在初次會面中，大家相互相識，相互交流各自的背景、興趣和經驗，形成了對彼此的第一印象。團隊成員從不太清楚項目是幹什麼的和自己應該做些什麼，到開始瞭解團隊即將著手的工作，討論項目的目

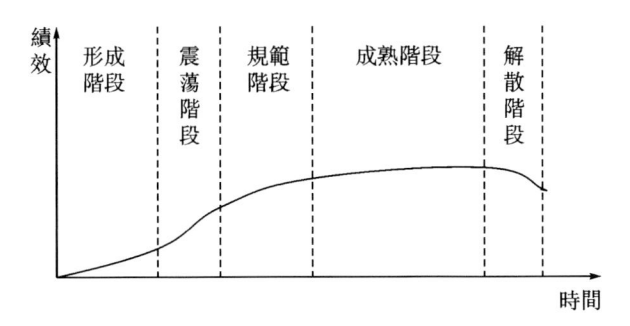

圖 5-5 項目團隊生命週期示意圖

標並開始思考各自在項目中的角色。這一時期，他們未正式開始項目工作，正相互感知，尋找合作的方式。團隊成員們既興奮又焦慮。在這一階段，團隊成員有一種主人翁感，他們從項目經理處尋找或相互瞭解，謹慎地研究和學習適宜的舉止行為，以期找到屬於自己的角色。

在這一階段，每個成員都試圖瞭解項目目標和他們在團隊中的合適角色。項目經理在這個階段的領導任務是要讓成員瞭解並認識團隊有關的基本情況，明確每個人的任務，為自己找到一個有用的角色，培養成員對項目團隊的歸屬感，激發其責任感，努力建立項目團隊與項目組織外部的聯繫與協調關係。當團隊成員感到他們已屬於項目並且有了自己是團隊不可缺少的一部分的意識時，他們就會承擔起團隊的任務，並確定自己在完成這一任務中的參與程度。當解決了定位問題後，團隊成員就不會感到茫然而不知所措，從而有助於其他各種關係的建立。

（2）震盪階段。

當團隊開始一起工作，他們就進入了震盪階段，即磨合階段。震盪階段是團隊從形成到規範階段的過渡過程。這一階段包括成員與成員之間的磨合，成員與內外環境之間的磨合，團隊與其所在組織、上級和客戶之間的磨合三個方面。隊員們開始執行分配到的任務，但現實可能與當初的期望發生了較大的偏離，主要表現在成員對具體任務的熟悉和專業技術的掌握與運用情況，成員對團隊管理與工作制度的適應與接受程度等方面，團隊的衝突和不和諧便成為該階段的一個顯著特點。在這個階段，團隊成員為了地位，為了讓自己的意見得到採納而互相競爭。成員之間由於立場、觀念、方法、行為等方面的差異而產生各種衝突，人際關係陷入緊張局面。在震盪階段，團隊領導需要熟練地推動團隊進步，確保團隊成員在團隊領導的帶領下，學會傾聽並尊重差異和不同的想法，學會如何共同解決問題，獨立地與團隊一起發揮作用，並在團隊中找到自己的角色和應擔負的責任。

（3）規範階段。

經歷了震盪階段的考驗，項目團隊確立了成員之間、成員與項目經理之間、團隊與外部環境之間的良好關係，團隊成員大量地交流信息、觀點和感情，團隊成員有了明確的工作方法、規範的行為模式，開始作為整體高效地工作。在這一階段，團隊成員不再專注於個人目標，而是專注於建立一種合作的方式，隊員的不滿情緒不斷減少，

111

他們尊重彼此的意見，意識到了差異的重要性，團隊凝聚力開始形成。他們在如何一起工作，分享信息和解決團隊矛盾，以及使用何種工具和流程來完成工作方面都達成了一致。團隊成員開始相互信任，主動為他人提供幫助，或向他人需求幫助，合作意識增強，團隊的信任得以發展。

在這一階段，項目經理的領導任務主要是在項目成員及任務間進行適當的資源配置，通過適當授權，減少事務性工作，提高整個團隊的工作效率。項目經理應該對項目團隊成員所取得的進步予以表揚，應積極支持項目團隊成員的各種建議，努力地規範團隊和團隊成員的行為，從而使項目團隊不斷發展和進步，為實現項目的目標和完成項目團隊的使命而努力工作。

（4）成熟階段。

在成熟階段，團隊以高水準運行。其重心在於作為一個整體來實現目標，團隊成員相互瞭解、相互信任、相互依靠。在該階段，團隊獲得滿足感，個體成員會意識到為項目工作的結果是他們正獲得職業上的發展。相互的理解、高效的溝通、密切的配合、充分的授權，這些寬鬆的環境加上隊員們的工作激情使得這一階段容易取得較大成績，實現項目的創新。團隊精神和集體的合力在這一階段得到了充分的體現，每位隊員在這一階段的工作和學習中都取得了長足的進步和巨大的發展，這是一個「1+1>2」的階段。

在這一階段，項目經理的領導任務包括兩個方面：一是充分授權和分派工作，二是集中精力管理好項目的預算、控制好項目的進度計劃和項目的各種變更。項目經理在這一階段應該進一步積極放權，放手讓成員自主完成項目任務，通過有效的監督控制、尊重和信任來激發成員，通過與團隊一起慶祝里程碑的完成，持續培養團隊的友情。

（5）解散階段。

解散階段，即項目走向終點，團隊成員也開始轉向不同的方向，團隊成員開始躁動不安，團隊開始渙散。在這一階段，項目經理的主要任務是收攏人心，穩住隊伍，適度調整工作方式，向團隊成員明確還有哪些工作需要做完，否則項目就不能圓滿完成，目標就不能成功實現。項目經理只有根據項目團隊成員在這一階段的具體情況不斷調整領導藝術、工作方式，充分利用項目團隊凝聚力和團隊成員的集體感和榮譽感，團隊才能完成最後的各項具體項目任務。

5.4　項目經理

項目的成功完成除了需要優良的設備、先進的技術之外，更重要的是人的因素。項目經理作為項目管理的基石，他的管理、組織、協調能力，他的知識素質、經驗水準和領導藝術，甚至是個人性情都對項目管理的成敗有著決定性的影響。

項目經理是項目承擔單位的法定代表在該項目上的全權委託代理人，是負責項目組織、計劃及實施過程，處理有關內外關係，保證項目目標實現的項目負責人，是項

目的直接領導與組織者。項目經理不同於部門經理和公司總經理，項目經理是項目的直接管理者，對項目的計劃、組織、實施負全責，對項目目標的實現負全責，其權限由公司最高層決定。部門經理僅對項目涉及部門的工作施加影響；公司總經理通過對項目經理的選拔、考核等來間接管理一個項目。

5.4.1 項目經理的職責

項目管理的主要責任由項目經理承擔，項目經理的根本職責是確保項目的全部工作在項目預算的範圍內，按時、優質地完成，從而使項目業主或客戶滿意。為此，項目經理需要履行以下工作職責：

（1）計劃。

項目經理接受任務後，首先要對項目進行工作結構分解，對分解出來的每一個工作單元或工作包要明確相關指標與內容，明確它們之間的相互邏輯關係，確定關鍵的項目成果與里程碑事件；然後對項目的投資者、運作者、客戶、可能影響的群體與個體等進行分析，識別項目關鍵人員，確定項目團隊成員，分配成員相應工作任務；最後通過與客戶、團隊成員進行充分溝通，共同制訂實現項目目標的計劃，並建立項目管理信息系統，以便將項目的實際進程與計劃進行比較。

（2）組織。

組織職能的履行主要是為項目獲取適合的資源，將項目任務分解授權給項目內部成員或項目團隊外部承包商，以在給定預算和時間進度計劃下完成項目任務。組織職能還有一個更重要的內容是營造一種高績效的工作環境。

（3）控制。

項目工作正式開始，管理的計劃、執行、檢查、調整與處理的過程要貫穿在每一項工作中。首先，項目經理應對項目團隊中所有成員進行工作任務分工，提出具體的工作要求，並對團隊成員的工作方法進行一定的指導。當團隊成員出現工作分歧與矛盾時，或與合作方有了一定的利害關係時，項目經理應及時察覺，進行調整解決。其次，項目經理應進行合理的分工和適度的授權，並建立暢通有效的信息渠道，預測可能出現的問題，對出現的問題及時解決，提前採取防範措施。最後，項目經理為保證項目在進度、質量、費用三方面實現預期目標，需要對組織安排、項目進度、人員配置、經費投入等方面進行必要的調整。對項目實施全過程進行控制，是項目成功的有力保障。

5.4.2 項目經理的能力素質要求

項目的複雜性和多樣性要求項目經理具備各方面的能力和較高綜合素質。

（1）項目經理的能力要求。

項目經理在項目實施過程中須能根據具體情況做出正確的判斷，提出正確的解決方案，做出正確的決策，合理地安排與解決問題。項目經理的能力要求包括以下幾個方面：

①號召力。項目經理需具備調動項目組成員以及客戶、供應商、職能經理、公職

人員等的工作積極性的能力。人是社會上的人，每個人都有自己的個性，而一般情況下，項目成員來自企業內部各個部門，因此每個成員的素質、能力和思想境界均或多或少存在不同之處。每個成員到項目部上班也都帶有不同的目的，因此，每個成員的工作積極性會有所不同。項目經理應具備足夠的號召力，才能激發各種成員的工作積極性。

②影響力。項目經理除了要擁有一定的特殊知識，能正確地發布命令之外，還需要適當引導項目組成員的個人後期工作任務，授權他人自由使用資金，增加員工的工資等。

③交流能力。項目經理只有具備足夠的交流能力才能與下屬、上級進行平等的交流。特別是和下屬的交流尤為重要。一個項目經理如果沒有對下屬職工的意見進行足夠的分析、理解，那這種管理必然是強權管理，也必將引起下屬職工的不滿。

④分析問題的能力。項目經理面臨著一個開放的、不確定的工作環境，領導著一批各種各樣的、臨時性項目組織的團隊成員和十分有限的時間與資源，所以要實現項目目標，他就必須具備發現問題和分析問題的能力，能從複雜多變的情況中發現問題，分析和找出問題的實質與問題的原因。

⑤解決問題的能力。項目經理這一職務從根本上說就是為解決項目的各種問題而設立的。面對項目層出不窮的問題，項目經理必須具備解決問題的能力。

⑥制定決策的能力。項目經理必須具備在複雜的情況下迅速收集、加工、處理信息，根據各種信息制訂可行方案，能夠運用自己的經驗和判斷，在信息不完備的情況下做出正確決策，選擇出最佳或滿意的行動方案的能力。

⑦靈活應變的能力。面對項目無數的可變因素，項目經理必須具有靈活應變的能力，能靈活地運用各種方法去適應變化的環境。

（2）項目經理的管理技能。

管理技能要求項目經理把項目作為一個整體來看待，認識到項目各部分之間的相互聯繫和制約以及單個項目與母體組織之間的關係。只有對總體環境和整個項目有清楚的認識，項目經理才能制定出合理的計劃。其具體包括以下幾方面：

①計劃。計劃是為了實現項目的既定目標，對未來項目實施過程進行規劃和安排的活動。計劃作為項目管理的一項職能，貫穿於整個項目的全過程。項目經理要對整個項目進行統一管理，就必須制訂出切實可行的計劃或者對整個項目的計劃做到心中有數，讓各項工作方能有條不紊地進行。

②組織。項目經理必須具備一定的組織能力方能使整個項目達到既定的目標。在項目實施過程中，項目經理必須充分利用其組織能力對項目的各個環節進行統一的組織，即處理在實施過程中發生的人和人、人和事、人和物的各種關係，使項目按既定的計劃進行。

③目標定位。項目經理必須具有定位目標的能力。項目經理只有對目標定位準確、合理，才能使整個項目的管理有一個總方向，才能使各項工作朝著目標進行。

④整體意識。項目是一個複雜的整體，它包含著許多分項工程、分部工程、單位工程。如果對整個項目沒有整體意識，勢必會顧此失彼。

⑤授權能力，即使項目部成員共同參與決策，以使決策更具有說服力、也更科學、全面。

（3）項目經理的技術技能。

技術技能是指項目經理在項目實施過程中所需的處理項目所屬專業領域技術問題的能力。一個項目經理不但要有項目管理和一般營運管理方面的能力，還必須要有項目相關專業領域的知識和技能（像房地產項目經理的土建和安裝專業知識與技能、化工企業建設項目經理的化學工藝流程專業知識與技能、管理諮詢項目經理的企業管理的理論和實務等）。其具體包括以下幾方面：

①使用項目管理工具和技巧的特殊知識。每個項目管理都有其特定的管理程序和管理步驟，現代的建設項目大多是綜合工程，項目經理必須掌握現代管理方法和技術手段，比如決策技術、網絡計劃技術、系統工程、價值工程等。項目經理只有在項目管理過程中實施動態控制，才能使項目圓滿完成，並最終達到既定的項目目標。

②相關的專業知識。項目經理只有掌握相關的專業知識，如建築經濟、技術經理、經濟法、合同法等，在項目實施過程中，遇到相關專業有關的事件才能得心應手，在處理經濟問題時才能立於不敗之地。

③計算機應用能力。計算機技術的飛速發展為中國的經濟建設起到了舉足輕重的作用，計算機已成為辦公必不可少的條件。因此，項目經理應掌握一定的計算機應用能力，才能與時代相適應。

④相關的項目知識。項目經理還應瞭解相關的項目知識，並理解項目的方法、過程和程序。只有具備了這些知識後，項目經理才能在項目的管理過程中靈活應用各種管理技術。

⑤豐富的實踐經驗。項目經理是第一線的指揮官，要隨時處理項目運行中發生的各種問題，因此，項目經理要有豐富的項目實踐經驗，才能對施工現場出現的各種問題迅速做出處理決定。

【本章小結】

（1）項目會直接涉及或者間接涉及許多組織、群體或個人的利益。這些組織、群體或個人都是這一項目的相關利益主體，又稱相關利益者。項目相關利益主體由項目的業主、項目的客戶、項目經理、項目的實施組織、項目團隊和其他相關利益主體構成。他們在項目中扮演不同的角色，從不同的角度對項目進行管理。項目相關利益主體之間的關係既有相互一致的一面，也有相互衝突的一面。對項目主要利益主體的管理，貫穿整個項目生命歷程。項目成員應重點關注客戶和項目業主等關鍵利益主體。

（2）項目組織是為完成某個特定的項目任務而由不同部門、不同專業的人員組成的一個特別的工作組織，有職能式、項目式、矩陣式三種類型。不同組織結構有其優缺點及其適應性，沒有一種項目組織結構是十全十美的，關鍵在於其是否適應項目管理的需要。項目組織的設計必須在一般組織設計的基礎上同時反應項目工作的特徵，

應堅持目標一致原則、有效的管理層次和管理幅度原則、責任與權力對等原則、合理分工與密切協作原則、集權與分權相結合的原則、環境適應性原則。

（3）項目團隊是指為適應項目的實施及有效協作而建立的團隊。它具有以下特性：目的性、臨時性、項目經理是團隊的領導、團隊成員組成的多樣性、漸進性和靈活性。項目團隊的建設要以形成以下五種特點為目標：明確而共同的目標、合理的分工與協作、有效的溝通、有效的激勵與約束、高度的凝聚力與向心力。項目團隊的建設與發展必然要經歷形成、震盪、規範、成熟、解散五個階段。項目經理在各個階段面臨著不同的問題，有不同的管理任務和重心。

（4）項目經理就是項目的負責人，又稱項目管理者或項目領導者。他們領導著項目組織的運轉，其最主要的職能是保證組織的成功，在項目及項目管理過程中起著關鍵的作用，是決定項目成敗的關鍵角色，需要履行項目管理的計劃、組織、控制等工作職責。項目的複雜性和多樣性要求項目經理具備各方面的能力和較高綜合素質，包括號召力、影響力、交流能力、應變能力等能力要求；計劃、組織、目標定位、整體意識、授權能力等管理技能；具備相關的專業知識、計算機應用能力、使用項目管理工具和技巧的特殊知識等技術技能。

【習題】

一、選擇題

1. 監理單位所開展的項目管理屬於（　　）項目管理。
    A. 業主方　　　　　　　　　　B. 設計方
    C. 施工方　　　　　　　　　　D. 總承包方
2. 業主方項目管理主要在項目的（　　）階段進行。
    A. 設計　　　　　　　　　　　B. 施工
    C. 招投標　　　　　　　　　　D. 實施
3. 各類項目管理中，（　　）項目管理是核心。
    A. 業主方　　　　　　　　　　B. 設計方
    C. 施工方　　　　　　　　　　D. 供貨方
4. 供貨方項目管理主要在項目（　　）階段進行。
    A. 決策　　　　　　　　　　　B. 設計
    C. 施工　　　　　　　　　　　D. 實施
5. 建設項目總承包方管理，主要在項目的（　　）階段進行。
    A. 決策　　　　　　　　　　　B. 設計
    C. 施工　　　　　　　　　　　D. 實施
6. 政府部門對工程項目建設過程中實施的管理形式主要是（　　）。
    A. 服務　　　　　　　　　　　B. 指導
    C. 控制　　　　　　　　　　　D. 監督

7. 關於承包商的正確說法是（　　）。
   A. 業主和承包商簽訂合同
   B. 承包商選定監理單位
   C. 總承包商必須自行完成全部的施工任務
   D. 總承包商與業主簽訂合同
8. 建設工程監理的前提是（　　）。
   A. 施工單位委託　　　　B. 建設單位委託
   C. 政府委託　　　　　　D. 設計單位委託

二、問答題

1. 項目的主要利益相關者有哪些？
2. 項目組織的類型有哪些，各有什麼樣的優缺點？
3. 項目組織的設計，一般應遵循哪些原則？
4. 什麼是項目團隊的生命歷程？
5. 項目經理有哪些職責？有哪些能力、素質要求？

第五章習題參考答案

6　項目採購管理

【本章教學要點】

知識要點	掌握程度	相關知識
項目採購計劃管理	掌握	項目採購、項目採購計劃
項目招標	掌握	招標方式、方法，招投標的範圍
項目招標投標基本程序	掌握	招標準備、資格審查、招標文件、評標

【關鍵詞】

　　項目採購　項目招標投標

案例分析

複印機合同

　　科頓（Kirton）大學採購部門的資深採購員克倫·馬斯特，正面臨著一項困難的決策。複印機合同的競爭者只剩下 Excalibur 公司和 Quickserve 公司，Excalibur 公司給出了更為有利的報價。然而，克倫·馬斯特對與 Excalibur 公司以前的合作並不滿意，不知道這會給決策造成什麼影響，但又必須在三天內做出決策。

　　科頓大學及其採購部門位於美國中西部，登記在冊的學生人數超過 25,000 人，有 65 座建築物、16 個系和學院。學校行政管理部門員工超過 2,000 人。採購部隸屬於行政管理部門，負責接收、管理及供應維持學校正常運轉所需要的物資。

　　克倫·馬斯特在六年前加入採購部，當時她剛獲得音樂和教育學位。自從加入採購部，克倫·馬斯特已經從一個普通員工被提升到資深採購員的職位。在關於合同投標和如何確定中標方面，她累積了大量的經驗。

　　(1) 投標過程。

　　採購部門不斷地招標，接收各種投標書，以最優利益為標準選擇供應商。這個過程包括檢查每份標書的細節，確保其符合最終使用者的需要，並確保學校能夠用有限的資金獲得最高的價值。要達到這些標準，責任主要落在採購部門主管和資深採購員肩上。

　　科頓大學校園中總共使用著 225 臺複印機（這個數字不包括投幣式機器或者繪圖服務）。這 225 臺複印機中，有近 100 臺是根據一份四年期的合同從某複印機公司租借的。該合同包括每一次複印的服務和複印機的維修工作。

八年前，科頓大學與 Excalibur 公司簽訂了一份四年期的供應複印機的合同。Excalibur 是一家大型跨國公司，在市場中占主導地位，它以每次複印大約 3.3 美分的投標價格獲得了合同。但是，在合同執行期間，Excalibur 公司的表現一般。它提供的複印機是沒有適應性的、簡單的複印機（例如沒有放大功能等），並且不能保證及時維修。

四年後，合同期滿，需要重新簽訂一份合同。這一次當地一家小公司 Quickserve 獲得了合同。激烈的競爭和生產複印機成本的降低使 Quickserve 公司提供了複印機每次 1.9 美分的價格。另外，Quickserve 公司提供了多種規格和適應性很強的機型，其中包括 Kortex100s、4,000s 和 5,000s。克倫·馬斯特認為與 Quickserve 公司四年的合作是非常令人滿意的。除了性能優良的複印機，很強的適應性以及較低的成本，Quickserve 公司的服務代表也提供了非常好的服務。實際上，與科頓的合同是由 Quickserve 公司的總經理親自監督執行的，他不斷給克倫·馬斯特提供關於每一臺複印機服務記錄的報告。而且，Quickserve 公司允許克倫·馬斯特決定何時更換同類型的複印機（即更換掉經常出故障的複印機），這是 Excalibur 公司以前堅決要求科頓大學自行解決的。

在科頓大學與 Quickserve 公司履行合同期間，Excalibur 公司不斷地向其介紹該公司其他系列產品。克倫·馬斯特對他們的做法很反感，這可由兩個例子來說明。首先，在克倫·馬斯特從事採購工作的六年裡，Excalibur 公司更換了 13 次銷售代表。由於學校訂立合同和開發票程序的特殊性，克倫·馬斯特不得不「重新培訓每一名銷售代表」。其次，學校有一項嚴格的規定，所有採購要由採購部來完成。然而，Excalibur 公司的代表有時直接與最終的使用者進行聯繫以影響其對於材料或者採購的需求，而 Excalibur 公司的代表知道這是違反學校規定的。

（2）當前的投標。

截至 2017 年 1 月 7 日，科頓大學總共收到了 19 份對於複印機合同的投標，並把範圍縮小到五家公司：Tauras、Excalibur、Quickserve、Doolittle&Byers 以及 Plumper。科頓大學經過仔細考查，又淘汰了三家公司。淘汰 Tauras 公司是因為它缺乏歷史記錄（這家公司剛成立兩個月），並且不能確定其是否能夠應付業務量這麼大的一份合同（這份合同的業務量是它目前的業務量的兩倍多）。淘汰 Doolittle&Byers 公司是因為它提供的標準複印機每分鐘只能夠複印 40 張，很顯然這是需要大量複印的使用者所不能接受的。另外，Doolittle&Byers 公司沒有計算機化的服務系統，並且也不準備安裝這種系統。淘汰 Plumper 公司是因為它的設備技術含量太低（液態的），這將產生低質量的複印件。

保留下來的兩份投標來自 Excalibur 公司和 Quickserve 公司。Excalibur 公司的投標包括重新裝備的複印機，提供與 Quickserve 公司相似的服務，價格比 Quickserve 公司的投標價低大約 20%。

Quickserve 公司的投標是現在合同的延續，包括現在所使用的設備。它的投標價格與上次合同價格相同。

（3）克倫·馬斯特的決策。

顯然，Excalibur 公司提供了一個在價格方面很有吸引力的投標，但是其他方面如何呢？另外，很難僅根據過去的表現就確定 Quickserve 公司的投標合理。科頓大學作為

一個有較高層次的機構，如果它所簽訂的合同是不公平的，很可能會造成一些附帶的影響。因此，克倫·馬斯特必須權衡許多因素，並在三天後向採購部提出建議。

資料來源：加恩德斯，費倫，弗林，等. 採購與共應管理（原書第 12 版）［M］. 趙樹峰，譯. 北京：機械工業出版社，2003：220-221.

6.1 項目採購管理概述

實施任何一個項目都需要有一定的資源投入。對項目組織（承包商或項目團隊）而言，這些資源投入包括人員、材料、工具、設備、資金等。資源的投入貫穿於整個項目實施過程的各個階段和各項活動，是項目得以順利實施的重要保障。因此，在項目實施前，項目組織必須制訂項目資源採購計劃，並在以後的項目實施過程中認真管理、努力執行這一計劃。大量的項目管理實踐已經證明，有效的項目採購管理是項目成功的關鍵要素之一，所以任何項目都必須開展項目採購管理。項目採購管理 (Project Procurement Management) 是指在整個項目過程中項目組織從外部尋求和採購各種項目所需資源（商品和勞務）的管理過程。此處的項目組織既可以是項目業主/客戶或項目承包商與項目團隊，也可以是項目業主/客戶組織內部的項目團隊或者個人。項目所需的資源主要有兩種：一種是有形的商品，一種是無形的勞務。對於一般項目而言，商品包括各種原材料、設備、工具、機器、儀器、能源等實物，而勞務則包括各種項目實施、項目管理、專家諮詢、仲介服務等。項目所需勞務的最主要構成是總承包商和分包商承擔的項目實施任務。

6.1.1 項目採購管理中的關鍵角色

為了方便討論，本章講商品和勞務統一稱作「產品」，由此，項目的採購管理便可以視為項目組織對採購項目所需產品中開展的管理活動。項目採購管理主要涉及四個方面的利益主體以及他們之間的角色互動。他們是項目業主/客戶、項目組織（承包商或項目團隊）、供應商和項目的分包商。其中，項目業主/客戶是項目的發起方和出資方，他們既是項目最終成果的所有者或使用者，也是項目資源的最終購買者。承包商或項目團隊是項目業主/客戶的代理人和勞務提供者，他們為項目業主/客戶完成項目商品和部分勞務的採購，然後從項目業主/客戶那裡獲得補償。供應商是為項目組織提供項目所需商品和部分勞務的工商企業組織，他們可以直接與項目業主/客戶交易，也可以直接與承包商或項目團隊交易，並提供項目所需的商品和勞務。項目分包商或專家是專門從事某個方面服務的工商企業或獨立工作者。當項目組織缺少某種專長人才或資源去完成某些項目任務時，他們可以雇用各種分包商或專家來完成這些任務。分包商或專家可以直接對項目組織負責，也可以直接對項目業主/客戶負責。上述角色在項目採購管理中的關係如圖 6-1 所示。

圖 6-1 中的實線箭線既表示「委託—代理」關係的方向，也表示項目資金的流向；而其中的虛線箭線則表示項目採購中的責任關係。項目採購的管理主要是對資源採購

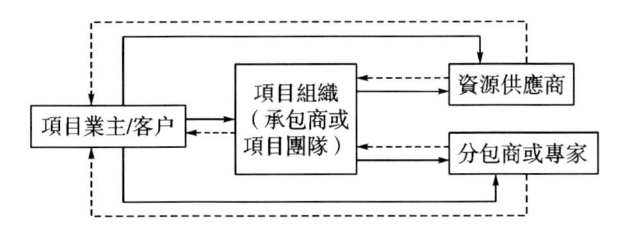

图 6-1　項目角色的關係如圖

關係的管理。因為，在項目採購管理中，如果上述角色之間能夠有效溝通和積極互動，就可以確保項目實施成功，反之就會因為資源短缺或不到位而項目進度受阻或項目失敗。在項目採購管理中，計劃、管理和實施工作主要是由項目組織開展和主導的，項目業主/客戶直接進行項目採購的情況較少，因為項目組織是項目資源的直接需求者和使用者（也是提供者之一），他們最清楚項目各階段的資源需求。另外，注意在本章中項目承包商/項目團隊一般被稱作「項目組織」，而項目的分包商不屬於「項目組織」的範疇。

6.1.2　項目所需資源的來源

一個項目所需的資源是各種各樣的，這些資源的來源也是各種各樣的。除了項目組織內部可以提供一部分項目必需的商品和勞務外，還有許多資源需要從其他工商企業或組織那裡採購獲得。一個項目所需資源的主要來源包括：

（1）項目業主/客戶。

一般在項目承發包合同中，項目業主/客戶為了使項目取得滿意的成果，通常會承諾向項目組織提供一些特殊設備、設施、信息和其他的資源。在現代項目合同管理中，這被稱為「項目業主/客戶的供應條款」。這些條款中寫明了項目業主/客戶在項目過程中將向項目組織提供哪些設備、設施、人員和信息資料以及提供的日期等細節。通常，這些資源的供應時間是與項目實施進度相配合的。嚴格而規範的項目業主/客戶供應條款可以保護項目組織的利益，避免由於項目業主/客戶在設備、設施、信息、系統零部件或其他資源供應上的耽擱而導致項目進度計劃的推遲。在這種項目合同條款中，一般都需要約定，一旦出現耽擱的情況，責任由項目業主/客戶負責。當然，項目組織也要對項目的最終成果負責，也需要努力促使項目業主/客戶去實現他們的承諾。

（2）外部勞務市場。

確切地講，項目所需的勞務是以項目實施人員為載體的，不同的項目需要各種不同類型的勞務，或者說不同類型的實施人員。承包商或項目團隊為了以較低成本和較快的速度完成項目任務會從外部勞務市場獲取自己所需的各種項目實施人員。例如，在軟件開發項目中，項目組織可能需要臨時招聘一些計算機程序員、資料處理人員等；而在工程建設項目中，項目組織需要招聘大量的施工人員、安裝人員、管理人員等。甚至，在許多業主自我開發的項目中，也需要從外部勞務市場上臨時招聘一些本企業沒有的人員。在市場經濟下，一個項目的成功在很大程度上依賴外部勞務市場為項目

提供各種各樣的人力，或者叫「勞務」。但是，從外部勞務市場上獲得的人力資源或勞務都是常規的，技術水準和要求較低。

（3）分包商或專家。

當項目組織缺少某種專業技術人員或某種專門的實施技術與資源去完成某些特殊的項目任務時，他們就需要雇用分包商或專業技術顧問公司來完成這種項目任務。他們既可以雇用獨立的專門技術顧問或自由職業者來完成一些非常特殊的專業技術作業，如聘請法律顧問指導項目合同文件的編製、洽談和簽署，或者聘請技術專家來處理項目實施過程中的特殊環保問題等。他們也可以雇用專門的分包商完成項目的某一部分獨立的分步（工作步驟或工序）或分項（工作項目或子項目）作業，如將屋頂作業分包給專門的屋頂建設分包商，將油漆作業分包給專門的油漆分包商，而將計算機系統測試分包給專門的信息系統測試公司等。項目組織從這些分包商和專家獲取的主要是各種特殊的服務。從另外一個角度講，項目組織採用雇用分包商和專家的策略也是利用社會分工降低項目成本的一個有效措施。

（4）物料和設備供應商。

實施項目所需的物料和設備等有許多需要從外部供應商那裡購買或租賃。項目所需的物料主要包括：原料、材料、燃料、工具和各種構件、配件等。例如，在一個民房裝修項目中，需要木材、門窗、地毯、牆紙、燈具等裝修材料，需要儀器、機器、工具、登高設備等設備和設施。在這一裝修項目的實施過程中，項目組織可能還需要租用某些特殊的工具和購買許多特殊的物料。為了在項目實施過程中適時、適量地得到合乎質量要求的各種項目資源，任何一個項目組織都必須認真與物料和設備供應商合作，因為這是節約項目成本的關鍵因素之一，是項目收益的源泉之一。一般認為，節約是項目收益的第二源泉。

6.2 項目採購管理方法

在項目採購管理過程中，有幾種必須使用的方法，其中主要包括以下兩種：

6.2.1 「製造或購買」的決策分析

「製造或購買」的決策分析是最基本的項目採購管理決策分析技術方法，常用於分析和決定一種項目所需的特殊產品是應該由項目組織自行生產還是從外部採購獲得。這一方法的原理是：如果項目組織能夠以較低成本生產出所需的某種產品，那麼就不應該從外部購買；如果項目組織自己製造某種所需產品的成本高於外部採購的成本，那麼就應該從外部供應商或分包商採購獲得該產品。對於任何項目組織而言，在制訂項目採購計劃之前，必須對項目所需各種商品進行「製造或購買」的決策分析和評價，這是決定採購計劃中究竟「採購什麼」的前提。

現有統計資料表明，在製造業產品的原材料成本中有 2/3 是外部採購成本；在工程建設項目中，原材料採購成本占項目總成本的 60%～70%；只有軟件開發項目和管理

諮詢項目的外部採購成本相對小一些,因為這兩類項目是以勞務為主的,所以人工費佔很大的比重。在進行「製造或購買」決策分析中,間接成本和直接成本都是必須考慮的兩個成本構成要素。例如,對「購買」的分析應該既包括為了從外部購買某種產品而實際付出的採購直接成本和為管理整個採購過程而付出的間接成本(管理成本等)。「製造或購買」的決策分析還必須反應項目組織的願望和項目的時間限制。如果在項目實施過程中急需某種產品,那麼不論製造成本如何,只要外部能夠提供就可以選擇外購。

6.2.2 項目採購計劃管理

項目採購計劃管理與企業日常營運中的採購計劃管理既有不同的地方又有許多相似的地方。企業日常營運中的一些採購計劃管理方法和技術也可以應用於項目採購計劃管理。當然,項目採購計劃管理有很大的獨特性,開展項目採購計劃管理所需的採購計劃管理方法和原理主要涉及六個方面的內容。它們被稱作採購管理的六大因素。

(1) 採購什麼。

項目採購計劃管理中的第一要素是「採購什麼」,即首先要決定項目採購的對象及其品質。項目採購計劃管理要求採購的產品質量應滿足四個條件:其一是適用性(即項目外購的產品不一定要有最好的質量,但一定要符合項目實際的質量要求);其二是通用性(即項目外購的產品最好能夠通用,在項目採購中盡量不使用定制化的產品);其三是可取獲得性(即能夠在需要的時間內,以適當的價格,及時得到要採購的產品);其四是經濟性(即在保證質量的前提下,從供應來源中選擇成本最低的,以降低項目成本)。項目組織應首先將項目採購需求寫成規範的書面文件,註明規格、質量和時間,然後將它們作為日後與供應商或分包商進行交易和開展採購合同管理的依據性文件。這種關於「採購什麼」的規範性文件的主要內容應包括:產品名稱、產品規格、產品化學或物理特性、產品所用材料、產品製造要求與方法、產品用途或使用說明、產品質量標準和要求等。

(2) 何時採購。

「何時採購」是項目採購計劃管理中的第二大要素。這是指項目組織需要計劃和安排採購的時點和時期。因為採購過早會增加庫存量和庫存成本,而採購過遲又會因庫存量不足而造成項目停工待料。由於從項目採購的訂貨、採購合同洽談與簽署到產品入庫必須經過一段時間間隔,其中還要開展像產品生產、檢驗、包裝、運輸、入庫驗收等具體工作,這些都需要時間。所以在決定「何時採購」時需要從採購的產品投入項目使用之日算起倒推出合理的提前時間,從而確定出適當的採購訂貨時間和採購作業時間。對於項目採購計劃管理而言,我們必須依據項目的工期進度計劃和資源需求計劃以及所需產品的生產和運送時間,合理地確定產品的採購訂貨時間。同時,為了項目進度需要,外購產品的交貨時間也必須適時,而且只能有少許提前而不能有任何推遲,這是項目採購計劃管理必須遵循的重要原則之一。

(3) 如何採購。

「如何採購」主要是指在項目採購過程中採用何種工作方式以及項目採購的大政方

針和具體的交易條件。項目採購計劃管理這方面的工作包括：是否採用分批交貨的方式，採用何種產品供給運輸方式，具體項目採購產品的交貨方式和地點等。例如如果採用分期交貨的採購方式，對每批產品的交貨時間和數量必須科學地計劃安排並在採購合同上明確予以規定；同時，一定要安排和約定項目所需產品的交貨方式和地點，究竟是在項目現場交貨還是在供應商或分包商所在地交貨；另外，還必須安排和確定項目所需產品的包裝和運輸方式，究竟是由項目組織負責運輸，還是由供應商或分包商負責運輸，還是由第三方物流服務商負責運輸；最後，還要計劃安排和確定項目採購的付款方式與各種付款條款，像預付訂金、違約罰款和各種保證措施等。另外還有一些其他方面的問題也必須予以安排和考慮，如項目採購合同的類型、格式、份數、違約條款等。這些都需要在採購計劃管理的這一工作中確定。

（4） 採購多少。

這是有關項目採購數量的管理，任何項目所需產品的採購數量一定要適當，所以都需要進行計劃管理。項目所需產品的採購數量管理必須根據項目實際情況決定，如大型工廠建設項目所需的資源多且消耗快，所以「採購多少」可以通過經濟訂貨模型等方法來決定；但是對於智力密集型的軟件開發項目或科研項目，因為所需的資源多是辦公設備及辦公用品，它們的成本低，所以一般不需要使用經濟訂貨模型去決定「採購多少」。另外，在計劃安排和決定「採購多少」時還應該考慮批量採購的數量優惠等方面的因素以及項目存貨的資金時間價值等方面的問題，所以實際上項目採購計劃管理中有關「採購多少」的問題涉及數量和資金成本兩個方面的變量。

（5） 向誰採購。

這是有關如何選擇可靠的供應商或分包商的採購計劃管理問題，這也是項目採購管理中的一項重要工作。現在有許多一般營運企業和項目組織都在這一問題上存在問題而且拿不出很好的解決辦法，因為很多項目採購中的「回扣」「侵吞」「收賄受賄」問題都是在項目採購管理這一環節上發生的，甚至古今中外，概莫能外。因此，一個項目組織應該建立合理的供應商或分包商評價標準和選擇程序，並與較多的供應商或分包商建立關係和不斷評定其業績，以去劣存優。一般在決定向誰採購時應調查各供應商或分包商的設備規模、技術和供應能力、產品質量、質量管理情況、組織能力和財務信用狀況等。在項目採購管理過程中，項目組織應經常與自己的供應商或分包商保持聯繫，對於那些關係項目成敗關鍵的供應商或分包商，項目組織必須在一定程度上介入它們的生產監督和質量保障工作，從而保證產品供應的質量、數量和及時性。

（6） 何種價格採購。

「何種價格採購」涉及的是項目採購管理中的定價管理問題，即如何確定以適當價格獲得項目所需產品的管理問題。項目組織應當注意不能無條件地按照最低價格原則去採購和獲得項目所需產品，必須同時考慮質量和交貨期等要素。項目組織應在既定的項目所需產品質量、交貨期限和其他交易條件下去尋找最低的採購合同價格。通常，項目採購合同價格的高低受多方面因素的影響，這包括項目所需產品的市場供求關係、產品提供一方的成本及其合同計價方法、項目所需產品的採購條件（如交貨日期、付款方法、採購數量等）、供應商或分包商的成本控制水準、國家或地方政府政策的影

響、物價波動和通貨膨脹的影響、採購人員的價值判斷和爭價能力的影響等。項目成員在確定項目採購的價格時，必須同時考慮這些因素的綜合影響。

項目成員在制訂項目採購管理計劃時，必須參照上述項目採購管理方法，從而保證項目採購計劃和項目採購工作的科學性和可行性。

6.3 項目採購計劃的制訂

項目採購管理的首要任務是制訂項目採購計劃，然後按項目採購計劃開展項目採購工作並實現項目採購的目標。一般地講，項目採購計劃的制訂，是指從識別項目組織究竟需要從外部採購哪些產品或勞務開始，通過綜合平衡安排，制訂出能夠滿足項目需求的採購工作計劃的一種項目管理過程。這一工作涉及許多問題，包括：是否需要對外採購、怎樣採購、採購什麼、採購多少、何時採購等。此外，項目採購計劃中一般還應該考慮各種需要的分包合同，尤其是當項目組織希望對總承包商的下一步分包決策施加某種影響或控制的時候，更需要考慮項目分包合同的問題。因為如果總承包商或供應商在獲得了項目採購的訂單以後，有時會將自己不能完成的合同訂單分包出去，此時，如果項目業主對分包合同無法控制或影響，就會給自己帶來許多意想不到的問題和風險。

項目採購計劃的編製過程如下：依據項目採購計劃所需的信息，結合組織自身條件和項目其他各項計劃的要求，對整個項目實現過程中的資源供應情況做出具體的計劃安排，並按照有關規定的標準或規範，編寫出項目採購計劃文件的管理工作過程。項目採購計劃編製的最終結果是生成各種各樣的項目採購文件，主要包括項目採購計劃、項目採購作業計劃、項目採購標書，供應商評價標準等文件。這些項目採購計劃工作文件將用於指導項目採購計劃的實施和具體的採購作業。在編製項目採購計劃時，需要開展的主要工作和活動如下：

（1）「製造或購買」的決策分析。

項目成員在編製採購計劃時，首先要開展「製造或購買」的決策分析，以決定需要從外部組織採購哪些資源（產品和勞務）和自己生產或提供哪些資源。在制訂項目採購計劃的整個過程中，項目成員對於所有提出或需要外購的資源都應該開展這種決策分析。

（2）對各種信息進行加工處理。

項目成員在項目採購計劃的編製中，需要對收集獲得的各種相關信息進行必要的加工和處理，以找出制定決策所需的各種信息。有時，項目組織必須聘請各類顧問或專業技術人員對收集的信息進行必要的加工和處理。例如，工程建設項目關於工程造價信息的加工與處理就可以委託造價工程師諮詢公司或者雇用造價工程師來完成。

（3）採購方式與合同類型的選擇。

項目成員在制訂項目採購計劃的過程中，還必須確定以什麼樣的方式獲得資源和需要與資源供應商或分包商簽訂什麼類型的採購合同。項目資源的獲得方式包括通過

詢價和議標選定供應商或分包商和採用公開招標或邀請招標的方式選定供應商或分包商。合同類型的選擇一般需要在固定價格合同、成本補償合同、單位價格合同中選擇一個。這三種類型的合同對資源的買賣雙方各有利弊，項目成員必須根據項目和所要採購資源的具體情況，反覆權衡後做出選擇。

(4) 項目採購計劃文件的編製和標準化處理。

在上述工作完成之後，項目成員就可以動手編製項目採購計劃了。這種計劃的編製可以採用專家分析法、經濟期量訂貨法、綜合平衡計劃法等具體方法。項目採購計劃編製工作將最終生成項目採購計劃、項目採購工作計劃、項目採購標書、供應商評價標準等文件。另外，最後需要開展的一項工作是，對項目採購計劃的各種文件進行標準化處理，即將這些計劃管理的文件按照一定的標準格式給出。在這方面，常見的標準格式文件包括標準採購合同、標準勞務合同、標準招標書和投標書、標準計劃文件等。

6.4　項目採購計劃的實施

當項目組織制訂出項目採購計劃及其相應的各種項目採購工作文件之後，項目採購管理就進入項目採購計劃的實施階段。一般而言，項目業主或項目團隊是通過詢價或招標的方式來選擇供應商或分包商的。對於項目業主來說，選擇資源供應商的過程是一個詢價或招標的過程；而對於供應商來說，按照項目業主提出的要求，爭取為項目提供所需資源的過程是一個報價和投標的過程。本節主要從項目組織的角度論述項目採購計劃中的這些具體實施工作，其中最主要的是詢價與報價、招標與投標等工作。

6.4.1　項目所需商品的採購計劃實施

項目所需各類商品的採購計劃實施工作與一般營運組織的商品採購工作是相同的，但是它與項目獲得所需各種勞務的招投標方式有很大不同。只有在很少數的情況下，項目所需各種商品才會採用採購招標的方式。通常，項目所需商品的採購計劃實施工作主要包括下面幾項內容：

(1) 開展詢價工作。

開展詢價工作是指相關人員根據項目採購計劃和項目採購作業計劃所規定的時間，以及相應的各種採購工作文件所開展的尋找供應商並向可能的供應商發出詢價信，以及交流項目具體所需資源的信息的工作。此時，需要邀請可能的供應商給出報價，向可能的供應商發出邀請，請求他們發出發盤要約的工作。這是項目所需商品採購計劃實施工作的第一步，項目所需任何一種商品的採購都必須首先進行詢價，以便能夠「貨比三家」，最終以最優的條件與選定的供應商簽約。

(2) 獲得報價的工作。

獲得報價的工作是指項目業主從各個可能的供應商處獲得報價的工作過程。在這一過程中，項目業主要與各個可能的供應商進行聯繫，要求對方追加報價信息，解釋

報價中的依據和理由，確認報價所包括的商品與售後服務的內容等。供應商的報價從法律上講是一種要約，或叫發盤。項目業主或供應商在承諾接受對方的報價（或要約）以前，必須非常明確地知道對方報價的實際內涵，所以必須開展從各個可能的供應商之處獲得報價和相關信息並對確認的工作。

（3）供應商評審。

在獲得和明確了供應商報價以後，項目組織就可以根據供應商報價和在項目採購計劃過程中制定的採購評價標準對供應商及其報價進行評價。在這一評價過程中，首先必須審查供應商各方面資格的合法性和合格性，從而去掉從法律能力上存在缺陷的供應商。然後，將剩下的供應商進行比較和評價並給出優先序列，並選出最佳者和次佳者，以便隨後分別進行還盤和討價還價等供應合同的談判工作。

（4）還盤並討價還價。

在對可能的供應商進行評審並選定主要供應商候選人以後，項目組織就可以開始進行還盤和進一步的討價還價工作了。在這個過程中，項目組織要盡可能地為維護項目業主和自己的利益而展開價格條件等方面的反覆討論。當然，項目組織和供應商各有自己的爭價能力，項目組織需要根據這些爭價能力去決定討價還價的策略和幅度，既要爭取到最大利益，又要合理地給對方留下餘地，否則無法實現一項供應交易。

（5）談判簽約。

在討價還價後，如果雙方基本達成了價格方面的條件，那麼就可以進入項目採購的合同細節談判和簽約工作了。在這項工作中，主要內容是與供應商談判和商定採購合同的各項條款。這些條款包括價格條款、數量與質量條款、交貨期與交貨方式條款、支付條款、違約條款等。項目採購合同一旦簽訂，項目採購管理就進入本章第五節中討論的合同管理階段了。

6.4.2 項目招標工作的實施

招投標是社會經濟發展到一定階段的產物，是一種特殊的商品或勞務交易的方式。它是一種因招標人的邀約，引發投標者的承諾，經過招標人對投標者擇優選定，最終形成協議或合同關係的這樣一種平等經濟主體之間的活動過程，是法人之間形成有償、具有約束力合約的法律行為。招標方和投標方所交易的商品或勞務統稱為「標的」。例如：工程建設項目的標的是指項目的工程設計、土建施工、成套設備、安裝調試等內容的勞務（工作）；計算機信息系統開發項目的標的是指信息系統軟件、硬件以及相關勞務的整體集成作業。

6.4.2.1 招投標的方式

項目組織或業主按照採購計劃的安排，可以通過多種招標方式來選擇供應商或承包商，常見方式包括以下幾種：

（1）公開招標。

作為買主的項目組織或業主可以在一般媒體上（如報紙、廣播、電視、互聯網），或者在專業媒體（如專業期刊和報紙）上發布公開招標廣告。凡是對項目所需資源有

提供意向，並且符合投標條件的供應商或承包商都可以在規定時間內提交投標書。由招標單位對其進行資格審查並經核准後，供應商或承包商就可以參加投標了。一般大型項目多數是通過公開招投標去獲得供應商或承包商提供的商品與勞務。

（2）邀請招標。

有些項目組織或業主保留著以前交易過的，或經人推薦的供應商或承包商的信息、名單或文件。這些名單一般含有這些供應商或承包商的相關情況和信譽等其他方面的信息。為了減少尋找供應商或承包商的成本，項目組織可以只將採購工作文件或招標書發送給這些邀請投標的供應商或承包商。如果沒有這種名單，項目組織或業主也可以向權威的商業諮詢機構購買相關供應商或承包商的信息，或通過開發自己的供應商或承包商信息來源來獲得邀請招標的供應商名單。例如，供應商或承包商信息可以從圖書館的目錄、地方相關協會、貿易目錄以及其他類似的來源得到。某些供應商或承包商的詳細信息需要項目組織進行更為廣泛深入的努力才能獲得。例如，需要親自訪問供應商或承包商，或者聯繫這些供應商或承包商以前的項目業主/客戶等，以瞭解供應商的各種情況。

（3）兩段招標。

這是將公開招標和邀請招標結合起來的招標方式。技術複雜的大型項目多使用這種招投標方式。這種方法一般首先由項目組織或業主採用公開招標的方式廣泛聯繫供應商或承包商，然後對投標的供應商或承包商進行資格預審，再從中邀請三家以上條件最好的供應商或承包商按照邀請招標的方式，開展後續的招標工作。

（4）協商議標。

對由於受客觀條件限制或不易形成競標的項目，一般可以採用協商議標的方式進行項目招標工作。例如某些專業性很強，只有少數單位有能力承擔的項目工作；或者時間緊迫而來不及按照正規程序招標的項目等。此時，可以邀請幾個供應商或承包商進行報價，經比較以後，由招投標雙方通過協商確定價格等有關事宜。這種方式實質上是一種非競爭性招標，一般項目商品採購招標較少採用這種方式，主要是勞務或技術開發的承發包才採用這種方式。

以上各種招標方式由項目組織或業主根據實際情況和客觀條件做出適當的選用。

6.4.2.2 招標程序

按照中國標準的招標程序，一般招標活動可分為幾個階段，這種分階段的標準招標程序如圖6-2所示。項目採購或承發包招標活動一般包括如下階段：

（1）招標準備階段。

在這一階段中，項目組織或業主在其內部成立負責採購或承發包的管理小組，或者將招標工作外包出去由專業招投標諮詢公司負責完成。項目組織或業主的採購與承發包招標活動有時還需經政府招投標管理機構的審批。例如大型的工程建設項目一般要由政府主管部門與項目組織或業主共同領導和實施招標工作。對於較小的項目就用不著經過上級組織審批和招標了，因為這種項目所需的產品和勞務直接可以從市場上採購或招募。

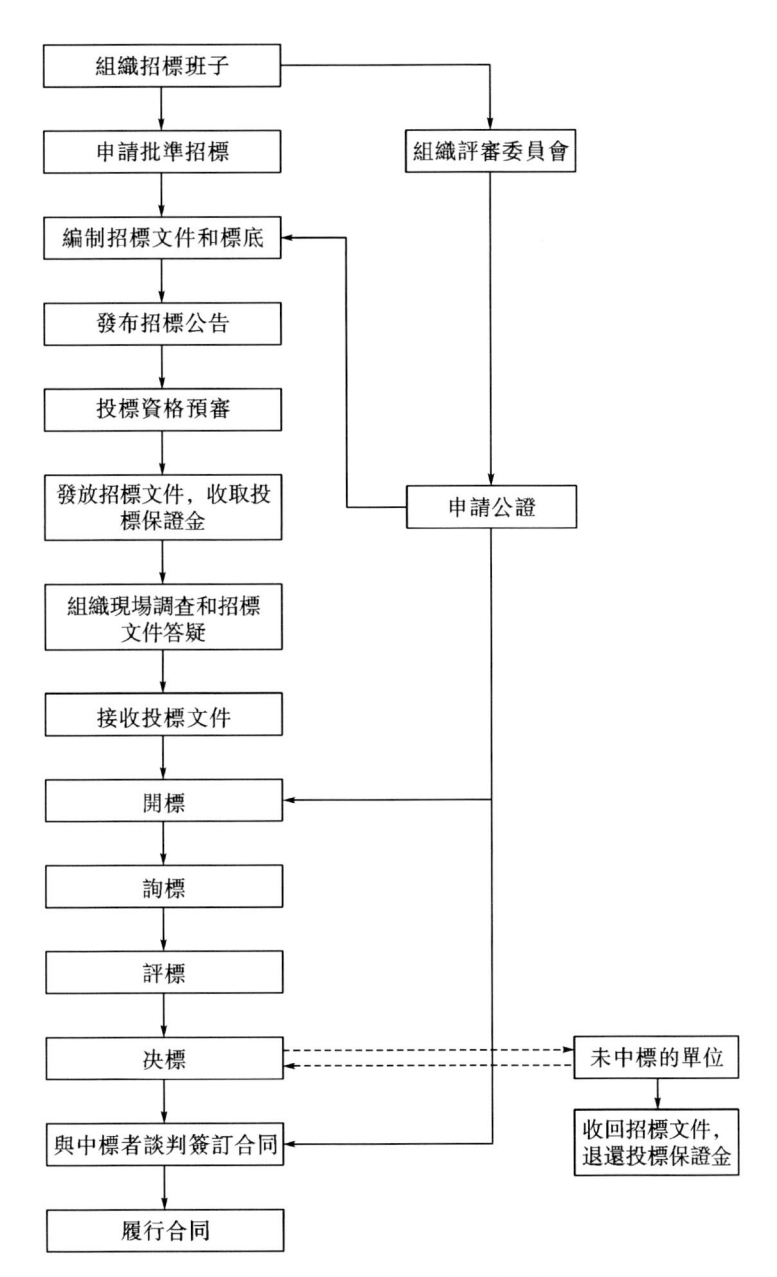

圖 6-2　項目招投標程序示意圖

項目採購計劃的文件中應該包括用於採購或承發包招標的關鍵性書面文件。例如項目的採購說明書、採購評選標準以及要求供應商或承包商遵循的投標書標準格式等。招標前準備階段還應做的工作包括以下幾點：

①準備標底。

標底又稱底價，它是項目組織或招標人對採購或承發包商品或勞務總費用的自我

129

估算，或估算的期望值。它是評定供應商或承包商出價的合理性、可行性的重要依據。在編製標底時，項目組織應充分考慮項目所需資源的數量、質量等級、交貨時期、運輸費用等因素。這種標底（或稱自我估算值）直接關係到參與投標的供應商或承包商的中標機會，因此在項目採購或承發包合同簽訂前必須嚴加保密。如有洩密，應對責任者嚴肅處理，直至追究其法律責任。

②投標者資格預審。

投標者資格預審是指項目組織或業主對申請投標的供應商或承包商所進行的資質審查。審查合格者方可發放招標文件（即資源採購或承發包工作文件），這樣可以確保招標活動按預期的計劃進行。參與投標的供應商或承包商應該都是有實力、有信譽的法人。通過投標者資格預審，篩選掉一部分不合格的供應商或承包商。這樣也可以減少開標、評標的工作量和成本。一般而言，資格預審的主要內容有：投標者的法人地位，資產財務狀況，人員素質、各類技術力量和生產能力，企業信譽和以往的交易業績等。

③召開標前會議。

標前會議又稱項目組織會議、業主會議或招標會議等。它是在供應商或承包商準備投標書之前召開的會議，是由項目組織或業主主持召開的。召開標前會議是項目組織或業主給所有投標者提供的一次採購或承發包要求質疑與說明的機會。在這種會議上，項目組織或業主針對各位參與投標的供應商或承包商提出的問題或建議進行答覆，以確保所有供應商或承包商對採購或承發包的內容、技術要求、合同要求等有一個清楚的、統一的理解。在標前會議上，供應商或承包商所提出的問題以及項目組織或業主的解答，應該作為修正條款寫入採購或承發包工作文件中，從而進一步完善招投標文件。

（2）開標、評標階段。

這一階段的主要工作包括如下幾個方面：

①開標活動。

開標活動是指在招標公告中事先確定的時間、地點，召集評標委員會的全體成員、所有投標方代表和有關人士，在公證人員監督下將密封的投標文件當眾啟封，公開宣讀投標單位名稱、報價等，並一一記錄在案，由招標方的法定代表簽字等一系列程序組成的一項招投標活動。為了公平起見，投標文件的啟封順序一般按提交先後次序逐個進行。對於招投標雙方來說，開標活動主要是一個富有意義的儀式，沒有多少實質性內容。

②初審和詢標。

開標結束後，招投標就進入了內部評審階段，此時由招標工作小組和評標委員會對投標文件進行初步審閱和鑑別。初審的內容涉及投標文件是否符合招標文件的格式要求，所要求的技術資料和證明文件是否齊全，報價的計算是否合理，是否提出招標人無法接受的附加條件，以及其他需要詢問質疑的問題等。經過初審後，那些不符合要求的投標文件應作為「廢標」處理。對基本符合要求但尚需投標者給予澄清問題的投標書，招標工作人員應認真整理出來，並通知投標方進行書面回答或當面會談。這

種當面會談相當於對投標文件進行答辯,所以國際上稱其為「澄清會議」。在澄清過程中,招標人的質疑和投標人的澄清都應該有書面記錄,並需經雙方法人代表簽字後成為招標文件的補充部分。

③評標。

評標是指評標委員會按照預先確定的評價原則,一視同仁地對每份合格的投標文件從技術方法、商業價格以及法律規範等方面分別做出評價。評標委員會在對每份投標文件評標後,都應寫出書面分析和評標意見,並撰寫出整個評標工作的評價對比表和分析報告,最後選出 2~3 家最好的投標書供下一步的決標使用。

(3) 決標與簽約。

這一階段的主要工作包括如下幾個方面:

①決標。

在公開招標中,國際上通用的決標辦法是在符合要求的投標文件中,以報價最低者中標,因為價格是商品和勞務購買的主要決定因素。但是最低價格的投標方案不一定就是項目總成本最低的方案,如果供應商或承包商在非價格條件方面有問題的話,還會發生許多其他的成本,從而造成項目總成本過大的情況。基於這種思想,中國頒布的招標投標法中規定要選出報價低而又合理的投標者中標。評標一般必須在投標文件有效期內結束,一般法律規定從開標到確定中標單位的間隔時間不應該超過 30 天。

②授標與簽約。

招標人向中標人發出書面「中標通知書」的行動被稱為授標。按照相關法律規定,招標單位應該在評標委員會確定中標單位後 2 日內發出中標通知書,並在發出通知書之日起 15 日內,與中標單位簽訂合同。一般而言,項目的合同價基本上就等於中標價。中標人如逾期不簽約或拒簽合同,招標人有權沒收其投標保證金,以補償自己的損失。對於未中標的單位,由招標單位通知並收回招標文件及有關資料,退還他們預交的保證金。如果因招標單位的責任未能如期簽約的,招標單位應雙倍返還保證金並保留中標單位的中標權。招標項目的合同文件應包括招標文件、投標文件、雙方簽字的開標紀錄、往來函電資料等。

至此,招標工作全部結束。項目組織或業主通過招標過程選出了合適的資源供應商或承包商。表 6-1 是一份招標書的通用格式及要求。

表 6-1　　　　　　　　　　招標書的通用格式及要求

招標書由標題、正文、結尾三部分組成。 一、標題 標題有四種表達形式。一是完全性標題,由「招標單位+招標性質和內容+招標形式+文體」組成。二是不完全性標題,由「招標單位+招標形式+文體」組成。三是只寫文件名稱。四是廣告性標題,非常靈活、醒目。 二、正文 這包括引言和主體兩部分。 1. 引言 它說明招標目的、依據和招標項目名稱。表述文字要準確、簡潔、開門見山。 2. 主體 這是招標書的核心,一般要寫明招標內容、要求及有關事項,主要有如下內容: (1) 招標方式。 招標方式中要說明屬於以下哪類招標:公開招標、內部招標、邀請招標等。

表6-1(續)

>（2）招標範圍。
>招標範圍指的是對招標對象的限制條件。
>（3）招標程序。
>招標程序應寫明招標、評標、定標的方法和步驟，以及招標起止時間或地點。
>（4）招標內容和具體要求。
>招標的具體內容和要求應依據招標類型分條目寫清楚，數字要準確，用詞恰當。
>（5）雙方簽訂合同的原則。
>這包括簽訂、變更、解除、終止合同的條件和法律程序及時間等。
>（6）招標過程中的權利和義務。
>這對招標方是關於審標、評標、定標等權利和義務的規定；對投標方是遵守投標書要求進行投標和中標後簽約履約的要求。
>（7）組織領導。
>標書應註明招標領導機構或辦事機構的情況和聯繫人。
>（8）其他有關說明。
>這是投標方應注意事項的說明。
>3. 結尾
>標書結尾要寫清招標單位的地址、電傳、電報、電話、郵政編碼或者網站地址。如果是兩個以上單位聯合招標，要求分別寫上這兩個單位。落款單位可以是招標單位的專管部門或承辦部門。
>招標書的寫作應規範化，內容真實可信，詳細具體，條款周全；有法可依，表達準確，避免歧義。標書中項目獲取的實物量和勞動量測算要科學、合理，應體現競爭意識。

6.4.3 採購計劃實施工作的結果

項目組織進行採購或承發包招標的結果就是選出滿意的供應商或承包商並與之簽訂合同。合同是項目組織與中標的供應商或承包商雙方簽訂並應共同遵守的協議，其中規定了供應商或承包商提供特定的產品和項目組織為之支付貨款的義務。按照所需採購的資源（產品和勞務）的規模、種類、數量、交貨條件等因素的不同，這種協議可以是簡單的也可以是複雜的。這種協議也有別的叫法，如契約、協定、分包合同、購貨訂單或者諒解備忘錄等。儘管所有的項目文件都受限於某些評價和審批的格式與程序，但是項目合同具有法定的共同遵守特徵。在任何情況下，評價和審批項目合同的過程主要著眼於確保合同中清楚地描述了能夠滿足項目需求的產品或勞務。一個標準的項目貨物採購合同應包含如下內容：

①貨物名稱、商標、型號、廠家、數量、金額、供貨進度；
②貨物質量要求、技術標準、供方對質量負責的條件和權限；
③交（提）貨地點、方式、運輸方式及到達站港和費用負擔；
④合理損耗及計算方法、包裝標準、包裝物的供應與回收；
⑤貨物驗收標準、方法及提出異議的期限；
⑥貨物隨機備品、配件工具數量及供應方法；
⑦供貨的結算方式及期限、如需提供擔保要另立合同擔保書以作為合同附件；
⑧違約責任、解決合同糾紛的方式；
⑨其他約定事項和合同有效期限等。

【本章小結】

（1）項目所需的資源主要有兩種：一種是有形的商品，一種是無形的勞務。

（2）「製造或購買」的決策分析是最常用的項目採購管理決策分析技術方法。

（3）項目採購管理的首要任務是制訂項目採購計劃，然後按項目採購計劃開展項目採購工作並實現項目採購的目標。

（4）項目採購計劃的編製過程包括：依據項目採購計劃所需的信息，結合組織自身條件和項目其他各項計劃的要求，對整個項目實現過程中的資源供應情況做出具體的計劃安排，並按照有關規定的標準或規範，編寫出項目採購計劃文件的管理工作過程。

（5）項目業主或項目團隊是通過詢價或招標的方式來選擇供應商或分包商。

（6）招投標是社會經濟發展到一定階段的產物，是一種特殊的商品或勞務交易的方式。

（7）投標者資格預審是項目組織或業主對申請投標的供應商或承包商進行的資質審查。

（8）評標是指評標委員會按照預先確定的評價原則，一視同仁地對每份合格的投標文件從技術方法、商業價格以及法律規範等方面分別做出評價。

本章思考題

一、填空題

1. 項目按承包的範圍可以劃分為（　　）和（　　）兩種。
2. 常見的項目招標的方式有（　　）、（　　）、（　　）、（　　）。
3. 項目招標過程按照工作內容不同，可以劃分為（　　）、（　　）、（　　）、（　　）四個階段。
4. 項目招標簽約階段包括（　　）、（　　）、（　　）和（　　）四個部分。
5. 工程項目投標策略中的具體方法又可詳細劃分為（　　）、（　　）、（　　）、（　　）四種。
6. 項目組織進行採購或承發包招標的結果就是（　　）。

二、問答題

1. 項目採購管理中要確定哪些內容？
2. 項目招投標的方式有哪些？
3. 一個完整的招標程序有哪些步驟？
4. 採購計劃實施工作的結果是什麼？
5. 標準項目貨物採購合同包含的內容有哪些？

第六章習題參考答案

7 項目進度管理

【本章教學要點】

知識要點	掌握程度	相關知識
項目活動的界定	掌握	項目工作分解結構、項目範圍界定
項目活動的排序	掌握	順序圖法、箭線圖法
項目活動工期估算	理解	專家評估法、類比法、模擬法
進度計劃編製	掌握	甘特圖法、項目管理軟件法
進度計劃控制	掌握	追加計劃法、項目進度管理軟件

【關鍵詞】

進度管理　項目活動　進度計劃編製　進度計劃控制

案例分析

陳經理應該怎麼辦

某信息系統集成公司在某小型煉油企業有成功實施 MES 的經驗，其針對煉油企業的 MES1.0 軟件深受用戶好評。

該公司去年承接了 A 公司的 MES 項目實施。A 公司是一家大型石化公司，有下屬分廠十多家，包括煉油廠、橡膠廠、烯烴廠、塑料廠、腈綸廠和儲運廠等，以煉油廠為石油煉制龍頭，其他分廠提供半成品和生產原料，業務流程複雜。

陳經理為公司的項目經理，全面負責管理這個項目，這是他第一次管理大型項目。A 公司信息中心的夏經理作為甲方項目經理負責實施配合。由於涉及分廠較多，陳經理從各分廠抽調了生產調度人員、計劃統計人員、計量人員、信息人員中的技術骨幹，組成各分廠的項目小組，錢經理帶領的乙方項目組成員均為 MES 業務顧問，資深顧問安排到了業務最複雜的煉油廠，其他顧問水準參差不齊，分別安排到了其他分廠。公司的軟件開發部設在總部，項目實施顧問均在 A 公司提供的現場（某賓館）集中辦公，陳經理負責 A 公司與公司總部之間的溝通，從總體上管理項目。

項目在 8 月初啟動，陳經理按原 MES1.0 版本時的實施經驗制訂了項目開發計劃，收集各分廠用戶需求，創建了 MES 測試服務器環境等。初期較為順利，但後來發生了一系列的問題，由於原 MES1.0 版本軟件僅適用於單純的煉油業務，而現在的化工業務

在軟件系統中並沒有合適的模型，A公司規模很大，煉油廠的許多業務並不是直線式的，而是一種網狀關係，所以MES軟件的煉油裝置模型也需要修改，而在陳經理的項目計劃中，並沒有煉油模型的修改計劃。由於業務需求分析占用了很多時間，陳經理將這部分工作提交給軟件開發部，而與此同時，甲方的部分業務人員，如統計和信息人員卻無事可做，將許多時間消耗在上網或打游戲上，或通過遠程桌面處理自己原單位的一些日常工作事務。

當軟件開發部將軟件開發完成後，已經進入12月，項目進度已經遠遠落後於陳經理當初的計劃，陳經理要求各分廠小組由顧問牽頭分別對自己負責的模塊進行測試，同時安排各小組中信息人員進行報表開發。MES系統試運行的原計劃安排在12月底，擬1月中旬正式上線。信息人員認為，以現在的可用時間開發這麼多報表，肯定完不成。統計人員發現MES系統根本不能滿足業務的需要。

項目的進展進入混亂狀態，各分廠的項目小組內也有不同的聲音：有抱怨系統太爛的，運行一個查詢頁面居然要3分鐘時間；也有反應在一些錄入頁面中找不到提交按鈕，造成資料不能保存的。一些顧問迫於壓力嘗試修改系統，但竟然造成用戶的數據丟失，引起很大不滿，甚至一些成員開始嘲笑乙方顧問的水準，進而開始懷疑MES系統能否正常運轉起來。根據實際情況，陳經理在用戶同意的情況下，將系統的投用時間重新設在1月底。為了完成這個目標，陳經理要求各項目小組從12月中旬開始，每週六、週日和晚上必須加班。元旦期間，項目小組中的一些甲方成員並沒有來加班。甚至在一個假日的中午，所在的賓館居然沒有提供足夠的午餐，乙方項目小組中開始有人跳槽離去……

陳經理受到公司總部的批評。陳經理認為，即使他能準確估算出每個任務所需的時間，也無法確定項目的總工期，以項目現在的狀態，到1月底根本完不成。具體什麼時間完成，陳經理感覺遙遙無期。

資料來源：張友生，劉現軍. 信息系統項目管理師案例分析指南[M]. 北京：清華大學出版社，2009：76-77.

7.1 項目活動的界定

項目進度管理又叫項目工期管理。項目進度管理是為確保項目按時完工所開展的一系列管理活動與過程。它包括：項目活動的界定和確認（即分析確定為達到項目目標所必須進行的各種作業活動），項目活動內容的排序（即分析確定工作之間的相互關聯關係並形成項目活動排序的文件），估算項目活動工期（即對項目各項活動所需時間做出估算），估算整個項目的工期，制訂項目工期計劃，對作業順序、活動工期和所需資源進行分析，制訂項目工期進度計劃；管理與控制項目工期進度等。這些項目進度管理的過程與活動既相互影響，又相互關聯。它們在理論上是分階段展開的，但在實際項目實施和管理中，卻是相互交叉和重疊。本章將分別討論這些項目進度管理過程與活動的內容。

7.1.1 項目活動界定的概念及其所需信息

項目活動的界定是指識別實現項目目標所必須開展的項目活動。在項目進度管理中，項目活動界定的主要依據是項目的目標、範圍和項目工作分解結構。同時，在項目活動界定過程中，還需要參考各種歷史信息與數據，考慮項目的各種約束條件和假設前提條件等。項目活動界定的結果是給出一份項目活動清單，以及有關項目活動清單的支持細節和對項目工作分解結構的更新。正確地界定一個項目的全部活動必須依據下述信息和資料：

(1) 項目工作分解結構。

項目工作分解結構是界定項目活動所依據的最基本和最主要的信息。項目工作分解結構是一個關於項目所需工作的一種層次性、樹狀的分解結構及描述。它給出了一個項目所需完成工作的整體表述。項目工作分解結構是界定項目所需活動的一項最重要的依據。下面的圖7-1給出了一個軟件開發項目的工作分解結構。由圖7-1可以看出整個軟件開發項目的工作被分解為兩個層次。依據這一工作分解結構，我們就可以進一步細化並界定出這個項目的全部活動了。項目活動界定所依據的項目工作分解結構的詳細程度和層次多少主要取決於兩個因素：一個是項目組織中各個項目小組或個人的工作責任劃分和他們的能力水準，另一個是項目管理與項目預算控制的要求和能力水準。一般情況下，項目組織的責任分工越細，管理和預算控制水準越高，工作分解結構就可以詳細一些，並且層次多一些。反之，工作分解結構就可以粗略一些，層次少一些。因此，任何項目在不同的項目組織結構、管理水準和預算限制前提下，都可以找到許多種不同的項目工作分解結構。例如，不同項目團隊可能為同一個管理諮詢項目做出兩種不同的工作分解結構。這兩種工作分解結構都能夠實現這一項目的目標，只是在項目組織管理與預算控制方面會採取不同的模式和方法。因此，在項目活動界定中，還必須充分考慮項目工作分解結構的詳細程度和不同詳細程度的方案對項目活動界定的影響。

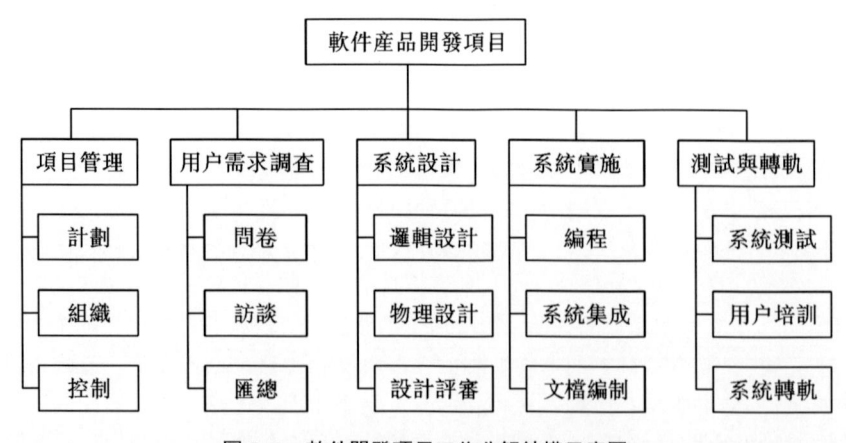

圖 7-1　軟件開發項目工作分解結構示意圖

（2）確認的項目範圍。

項目活動界定的另一個依據是既定的項目目標和項目範圍，以及這方面的信息和資料。實際上，如果一個項目的目標不清楚，或者項目範圍不確定，那麼就可能在界定該項目活動的過程中漏掉一些項目必須開展的作業與活動；或者是將一些與實現項目目標無關的工作界定為項目的必要活動，從而出現超越項目範圍的工作與活動。這些都會給項目進度管理和整個項目管理帶來很大的麻煩。所以，在項目活動界定中必須以引進獲得確認的項目範圍為主要依據。

（3）歷史信息。

在項目活動界定中，我們還需要使用各種相關的項目歷史信息。這既包括在項目前期工作中收集和累積的各種信息，也包括項目組織或其他組織過去開展類似項目獲得的各種歷史信息。例如，在類似的歷史項目中，項目組織究竟曾開展過哪些具體的項目活動，這些項目活動的內容與順序如何，這些項目活動有什麼經驗與教訓等。這些都屬於項目的歷史信息。

（4）項目的約束條件。

項目的約束條件是指項目所面臨的各種限制條件和限制因素。任何一個項目都會有各種各樣的限制條件和限制因素，任何一個項目活動也都會有一定的限制因素和限制條件。這些限制因素與條件也是界定項目活動的關鍵依據之一，也是界定項目活動所必須使用的重要信息。例如，一個高科技產品開發項目會受到高科技人才資源、資金、時間等各種因素和條件的限制。這些約束條件都是在界定這一項目的活動中必須考慮的重要因素。

（5）項目的假設前提條件。

項目的假設前提條件是指項目組織在開展項目活動界定的過程中，對那些不具有確定性的項目的前提條件做出的假設。這些假設的前提條件對於界定一個項目的活動來說是必需的，否則就會因為缺少條件而無法開展項目活動的界定。因為在項目活動界定時，項目的某些前提條件仍然無法確定，所以就需要根據分析、判斷和經驗，假定出這些具體的項目前提條件，以便作為項目活動界定的前提條件使用。需要注意的是，項目假設前提條件存在一定的不確定性，會給項目帶來一定的風險。

上述這些都是在項目活動界定工作中所需的依據和信息。另外，在進行項目活動界定的同時，還要考慮進一步分析、修訂和更新項目的範圍、歷史信息、各種項目約束條件和假設前提條件，以及各種可能發生的項目風險等要素。

7.1.2 項目活動界定的方法

如果要完成一個項目首先就要確定究竟該項目需要通過開展哪些活動才能夠實現項目目標。項目活動界定的結果就是要給出這樣一份包括所有項目活動的清單。準備這樣一份項目活動清單可以採用很多不同的方法，一種方法是讓項目團隊成員利用「頭腦風暴法」，通過集思廣益去生成一份項目活動清單。這種方法主要適合於較小項目的界定。但是對大型和較複雜的項目，則需要使用項目工作分解結構，依據如下的方法去界定和給出項目活動的清單。

(1) 項目活動分解法。

項目活動分解法是指為了使項目便於管理而根據項目工作分解結構，通過進一步分解和細化項目工作任務，從而得到全部項目具體活動的一種結構化、層次化的項目活動分解方法。這種方法將項目任務按照一定的層次結構，逐層分解成詳細和容易管理控制的一系列具體項目活動，從而更好地進行項目的時間管理。這種項目活動分解法有助於完整地找出一個項目的所有活動。使用項目活動分解法最終得到的是關於項目活動的界定，而不是對項目產出物的描述。這種項目活動界定的結果是為項目進度管理服務的，而不是為項目質量管理服務的（項目產出物的描述主要是為項目質量管理服務的）。

(2) 項目活動界定的平臺法。

項目活動界定的平臺法也叫原型法，它將一個已完成項目的活動清單（或該活動清單中的一部分）作為新項目活動界定的一個平臺，根據新項目的各種具體要求、限制條件和假設前提條件，通過在選定平臺上增減項目活動的方法，定義出新項目的全部活動，得到新項目的活動清單。這種方法的優點是簡單、快捷、明了，但是可供使用的平臺或原型（已完成項目的活動清單）的缺陷和缺乏會對新的項目活動界定結果帶來一定的影響，而且會由於既有平臺的局限性而漏掉或額外增加一些不必要的項目活動。

7.2　項目活動的排序

7.2.1　項目活動排序的概念

項目活動排序是通過識別項目活動清單中各項活動的相互關聯與依賴關係，並據此對項目各項活動的先後順序進行合理安排與確定的項目進度管理工作。為制訂項目時間（工期）計劃，就必須科學合理地安排一個項目各項活動的順序關係。一般較小的項目或一個項目階段的活動排序可以通過人工排序的方法完成，但是複雜項目的活動排序多數要借助於計算機信息系統完成。為了制訂項目時間（工期或進度）計劃，必須準確和合理地安排項目各項活動的順序並依據這些活動順序確定項目的各種活動路徑，以及由這些項目活動路徑構成的項目活動網絡。這些都屬於項目活動排序工作的範疇。

7.2.2　項目活動排序的方法

項目活動排序需要根據上述項目活動之間的各種關係、項目活動清單和項目產出物的描述以及項目的各種約束和假設條件，通過反覆的試驗和優化去編排出項目的活動順序。通過項目活動排序確定出的項目活動關係，需要使用網絡圖或文字描述的方式給出。通常，安排和描述項目活動順序關係的方法有下述幾種：

（1）順序圖法。

順序圖法（Precedence Diagramming Method, PDM）也叫節點網絡圖法（Activity-on-node, AON）。這是一種通過編製項目網絡圖給出項目活動順序安排的方法。它用節點表示一項活動，用節點之間的箭線表示項目活動之間的相互關係。圖 7-2 是一份使用順序圖法給出的一個簡單項目活動排序結果的節點網絡圖。這種項目活動排序和描述的方法是大多數項目管理中使用的方法。這種方法既可以用人工方法實現，也可以用計算機軟件系統實現。

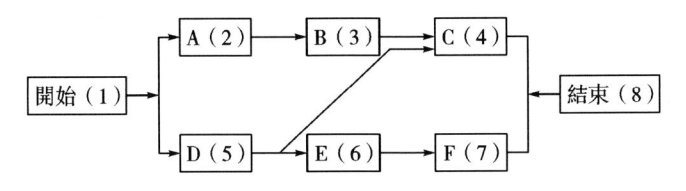

圖 7-2 用順序圖法繪製的項目網絡圖

在這種網絡圖中，有四種項目活動的順序關係：其一是「結束—開始」的關係，即前面的甲活動結束以後，後面的乙活動才能開始；其二是「結束—結束」的關係，即只有甲活動結束以後，乙活動才能夠結束；其三是「開始—開始」的關係，即甲活動必須在乙活動開始之前就已經開始了；其四是「開始—結束」的關係，即甲活動必須在乙活動結束之前就開始了。在節點網絡圖中，最常用的邏輯關係是前後依存活動之間具有的「結束—開始」的相互關係，而「開始—結束」的關係很少用。在現有的項目管理軟件中，多數使用的也是「結束—開始」的關係，甚至有些軟件，只有這種「結束—開始」活動關係的描述方法。

在用節點表示活動的網絡圖中，每項活動由一個方框表示，對活動的描述（命名）一般直接寫在框內。每項活動只能用一個框表示，如果採用項目活動編號則每個框只能指定一個唯一的活動號。項目活動之間的順序關係則可以使用連接活動框的箭線表示。例如，對於「結束—開始」的關係，箭線箭頭指向的活動是後續活動（後續開展的活動），箭頭離開的活動是前序活動（前期開展的活動）。一項後續活動只有在與其聯繫的全部前序活動完成以後才能開始。這可以通過箭線連接前後兩項活動的方法表示。例如，在信息系統開發項目中，只有完成了「用戶調查」後，「系統分析」工作才能開始。這可以用圖 7-3 示意。

圖 7-3 用節點和箭線表示的項目活動順序圖

另外，有些項目活動可以同時進行，雖然它們不一定同時結束，但是只有它們全部結束，下一項活動才能夠開始。例如，在信息系統開發項目中，各方面用戶（如企業計劃部門、行銷部門等信息用戶）的信息需求調查可以同時開始，但是不一定同時結束，然而只有所有的用戶需求調查完成以後才能夠開展項目的系統分析工作。這些項目活動之間的關係可以由圖 7-4 示意。

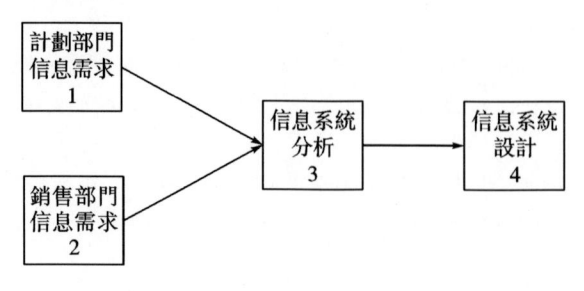

图7-4 信息系统分析与设计项目活动顺序关系图

（2）箭线图法。

箭线图法（Arrow Diagramming Method，ADM）也是一种描述项目活动顺序的网络图方法。这一方法用箭线代表活动，而用节点代表活动之间的联系和相互依赖关系。图7-5是用箭线图法绘制的一个简单项目的网络图。这种方法虽然没有顺序图法流行，但是在一些应用领域中仍不失为一项可供选择的项目活动顺序关系描述方法。在箭线图法中，通常只描述项目活动间的「结束—开始」的关系。当需要给出项目活动的其他逻辑关系时，就需要借用「虚活动」（dummy activity）来描述了。箭线图法同样既可以由人工完成，也可以使用计算机专用软件系统完成。

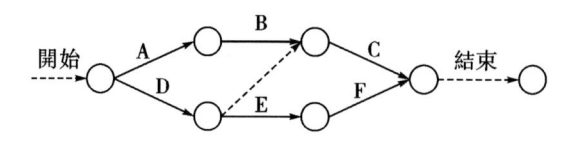

图7-5 用箭线图法绘制的项目网络图

在箭线图中，一项活动由一条箭线表示，有关这一活动描述（命名）可以写在箭线上方。描述一项活动的箭线只能有一个箭头，箭线的箭尾代表活动的开始，箭线的箭头代表活动的结束。箭线的长度和斜度与项目活动的持续时间或重要性没有任何关系。在箭线图法中，代表项目活动的箭线通过圆圈连接起来，这些连接用的圆圈表示具体的事件。箭线图中的圆圈既可以代表项目的开始事件，也可以代表项目的结束事件；当箭线指向圆圈时，圆圈代表该活动的结束事件；当箭线离开圆圈时，圆圈代表活动的开始事件。在箭线图法中，需要给每个事件确定唯一的代号。例如，图7-6中，「用户信息需求调查」和「信息系统分析」之间就存在一种顺序关系，二者由「事件2」联系起来。「事件2」代表「用户信息需求调查」活动结束和「信息系统分析」活动开始这样一个事件。

图7-6 箭线图法中的「活动」与「事件」示意图

项目活动的开始事件（箭尾圆圈）也叫作该项活动的「紧前事件」，项目活动的结束事件（箭头圆圈）也叫作该活动的「紧随事件」。例如，对于图7-6中的项目活

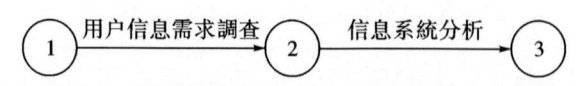

140

動「用戶信息需求調查」而言，它的緊前事件是圓圈 1，而它的緊隨事件是圓圈 2；但是對於項目活動「信息系統分析」而言，它的緊前事件是圓圈 2，它的緊隨事件是圓圈 3。在箭線圖法中，有兩個基本規則用以描述項目活動之間的關係：①圖中的每一個事件（圓圈）必須有唯一的事件號，圖中不能出現重複的事件號；②圖中的每項活動必須由唯一的緊前事件和唯一的緊隨事件組合來予以描述。

下面圖 7-7 中的項目活動 A 和 B 具有相同的緊前事件（圓圈 1）和緊隨事件（圓圈 2）。這在箭線圖法中是絕對不允許的，因為這種方法要求每項活動必須用唯一的緊前事件和緊隨事件的組合來表示。

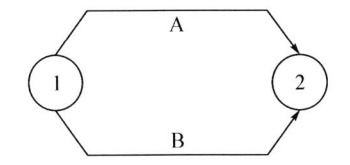

圖 7-7　錯誤的項目活動描述示意圖

為了解決圖 7-7 中出現的問題，在箭線圖法中規定有一種特殊的活動，被稱為「虛活動」。這種活動並不消耗時間，所以它在網絡圖中用一個虛線構成的箭線來表示。這種「虛活動」用來描述項目活動之間的一種特殊的先後關係，以滿足每項活動必須用唯一的緊前事件和緊隨事件的組合來確定的要求。例如，為合理地描述圖 7-7 中給出的活動 A 和活動 B，就需要插入一項「虛活動」（見下面的圖 7-8），這樣就可以使活動 A 和 B 由唯一的緊前事件和緊隨事件組合來描述。在圖 7-8 中有兩種描述方法，其一是活動 A 由事件 1 和事件 3 的組合來描述，活動 B 由事件 1 和事件 2 的組合來表示（圖 a）。其二是活動 A 由事件 1 和事件 2 的組合來表示，而活動 B 用事件 1 和事件 3 的組合來表示（圖 b）。這兩種方法都是可行的方法。

圖 7-8　加入「虛活動」後的箭線圖

根據項目活動清單等信息和上述網絡圖方法的原理就可以安排項目活動的順序，繪製項目活動的網絡了。這一項目進度管理工作的具體步驟是：首先，選擇是使用順序圖法還使用箭線圖法去描述項目活動的順序安排；其次，按項目活動的客觀邏輯順序和人為確定的優先次序安排項目活動的順序；最後，使用網絡圖法繪製出項目活動順序的網絡圖。在決定以何種順序安排項目活動時，需要對每一個項目活動明確回答以下三個方面的問題：

①在該活動可以開始之前，哪些活動必須已經完成？
②哪些活動可以與該活動同時開始？

③哪些活動只有在該活動完成後才能開始？

通過明確每項活動的這三個問題，就可以安排項目的活動順序並繪製出項目網絡圖，從而全面描述項目所需各項活動之間的相互關係和順序了。

（3）網絡模板法。

在某些情況下，一個項目組織可能給不同的客戶做相似的項目。此時，新項目的許多活動可能包含與歷史項目活動具有相同的邏輯關係安排。因此，人們有可能用過去完成項目的網絡圖作為新項目網絡圖的模板，並通過增刪項目活動去修訂這種模板，從而獲得新項目的活動網絡圖。這種網絡模板法有助於盡快生成項目網絡圖，它可以用於對整個項目或項目的某個局部的項目活動排序和網絡圖的編製。對於有些項目，網絡模板法是非常有效的。例如，安居工程的民用住宅建設項目就是如此。

7.3　項目活動工期估算

7.3.1　項目活動工期估算的概念

項目活動工期估算是指對項目已確定的各種活動所做的工期（或時間）可能長度的估算工作。它包括對每一項完全獨立的項目活動時間的估算和對整個項目的工期估算。這項工作通常應由項目團隊中對項目各種活動的特點熟悉的人來完成；也可以由計算機進行模擬和估算，再由專家審查確認這種估算。對一項項目活動所需時間的估算，通常要考慮項目活動的作業時間和延誤時間。例如，「混凝土澆鑄」會因為下雨、公休而出現延誤時間。通常，在輸入各種依據參數之後，絕大多數項目計劃管理軟件都能夠處理這類時間估算問題。

7.3.2　項目活動工期估算的方法

項目活動工期估算的方法主要包括下述幾種：

（1）專家評估法。

專家評價法是指由項目進度管理專家運用他們的經驗和專業特長對項目活動工期做出估計和評價的方法。由於項目活動工期受許多因素的影響，所以使用其他方法計算和推理是很困難的，但專家評估法卻十分有效。

（2）類比法。

類比法是指以過去相似項目活動的實際活動工期為基礎，通過類比的辦法估算新項目活動工期的一種方法。當項目活動工期方面的信息有限時，可以使用這種方法來估算項目的工期，但是這種方法的結果比較粗，一般用於最初的項目活動工期估算。

（3）模擬法。

模擬法是指以一定的假設條件為前提，進行項目活動工期估算的一種方法。常見的這類方法有蒙特卡羅模擬、三角模擬等。這種方法既可以用來確定每項項目活動工期的統計分佈，也用來確定整個項目工期的統計分佈。其中，三角模擬法相對比較簡

單，這種方法的具體做法如下：

①單項活動的工期估算。

對於活動持續時間存在高度不確定的項目活動，需要給出活動的三個估計的時間：樂觀時間 t_0（這是在非常順利的情況下完成某項活動所需的時間）、最可能時間 t_m（這是在正常情況下完成某項活動最經常出現的時間）、悲觀時間 t_p（這是在最不利情況下完成某項活動的時間），以及這些項目活動時間所對應的發生概率。通常，還需假定這三個時間都服從 β 概率分佈。然後，用每項活動的三個時間的估計時間就可確定每項活動的期望（平均數或折中值）工期了。這種項目活動工期期望值的計算公式如下：

$$t_e = \frac{t_0 + 4(t_m) + t_p}{6}$$

例如，假定一項活動的樂觀時間為 1 周，最可能時間為 5 周，悲觀時間為 15 周，則該項活動工期的期望值為：

$$t_e = \frac{1 + 4 \times 5 + 15}{6} = 6(周)$$

②總工期期望值的計算方法。

在項目的實施過程中，一些項目活動花費的時間會比它們的期望工期少，另一些會比它們的期望工期多。對於整個項目而言，這些多於期望工期和少於期望工期的項目活動耗費的時間有很大一部分是可以相互抵消的。因此，所有期望工期與實際工期之間的淨總差額值同樣符合正態概率分佈規律。這意味著，在項目活動排序給出的項目網絡圖中的關鍵路徑（工期最長的活動路徑）上的所有活動的總概率分佈也是一種正態分佈。其均值等於各項活動期望工期之和，方差等於各項活動的方差之和。我們依據這些就可以確定出項目總工期的期望值了。

③項目工期估算實例。

現有一個項目的活動排序及其工期估計數據如圖 7-9 所示。假定項目的開始時間為 0 並且必須在第 40 天之前完成。

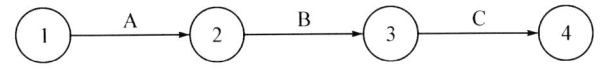

$$①\xrightarrow{A}②\xrightarrow{B}③\xrightarrow{C}④$$

圖 7-9　項目工期估計示意圖

上圖中每個活動工期的期望值計算如下：

A 活動　　$t_e = \dfrac{2 + 4 \times 4 + 6}{6} = 4(天)$

B 活動　　$t_e = \dfrac{5 + 4 \times 13 + 15}{6} = 12(天)$

C 活動　　$t_e = \dfrac{13 + 4 \times 18 + 35}{6} = 20(天)$

把這三個項目活動估算工期的期望值加總，可以得到一個總平均值，即項目整體的期望工期 t_e。具體做法見表 7-1。

表 7-1　　　　　　　　　　　項目活動工期估算匯總表　　　　　　　　　單位：天

活　動	樂觀時間 t_o	最可能時間 t_m	悲觀時間 t_p	期望工期 t_e
A	5	4	6	4
B	5	13	15	12
C	13	18	35	20
項目整體	20	35	56	36

由上表可以看出，三項活動的樂觀時間為 20 天，最可能時間為 35 天，而悲觀時間為 56 天，據此計算出的項目整體期望工期與根據三項活動的期望值之和（4+12+20＝36）的結果是相同的。這表明對整個項目而言，那些多於期望工期和少於期望工期的項目活動所耗時間是可以相互抵消的，因此項目整體工期估算的時間分佈等於三項活動消耗時間平均值或期望值之和。另外，這一工期估算中的方差有如下關係：

活動 A　　$\delta^2 = \left(\dfrac{6-2}{6}\right)^2 = 0.444$

活動 B　　$\delta^2 = \left(\dfrac{15-5}{6}\right)^2 = 2.778$

活動 C　　$\delta^2 = \left(\dfrac{35-13}{6}\right)^2 = 13.444$

由於總分佈是一個正態概率分佈，所以它的方差是三項活動的方差之和，即 16.666。總分佈的標準差 δ 是：

標準差 $= \delta = \sqrt{\delta^2} = \sqrt{16.666} = 4.08$（天）

圖 7-10 給出了總概率曲線與其標準差的圖示。

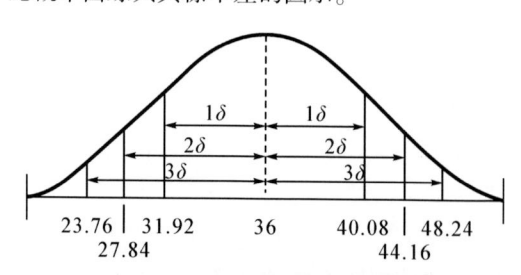

圖 7-10　項目實例的正態概率分佈

上圖是一個正態曲線，其在 $\pm 1\delta$ 的範圍內（即在 31.92 與 40.08 天之間）包含了總面積的 68%；在 27.84 天和 44.16 天之間包含了總面積的 95%；在 23.76 天與 48.24 天之間包含了總面積的 99%。對於這些概率分佈可以解釋如下：在 23.76 天到 48.24 天之間完成項目的可能性為 99%（概率為 0.99）；在 27.84 天到 44.16 天之間完成項目的可能性為 95%（概率為 0.95）；在 31.92 天到 40.08 天之間完成項目的可能性為 68%（概率為 0.68）。

7.4 項目工期計劃制訂

7.4.1 項目工期計劃制訂的概念

項目工期計劃制訂是根據項目活動界定、項目活動順序安排、各項活動工期估算和所需資源所進行的分析和項目計劃的編製與安排。制訂項目工期計劃要定義出項目的起止日期和具體的實施方案與措施。在制訂出項目工期計劃之前，必須同時考慮這一計劃所涉及的其他方面問題和因素，尤其是對項目工期估算和成本預算的集成問題必須予以考慮。

7.4.2 制訂項目工期計劃的方法

項目工期計劃是項目專項計劃中最為重要的計劃之一，這種計劃的編製需要反覆地試算和綜合平衡，因為它涉及的影響因素很多，而且它的計劃安排會直接影響到項目集成計劃和其他專項計劃。所以這種計劃的編製方法比較複雜，使用的主要方法有如下幾種：

(1) 系統分析法。

系統分析法是通過計算所有項目活動的最早開始和結束時間、最晚開始和結束時間，統一安排項目活動，獲得項目工期計劃。這些時間的計算要反應出項目工期計劃對資源限制和其他約束條件的考慮，以及對各種不確定因素的綜合考慮。由於這種方法考慮了多種因素的影響，所以在項目工期計劃編製中系統分析法運用的較多。這種方法包括的幾個基本概念如下：

①項目的開始和結束時間。

為建立一個項目所有活動的工期計劃安排的基準，就必須為整個項目選擇一個預計的開始時間（estimated start time）和一個要求的完工時間（required completion time）。這兩個時間的間隔規定了項目完成所需的時間週期（或叫項目的時間限制）。整個項目的預計開始時間和結束時間通常是項目的目標之一，需要在項目合同或項目說明書中明確規定。然而，在一些特殊情況下，可能會使用時間週期的形式來表示項目的開始和結束日期（如項目要在開始後 90 天內完成）。

②項目活動的最早開始和結束時間、最遲開始和結束時間。

為了使項目在要求的時間內完成，還必須根據項目活動的工期和先後順序來確定出各項活動的時間。這需要給出每項活動的具體時間表，並在整個項目預計開始和結束的時間基礎上確定出每項活動能夠開始和完成的最早時間和最遲時間。其中，一項活動的最早開始時間是根據整個項目的預計開始時間和所有緊前活動的工期估計得來的；一項活動的最早結束時間是用該活動的最早開始時間加上該活動的工期估計得來的。項目活動的最遲完工時間是用項目的要求完工時間減去該項目活動所有緊隨活動的工期估計計算出來的，而項目活動的最遲開始時間是用該活動最遲結束時間加上活動的工期估計計算出來的。

③關鍵路徑法。

在項目的工期計劃編製中，廣為使用的系統分析法主要有：項目計劃評審技術和關鍵路徑法兩種方法。其中，最重要的是關鍵路徑法。關鍵路徑法是一種運用特定的、有順序的網絡邏輯去估算項目活動工期，確定項目每項活動的最早與最晚開始和結束時間，並做出項目工期網絡計劃的方法。關鍵路徑法關注的核心是項目活動網絡中關鍵路徑的確定和關鍵路徑總工期的計算，其目的是使項目工期能夠最短。關鍵路徑法通過反覆調整項目活動的計劃安排和資源配置方案使項目活動網絡中的關鍵路徑逐步優化，最終確定出合理的項目工期計劃。因為只有時間最長的項目活動路徑完成之後，項目才能夠完成，所以一個項目最長的活動路徑被稱為「關鍵路徑」（critical path）。

在項目工期計劃編製過程中，在找出項目的關鍵路徑和關鍵路徑上各項活動的估計工期後，就可以確定出整個項目的工期估算和項目工期計劃了。在這一方法中，一個項目的最早結束時間等於項目計劃開始時間加上項目關鍵路徑上前期各項活動的期望工期之和。例如，圖7-11中給出的是一個只有三項活動的項目案例，項目的最早結束時間是36天，項目最可能的結束時間是39天，而項目的最遲結束時間是42天。項目的最早、最遲完工時間是根據三項項目具體活動的工期估算求出的，它們的發生概率符合下圖給出的正態分佈。

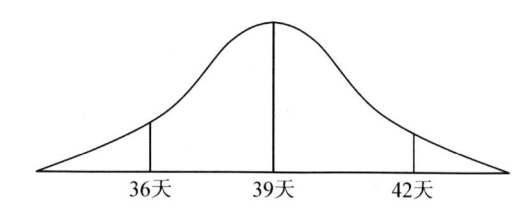

圖7-11　案例項目完工時間發生概率的正態分佈示意圖

（2）模擬法。

模擬法是根據一定的假設條件和這些條件發生的概率，運用像蒙特卡羅模擬、三角模擬等方法，確定每個項目活動可能工期的統計分佈和整個項目可能工期的統計分佈，然後使用這些統計數據去編製項目工期計劃的一種方法。同樣，由於三角模擬法相對比較簡單，一般都使用這種方法去模擬估算項目單項活動的工期，然後再根據各個項目可能工期的統計分佈做出整個項目的工期估算，最終編製出項目的工期計劃。

（3）資源水準法。

使用系統分析法制訂項目工期計劃的前提是項目的資源充足，但是在實際中，多數項目都存在資源限制，因此有時需要使用資源水準法去編製項目的工期計劃。這種方法的基本指導思想是「將稀缺資源優先分配給關鍵路線上的項目活動」。這種方法制訂出的項目工期計劃常常比使用系統分析法編製的項目工期計劃的工期要長，但是更經濟和實用。這種方法有時又叫作「基於資源的項目工期計劃方法」。

（4）甘特圖法。

這是由美國學者甘特發明的一種使用條形圖編製項目工期計劃的方法，是一種比較簡便的工期計劃和進度安排方法。這種方法是在20世紀早期發展起來的，但是因為

它簡單明了，所以到今天人們仍然廣泛使用。甘特圖把項目工期和實施進度安排兩種職能組合在一起。項目活動縱向排列在圖的左側，橫軸則表示活動與工期時間。每項活動預計的時間用線段或橫棒的長短表示。另外，在圖中也可以加入一些表明每項活動由誰負責等方面的信息。簡單項目的甘特圖如圖 7-12 所示。

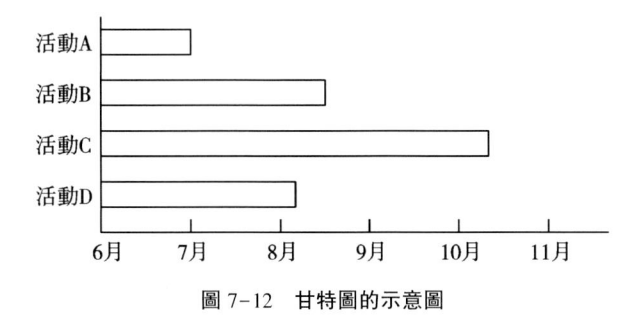

圖 7-12　甘特圖的示意圖

（5）項目管理軟件法。

項目管理軟件是廣泛應用於項目工期計劃編製的一種輔助方法。使用特定的項目管理軟件就能夠運用系統分析法的計算方法和對資源水準的考慮，快速地編製出多個可供選擇的項目工期計劃方案，最終決策和選定一個滿意的方案。這對於優化項目工期計劃是非常有用的。當然，儘管使用項目管理軟件，最終決策還是需要由人來做出。

7.5　項目工期計劃控制

7.5.1　項目工期計劃控制的概念

項目工期計劃控制是指對項目工期計劃的實施與項目工期計劃的變更所進行的管理控制工作。項目工期計劃控制的主要內容包括：對項目工期計劃影響因素的控制（事前控制），對項目工期計劃完成情況的績效度量，對項目實施中出現的偏差採取糾偏措施，以及對項目工期計劃變更的管理控制等。項目開始實施以後，就必須嚴格控制項目的進程，以確保項目能夠按項目工期計劃進行和完成。在這一工作中，必須及時定期地將項目實施的情況與項目計劃進度進行比較，並找出二者的差距。一旦發現這種差距超過了控制標準，就必須採取糾偏措施，以維持項目工期進度的正常發展。項目經理必需根據項目實際進度並結合其他發生的具體情況，定期地改進項目的實際工作或更新項目進度計劃，最終實現對整個項目工期的全面和有效的控制。

7.5.2　項目工期計劃控制的方法

項目工期計劃控制的方法多種多樣，但是最常用的有以下幾種：

（1）項目工期計劃變更的控制方法。

項目工期計劃變更的控制方法是針對項目工期計劃變更的各種請求，按照一定的

程序對項目工期計劃變更進行全面控制的方法。它包括項目工期變更的申請程序、項目工期變更的批准程序和項目工期變更的實施程序等一系列的控制程序及相應的方法。

（2）項目工期計劃實施情況的度量方法。

項目工期計劃實施情況的度量方法是一種測定和評估項目實施情況，確定項目工期計劃完成程度和實際情況與計劃要求的差距大小與幅度的管理控制方法。它是項目工期計劃控制中使用的重要方法之一。這一方法的主要內容包括：定期收集項目實施情況的數據，將實際情況與項目計劃要求進行比較，報告項目工期計劃實施情況存在的偏差和是否需要採用糾偏措施。這一方法要求有固定的項目工期計劃實施情況報告期，並定期和不定期地度量和報告項目工期計劃的實施情況。在一個報告期內，需要為項目工期計劃的控制而收集和累積的數據或信息包括：項目實施情況的數據、項目各種變更的信息等。其中，這些數據或信息的收集必須及時、準確，以便為更新項目工期計劃服務。例如，如果項目報告期是一個月，這些數據和信息就應該在月末之前收集完畢，這樣才能保證信息的及時和有效。反之，如果信息已經過時或不準確就會引起項目工期計劃和控制方面的決策失誤。一般從對項目的控制角度來看，這種報告的報告期越短，越有利於及早發現問題並採取糾正措施。特別是當細密的不確定性因素較多，風險較大或項目出現問題時，一定要縮短報告期，增加報告的頻率，直到項目計劃進度恢復正常為止。例如，如果對於一個工期 5 年的項目而言，其報告期可以是一個月，但是當出現偏離項目工期進度計劃或超出項目預算的情況時，就應該立即將這一項目的報告期縮減至一週，以便更好地控制項目工期計劃的實施。

（3）追加計劃法。

在整個項目的實施過程中，很少有項目能完全依照工期計劃實施。一些項目活動會提前完成，而另一些項目活動則會延期完成。實際項目工期計劃實施情況無論快還是慢都會對項目的最終完工時間產生影響。因此，項目工期計劃控制方法中還有一種是追加計劃法（或叫附加計劃法）。這種方法可以根據可能出現的工期計劃變化，去修訂項目活動的工期估算、項目的活動排序和整個項目的工期計劃。在整個項目實施的過程中，可能發生的各種變更也會對項目工期計劃產生影響，這也要求對項目的範圍、預算或工期計劃進行修改。這些都需要使用項目工期計劃控制的附加計劃法。追加計劃法包括四個步驟：一是分析項目實施進度並找出存在的問題；二是確定應採取哪些具體的糾偏措施；三是修改項目工期計劃並將糾偏措施列入計劃中；四是重新計劃安排項目工期，估算和評價採取糾偏措施的效果並編製出項目工期的追加計劃。這種方法需要重點分析兩種活動：一是近期需要開展的項目活動，二是所需時間較長的項目活動。同時，如果能夠減少所需工期較長的項目活動的工期，顯然要比在所需工期較短的項目活動身上想辦法有用得多。有多種方法可以用於縮短項目活動的時間，其中最顯而易見的方法是投入更多的資源。例如，分派更多的人來完成同一項活動，或者要求工作人員增加每天的作業時間就可以縮短項目工期。另外，縮小項目的範圍或降低項目的質量要求也是縮短項目工期的常用方法。在一些非常情況下，甚至可以取消一些項目活動來縮短項目工期。當然，改進項目工作方法或技術、提高勞動生產率才是縮短項目活動工期的最佳方法。

(4) 項目工期管理軟件法。

對項目工期計劃的管理控制而言，運用項目管理軟件也是很有用的方法之一。這種方法可以用來追蹤和對比項目實際實施情況與工期計劃要求的差距，預測項目工期計劃的變化及其影響和調整、更新與追加項目工期計劃。

【本章小結】

（1）項目進度計劃的目的包括：保證按時獲利，以補償已經發生的費用支出；協調資源；使資源在需要時可以使用；預測在不同時間上所需的資金和資源的級別，以便賦予項目以不同的優先級；滿足嚴格的完工時間約束。

（2）在計劃執行過程中，採取相應措施來進行管理非常重要。在計劃執行過程中，要隨時掌握項目實施動態，檢查計劃的執行情況，更應隨著情況的變化對計劃進行調整。這對保證計劃目標的順利實現有決定性的意義。否則，就會使整個網絡計劃變得毫無意義。

（3）計劃執行中的管理工作應抓住以下兩個方面：①決定應該採取的相應措施或補救辦法；②及時調整計劃。

本章思考題

一、填空題

1. 項目進度計劃按照主體不同可以劃分為（　　）、（　　）、（　　）、（　　）四種。
2. 影響施工進度計劃的因素主要包括（　　）、（　　）、（　　）、（　　）、（　　）等。
3. 項目進度計劃的表示方法有（　　）、（　　）、（　　）三種。
4. 常見的項目網絡計劃有（　　）、（　　）、（　　）、（　　）。
5. 項目網絡計劃按包括的範圍劃分有（　　）、（　　）兩種。
6. 項目進度控制橫道圖比較法包括（　　）、（　　）、（　　）三種。

二、問答題

1. 什麼是項目進度管理，主要包含哪些工作步驟？
2. 項目工作分解結構在項目進度管理中的作用是什麼？
3. 大型和較複雜的項目活動界定的方法主要有哪些？各自的特點是什麼？
4. 項目工期計劃控制的依據有哪些？各自起什麼作用？
5. 項目工期計劃控制的方法有哪些？

第七章習題參考答案

8 項目質量管理

【本章教學要點】

知識要點	掌握程度	相關知識
質量規劃	掌握	質量策略、成本效益
質量控制	掌握	確定因素、工具、技術
質量保證	掌握	質量保證計劃、控制流程

【關鍵詞】

質量管理　質量計劃　質量保證　質量控制

導入案例

海爾砸冰箱

　　1984年，海爾集團創立於青島，從一家資不抵債、瀕臨倒閉的集體小廠發展成為全球大型家電第一品牌。通過對互聯網模式的探索，海爾集團實現了穩步增長。1985年，海爾創業剛起步時，生產的第一批冰箱不合格，張瑞敏就堅決把有問題的76臺冰箱拿出去砸掉。通過這件事，海爾全員的質量意識大大地提高。海爾在1988年12月就成為全國同行業的第一塊金牌。拿到金牌之後，張瑞敏又給他的員工說，我們拿到的是一塊全運會的金牌，下一步我們就要拿奧運會金牌。所以海爾的員工就樹立起嚴格的質量觀。所有的員工都知道，「我們要拿奧運會金牌，我們要以質量使得我們的產品走向全球，質量創品牌」。

　　海爾在生產經營中，始終向職工反覆強調這個基本觀點：用戶是企業的衣食父母，在生產製造過程中，始終要堅持「精細化、零缺陷」，讓每個員工都明白「下道工序就是用戶」。這些思想被職工自覺落實到行動上，每個員工將質量隱患消除在本崗位上，從而創造出了海爾產品的「零缺陷」。海爾空調從未發生過一起質量事故，產品開箱合格率始終保持在100%。

　　資料來源：http://www.docin.com/p-1465107679.html.

　　項目的質量管理貫穿項目投資建設的全過程，包括質量計劃、質量保證和質量控制三個過程。質量計劃是質量管理的第一過程，它主要結合各個公司的質量方針、產品描述以及質量標準和規則，通過收益成本分析和流程設計等制定出實施方略。其內容全面

且反應用戶的要求，為質量小組成員有效工作提供了指南，為項目小組成員以及項目相關人員瞭解在項目進行中如何保證和控制質量提供依據，為確保項目質量得到保障提供堅實的基礎。質量保證則是貫穿整個項目全生命週期的有計劃和有系統的活動，經常性地針對整個項目質量計劃的執行情況進行評估、檢查與改進等工作，向管理者、顧客或其他方提供信任，確保項目質量與計劃保持一致。質量控制是通過監控項目的執行結果，確定其是否符合相關質量標準，並用適當方式消除令項目績效不高的原因。

8.1　項目質量管理概述

8.1.1　質量

8.1.1.1　質量的概念

項目的時間、費用和質量構成了項目三要素。在項目三要素中，質量是最基本、最核心的要素，是指實體的一組固有特性滿足要求的程度。它不僅指產品質量，也可以指過程和體系的質量，如產品、服務、個人、過程、體系、資源和工作等。

8.1.1.2　與質量有關的術語

（1）產品：活動或過程的結果。它包括服務、硬件、軟件和流程性材料。

①服務：一種無形產品，是指為滿足顧客需要，在供方和顧客接觸之間的活動和供方內部活動所產生的結果。

②軟件：由信息組成，通常是無形產品，並可以以方法、記錄或程序的形勢存在，如計算機程序、字典等。

③硬件：通常是有形產品，具有連續的特性，如開發一個產品等。

④流程性材料：通常是有形產品，具有連續的特性。

（2）過程：將輸入轉化為輸出的一組相關的資源和活動。它包括人員、資金、設施、設備、技術和方法。

（3）顧客：產品或服務的接受者。它可以是最終的消費者、使用者、受益者或需求方等。項目質量管理的最終目標是在使產品符合各項標準規定的條件下，令顧客滿意最大化。

（4）安全性：把傷害或損害的風險限制在可接受水準內的一種狀態。安全性是質量的一個方面，其應符合質量標準。

（5）缺陷：不滿足預期的使用要求或期望。缺陷是一種特定範圍內的「不合格」。

8.1.1.3　與質量體系有關的術語

（1）質量方針：由組織的最高管理者正式頒布的組織的總的質量宗旨和質量方向。它是總方針的組成部分，由最高管理者批準。

（2）質量管理：確定質量方針、目標和職責並在質量體系中通過質量策劃、質量控制、質量保證和質量改進，使其實施的全部管理職能的活動。

（3）質量策劃：確定質量和質量體系要素的應用的目標和要求的活動。它包括產品策劃、管理和作業策劃、編製質量計劃。

（4）質量控制：為達到質量要求而採取的作業技術和活動。其目的在於對過程進行監視並消除質量形成過程中所導致不滿意結果的原因，以取得經濟效益。

（5）質量保證：為使人們確信某實體能滿足質量要求，在質量體系內實施並按需要進行證實的全部有計劃的和系統的活動。

（6）質量改進：為向組織和顧客提供增加的效益，在整個組織範圍內所採取的旨在提高其活動和過程的效益和效率的各種措施。

（7）全面質量管理：一個組織以質量為中心，以全員參與為基礎的管理途徑。其目的在於通過顧客滿意和本組織成員及社會受益而達到長期的成功。

8.1.2　項目質量

8.1.2.1　項目質量的概念

項目質量是指項目產品或者服務滿足規定要求的程度，即項目的固有特性滿足項目相關方要求的程度。

（1）「規定要求」，通常是指項目的各相關利益方，滿足各方要求的程度。

（2）「項目固有特性」主要是指項目的可交付成果，包括產品和服務的特性。

（3）「滿足要求」是指應滿足合同、規範、標準、文件等明確規定的內容，利益相關方所考慮的要求和期望以及法律、法規等規定的內容。

（4）「項目相關方」是指在組織的決策和活動中有重要利益的個人或團體。

8.1.2.2　項目質量的影響因素

項目投資建設的過程就是質量的形成過程，投資建設各個階段對項目的質量都有著不同程度的影響。因此，影響項目質量的因素是多方面的，而且不同的項目影響的因素會有所不同，但無論何項目，也無論在何階段，其影響因素主要包括「人、材料、機械、方法（或工藝）和環境」，簡稱為 4M1E 因素。其構成如圖 8-1 所示。

（1）人對項目質量的影響。人是項目活動的主體，其決策者、管理者、實施者均為人。所以，人的工作質量是項目質量的基礎，是提高工作質量的關鍵。人對項目質量的影響取決於人的素質和質量意識。

（2）材料對項目質量的影響。材料是指構成項目實體的各類原材料、構配件等，是形成項目的物質條件。材料選用的是否滿足要求、符合標準，將極大地影響著項目質量的形成。

（3）機械對項目質量的影響。機械是指項目建設過程中所使用的儀器設備，對項目質量有著直接的影響。因此，項目人員在項目建設過程中，應針對經濟上的合理性、技術上的先進性和使用操作及維護上的方便性等進行綜合分析，從而確定機械設備對項目質量可能造成的影響。

（4）方法（或工藝）對項目質量的影響。方法（或工藝）是指項目實施過程中，為形成項目實體所採用的方法、方案、工藝等。在項目實施過程中，方法的合理性、

先進性、可靠性、科學性都將對項目質量的形成產生重大影響。因此，項目人員在對方法或工藝進行選擇時，應從技術、經濟、組織、管理等方面進行全方位分析，從而提高項目質量。

（5）環境對項目質量的影響。環境包含自然環境、技術環境、建設環境等。在項目形成過程中，應有針對性地採取措施，保證項目質量。

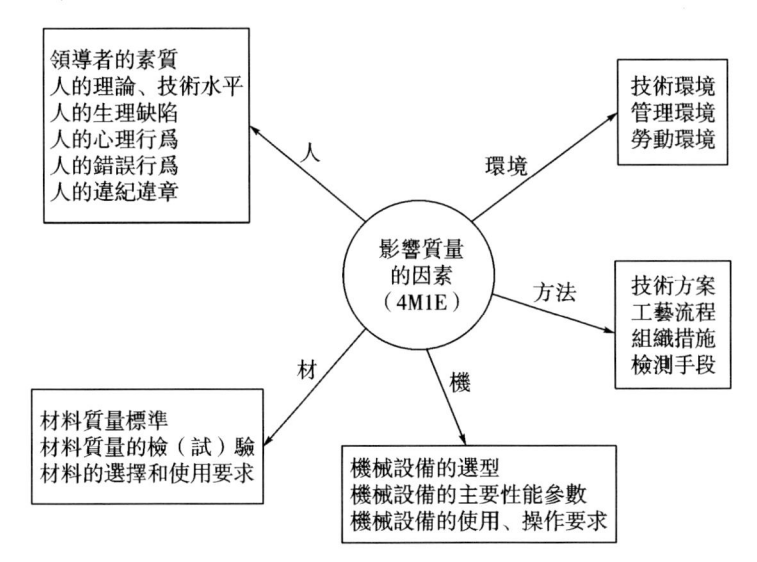

圖 8-1　影響項目質量的因素

8.1.3　項目質量管理

8.1.3.1　項目質量管理的概念

項目質量管理是指項目人員在項目質量方面進行的指揮、控制和協調活動，是項目管理的重要內容，也是項目成功的關鍵因素。其內容包括項目質量策劃、質量控制、質量保證和質量改進等。

8.1.3.2　項目質量管理的原理

項目質量管理有七個基本原理：系統原理、PDCA 循環原理、全面質量管理原理、質量控制原理、質量保證原理、合格控制原理和監督原理。

（1）系統原理。

項目質量管理的對象是項目。項目是由不同的環節、不同的階段、不同的要素組成，項目的各環節、各階段、各要素之間存在著相互矛盾又相互統一的關係。項目既有總目標，又有分目標。總目標與分目標之間存在著相互矛盾又相互統一的關係。所以，項目是一個有機整體，是一個系統。

從項目質量管理的主體來看，項目的質量管理是由項目的相關各方共同進行的。項目的相關各方也存在著相互矛盾又相互統一的關係。因此，在項目質量管理的過程

中，應運用系統原理進行系統分析，用統籌的觀念和系統方法對項目質量進行系統管理，從而使項目總體達到最優。

(2) PDCA 循環原理。

在項目質量管理過程中，無論是對整個項目的質量管理，還是對項目的某一個質量問題所進行的管理，都需要經過從質量計劃的制訂到組織實施的完整過程。首先，項目人員通過市場調查、用戶訪問等，瞭解顧客對質量的要求，確定質量目標、質量政策等，然後根據目標、政策制定為實現項目質量目標所需採取的措施。其次，計劃制訂後，項目人員根據所需質量標準組織實施；在實施的過程中，項目人員需要不斷檢查，看是否符合計劃的預期效果，並根據比較的結果對項目質量狀況做出判斷。最後，項目人員針對質量狀況分析原因，並採取相應的措施進行處理。這個過程稱為 PDCA 循環。

(3) 全面質量管理原理。

全面質量管理是 20 世紀 50 年代末，美國通用電氣公司的費根堡姆和質量管理專家朱蘭提出的。全面質量管理是指一個組織以質量為中心，以全員參與為基礎，通過顧客滿意和組織內所有成員及社會受益而達到長期成功的管理途徑。在項目質量管理中，運用全面質量管理的思想，就是將項目的質量管理對象、過程、活動、主體等看成一個有機整體，對影響項目質量的各種因素，從宏觀、微觀、人員、技術、管理、方法、環境等各方面進行綜合管理，以實現項目的綜合目標。

(4) 質量控制原理。

質量控制的目標就是確保項目質量能滿足顧客、法律法規等方面所提出的質量要求。質量控制的範圍涉及項目形成全過程的各個環節。

項目質量控制包括了作業技術和活動，即包括專業技術和管理技術兩方面。針對形成實體的各個階段，應對 4M1E 因素進行控制，並對其活動成果進行檢驗，及時發現問題、查明原因，並針對性地採取糾偏措施，防止質量問題的再次發生，以減少經濟損失。因此，質量控制應貫徹預防為主與檢驗把關相結合的原則。同時，為了保證每項質量活動的有效性，質量控制必須對幹什麼、為何幹、怎樣幹、誰來幹、何時幹、何地幹等做出規定，並對實際質量活動進行監控。

(5) 質量保證原理。

質量保證是以保證質量為基礎，是質量控制的任務。

要使用戶能「信任」項目實施者，項目人員應加強質量管理、完善質量體系，有一套完善的質量控制方案、辦法，並認真貫徹執行，對實施過程及成果應進行分階段驗證，以確保其有效性。所以，質量保證的主要工作是完善質量控制，以便準備好客觀證據，並根據對方的要求有計劃、有步驟地開展提供證據的活動。

可見，質量保證的作用是從外部向質量控制系統施加壓力，促使其更有效地運行，並向對方提供信息，以便及時採取改進措施。

(6) 合格控制原理。

在項目實施過程中，為保證項目或工序質量符合質量標準，及時判斷項目或工序質量合格狀況，防止將不合格品交付給用戶或使不合格品進入下一道工序，就必須借

助於某些方法和手段，檢測項目或工序的質量特性，並將測得的結果與規定的質量標準相比較，從而對項目或工序做出合格、不合格或優良的判斷（稱為合格性判斷）。如果項目或工序不合格，還應做出適用或不適用的判斷。這一過程就稱為合格控制。合格控制貫穿於項目進行的全過程。

因此，合格控制是確定項目階段性成果及最終成果是否符合規定的要求。

（7）監督原理。

項目的承攬方作為獨立的項目實施方，其質量行為始終受到實現最大利潤這一目標的制約。這種最大利潤是在保證和提高項目質量或服務質量的前提下，通過提高工作效率取得，還是通過偷工減料、降低質量獲得，這顯然是兩種完全不同的利潤獲得方式，前者是正當的，後者是不正當的。為了減少出現不正當的獲利行為，減少質量問題的發生，進行質量監督是必要的。質量監督包括政府監督、社會監督、第三方監督和自我監督。

8.1.3.3 項目質量管理的原則

（1）以顧客為關注焦點。

顧客是每一個生產、服務組織存在和發展的基礎，必須把顧客的要求放在第一位。為此，組織應與顧客建立良好的溝通，全面地識別和理解顧客當前的和未來的需求和期望，要把顧客的需求和期望轉化對產品的要求，並為實現其質量要求和質量目標採取有效措施，從而滿足顧客的需求，並爭取超越顧客的期望。

（2）領導作用。

領導作用，特別是最高管理者具有決策和領導一個組織的關鍵作用。要確保其關注顧客、所有者、員工、供方和社會等所有相關方的需求，根據有關方的需求建立組織的質量方針與質量目標，並建立和實施一個有效的能夠持續改進的質量管理體系，確保提供所需的資源；協調好質量管理和其他管理的關係，將本組織的宗旨、方向和內部環境統一起來，創造使員工能夠充分參與實現組織目標的環境，使質量管理體系能夠在這種環境中有效運行。

（3）全員參與。

全體員工是組織的基礎。組織的質量管理，不僅需要最高管理者的正確領導，還有賴於全員的充分參與。項目組織要使員工充分瞭解工作的重要性，充分發揮員工的知識才幹，承擔解決問題的責任；要積極尋找機會加強員工的技能、知識和經驗；提供良好的工作條件和環境，激發員工的積極性和責任心，使員工渴望參與並為持續改進付出創造性的貢獻。

（4）過程方法。

項目組織將資源輸入轉化為產品輸出的活動作為過程進行管理。為使組織有效運行，項目人員必須識別和管理許多內部相互聯繫的過程，如市場調研、設計、供應商選擇等。項目人員在系統識別和管理組織內所使用的過程時，需明確過程的相互作用。過程方法的原則不僅適用於某些較簡單的過程，也適用於許多過程構成的過程網絡。項目人員應過信息反饋測定顧客的滿意程度，評價質量體系的績效。

(5) 管理的系統方法。

針對設定的目標，識別、理解並管理一個由相互關聯的過程組成的體系，就是要通過質量管理體系的組織結構、程序、過程方法和資源的有機整體活動，讓影響產品質量的全部因素都處於受控狀態；明確體系內諸過程的內在依賴關係和相互之間的職責和運作程序，使組織內外各個活動之間能夠協調一致，科學、有序地協同運作，以提高實現目標的有效性和效率，規範行為，實施測量、檢查，確定糾正和預防措施，並實施改進措施，使其取得好的期望結果。

(6) 持續改進。

持續改進應是一個組織永恆的目標。組織應將產品、過程和體系持續改進作為組織全體員工的目標。特別是隨著信息技術的不斷發展，質量要求、市場策略和社會要求、環境條件的不斷變化，管理者必須堅持進行質量改進。管理者通過 PDCA 循環、過程重組、過程創新等方法，識別具有改進的潛力區域，不斷地挖掘潛力，實現一個又一個質量管理目標，持續地滿足不斷發展的要求，從而不斷地提高顧客需要和期望的質量，不斷地提高顧客的滿意度。

(7) 基於事實的決策方法。

有效的決策是建立在對數據和信息進行合乎邏輯和直觀的分析的基礎上。管理者運用統計技術，掌握第一手材料，並對掌握的數據、信息、資料進行客觀科學的分析、判斷，從而有針對性地採取措施，取得切實可靠的實效。

(8) 與供方的互利關係。

組織與供方（包括合作方）是互相依存的、互利的關係，可增強雙方創造價值的能力，因此處理好與供方的關係，是組織持續穩定地提供顧客滿意產品的一項重要工作。組織通過建立和管理與供方的關係，以確保供方能夠按時提供可靠的、無缺陷的產品，能夠創建一個有利的市場環境，拓展市場，產生更高的效益。

8.2　項目質量計劃

項目質量計劃是指為確定項目應該達到的質量標準和如何達到這些項目質量標準而做的項目質量的計劃與安排。項目質量計劃是質量策劃的結果之一。它規定與項目相關的質量標準，明確為達到質量目標應採取的措施、提供的相關資源、明確項目參與方、部門或崗位的質量職責。項目質量計劃工作的成果：項目質量計劃、項目質量工作說明、質量核檢清單、可用於其他管理的信息。

8.2.1　項目質量計劃的依據

項目質量計劃不能憑空編製，應符合項目特點、遵循相關標準與規範等。項目質量計劃的依據主要包括以下幾點：

(1) 項目質量方針。

質量方針是由組織的最高管理者正式發布的該組織的質量宗旨和方向，是一個對

項目的整個質量目標和方向進行指導的文件。項目質量方針為質量目標的制定提供了框架，是項目質量計劃的依據之一。

項目建立統一的質量方針，可以使項目組織內的所有員工依據綱領指導項目管理工作，從而使質量觀念深入人心，在保證工作質量的前提下，保證項目產品質量。質量方針體現了該組織的質量意識和質量追求，是組織內部的行為準則，也體現了顧客的期望和顧客做出的承諾。

（2）項目範圍描述。

項目範圍是項目質量計劃的一項關鍵依據，它記載了項目的主要可交付成果，以及用於確定利害關係者主要要求的項目目標、限值和驗收標準。項目範圍明確地說明了為提交既定特性和功能的項目產出物而必須開展項目工作和對於這些項目工作的具體要求，一般包括以下四個方面的內容：

①項目的合理性說明。項目的合理性說明就是解釋項目實施的目的是什麼，為什麼要實施這個項目。項目的合理性說明為將來提供了評估各種利弊關係的基礎。

②項目目標。項目目標是所要達到的項目的期望產品或服務。只要確定了項目目標，也就確定了成功實現項目所必須滿足的某些標準。項目目標至少應該包括費用目標、進度目標和質量目標。當項目成功地完成時，必須明示出項目事先設定的目標均已達到。

③項目可交付成果清單。項目預先設定的可交付成果全部按照規定完成，並成功交付給使用者，則表示該項目完成。

④產品說明。產品說明應能闡明項目工作完成後，其所生產出的產品或服務的特徵。因產品特徵是逐步顯現出來的，產品說明通常在項目工作的早期闡述少、後期闡述多。產品說明也應記載已生產出的產品或服務同商家的需要或別的影響因素間的關係，它會對項目產生積極的影響。儘管產品說明的形式和內容是多種多樣的，但是它們都應足夠詳細，為今後的項目計劃提供詳細的、充分的資料。

（3）項目產出物的描述。

項目產出物的描述是指對項目產出物的全面與詳細的說明。它包含對範圍說明書的進一步具體化，在產品說明書中包含了更加詳細的產品的技術要求和性能參數要求，是項目質量計劃編製的基礎。

（4）相關標準和規定。

國際標準化組織對標準和規範的定義為：標準是一個「由公認的組織批准的文件，是為了能夠普遍和重複使用而為產品、過程和服務提供的準則、指導政策或特徵，它們不是強制執行的」。標準按照範圍可以分為國家標準、行業標準和國際標準。規範是一種「規定產品、過程和服務特徵的文件，包括使用的行政管理條例」，與標準所不同的是，規範具有強制性。

不同行業、不同領域，對其相關項目都有相應的質量要求，這些要求往往是通過標準、規範、規程等形式加以明確的，對質量策劃將產生重要影響。項目組織在制訂項目質量計劃時須充分考慮所有與項目質量相關領域的國家、行業標準、各種規範以及政府規定等。

（5）其他信息。

其他信息是指除範圍描述和產出物描述外，其他項目管理方面的要求，以及與項目質量計劃制訂有關的信息。

8.2.2 項目質量計劃的主要工具和方法

（1）質量標杆法。

質量標杆法又稱確定基準計劃，就是以標杆項目的質量政策、質量標準與規範、質量管理計劃、質量核檢單、質量工作說明文件、質量改進記錄和原始質量憑證等文件為基準，通過比較，從而制訂出新項目質量管理計劃的一種方法。

在項目質量計劃中，實施質量標杆法的主要環節包括以下四項：

①瞭解信息、收集資料。為了樹立學習的標杆，首先需要找到標杆，並對其有一個基本的認識。

②分析信息和資料。對瞭解的信息、收集的資料要進行分析、研究，以確定問題的關鍵點。

③找差距。將新項目與標杆項目進行比較，以明確其存在的差距。

④制定對策。根據存在的差距，制訂相應的防範措施與應急計劃。防範措施包括提高項目質量水準、改善項目特徵、完善項目質量管理措施等。

（2）成本收益法。

成本收益法也叫經濟質量法，是指以貨幣單位為基礎對投入與產出進行估算和衡量的方法。這種方法要求在制訂項目質量計劃時必須同時考慮項目質量的經濟性，以便對投入與產出關係做出盡可能科學的估計。

在市場經濟條件下，任何項目的質量管理都需要開展兩個方面的工作：一是質量保障工作，二是質量檢驗與恢復工作。前者產生項目質量保障成本，後者產生項目質量檢驗和糾偏成本。項目質量計劃的成本收益法就是合理安排質量保障成本與質量檢驗糾偏成本，以使項目質量總成本相對最低（見圖8-2）。

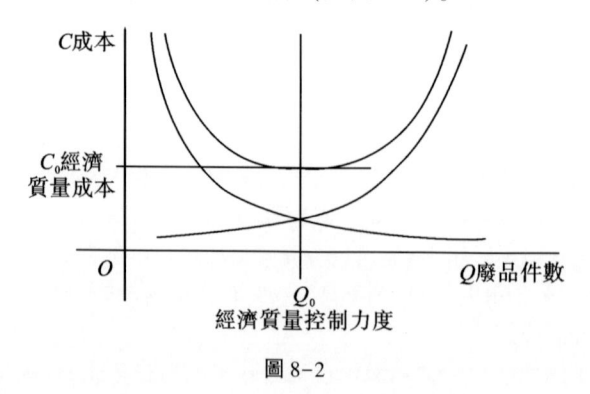

圖 8-2

（3）流程圖法。

流程圖法主要用於表達一個項目的工作過程和項目不同部分之間相互關係的示意圖，是揭示和掌握封閉系統運動狀況的有效方式。流程圖是流經一個系統的信息流、

觀點流或部件流的圖形代表。在企業中，流程圖主要用來說明某一過程。這種過程既可以是生產線上的工藝流程，也可以是完成一項任務必需的管理過程。作為診斷工具，它能夠輔助決策制定，讓管理者清楚地知道，問題可能出在什麼地方，從而確定出可供選擇的行動方案。圖 8-3 為某隱蔽工程驗收流程圖。

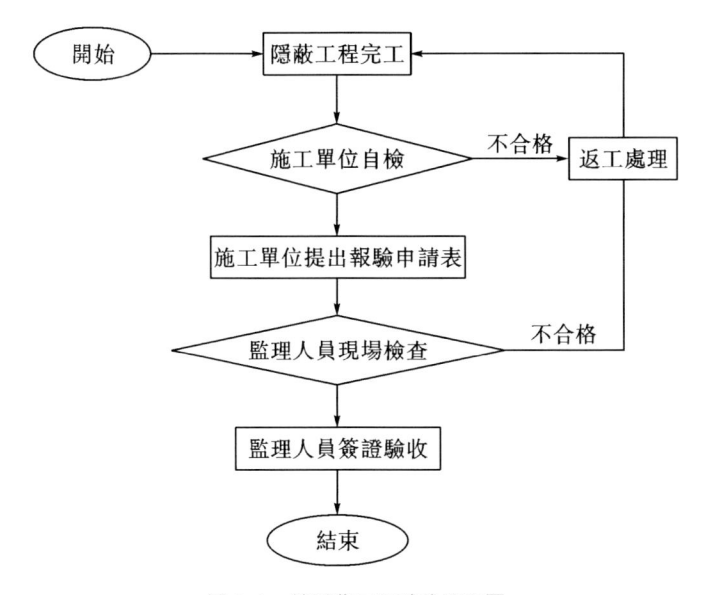

圖 8-3　某隱蔽工程驗收流程圖

（4）實驗設計法。

實驗設計是一種統計方法，它幫助確定影響特定變量的因素。此項技術最常用於項目產品的分析，例如計算機芯片設計者可能想確定材料與設備如何組合，才能以合理的成本生產最可靠的芯片。

帕累托圖法又叫排列圖、主次圖，是按照發生頻率大小順序繪製的直方圖，是找出影響質量主要因素的一種簡單而有效的方法之一。帕累托圖法可以用來分析質量問題，確定產生質量問題的主要因素。它用直角坐標系表示，直邊縱坐標表示頻數，右邊縱坐標表示頻率，以百分數表示。橫坐標表示影響質量的各項因素，按照影響大小從左向右排列。曲線表示各因素大小的累計百分數，通常把累計百分數分為：0～80% 為 A 類因素，稱為主因素；80%～90% 為 B 因素，稱為次要因素；90%～100% 為 C 類因素，稱為一般因素。找出主要因素後，就可以集中力量進行規劃。圖 8-4 就是一個主次因素排列圖。

另外，實驗設計也能用於諸如成本與進度權衡的項目管理問題。例如，高級程序員的成本要比初級程序員高得多，但可以預期他們在較短時間內完成指派的工作。恰當地設計「實驗」（高級程序員與初級程序員的不同組合計算項目成本與歷時）往往可以從為數有限的方案中確定最優的解決方案。

（5）質量成本分析技術。

質量成本是指為了保證和提高項目的質量要求所付出的總成本，既包括為確保符

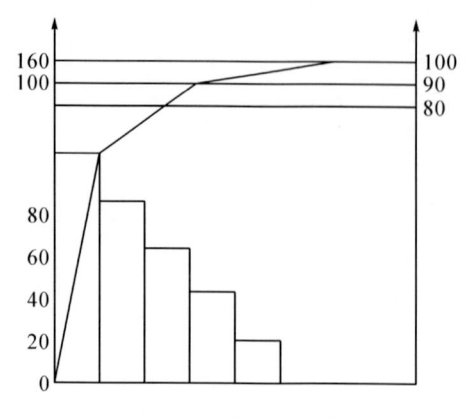

圖 8-4　主次因素排列圖

合質量要求所做的全部工作（如質量培訓、研究和調查等），也包括因不符合質量要求所導致的全部損失（如返工、廢物等）。

項目質量與成本密不可分，既相互統一，又相互矛盾。所以，在確定項目質量目標、質量管理流程和所需資源等質量策劃過程中，必須進行質量成本分析，促使項目質量與成本達到高度統一。質量成本分析，就是要研究項目質量成本的構成和項目質量與成本之間的關係，以便進行質量成本的預測與計劃。

（6）質量功能展開技術。

質量功能展開就是將項目的質量要求、客戶意見轉化成項目設計要求、工藝要求、生產要求等的專業方法。這種方法從客戶對項目交付結果的質量要求出發，識別出客戶在功能方面的要求，然後將功能要求與產品或服務的特性對應起來，根據功能要求與產品特性之間的相關關係，明確它們的技術參數，最後用比較清晰的圖表將顧客需求與期望的複雜關係系統地表達出來，並進行綜合權衡分析，以提供選定方案的決策依據。

①「客戶要求」即客戶意見或客戶的需要和期望，往往涉及客戶希望得到的產品或服務究竟是什麼的問題。客戶要求通常集中在功能方面，並且很籠統而抽象。在項目執行之前，項目小組可以採取訪問客戶、發放調查問卷以及其他市場調查的手段來獲取。

②「產品或服務特性」是指為了滿足客戶要求，在產品設計、製造或服務提供等方面必須具備的特性。這些特性是由項目小組確定，通常與產品或服務的某些結構、性能有關。

③「相關關係」是指產品或服務的眾多特性之間的相互影響關係。

④「技術參數」是指產品或服務的質量性能參數，通常用可以測量的客觀標準來衡量。例如：產品的結構參數有長度、頻率等，性能參數有可靠性、可操作性、靈活性等。按照這些技術參數來設計產品和提供服務，才能真正使客戶的需求得到準確無誤地滿足。

8.2.3 項目質量計劃的結果

（1）質量管理計劃。

質量管理計劃應說明項目管理小組如何具體執行質量策略。ISO9000 中對質量體系的描述是：「組織結構、責任、工序、工作過程及具體執行質量管理所需的資源。」質量管理計劃為整個項目計劃提供了輸入資源。質量管理計劃可以是正式的或非正式的，高度細節化的或框架概括型的。

（2）操作性定義。

操作性定義是用非常專業化的術語描述各項操作規程的含義，以及如何通過質量控制程序對它們進行檢測。例如，僅僅把滿足計劃進度時間作為管理質量的檢測標準是不夠的，項目管理小組還應指出是否每項工作都應準時開始，抑或只要準時結束即可；是否要檢測個人的工作，抑或僅僅對特定的子項目進行檢測。在確定了標準後，項目管理小組明確哪些工作或工作報告需要檢測。

（3）審驗單。

審驗單是一種組織管理手段，用以證明需要執行的一系列步驟是否已經得到貫徹實施。審驗單可以很簡單，也可以很複雜。常用的語句有命令式或詢問式。許多組織提供標準化審驗單，以確保對常規工作的要求保持前後一致。在某些應用領域中，審驗單還會由專業協會或商業服務機構提供。

（4）可用於其他管理的信息。

可用於其他管理的信息主要是指質量計劃可以在其他領域提出更長遠的工作要求。

8.3 項目質量控制

質量控制是通過檢查、測控和測試達到質量標準，即包括監控特定的項目成果，以判定它們是否符合有關的質量標準，並找出方法消除造成項目成果不令人滿意的原因。

8.3.1 項目質量控制概述

（1）項目控制與質量控制。

對項目質量控制的理解，可以分為「項目控制」和「質量控制」兩方面。項目控制是指對項目實施過程進行監控並及時調整觀測值與計劃值之間偏差的過程。項目開始到項目目標實現是一個動態的過程，該過程依據項目計劃而執行。項目控制就是對過程進行檢測，當發現與計劃發生偏差時及時採取措施進行調整，使其回到預期的正常軌道上去。項目控制的目的在於確保項目的實際進展沿著項目計劃的方向前行，因而實施項目控制有助於項目負責人瞭解項目的發展狀況，有助於在項目的粗略規劃基礎上進行精確的管理，並為項目外的管理層提供項目的基本信息。

質量控制是質量管理的一部分，致力於滿足質量要求。質量控制的目標就是確保

項目質量能滿足有關方面所提出的質量要求（如適用性、可靠性、安全性等）。質量控制的範圍涉及項目質量形成全過程的各個環節。項目質量受到質量環各階段質量活動的直接影響，任一環節的工作沒有做好，都會使項目質量受到損害而不能滿足質量要求。質量環的各階段是由項目的特性決定的，根據項目形成的工作流程，由掌握了必需的技術和技能的人員進行一系列有計劃、有組織的活動，使質量要求轉化為滿足質量要求的項目或產品，並完好地交付給用戶，還應根據項目的具體情況進行項目成果交付後的服務，這是一個完整的質量循環。

質量控制的工作內容包括了作業技術和活動，即包括專業技術和管理技術兩方面。在項目形成的每一個階段和環節，即質量環的每一階段，都應對影響其工作質量的人、機、料、法、環境（4M1E）因素進行控制，並對質量活動的成果進行分階段驗證，以便及時發現問題，查明原因，採取措施，防止類似問題重複發生，並使問題在早期得到解決，減少經濟損失。為使每項質量活動都能有效，質量控制對幹什麼、為何干、如何干、由誰干、何時干、何地干等問題應做出規定，並對實際質量活動進行監控。項目的進行是一個動態過程，所以，圍繞項目的質量控制也具有動態性。

（2）項目質量控制的定義。

項目質量控制兼具了項目控制與質量控制的核心內容，是應用質量控制的技術方法對項目的質量進行監控、管理的過程。簡單地說，項目質量控制是通過認真規劃，不斷進行觀測檢查，以及採取必要的糾正措施來鑒定或維持預期的項目質量或工序質量水準的一種系統，是為了達到質量要求所採取的作業技術和活動。

項目質量控制活動涉及控制對象與實施主體兩個方面。項目質量控制的對象是指項目需要的生產要素、工序、計劃、驗收、決策等一切與項目有關的要素；項目質量控制的實施主體一般是組織中的質量控制部門或質量控制團隊或小組，他們專門負責項目質量控制的計劃、實施等工作。

（3）項目質量控制的目標。

項目質量控制的最終目標是保證和提高項目質量。具體來講，一個有效的項目質量控制系統應該能實現以下目標：

①評估並確認實際績效；

②對比目標和實際績效，找出績效偏差；

③識別出嚴重的績效偏差；

④提出適當的糾正措施建議；

⑤分配質量管理責任；

⑥監督糾正措施是否有效；

⑦生產適當的報告，控制最終結果。

（4）項目質量控制的特點。

項目質量控制具有自身的特點，主要包括：

①影響質量的因素多。由於項目本身具有的時間、空間、要素等方面的複雜性，項目過程面臨的影響質量的因素較單一產品的要更多、更複雜，多方面的影響給質量控制帶來了很大的挑戰。如設計、材料、機械、地形地貌、地質條件、水文、氣象、

施工工藝、操作方法、技術措施、管理制度、投資成本、建設週期等，均直接影響項目的質量。所以，加強對影響質量因素的管理和控制是項目質量控制的一項重要內容。

②質量控制的階段性。每個項目都存在一個時間、邏輯上的生命週期，因此項目質量的控制，依據項目生命週期的不同階段也具有階段性的特徵。項目的不同階段、不同環節可能面臨多種不同的質量問題，對質量控制的要求也會有所不同。

③易產生質量變異。質量變異就是項目質量數據的不一致性。產生這種變異的原因有兩種，即偶然因素和系統因素。偶然因素是隨機發生的、客觀存在的是正常的。這種因素對項目質量的影響較小，是難以避免、難以識別、難以消除的。系統因素是人為的，是異常的。這種因素對項目質量的影響較大且易識別，項目人員通過採取措施可以避免，也可以將其消除。由於影響項目質量的偶然性因素和系統性因素比較多，其中任一因素發生變動，都會使項目質量產生波動。所以，在項目的質量控制中，應採取相應的方法和手段對質量變異加以識別和控制。

④易產生判斷錯誤。判斷錯誤是指質量控制中對質量問題的判斷失誤，如將穩定狀態判定為不穩定狀態、將不合格品判定為合格品等。造成判斷錯誤的原因是項目的複雜性、不確定性。這些造成質量數據的採集、處理和判斷的不準確、不恰當、不合理等。這就需要在項目的質量控制中，採用更加科學、更加可靠的方法，盡量減少判斷錯誤。

⑤項目質量的制約性。項目質量控制的實施目的在於確保項目質量符合標準，而質量程度的高低受項目預算、項目工期的嚴重制約。由於一個完整項目的完成產生費用的方面很多，而且項目具有明確的交付日期，這些都將成為影響項目質量的阻礙。因此，在對項目進行質量控制的同時，必須考慮其對費用和工期的影響，同樣應考慮費用和工期對質量的制約，使項目的質量、費用、工期都能實現預期目標。

8.3.2 項目質量控制的基本原理

質量控制的基本原理包括 PDCA 循環原理、三階段控制原理、三全控制原理。

（1） PDCA 循環原理。

PDCA 循環，是人們在管理實踐中形成的基本理論方法，是指在質量控制中涉及的計劃、實施、檢查和處置四個階段。從實踐論的角度看，管理就是確定任務目標，並按照 PDCA 循環原理來實現預期目標。

計劃是指為明確質量目標及實現目標所制訂的方案。計劃必須做到可行、有效和合理。計劃階段的主要工作任務是確定質量目標、活動計劃和管理項目的具體實施措施。項目人員通過分析質量問題的現狀，找出產生質量問題的原因和影響因素，確定影響質量的主要因素，制訂改善質量的措施及實施計劃，並預計效果。項目人員在制訂計劃時，要反覆分析思考，明確回答以下問題：

①為什麼要提出該計劃，採取這些措施？為什麼應做如此改進？回答採取措施的原因。

②改進後要達到什麼目的？有何效果？

③改進措施在何處（哪道工序、哪個環節、哪個過程）執行？

④計劃措施在何時執行和完成？
⑤計劃由誰執行？
⑥用什麼方法完成？

實施是指計劃行動方案的交底和按照行動方案具體展開活動。計劃交底目的在於使具體的作業者和管理者，明確計劃的意圖和要求，掌握標準，從而規範行為，全面地執行計劃的行動方案，步調一致地去努力實現預期的目標。

檢查是指對實施過程進行各種檢查，包括實施者的自檢、互檢還有管理者的專檢。各類檢查都包含兩大方面：一是檢查是否嚴格執行了計劃的行動方案，實際條件是否發生了變化，不執行計劃的原因；二是檢查計劃執行的結果，即產生的質量是否達到標準的要求。

處置是指對在質量檢查中與目標比較所發現的問題和偏差，採取得當措施及時進行整改，使質量處於受控狀態。處置分糾偏和預防兩個步驟，前者是採取應急措施，解決當前的質量問題；後者是信息反饋管理部門，反思問題癥結或計劃時的不周，為今後類似問題的質量預防提供借鑑。

（2）三階段控制原理。

在項目質量控制中，根據被控系統全過程的不同階段，控制可分為三類：事前控制、事中控制和事後控制。

事前控制又稱預先控制或事先控制，即在投入階段進行的控制，實質上是一種預防性控制。其內涵包括兩層意思：一是強調質量目標的計劃預控，二是按質量計劃進行質量活動前的準備工作狀態的控制。事前控制在項目的實施階段，制訂質量計劃、編製組織設計、實施項目規劃，都必須建立在切實可行，有效實現預期質量目標的基礎上，作為一種行動方案實施部署。

事中控制又稱過程控制，即在轉化階段進行的控制。事中控制首先是對質量活動的行為進行約束；其次是對質量活動過程和結果、來自他人的監督控制。事中控制雖然包含自控和監控兩大環節，但其關鍵還是增強質量意識，發揮操作者的自我約束、自我控制，即堅持質量標準是根本，監控或他人控制是必要的補充，沒有前者，或用後者替代前者都是不正確的。因此在企業組織的質量活動中，通過監督機制和激勵機制相結合的管理方法，來發揮操作者更好的自我控制能力，以達到質量控制的效果，是非常必要的。

事後控制即在輸出階段進行的控制，如項目交驗階段進行的質量控制。這種控制實質是一種合格控制，包括對質量活動結果的評價認定和對質量偏差的糾正。

以上三大環節，不是孤立和截然分開的。它們之間構成有機的系統過程，實質上是 PDCA 循環具體化，並在每一次滾動循環中不斷提高，達到質量管理或質量控制的持續改進。

（3）三全控制原理。

三全控制原理是來自全面質量管理 TQC 的思想。它指質量管理應該全面、全過程和全員參與。

全面質量控制是指產品質量和工作質量的全面控制。工作質量是產品質量的保證，

工作質量直接影響產品質量的形成。對於建設工程項目而言，全面質量控制還應該包括建設工程各參與主體的工程質量與工作質量的全面控制，如業主、監理、勘察、設計、施工總包、施工分包、材料設備供應商等。任何一方任何環節的怠慢疏忽或質量責任不到位都會造成建設工程質量的影響。

全過程質量控制是指根據質量的形成規律，從源頭抓起，全過程推進。按照建設程序，建設工程從項目建議書或建設構想提出，歷經項目鑑別、選擇、策劃、調研、決策、立項、勘察、設計、發包、施工、驗收、使用等各個有機聯繫的環節。其中每個環節又由諸多相互關聯的活動構成相應的具體過程，因此，必須掌握識別過程和應用「過程方法」進行全過程質量控制。

全員參與控制是指無論組織內部的管理者還是作業者，每個崗位都承擔著相應的質量職能。一旦確定了質量方針目標，管理者就應組織和動員全體員工參與實施質量方針的系統活動中，發揮自己的角色作用。全員參與質量控製作為全面質量不可或缺的重要手段就是目標管理。目標管理理論認為，總目標必須逐級分解，直到最基層崗位，從而形成自下而上，自崗位個體到部門團隊的層層控制和保證關係，使質量總目標分解落實到每個部門和崗位。

8.3.3 項目質量控制的步驟

就項目質量控制的過程而言，質量控制就是監控項目的實施狀態，將實際狀態與事先制定的質量標準做比較，分析存在的偏差及產生偏差的原因，並採取相應對策。這是一個循環往復的過程，對任一控制對象的控制一般都按這一過程進行。

該過程主要包括以下步驟：

①選擇控制對象。項目進展的不同時期、不同階段，質量控制的對象和重點也不相同，這需要在項目實施過程中加以識別和選擇。質量控制的對象可以是某個因素，某個環節，某項工作或工序，某項階段成果等一切與項目質量有關的要素。

②為控制對象確定標準和目標。

③制訂實施計劃，確定保證措施。

④按計劃執行。

⑤跟蹤觀測、檢查。

⑥將實際結果與質量標準進行對比，發現、分析偏差。

⑦根據偏差採取對策。

8.3.4 項目質量控制的工具與技術

質量控制活動的實施應用多種專門的工具技術與方法，這些方法主要包括因果圖、控制圖、趨勢圖、散點圖、直方圖、排列圖、統計抽樣、檢驗、流程圖、缺陷補救審查等。

（1）因果圖。

因果圖也稱石川圖或魚骨圖、特性要因圖，是一種用於分析質量特性與影響質量特性因素之間關係的圖。其目的是用圖形記錄分析與一個問題或機會有關的因素。該

方法常常結合頭腦風暴法使用。

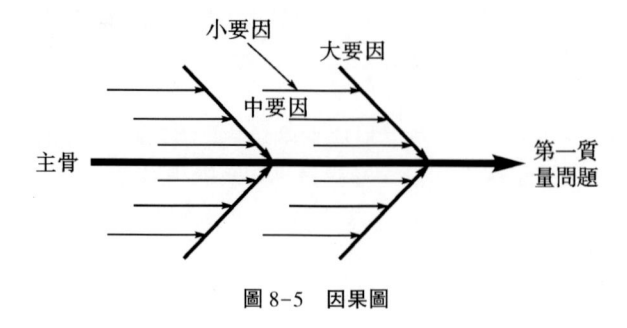

圖 8-5　因果圖

（2）控制圖。

控制圖是一張即時展示項目進展信息的圖表。控制圖可以判斷某一過程處於控制之中還是處於失控狀態。當一個過程處於控制之中時，這一過程產生的所有變量都由隨機事件引發，此時的過程是不需要調整的。當一個過程處於失控狀態，這一過程產生的變量由非隨機事件引發，此時，需要確認這些非隨機事件的原因，通過調整過程來修改或清除他們。查找並分析過程數據中的規律是質量控制的一個重要部分。我們可以使用質量控制圖及七點運行定律尋找數據中的規律。七點運行定律是指如果在一個質量控制圖中，一行上的 7 個數據點都低於平均值或高於平均值，或者都是上升的，或者都是下降的，那麼這個過程就需要因為非隨機問題而接受檢查。雖然控制圖最常用來跟蹤批量生產中的重複性活動，但也可用來監測成本與進度偏差、產量、範圍變更頻率或其他管理工作成果，以便幫助確定項目管理過程是否受控。

控制圖上一般有三條線，上面一條虛線稱上控制線，用 UCL 表示；下面一條虛線稱下控制線，用比 LCL 表示；中間一條實線稱中心線，用 CL 表示，如圖 8-6 所示。

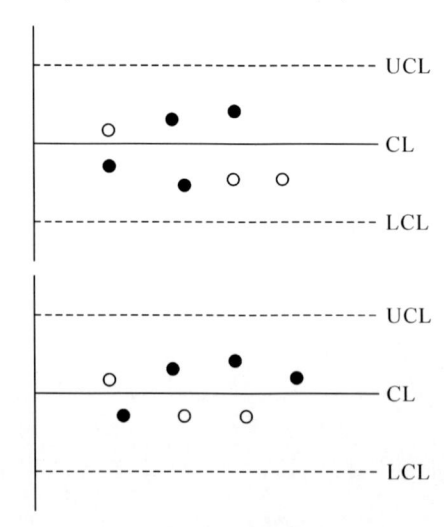

圖 8-6　控制圖

（3）趨勢圖。

趨勢圖即趨勢分析法，是指使用各種預測分析技術來預測項目質量未來發展趨勢和結果的一種質量控制方法。它可反應一個過程在一定時間段的趨勢，一定時間段的偏差情況，以及過程的改進或惡化。趨勢分析是以統計圖的呈現方式，如柱形圖、餅圖、點圖、曲線圖等，來呈現某信息或某信息數據的發展趨勢的圖形。趨勢分析往往用於監測技術績效（多少錯誤或缺陷已被確認，其中多少尚未糾正）和費用與進度績效（每個時期有多少活動在活動完成時出現了明顯偏差）。

（4）散布圖。

散布圖又稱散點圖、相關圖（見圖 8-7）用以表徵兩個變量之間是否具有相關性。通過該工具，質量團隊可以研究並確定兩個變量的變更之間可能存在的潛在關係。將獨立變量和非獨立變量以圓點繪製成圖形。一條斜線上的數據點距離越近，兩者之間的相關性關係就越密切。

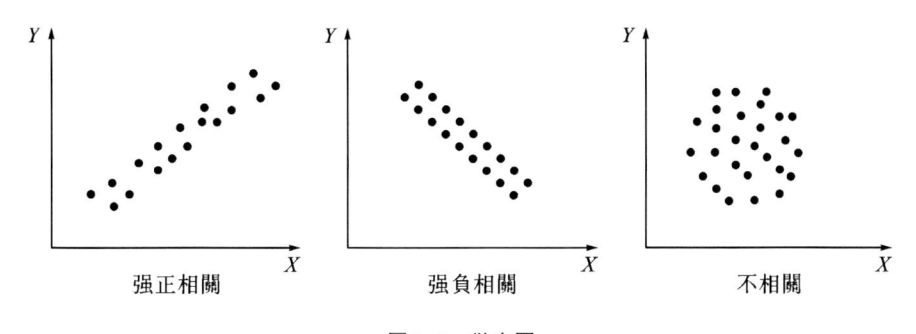

圖 8-7　散布圖

（5）直方圖。

直方圖也叫質量分佈圖，用於描述集中趨勢、分散程度和統計分佈形狀。每一欄代表一個問題或情況的一個特徵或屬性。每個欄的高度代表該種特徵或屬性出現的相對頻率。這種工具通過各欄的形狀和寬度來確定問題的根源。與控制圖不同，直方圖不考慮時間對分佈內的變化的影響。各種類型的直方圖如圖 8-8 所示。

①標準型，說明生產過程正常，質量穩定，經濟達到合理的受控狀態。
②鋸齒型，說明分組組數不當、組距確定不當或者測試時所用的方法和讀數出現問題。
③偏峰型，說明由於技術、習慣原因產生的偏態分佈，為異常生產情況。
④陡壁型，說明剔除不合格品等外品或超差返修後造成。
⑤平頂型，說明生產過程有緩慢變化的因素起主導作用。
⑥雙峰型，是由於用兩種不同方法或兩臺設備或兩組工人進行生產，然後把兩方面數據混在一起整理產生的。
⑦孤島型，是原材料發生變化，或者臨時他人頂班作業造成。

我們可通過直方圖的分佈形狀和與公差界限的距離來觀察質量分佈規律，分析、判斷整個過程是否正常，其質量分佈是否符合標準的要求。但其缺點是不能反應動態變化，而且要求收集的數據較多。

標準型（對稱型）　　鋸齒型　　偏峰型

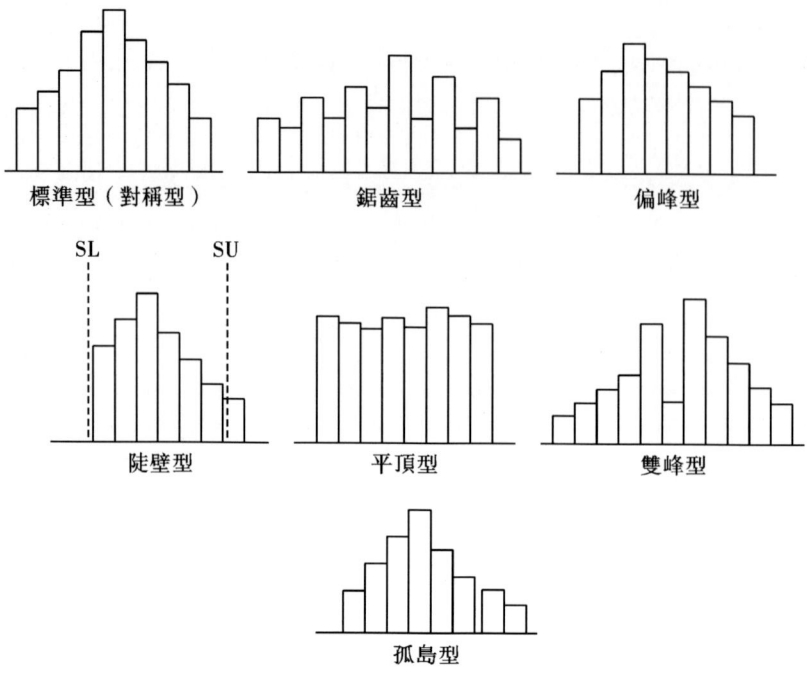

陡壁型　　平頂型　　雙峰型

孤島型

圖 8-8　直方圖

（6）排列圖。

排列圖又稱帕累托圖法，是按照發生頻率大小順序繪製的直方圖，是找出影響質量主要因素的一種簡單而有效的方法之一。帕累托圖法可以用來分析質量問題，確定產生質量問題的主要因素。它用直角坐標系表示，直邊縱坐標表示頻數，右邊縱坐標表示頻率，以百分數表示。橫坐標表示影響質量的各項因素，按照影響大小從左向右排列。曲線表示各因素大小的累計百分數，通常把累計百分數分為：0～80％為 A 類因素，稱為主因素；80％～90％為 B 因素，稱為次要因素；90％～100％為 C 類因素，稱為一般因素。找出主要因素後，就可以集中力量進行規劃。如圖 8-9 就是一個主次因素排列圖。

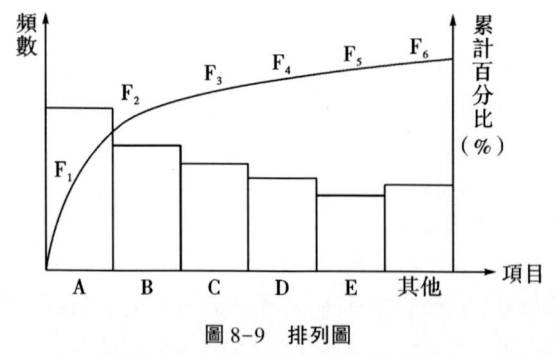

圖 8-9　排列圖

（7）統計抽樣。

統計抽樣是指從感興趣的群體中選取一部分進行檢查（例如從總數為 75 張的工程

圖紙目錄中隨機選取 10 張），適當的抽樣往往可以降低質量控制費用。統計抽樣已經形成了規模可觀的知識體系，項目管理團隊有必要熟悉多種不同的抽樣技術。

（8）檢驗。

檢驗是指檢查產品，確定是否符合標準。檢查有各種不同的名稱，例如審查、產品審查、審計和實地查看等。在某些應用領域，這些術語的含義較窄、較具體。一般而言，一項檢查的結果包括多種測量結果。檢查可在任一層級上進行，既可檢查單項活動的結果，也可檢查項目的最終產品，也可通過檢查技術驗證缺陷補救情況。

8.4 項目質量保證

質量保證的內涵已不是單純地為了保證質量。保證質量是質量控制的任務，而「質量保證」是以保證質量為基礎，進一步引申到提供「信任」這一基本目的。要使用戶能「信任」，項目實施者應加強質量管理。

8.4.1 質量保證概述

質量保證的主要工作是促進完善質量控制，以便準備好客觀證據，並根據對方的要求有計劃、有步驟地開展提供證據的活動。質量保證包括兩方面：

（1）質量保證包括內部保證與外部保證。對內而言，是向項目實施單位的領導層、上下道工序、各職能部門負責人，以及項目的其他合作商等提供質量保證；對外是在合同規定或其他情況下向顧客或第三方提供質量保證。

（2）質量保證的任務是確保產品質量符合要求。這種要求是指以文件的形式固定下來的相關的技術標準、行業準則等，又包括顧客對質量的要求。

綜上所述，質量保證是指為了滿足顧客的質量要求，通過項目的質量計劃，針對項目的特點而開展的一系列質量評估、質量檢查與質量改進等工作，使顧客確信項目實施能符合項目的質量要求。

8.4.2 項目質量保證工作的基本內容

為實現項目的質量保證要求，項目實施者應有計劃、有步驟地開展項目質量保證工作，項目質量保證工作的基本內容包括：

（1）制訂質量保證計劃與標準。

制訂質量保證計劃與標準是質量保證工作的第一步，也是所有質量保證工作的依據。要明確項目的質量目標和質量方針，制訂各種定性、定量的指標、規則、方案等，力求在質量管理過程中達到或超過質量標準。

（2）制定質量控制流程。

對不同行業和不同種類的項目，或同一項目的不同組成部分或不同實施階段，其質量保證可以採取不同的深度和力度。如醫藥、食品生產所需要的衛生環境及產品質量有較嚴格的標準和要求；對高新技術項目、新開發研究的項目，應該注意摸索一套

新的質量管理辦法和質量標準，要抓住一些新的問題和主要矛盾，不能一概照搬傳統的方法和標準。另外，項目有關各方應各負其責，各有側重地開展質量保證工作。

(3) 對質量問題進行跟蹤和改進。

對於質量檢查過程中出現的問題，項目人員需要進行持續跟蹤、分析並查明原因，並及時提出有效對策實施糾正和改進。

(4) 建立質量保證體系並使之有效運行。

以大型產品研製生產企業質量保證系統為例來說明：它由質保管理、質保工程、質保材料、質量檢驗和質量審計五個部門組成。常見的項目管理質量保證體系由項目經理、生產經理、技術負責人、項目質檢員及各專業責任工程師、經營組、材料組和施工班組組成，如圖8-10所示。

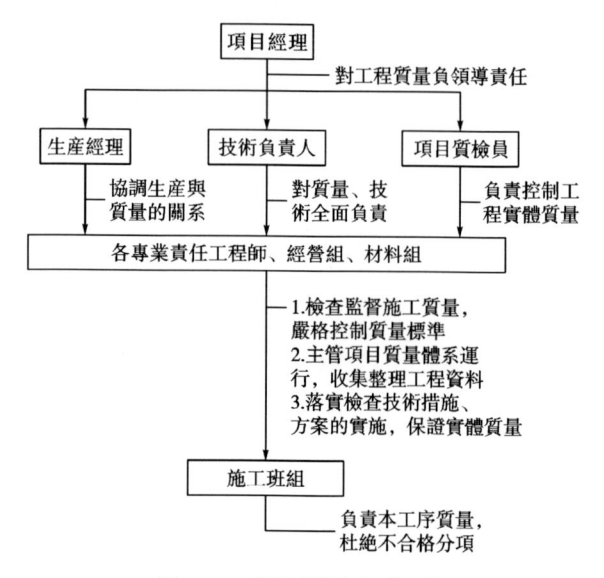

圖 8-10　項目質量保證體系圖

8.4.3　項目質量保證計劃

項目質量保證計劃依照公司《質量保證計劃編製指導》由項目經理主持編寫。

(1) 項目質量保證計劃的編製依據。

①工程概況；

②質量目標；

③組織機構；

④質量控制及管理組織協調的系統描述；

⑤必要的質量控制手段、施工過程、服務、檢驗和試驗程序等；

⑥確定關鍵工序和特殊過程及作業的指導書；

⑦與施工階段相適應的檢驗、試驗、測量、驗證要求；

⑧更改和完善質量計劃的程序。

（2）項目質量計劃的實施。

質量管理人員應按照分工控制質量計劃的實施，並應按規定保存質量控制記錄。當發生質量缺陷或事故時，質量管理人員必須分析原因、分清責任、進行整改。

（3）項目質量計劃的驗證。

①項目技術負責人應定期組織具有資格的質量檢查人員和內部質量審核員驗證質量計劃的實施效果。當項目質量控制中存在問題或隱患時，他們應提出解決措施。

②重複出現的不合格和質量問題，責任人應按規定承擔責任，並應依據驗證評價的結果進行處罰。

8.4.4　項目質量保證的實施

項目質量保證的實施是指通過實施計劃中的質量活動確保項目質量滿足要求的所有過程。項目質量保證工作的實施需要有專門的質量管理技術和方法，項目質量管理與控制方法是可以用於保證項目質量活動，除此之外，還有以下「新七工具」：

（1）親和圖。親和圖是1953年日本學者川喜田二郎根據野外調查數據研究開發的。它通過把大量收集到的事實、意見或構思等資料，利用資料間的相互關係，不加取捨與選擇地進行歸類整理，使其問題明確起來，以利於問題解決的一種方法。該法有利於打破針對某個問題，產生出可聯成有組織的想法模式的各種創意。

（2）關聯圖。關聯圖法是通過關聯圖，把現象與問題有關係的各種因素串聯起來，從而抓住重點問題並尋求解決對策。

（3）PDPC法，又稱過程決策圖法。它是為達成某個目標，在制訂行動計劃或進行方案設計時，預測可能出現的障礙和結果，並相應地提出多種應變計劃的一種方法。

（4）系統圖法。系統圖可幫助我們明確重點，尋求實現目的、目標的最佳措施與手段的方法。

（5）矩陣圖法。它幫助我們從多維問題的事件中，找出成對的因素，排列成行和列，在其交點處表示其關係程度，排列成矩陣圖，然後根據矩陣圖來分析問題，確定關鍵點的方法。

（6）箭頭圖法。它幫助我們通過明確各項之間的連接關係和從屬關係，找出關鍵線路後採取措施，不斷修改和優化計劃，達到縮短日程、節省費用的目的。

（7）矩陣數據分析法。矩陣數據分析法是唯一利用數據分析問題的方法，可用於各種因素複雜、由大量數據組成的質量問題。

【本章小結】

（1）項目的質量管理應建立並保持文件化的質量體系，在項目各階段的策劃中，應識別適當過程及其相互關係。

（2）項目質量管理必須兼顧項目規劃和項目實施。任何一方面未滿足質量要求都可能導致對部分或全部項目產生嚴重的負面效果。

（3）質量保證的內涵已不是單純地為了保證質量。保證質量是質量控制的任務，而「質量保證」是以保證質量為基礎，進一步引申到提供「信任」這一基本目的。要使用戶能「信任」，項目實施者應加強質量管理。

（4）質量控制是質量管理的一部分，致力於滿足質量要求。質量控制的目標就是確保項目質量能滿足有關方面所提出的質量要求。

【習題】

一、選擇題

1. 質量控制方法中，PDCA 循環工作方法是指（　　）。
   A. 計劃—檢查—處理—實施　　B. 計劃—實施—檢查—處理
   C. 檢查—計劃—實施—處理　　D. 實施—檢查—處理—計劃
2. 下列方法中，尋找影響質量主次因素的有效方法是（　　）。
   A. 排列圖法　　B. 分層法
   C. 直方圖法　　D. 控制圖法
3. 運用排列圖法分析影響質量的各個因素，按累計數據劃分為三個區域，影響因素處在（0~80%）區域內的為（　　）。
   A. 一般因素　　B. 次要因素
   C. 主要因素　　D. 重要因素
4. 下列用以描述質量分佈狀態的一種分析方法是（　　）
   A. 排列圖法　　B. 因果分析圖法
   C. 控制圖法　　D. 直方圖法
5. 用直方圖判斷工序和生產過程質量是否存在問題，如果圖形呈（　　）型，說明生產過程正常，質量在控制範圍之內。
   A. 孤島型　　B. 正態分佈
   C. 雙峰型　　D. 平頂型
6. 孤島型直方圖是（　　）造成的。
   A. 組距確定不當　　B. 操作中對上限（或下限）控制太嚴
   C. 臨時他人頂班作業　　D. 在檢測過程中存在某種人為因素

二、問答題

1. 項目質量管理的基本概念？
2. 項目質量計劃的主要工具和方法是什麼？
3. 質量控制的特點有哪些？
4. 質量保證計劃的編製依據是什麼？
5. 實現項目質量保證的「新七工具」有哪些？

第八章習題參考答案

9 項目成本管理

【本章教學要點】

知識要點	掌握程度	相關知識
項目資源計劃	掌握	項目工作分解結構、特爾斐法
項目成本估算	掌握	類比估算法、參數估計法
項目成本預算	掌握	項目進度計劃、甘特圖
項目成本控制	掌握	項目成本績效度量方法、附加計劃法

【關鍵詞】

成本管理　項目資源計劃　項目成本估算　項目成本預算　項目成本控制

導入案例

陳先生在項目內部成本控制中的困惑

陳先生在一工程公司做銷售部項目經理，對於公司投標的每個項目採用的是銷售部項目經理負責制，而其結構屬於強矩陣性結構。現公司所參與的每個項目都需要銷售部、技術部、執行部等的強力支持，而每個部門的人都想使自己的利益最大化，所以作為銷售項目經理總是很難把競標價控制下來。

項目經理：「因參與每個項目需要花費太多的時間，每年能參與投標的也就幾個項目，所以我是盡量想取得該項目。」

技術部項目經理：「因對於每個項目參與的時間並不算太多，因此每年經過我們手上的項目可能多達幾十個，因此，我們根本不在乎該項目是否取得。我們希望將該項目的設計成本預算做高。原因有二：①若中標後，在該項目執行完畢時，實際設計費用比預算費用低，則說明我們在施工圖設計中採用了許多優化設計（很多無法判斷），這樣我們便能得到更多的年終獎金。②若中標後，因該項目的預算費用較高，我們可以指定選用一些先進的設備（這種設備往往只有一家或兩三家生產）並寫進技術協議，這樣我們便能從廠家得到大量的回扣，可謂一舉兩得。」

執行部項目經理：「我們同技術部項目經理一樣希望該項目的設備採購成本做高。原因有二：①若中標後，在該項目執行完畢時，實際執行費用比預算費用低，則說明我們在設備採購上很好地控制了成本，最終單位會給予我們獎勵。②若中標後，該項

目的預算費用較高，我們可以以較高的價格（當然肯定會低於該預算價）分包出去，這樣我們也能從分包廠家處得到大量的回扣，同樣是一舉兩得。」

陳先生應該如何使他自己在競標中處於優勢地位呢？

資料來源：李旭光. 項目成本管理實訓教程［M］. 沈陽：遼寧大學出版社，2009：95-96.

9.1 項目成本管理

項目成本管理是為保障項目實際發生的成本不超過項目預算而開展的項目成本估算、項目預算編製和項目預算控制等方面的管理活動。項目成本管理也是為確保項目在既定預算內按時、按質、經濟、高效地實現項目目標開展的一種項目管理過程。長期以來，中國在項目成本管理方面的認識基本上停留在對工程項目的成本確定和控制上。隨著現代項目管理對項目本身內涵的拓寬，人們開始認識各種其他項目的成本管理規律和方法。這對不斷深化和發展項目成本管理的內涵起到了很大的推動作用。這種在項目成本管理認識上的發展主要表現在兩個方面：一是現代項目成本管理包括各種各樣項目的成本管理（工程建設項目的成本管理只是一個組成部分），二是現代項目成本管理的方法與傳統的工程項目成本管理方法有很大不同。

9.1.1 項目成本管理的內容

現代項目成本管理首先考慮的是以最低的成本完成項目的全部活動，但同時也必須考慮項目成本對項目成果和質量的影響。這是現代項目成本管理與傳統項目成本管理的重要區別。例如，在決策項目成本時，為了降低項目成本而限制項目輔助管理或項目質量審核工作的要求和次數，就會給項目成果和質量帶來影響，甚至最終可能會提高項目的成本或增加項目用戶的使用成本。同時，項目成本管理不能只考慮項目成本的節約，還必須考慮項目帶來的經濟收益的提高。特別是對一些特殊項目，如資本投資項目、新產品開發項目、信息系統建設項目等，預測和分析項目產出物未來的經濟價值與收益是項目成本管理重要的核心工作之一。在項目成本管理中，還需要運用像投資回收期分析、現金流量表分析、收益回報分析等方法去管理好項目的成本和收益。

現代項目成本管理的主要內容如下：

（1）項目資源計劃。

項目資源計劃是指通過分析、識別和確定項目所需資源種類（人力、設備、材料、資金等）的多少和投入時間的一種項目管理活動。在項目資源計劃工作中，最為重要的是確定出能夠充分保證項目實施所需各種資源的清單和資源投入的計劃安排。

（2）項目成本估算。

項目成本估算是指根據項目資源需求和計劃，以及各種資源的市場價格或預期價格等信息，估算和確定出項目各種活動的成本和整個項目全部成本這樣一種項目成本

管理工作。項目成本估算最主要的任務是確定用於項目所需人、機、料、費等成本和費用的概算。

（3）項目成本預算。

項目成本預算是一項制定項目成本控制基線或項目總成本控制基線的項目成本管理工作。這主要是根據項目的成本估算為項目各項具體活動進行工作分配和確定其費用預算，以及確定整個項目總預算。項目成本預算的關鍵是合理、科學地確定出項目的成本控制基準（項目總預算）。

（4）項目成本控制。

項目成本控制是指在項目的實施過程中，努力將項目的實際成本控制在項目成本預算範圍之內的一項成本管理工作。這包括：依據項目成本的實施發生情況，不斷分析項目實際成本與項目預算之間的差異，通過採用各種糾偏措施，修訂原有項目預算的方法，使整個項目的實際成本能夠控制在一個合理的水準。

（5）項目成本預測。

項目成本預測是指在項目的實施過程中，依據項目成本的實施發生情況和各種影響因素的發展與變化，不斷地預測項目成本的發展和變化趨勢與最終可能出現的結果，從而為項目的成本控制提供決策依據的工作。

事實上，上述這些項目成本管理工作相互之間並沒有嚴格獨立而清晰的界限，在實際工作中，它們常常相互重疊和相互影響。同時在每個項目階段，上述項目成本管理的工作都需要積極開展，只有這樣，項目團隊才能夠做好項目成本的管理工作。

9.1.2 項目成本管理的方法

項目成本管理有許多不同的方法，每種方法都有自己的優缺點，都有自己的適用情況和條件。但是在現代項目成本管理中，比較科學和客觀地反應項目成本管理規律的理論和方法有三種：一是全過程項目成本管理的理論與方法，二是全生命週期項目成本管理的理論與方法，三是全面項目成本管理的理論與方法。對於項目成本管理者來說，這些項目成本管理的理論與方法都是非常有用的。

（1）全過程項目成本管理的理論與方法。

全過程成本管理理論與方法是自20世紀80年代中期開始，由中國項目成本管理領域的理論工作者和實際工作者提出的一種從項目全過程的角度來確定和管理項目成本的思想和方法。進入20世紀90年代以後，中國項目成本管理界的學者和實際工作者進一步地對全過程項目成本管理的思想與方法做了進一步的完善和驗證。這使得中國的項目成本管理理論和實踐正在從簡單的造價定額管理逐步走上全過程項目成本管理的道路。應該說，在項目成本管理科學中的全過程項目成本管理的理論和方法，是我們中國項目管理工作者提出和發展的，這是我們對項目成本管理科學所做的重要貢獻之一。

（2）全生命週期項目成本管理的理論與方法。

全生命週期項目成本管理理論（Life Cycle Costing，LCC）主要是由英美的一些學者和實際工作者於20世紀70年代末和80年代初提出的。進入20世紀80年代，以英

國成本管理界的學者與實際工作者為主的一批人，在全生命週期項目成本理論方面做了大量的研究並取得了突破。全生命週期項目成本管理的方法既是一種項目投資決策工具，又是一種分析和評價項目備選方案的方法和項目成本控制的一種指導思想和技術方法。全生命週期項目成本管理要求對一個項目的建設期和營運期的所有成本進行全面的分析和管理，以實現項目全生命週期（包括項目前期、建設期和使用期）總成本最小化的目標。

(3) 全面項目成本管理的理論與方法。

根據國際全面成本管理促進會（原美國造價工程師協會）前主席維斯特尼（R. E. Westney）先生的說法[1]，全面項目成本管理的思想是他於1991年5月在美國休斯敦海灣海岸召開的春季研討會上所發表的論文《90年代項目管理的發展趨勢》一文中提出的。這套方法借用「全面質量管理」的思想，提出了一套「全面成本管理」的理論和方法，以實現對所有的尚未發生的成本進行全面管理的目標。根據R. E. Westney的定義：「全面成本管理就是通過有效地使用專業知識和專門技術去計劃和控制項目資源、成本、盈利和風險。」當然，全面項目成本管理發展到今天在理論和具體技術方法上仍然還有許多地方需要進一步研究和開發，但是它將是21世紀項目成本管理新技術和方法。

不同項目在不同的時間、不同的場合，由不同的項目組織實施就可能會採用不同的項目成本管理方法，所以上述現代項目成本管理的方法都是需要學習和掌握項目成本管理理論和方法。項目成本管理工作者可以根據不同項目的需要而選用不同的項目成本管理理論與方法。

9.2　項目資源計劃

任何一個項目目標的實現都需要消耗一定的資源，而在實際社會中，資源永遠是短缺的，是不可能無限制得到和使用的，實際上幾乎所有的項目要受到資源的限制。所以在項目管理活動中，項目資源能夠滿足需求的程度以及它們與項目實施進度的匹配都是項目成本管理必須計劃和安排的。如果一個項目的資源配置不合理或使用不當，就會使項目工期拖延或使項目實際成本比預算成本有大幅度增加。例如，項目的設備成本可能會因提前租賃或在急需時租賃不到而使項目成本出現額外的增加。所以在項目成本管理過程中，必須科學、經濟、合理地做好項目的資源計劃，以保證項目的順利實施和項目成本目標的實現。

9.2.1　項目資源計劃的概念

項目資源計劃是指通過分析和識別項目的資源需求，從而確定出項目所需投入資源的種類（如人力、設備、材料、資金等）、資源的數量和資源投入的時間，從而制訂

---

[1] WESTNEY R E. Total Cost Management：AACE-I Vision for Growth [J]. Cost Engineering, 1992 (10)：56.

出項目資源計劃的項目成本管理活動。這項計劃工作必須同項目成本的估算與評價等項目成本管理活動緊密結合進行，這樣才能夠制訂出合理、科學、可行的項目資源計劃。

9.2.2 項目資源計劃編製的方法

項目資源計劃的編製同樣有許多種方法，其中最主要的是：

（1）專家判斷法。專家判斷法是指由項目成本管理專家根據經驗和判斷去確定和編製項目資源計劃的方法。這種方法通常又有兩種具體的形式：

①專家小組法。專家小組法是指組織一組有關專家在調查研究的基礎上，通過召開專家小組座談會的方式，通過共同探討，提出項目資源計劃方案，然後制訂出項目資源計劃的方法。

②特爾斐法。特爾斐法是由一名協調者通過組織專家進行資源需求估算，然後匯集專家意見，整理並編製項目資源計劃的方法。為了消除不必要的迷信權威和相互影響，一般協調者只起聯繫、協調、分析和歸納結果的作用，專家們互不見面，互不通氣，只與協調者發生聯繫，並做出自己的判斷。

專家判斷法的優點是：主要依靠專家判斷，基本不需要歷史信息資料，適合於全新的項目。它的缺點是：如果專家的水準不一，專家對項目的理解不準，就會造成項目資源計劃出現問題。

（2）統一定額法。

統一定額法是指使用統一標準定額和工程量計算規則去制定項目資源計劃的方法。所謂「統一標準定額」是指由權威部門所制定的，在一定的技術裝備和組織條件下為完成一定量的工作，所需消耗和占用的資源質量和數量限定標準或額度。這些統一標準定額是一種衡量項目經濟效果的尺度，套用這些統一標準定額去編製項目資源需求是一種很簡便的方法。但是由於統一標準定額相對比較固定，無法適應技術裝備、工藝和勞動生產率的快速變化，所以近年來發達國家正在逐步放棄使用這種編製項目資源計劃的方法。

（3）資料統計法。

資料統計法是指使用歷史項目的統計數據資料，計算和確定項目資源計劃的方法。這種方法中使用的歷史統計資料必須有足夠的樣本量，而且有具體的數量指標以反應項目資源的規模、質量、消耗速度等。通常，這些指標又可以分為實物量指標、勞動量指標和價值量指標。實物量指標多數用來表明物質資源的需求數量，這類指標一般表現為絕對數指標。勞動量指標主要用於表明人力的使用，這類指標可以是絕對量，也可以是相對量指標。價值量指標主要用於表示資源的貨幣價值，一般使用本國貨幣幣值表示活勞動或物化勞動的價值。利用資料統計法計算和確定項目資源計劃能夠得出比較準確合理和切實可行的項目資源計劃。但是這種方法要求有詳細的歷史數據，並且要求這些歷史數據具有可比性，所以這種方法的推廣和使用有一定難度。

9.3 項目成本估算

項目成本估算是項目成本管理的一項核心工作，其實質是通過分析去估計和確定項目成本的工作。這項工作是確定項目成本預算和開展項目成本控制的基礎和依據。

9.3.1 項目成本估算的概念

項目成本估算是指根據項目的資源需求和計劃，以及各種資源的價格信息，估算和確定項目各種活動的成本和整個項目總成本的項目管理工作。當項目有承發包合同時，應仔細區分項目造價與項目成本這兩個概念，因為項目造價中不僅包括項目的成本，還包括承包商的盈利部分。

項目成本估算根據估算精度的不同可分為多種項目估算：初步項目成本估算、技術設計後的成本估算和詳細設計後的項目成本估算等。因為在項目初始階段許多項目的細節尚未確定，所以只能粗略地估計項目的成本；但是在項目完成了技術設計（屬於一種較為詳細的設計）之後，就可以進行更詳細的項目成本估算；而等到項目各種細節已經確定之後，就可以進行詳細的項目成本估算了。因此，項目成本估算在一些大型項目的成本管理中都是分階段做出不同精度的成本估算，而且這些成本估算是逐步細化和精確的。

項目成本估算既包括識別各種項目成本的構成科目，也包括估計和確定各種成本的數額大小。例如，在大多數項目應用領域中，人工費、設備費、管理費、物料費、開辦費等都屬於構成項目成本的科目（其下面可以進一步細分出二級科目）。項目成本估算也包括綜合分析和考慮各種可選擇項目成本方案與估算的協調問題。例如，在許多項目應用領域中，如果在設計階段增加一些工作會提高項目設計成本，但是設計質量的提高可能會大大減少項目實施的成本。因此在項目成本估算過程中，必須考慮項目設計成本與項目實施成本的這種關係，努力使項目預期的收益最大。

9.3.2 項目成本構成與其影響因素

項目成本的構成是指項目總成本的構成成分，項目成本影響因素是指能夠對項目成本的變化造成影響的因素。二者的具體說明與描述如下：

（1）項目成本的構成。

項目成本是指項目形成全過程所耗用的各種費用的總和。項目成本是由一系列的項目成本細目構成的。主要的項目成本細目包括以下內容：

①項目定義與決策成本。

項目定義與決策是每個項目都必須要經歷的第一個階段，項目定義與決策對項目實施和項目建成後的經濟效益與社會效益會產生重要影響。為了對項目進行科學的定義和決策，在這一階段要進行翔實的各種調查研究，收集和掌握第一手信息資料、進行項目的可行性研究，最終做出抉擇。要完成這些工作需要耗用許多人力、物力資源，

需要花費許多的資金，這些資金構成了項目成本中的項目定義與決策成本。

②項目設計成本。

根據項目的可行性研究報告，在分析、研究和試驗等環節後，項目就可以進入設計階段了。任何一個項目都要開展項目設計工作，不管是工程建設項目（它的設計包括初步設計、技術設計和施工圖設計），還是新產品開發項目（它的設計就是對新產品的設計），還是科學研究項目（它的設計是對整個項目的技術路線和試驗方案等方面的設計）。這些設計工作同樣要發生費用，同樣是項目成本的一個重要組成部分，這一部分通常被稱為項目設計成本。

③項目採購成本。

所謂項目採購成本是指為獲得項目所需的各種資源（包括物料、設備和勞務等），項目組織就必須開展詢價、選擇供應商、廣告、承發包、招投標等一系列的工作。對項目所需商品購買的詢價、供應商選擇、合同談判與合同履約的管理需要發生費用，對項目所需勞務的承發包、發標、廣告、開標、評標、定標、談判、簽約和履約同樣也需要發生費用。這些就是項目為採購各種外部資源所需的成本，即項目的採購成本。

④項目實施成本。

在項目實施過程中，為生成項目產出物所耗用的各項資源構成的費用統一被稱為「項目實施成本」。這既包括在項目實施過程中所耗費物質資料的成本（這些成本以轉移價值的形式轉到了項目產出物中），也包括項目實施中所消耗活勞動的成本（這些以工資、獎金和津貼的形式分配給了項目團隊成員）。項目實施成本的具體科目包括：

a. 項目人工成本。它是指給各類項目實施工作人員的報酬。它包括項目施工、監督管理和其他方面人員（但不包括項目業主/客戶）的工資、津貼、獎金等全部發生在活勞動上的成本。

b. 項目物料成本。它是指項目組織或項目團隊為項目實施需要所購買的各種原料、材料的成本。比如油漆、木料、牆紙、灌木、毛毯、紙、藝術品、食品、計算機或軟件等。

c. 項目顧問費用。當項目組織或團隊因缺少某項專門技術或完成某個項目任務的人力資源時，他們可以雇用分包商或專業顧問去完成這些任務。為此，項目就要付出相應的顧問費用。

d. 項目設備費用。項目組織為實施項目會使用到某種專用儀器、工具，不管是購買這些儀器或設備，還是租用這種儀器和設備，所發生的成本都屬於設備費用的範疇。

e. 項目其他費用。不屬於上述科目的其他費用。例如，項目期間有關人員出差所需的差旅費、住宿費、必要的出差補貼，各種項目所需的臨時設施費等。

f. 項目不可預見費。項目組織還必須準備一定數量的不可預見費（意外開支的準備金或儲備），以便在項目發生意外事件或風險時使用。例如，由於項目成本估算遺漏的費用、由於出現質量問題需要返工的費用、發生意外事故的賠償金、因需要趕工加班而增加的成本等。

項目實施成本是項目總成本的主要組成部分，在沒有項目決策或設計錯誤的情況下，項目實施成本會占項目總成本的90%左右。因此，項目成本管理的主要工作是對

項目實施成本的管理與控制。

(2) 影響項目成本的因素。

影響項目成本的因素有許多，而且不同應用領域中的項目，其影響項目成本的因素也會不同。但是最為重要的項目成本影響因素包括如下幾個方面：

①耗用資源的數量和價格。

項目成本自身（或叫狹義的項目成本）受兩個因素的影響：一是項目各項活動所消耗和占用的資源數量，二是項目各項活動所消耗與占用資源的價格。這表明項目成本管理必須要管理好項目消耗和占用資源的數量和價格這兩個要素，通過降低項目消耗和占用資源的數量和價格去直接降低項目的成本。在這兩個要素中，資源消耗與占用數量是第一位的，資源價格是第二位的。因為資源消耗與占用數量是一個相對可控的內部要素；而資源價格是一個相對不可控的外部要素，主要是由外部市場條件決定的。

②項目工期。

項目的工期是整個項目或項目某個階段或某項具體活動所需要或實際花費的工作時間週期。從這層意義上說，項目工期與時間是等價的。在項目實現過程中，各項活動消耗或占用的資源都是在一定的時點或時期中發生的。所以，項目的成本與工期是直接相關並隨著工期的變化而變化。這種相關與變化的根本原因是因為項目所消耗的資金、設備、人力等資源都具有自己的時間價值，這表現為：等額價值量的資源在不同時間消耗或占用，其價值之間的差額。實際上，項目消耗或占用的各種資源都可以看成對貨幣資金的一種占用。這種資金的占用，不管是自有資金還是銀行貸款，都有其時間價值。這種資金的時間價值的根本表現形式就是資金占用所應付的利息。這種資金的時間價值既是構成項目成本的主要科目之一，又是造成項目成本變動的重要影響因素之一。

③項目質量。

項目質量是指項目能夠滿足業主或客戶需求的特性與效用。一個項目的實現過程就是項目質量的形成過程。在這一過程中為達到質量要求需要開展兩個方面的工作：一是質量的檢驗與保障工作，二是質量失敗的補救工作。這兩項工作都要消耗資源，從而會產生項目的質量成本。其中，如果項目質量要求越高，項目質量檢驗與保障成本就會越高，項目的成本也就會越高。因此，項目質量也是項目成本最直接的影響因素之一。

④項目範圍。

任何一個項目的成本取決於項目的範圍，即項目究竟需要做些什麼事情和做到什麼程度。從廣度上說，項目範圍越大，項目的成本就會越高，而項目範圍越小，項目的成本就會越低；從深度上說，如果項目所需完成的任務越複雜，項目的成本就會越高，而項目的任務越簡單，項目的成本就會越低。因此，項目範圍更是一個項目成本的直接影響因素。

根據上述分析可以看出，要實現對項目成本的科學管理，還必須對項目資源耗用和價格，項目工期和質量以及項目範圍等要素進行集成的管理與控制。如果只對項

資源耗用量和價格要素進行管理和控制，無論如何也無法實現項目成本管理的目標。然而，這仍然是我們當今項目成本管理中經常存在的一種通病。

9.4　項目成本預算

9.4.1　項目成本預算的概念

項目成本預算是一項制定項目成本控制標準的管理工作，它涉及根據項目成本估算為項目各項具體工作分配和確定預算和定額，以及確定整個項目總預算的一系列管理工作。項目的成本預算工作內容包括：根據項目成本估算向項目各項具體工作與活動的分配預算定額和確定項目成本控制的基線（項目總預算），制定項目成本控制標準和規定項目不可預見費的劃分與使用規則等。

9.4.2　項目成本預算計劃的編製

項目成本預算計劃是按照時間分階段給出的項目成本預算的計劃安排，是項目成本控制的基線。一般這種分階段的成本預算基線是呈「S」曲線分佈的，具體見圖 9-1。由圖 9-1 可以看出，項目的成本預算包括兩個因素：一個是項目成本預算，另一個是項目成本的投入時間。圖 9-1 中的 Tc1、Tc2、Tc3 給出了三種不同的項目成本預算方案。在實際應用中，項目成本預算並不是越低越好，因為這樣會由於成本預算過低而出現項目實施資源供給不足，從而使項目的質量或效率下降。當然，項目的成本預算也不是越高越好，因為雖然項目的資源供給會比較充裕，但卻會造成各種各樣的浪費。因此，項目成本預算編製實際上主要是三件事：

(1) 確定項目總的預算；
(2) 確定項目各項活動的預算；
(3) 確定項目各項活動預算的投入時間。

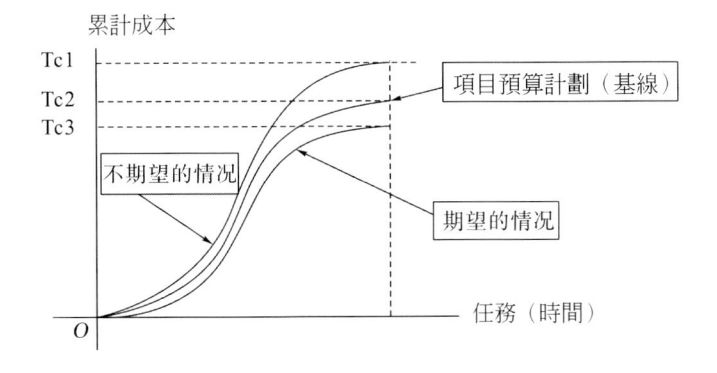

圖 9-1　項目成本預算及其不同情況示意圖

9.4.3 項目成本預算計劃的編製方法

由於影響項目成本預算的因素很多,所以編製項目成本預算必須考慮各種影響因素。因此在項目成本管理中,有很多編製項目成本預算計劃的方法可供選擇。

(1) 項目預算計劃的編製方法。

項目預算計劃的編製方法包括各種常規的預算確定方法、預算分配和安排的方法以及用於項目成本估算的方法。項目成本預算的這些方法各自適用於不同的項目和項目情況。這裡只介紹一種利用甘特圖進行項目預算計劃編製的方法(具體如圖9-2所示)。甘特圖也叫作橫道圖,它是以橫線來表示每項活動起止時間的一種項目工期進度計劃方法,但是也可以用來分配一個項目的預算。甘特圖的優點是簡單明了、直觀和易於編製,因此是小型項目中常用的計劃編製工具,即使在大型項目管理中它也是高級管理層瞭解全局、為基層安排各種計劃進度的有力工具。項目的管理者可以使用甘特圖去安排各項活動的開始和終結時間,從而估算和安排各個階段的成本和預算,合理地把項目總預算分配到各個項目階段和項目具體活動中。圖9-2是一個帶有項目預算的甘特圖,圖中最上面一行是項目的時間坐標,中間是項目的時間進度計劃安排,最下面的一行是項目在不同時間上的預算分配累計。如果希望項目成本預算更詳盡,還可以在項目各項工作旁邊標上它們的預算額度。

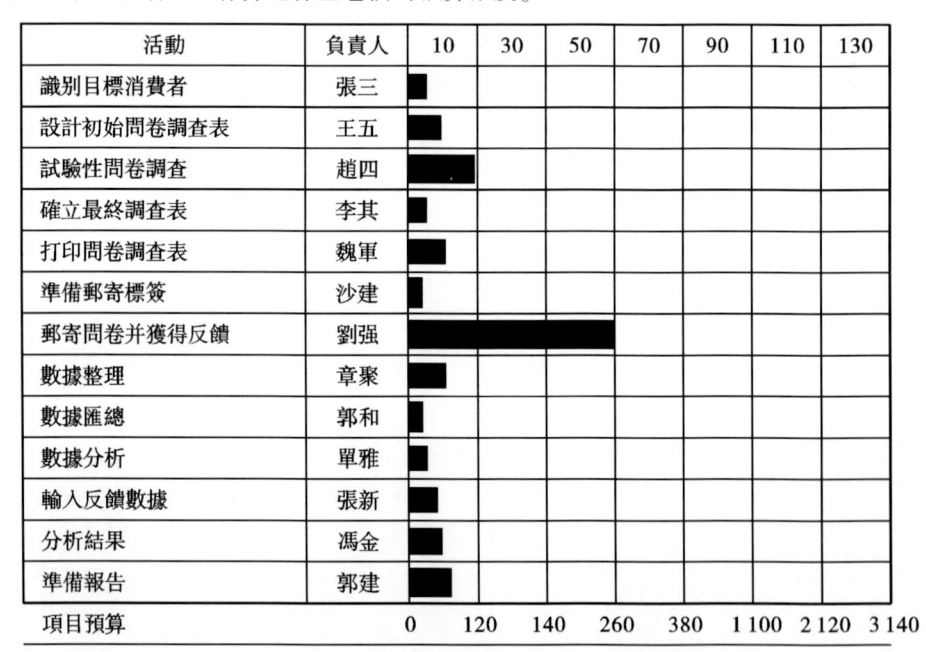

活動	負責人	10	30	50	70	90	110	130
識別目標消費者	張三	▪						
設計初始問卷調查表	王五	▪						
試驗性問卷調查	趙四	▬▬						
確立最終調查表	李其	▪						
打印問卷調查表	魏軍	▬						
準備郵寄標簽	沙建	▪						
郵寄問卷并獲得反饋	劉強	▬▬▬▬▬						
數據整理	章聚	▬						
數據匯總	郭和	▪						
數據分析	單雅	▬						
輸入反饋數據	張新	▬						
分析結果	馮金	▬						
準備報告	郭建	▬						
項目預算		0　120　140　260　380　1 100　2 120　3 140

圖9-2　消費者市場研究項目預算的甘特圖

(2) 影響項目成本預算計劃編製方法選擇的因素。

究竟應該採用哪一種編製項目成本預算計劃方法,主要應考慮下列因素:

①項目規模大小。很顯然,小項目應採用簡單的成本預算方法,大項目需考慮選

用較複雜的成本預算方法。

②項目複雜程度。項目規模並不一定總是與項目複雜程度成正比。例如，修一條高速公路的項目規模雖然不小，但並不複雜，所以仍然可以用較簡單的成本預算方法。

③項目緊急程度。在項目急需進行時，為了盡早開始工作，此時需要採用一種簡易快速的項目成本預算方法。

④項目細節的掌握程度。項目細節的掌握程度不同，要求採用的項目成本預算方法就會不同。如果掌握的細節越多，就可以採用越精確的項目成本預算方法。

⑤有無相應的技術設備和人員。例如，若缺少掌握項目成本預算具體方法的合格管理人員，有些項目成本預算方法也無法採用。

此外，根據不同情況，還需考慮項目業主/客戶、項目組織、承包商等方面的要求。一個項目到底採用哪一種方法來編製項目成本預算計劃，需要全面考慮以上各個因素。

9.5 項目成本控制

9.5.1 項目成本控制的概念

項目成本控制工作是在項目實施過程中，通過開展項目成本管理，努力將項目的實際成本控制在項目預算範圍內的一項管理工作。隨著項目的開展，根據項目實際發生成本的情況，不斷修正原先的成本估算，並對項目的最終成本進行預測等工作也都屬於項目成本控制的範疇。

項目成本控制涉及對那些可能引起項目成本變化的影響因素的控制（事前控制），項目實施過程中的成本控制（事中控制）和項目實際成本發生以後的控制（事後控制）三個方面的工作。要實現對項目成本的全面控制，最根本的任務是要控制項目各方面的變動和變更，以及項目成本的事前、事中和事後控制。

項目成本控制的具體工作包括：監視項目的成本變動，發現項目成本控制中的偏差，採取各種糾偏措施防止項目成本超過預算，確保實際發生的項目成本和項目變更能夠有據可查；防止不正當或未授權的項目變更所發生的費用被列入項目成本預算，以及採取相應的成本變動管理措施等。

有效控制項目成本的關鍵是要經常及時地分析項目成本的實際狀況，盡早地發現項目成本出現的偏差和問題，以便在情況變壞之前能夠及時採取糾正措施。項目成本一旦失控是很難挽回的，所以只要發現項目成本的偏差和問題就應該積極地著手去解決它，而不是寄希望於隨著項目的展開一切都將會變好。項目成本控制問題越早發現和處理，對項目範圍和項目進度的衝擊會越小，項目越能夠達到整體的目標要求。

9.5.2 項目成本控制的方法

項目成本控制的方法包括兩類：一類是分析和預測項目各要素變動與項目成本發

展變化趨勢的方法，另一類是通過控制各種要素的變動從而實現項目成本管理目標的方法。這兩個方面的具體技術方法將構成一套項目成本管理的方法。這套方法的主要技術和工具有：

（1）項目變更控制體系。

項目變更控制體系是指從項目變更的請求，到變更請求批准，到最終變更項目成本預算的項目變更全過程的控制體系。項目變更是影響項目成敗的重要因素。一般可以通過兩個方面的工作去解決這個問題：

①規避。

在項目定義和設計階段，相關人員可通過確保項目業主/客戶和全體項目相關利益者的充分參與，真正瞭解項目的需求；在項目定義和設計結束後，相關人員可通過組織評審，傾聽各方面的意見；同時，相關人員可保持與項目業主/客戶溝通渠道的暢通，及時反饋，避免項目後期發生大的變更或返工，從而規避項目成本的變動。

②控制。

相關人員應建立嚴格的項目變更控制系統和流程，對項目變更請求不能簡單地拒絕或同意，而是先通過一系列評估確定該變更會發生的成本和時間代價，再由項目業主/客戶判斷是否接受這個代價。簡單說，就是項目可以變更的前提是項目業主/客戶必須接受項目成本會發生變更的代價。在這裡需要強調一點，有些項目變更是設計缺陷或人們不可預見的原因造成的，這樣的項目變更有時是必需的。

（2）項目成本實效度量方法。

該方法是對項目實際成本完成情況進行度量的方法。在項目成本管理中，「掙值」的度量方法是非常有價值的一種項目控制方法。其基本思想就是通過引進一個中間變量即「掙值」（Earned Value），以幫助項目成本管理者分析項目的成本和工期變化，並給出相應的信息，從而能夠使人們對項目成本的發展趨勢做出科學的預測與判斷。

（3）附加計劃法。

很少有項目是按照原定計劃完成的，所以可以採用附加計劃法，即通過新增或修訂原有計劃對項目成本進行有效的控制。項目成本控制也需要使用附加計劃法。如果沒有附加計劃法往往會出現：當遇到意外情況時，項目管理者缺少應付辦法，可能因實際與計劃不符而形成項目成本失控的局面。所以，附加計劃法是未雨綢繆、防患於未然的項目成本控制方法之一。

（4）計算機軟件工具。

目前，市場上有大量這方面的軟件可供選擇。利用項目成本控制軟件，用戶可以進行的工作有：生成任務一覽表（包括各項目任務的預計工期），建立項目工作任務之間的相互依存關係，以不同的時間尺度測量項目工作（包括工時、工日等），處理某些特定的約束條件（如某項任務在某天之前不能開始等），跟蹤項目團隊成員的薪金和工作，統計公司的假日、假期等，處理工人的輪班工作時間，監控和預測項目成本的發展變化，發現項目成本管理中的矛盾和問題，根據不同要求生成不同用途的成本或績效報告，以不同方式整理項目信息，聯機工作和網絡數據共享，對項目進度、預算或職員變動迅速做出反應。項目成本管理人員可通過實際成本與預算成本比較分析找出

項目實施情況中存在的問題並能提供各種建議措施。

9.6 掙值分析方法

項目成本控制的關鍵是經常及時地分析項目成本狀況，盡早地預測和發現項目成本差異與問題，努力在情況變壞之前採取糾偏措施。掙值分析與管理的方法是實現這一目標的重要方法。這一方法的基本思想是通過引進一個中間變量，即「掙值」，來幫助項目管理者分析項目成本的變動情況，並給出項目成本與工期相關變化的信息，以便對項目成本發展趨勢做出科學預測與判斷和正確的決策。

9.6.1 掙值的定義

掙值的定義有多種不同的表述。一般的表述為，掙值是一個表示「已完成作業量的計劃價值」的變量，是一個使用「計劃價格」或「預算成本」表示在給定時間內已完成實際作業量的一個變量。這一變量的計算公式如下：

$EV = $ 實際完成的作業量 $\times$ 已完成作業的預算成本（計劃價格）

9.6.2 掙值分析方法的內涵

關於掙值分析方法，最需要掌握其中的三個關鍵中間變量、三個差異分析變量和兩個指數變量。

（1）三個關鍵中間變量。

①項目計劃作業的預算成本。

項目計劃作業的預算成本（Budgeted Cost of Work Scheduled，BCWS）是按照「項目預算成本」（計劃價格）乘上「項目計劃工作量」而得到的項目成本中間變量。

②掙值。

掙值是項目已完成作業的預算成本（Budgeted Cost of Work Performed，BCWP），它是由「項目預算成本」乘上「項目實際完成工作量」而得到的一個項目成本的中間變量。

③項目實際完成作業的實際成本。

項目實際完成作業的實際成本（Actual Cost of Work Performed，ACWP）是由「項目實際成本」乘上「項目實際完成工作量」而得到的另一個項目成本的中間變量。

這些指標都是掙值分析方法中根據項目預算成本與實際成本和項目計劃作業量和項目實際完成作業量等指標計算獲得的中間變量指標。這些指標都是項目成本水準指標，反應了項目成本的計劃和實際水準。

（2）三個差異分析變量。

①項目成本進度差異。

項目成本進度差異（Cost Schedule Variance，CSV）的計算公式是：

$CSV = BCWS - ACWP$

這一指標反應了：項目「計劃作業」的「預算成本」與項目「實際完成作業」的「實際成本」之間的絕對差異，它給出了項目實際發生的成本與項目預算成本之間的差異。這種差異是項目成本從「預算成本」變化到「實際成本」和項目進度從「計劃作業量」變化到「實際完成作業量」造成的。

②項目成本差異。

項目成本差異（Cost Variance，CV）的計算公式是：

$CV = BCWP - ACWP$

這一指標反應了：項目「實際完成作業」的「預算成本」與項目「實際完成作業」的「實際成本」之間的絕對差異。這一指標剔除了項目作業量變動的影響，獨立地反應了項目「預算成本」和「實際成本」差異這一單個因素對項目成本變動造成的影響。

③項目進度差異。

項目進度差異（Schedule Variance，SV）的計算公式是：

$SV = BCWP - BCWS$

這一指標反應了：項目「計劃作業」的「預算成本」與「掙值」之間的絕對差異。這一指標剔除了項目成本變動的影響，獨立地反應了由於項目「計劃作業」和「實際完成作業」差異這一單個因素對項目成本的影響（雖然指標名稱是「項目進度差異」，但是反應的是成本變化）。

(3) 兩個指數變量。

①成本績效指數。

成本績效指數（Cost Performance Index，CPI）的計算公式如下：

$CPI = ACWP \div BCWP$

該指標的含義是：項目「實際完成作業」的「實際成本」與項目「實際完成作業」的「預算成本」的相對數。這一指標以排除項目作業量變化的影響為基礎，度量了項目成本控制工作的績效情況，它是前面給出的「項目成本差異」指標的相對數形態。

②計劃完工指數。

計劃完工指數（Schedule Completion Index，SCI）的計算公式如下：

$SCI = BCWP \div BCWS$

該指標的含義是：項目「掙值」與項目「計劃作業」的「預算成本」的相對數。這一指標以排除項目成本變動因素的影響為基礎，度量了項目進度變動對項目成本的相對影響程度，它是前面給出的「項目進度差異」指標的相對數形態。

9.6.3 掙值分析的圖解說明

圖 9-3 給出了有關掙值分析的圖解說明。

圖 9-3 給出了某項目在實施之前做出項目預算與項目計劃安排：整個項目的計劃工期是 4 年，項目總預算是 400 萬元。在項目的實施過程中，通過對項目成本的核算和有關項目成本與進度的記錄得知，在開工後第二年年末的實際情況是：項目工期已經

图 9-3 挣值分析示意图

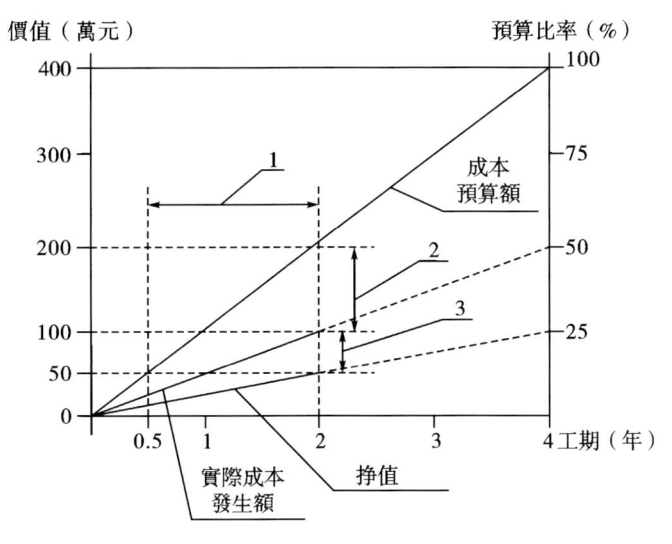

过半（两年），而实际项目成本发生额是 100 万元。与项目预算相比较可知：当工期过半时，项目的计划成本发生额应该是 200 万元，而实际项目成本发生额只有 100 万元，比预算成本少 100 万元。看起来，项目似乎取得很好的业绩，但是这只是事情的一个侧面。那么，这里「减少」的 100 万元成本究竟是不是减少？是什么原因造成的呢？从图 9-3 中给出的信息可知：

①项目进行到第二年时：计划作业量的预算成本（BCWS）是 200 万元，实际完成作业量的实际成本（ACWP）是 100 万元，挣值（实际完成作业量的预算成本 BCWP）是 50 万元。

②项目成本差异（$CV = BCWP - ACWP$）为 −50 万元（在图中由「2」号线段来表示），意味着项目实际成本比「挣值」多出 −50 万元的绝对差异（多发生了 50 万元）。这是在项目实施过程中实际消耗和占用资源的价格变动造成的，这是一种与项目成本控制有关的成本差异。

③项目进度差异（$SV = BCWP - BCWS$）为 −150 万元（由图中标注「2」和「3」的两条线段之和来表示），即项目成本预算与项目「挣值」之间有高达 −150 万元的绝对差异（多发生了 150 万元），这是一种与项目进度控制有关的成本差异。

④项目成本绩效指数（$CPI = ACWP \div BCWP$）为 2 或 200%，这意味着在项目完成作业量的过程中，实际花费的成本是预算成本的 2 倍。

⑤项目计划完工指数（$SCI = BCWP \div BCWS$）为 0.25 或 25%，这意味着剔除项目成本变化的影响，项目价值进度计划只完成了 25%。由图 9-3 可以看出，在项目进行到第二年时，相对应的实际工期进度仅为 0.5 年，与计划工期相比有 1.5 年的拖期（在图中由标注「1」的线段表示），这 1.5 年的拖期是一种项目时间（工期）管理的问题。

从上述分析可知，这一项目成本减少的 100 万元从根本上说是项目工期拖后造成

的，是沒有完成項目工期計劃造成的，而不是節約造成的。實際上，項目不但沒有節約成本，而且在「減少」的 100 萬元中，還有各種原因造成的 50 萬元的額外開支。

綜上所述，引進「掙值」這一中間變量就能夠明確地區分項目工期管理不善和項目成本控制等問題造成的項目成本差異。這類信息對於指導項目工期管理和項目成本控制是非常重要的，它使得人們能夠找到造成項目變動的具體原因，可以分別定量地去分析這些具體原因所造成的後果大小。另外，引入「掙值分析」還可以預測未來項目成本的發展變化趨勢，這將為項目成本管理與控制指明方向。

【本章小結】

（1）項目成本控制是項目管理中的一個重要內容，是項目能否取得成功的關鍵因素之一。任何一個項目，不管其大小，都會進行相應的項目成本管理。這已成為項目管理中不可缺少的一部分。

（2）項目資源計劃編製就是確定完成項目活動所需要的物質資源（人、設備、原材料）的種類，以及每種資源需求量，即在項目執行過程中，確定每一項工作需要什麼樣的資源、多少這樣的資源以及資源投放的時間。同時，這個過程必須與成本估算的過程緊密聯合起來考慮。

（3）項目成本估算，是對資源計劃中涉及的活動的成本進行近似估計。項目成本估算是項目管理的核心內容，通過成本估算，確定估算成本，從而依此為基礎進行項目成本預算以及項目成本控制等活動。

（4）項目成本預算是把估算的總成本分配到各個工作細目，建立基準成本，以衡量項目執行情況。項目成本預算是項目成本控制的基礎，它是將項目的成本估算分配到項目的各項具體工作中，以確定項目各項工作和活動的成本定額，制定項目的控制標準，規定項目以外成本劃分與使用規則的一項項目管理工作。

（5）項目成本控制是指項目組織為保證在變化的條件下實現其預算成本，按照事先擬訂的計劃和標準，通過各種方法，對項目實施過程中發生的各種實際成本和計劃成本進行對比、檢查、監督、引導和糾正，盡量使項目的實際成本控制在計劃和預算範圍內的管理過程。

本章思考題

一、填空題

1. 項目成本管理的程序是（　　）。
①成本預測　②成本核算　③成本分析　④成本控制　⑤成本考核　⑥成本計劃
　　A. ①②③⑤④⑥　　　　　　　　B. ③①④②⑤⑥
　　C. ②①③⑥⑤④　　　　　　　　D. ①⑥④②③⑤

2. 成本管理就是要在保證工期和質量滿足要求的情況下，利用組織措施、經濟措施、技術措施、合同措施把成本控制在（　　）範圍內，並進一步尋求最大程度的節約。

　　A. 成本核算　　　　　　　　　B. 成本計劃
　　C. 成本預測　　　　　　　　　D. 成本考核

3. 項目成本決策與計劃的依據是（　　）。

　　A. 成本計劃　　　　　　　　　B. 成本核算
　　C. 成本預測　　　　　　　　　D. 成本控制

4. 以貨幣形式編製施工項目在計劃期內的生產費用、成本水準、成本降低率以及為降低成本所採取的主要措施和規劃的書面方案，稱為（　　）。

　　A. 成本預測　　　　　　　　　B. 成本計劃
　　C. 成本核算　　　　　　　　　D. 成本考核

5. 一個項目成本計劃應包括（　　）所必需的成本，它是該項目降低成本的指導文件和設立目標成本的依據。

　　A. 從開工到竣工　　　　　　　B. 從招標到定標
　　C. 從投標到竣工　　　　　　　D. 從策劃到投產

6. 在成本管理過程中，（　　）貫穿於項目從投標階段開始直到項目竣工驗收的全過程，是企業全面成本管理的重要環節。

　　A. 成本考核　　　　　　　　　B. 成本分析
　　C. 成本控制　　　　　　　　　D. 成本預測

二、問答題

1. 現代項目成本管理的主要內容有哪些？
2. 闡述項目資源計劃編製的方法？
3. 項目成本估算的方法有哪些？
4. 掙值分析方法的含義是什麼？

第九章習題參考答案

10 項目風險管理

【本章教學要點】

知識要點	掌握程度	相關知識
項目風險識別	掌握	系統分解法、流程圖法
項目風險度量	掌握	項目風險概率、項目風險損失期望值
項目風險應對	掌握	項目風險管理計劃、項目風險應急計劃
項目風險控制	掌握	項目風險控制體制、項目風險控制方案

【關鍵詞】

風險管理　項目風險識別　項目風險評估　項目風險應對　項目風險控制

導入案例

集成項目中的風險管理

　　Clearnet 公司是國外一家知名的 IP 電話設備廠商。它在國內擁有許多電信營運商客戶。Clearnet 主要通過分銷的方式發展中國的業務，由國內的合作夥伴和電信公司簽約並提供具有增值內容的集成服務。2010 年，國內一家省級電信公司（H 公司）打算上某項目，經過發布 RFP（需求建議書）以及談判和評估，最終選定 Clearent 公司為其提供 IP 電話設備。立達公司作為 Clearent 公司的代理商，成了該項目的系統集成商。立達公司是第一次參與此類工程。H 公司和立達公司簽訂了總金額近 1,000 萬元的合同。劉先生是該項目的項目經理。該項目的施工週期是三個月。由 Clearnet 負責提供主要設備，立達公司負責全面的項目管理和系統集成工作，包括提供一些主機的附屬設備和支持設備，並且負責項目的整個運作和管理。Clearnet 和立達公司之間的關係是外商通常採用的方式——一次性付帳。這就意味著 Clearnet 不承擔任何風險，而立達公司雖然有很大的利潤，但是也承擔了全部的風險。合同是固定總價的分期付款合同，按照電信業界慣例，10%的尾款要等到系統通過最終驗收一年後才能支付。3 個月後，整套系統安裝完成。但自系統試運行之日起，不斷有問題暴露出來。H 公司要求立達公司負責解決，可其中很多問題涉及 Clearent 的設備問題。因而，立達公司要求 Clearent 公司予以配合。Clearent 也一直積極參與此項目的工作。然而，劉先生發現，立達對 H 公司的承諾和技術建議書遠遠超過了系統的實際技術指標，這與 Clearent 與立達的代理合同有不少出入。立達公司也承認，為了

競爭的需要，做了一些額外的承諾。這是國內公司的常見做法，有的公司甚至乾脆將尾款不考慮成利潤，而收尾款也成了一種專職的公關工作。這種做法實質上增加了項目的額外成本，同時對整個的商業行為構成潛在的誠信危機。對於 H 公司來說，他們認為，按照 RFP 的要求，立達公司實施的項目沒有達到合同的要求。因此直至 2012 年，H 公司還拖欠立達公司 10%的驗收款和 10%的尾款。立達公司多次召開項目會議，要求 Clearent 公司給予支持。但由於開發週期的原因，Clearent 公司無法馬上達到新的技術指標並滿足新的功能。於是，項目持續延期。為完成此項目，立達公司只好不斷將 Clearenet 公司的最新升級系統（軟件升級）提供給 H 公司，甚至派人常駐在 H 公司（外地）。又經過了 3 個月，H 公司終於通過了最初驗收。在立達公司同意承擔系統升級工作直到完全滿足 RFP 的基礎上，H 公司支付了 10%的驗收款。然而，2012 年年底，Clearent 公司由於內部原因暫時中斷了在中國的業務，其產品的支持力度大幅下降，結果致使該項目的收尾工作至今無法完成。據瞭解，立達公司在此項目上原本可以有 250 萬元左右的毛利，可是考慮到增加的項目成本（差旅費、溝通費用、公關費用和貼現率）和尾款，實際上的毛利不到 70 萬元。如果再考慮機會成本，實際利潤可能是負值。項目失敗或沒有達到預期經濟指標的因素有很多，其中風險管理是一個極為重要的因素。立達公司項目失敗的原因究竟是什麼，項目經理陷入深深的思索中。

資料來源：胡蓓姿. 信息化項目管理理論與實踐［M］. 北京：中國科學技術出版社，2006：248-249.

10.1　項目風險和項目風險管理

項目的實現過程是一個存在著很大不確定性的過程，因為這一過程是一個複雜的、一次性的、創新性的，並涉及許多關係與變數的過程。項目的這些特性造成了在項目的實現過程中存在著各種各樣的風險。如果不能很好地管理這些風險就會造成各種各樣的損失，因此在項目管理中必須充分識別、度量和控制項目風險。確切地說，項目管理中最重要的任務就是對項目不確定性和風險的管理。因為確定性和常規性的管理工作都是程序化和結構化的管理問題，它們所需的管理力度是十分有限的。

一般風險管理的理論認為，風險是指由於當事者不能預見或控制某事物的一些影響因素，使得事物的最終結果與當事者的期望產生較大背離，從而使當事者蒙受損失的可能性。風險的主要原因是信息的不完備性，即當事者對事物有關影響因素與未來發展變化情況缺乏足夠的、準確的信息。由於項目是一種一次性、獨特性和不確定性較高的工作，所以存在著很大的風險，因此必須積極地開展項目風險管理。

10.1.1　項目風險的概念

項目風險所涉及的主要概念有如下幾個方面：

（1）項目風險的定義。

一般認為，項目風險是指由於項目所處環境和條件本身的不確定性，項目業主/客

戶、項目組織或項目其他相關利益者主觀上不能準確預見或控制的影響因素。項目風險使項目的最終結果與當事者的期望產生背離，從而給當事者帶來損失的可能性。形成項目風險的根本原因是人們對項目未來發展與變化的認識和應對等方面出現了問題。

通常，人們對事物的認識可以劃分成三種不同的狀態，即擁有完備信息的狀態、擁有不完備信息的狀態和完全沒有信息的狀態。三種不同的認識狀態決定了人們的決策和當事者的期望。這三種認識狀態的具體說明如下：

① 擁有完備信息的狀態。

在這種狀態下，人們知道某事物肯定會發生或者肯定不發生，而且人們還知道在該事物發生和不發生的情況下會帶來的確切後果。一般人們將擁有這種特性的事物稱為確定性事件。例如，某工程項目的露天混凝土澆灌作業，晴天每天可完成10萬元工程量，下雨天則需要停工並發生窩工。天氣預報報導第二天降水概率為0，即肯定不降雨，那該項目明天開展施工作業並完成10萬元工程量就是一個確定性事件（不考慮其他因素）。

② 擁有不完備信息的狀態。

在這種狀態下，人們只知道某事物在一定條件下發生的概率（發生可能性），以及該事物發生後會出現的各種可能後果，但是並不確切地知道該事物究竟是否會發生和發生後事物的發展與變化結果。擁有這種特性的事物被稱為不確定性事件或風險性事件。例如，上述從事露天混凝土澆灌作業的實例，如果天氣預報報導第二天的降水概率為60%，即第二天下雨的可能性是60%，不下雨的可能性是40%。若第二天開展施工作業，該項目就有40%可能性會出現因下雨不但不能完成產值10萬元，而且會損失工料費7萬元的風險。在這種情況下，該工程隊第二天開展作業並完成10萬元就是一個不確定性事件或風險性事件。

③ 完全沒有信息的狀態。

在這種狀態下，人們對某事物發生的條件和概率並不知道，而且對該事物發生後會造成的後果也不清楚，對於該事物的許多特性只有一些猜測。擁有這種特性的事物被稱為完全不確定性事件。例如，仍然是某項目從事露天混凝土澆灌作業的實例，如果根本就沒有天氣預報，所以第二天是否下雨根本不清楚，那麼該項目第二天是否能夠開展施工作業，是能夠完成10萬元產值，還是會損失工料費7萬元就難以預料。在這種情況下，該項目第二天完成10萬元產值就是一個完全不確定性事件。

在項目的整個實現過程中，確定性、風險性和完全不確定性事件都會存在，隨著項目複雜性的提高和人們對項目風險認識的能力不同，三種事件的比例會不同。一般情況下，在上述三種情況中，項目的風險性事件（或叫不確定性事件）所占比重是最大的，完全不確定性事件是極少的，而確定性的事件也不多。雖然在實際工作中，人們往往將風險性不大的事件簡化成確定性事件，這樣就顯得有很多事物都是確定的，但是實際上這些只是在假設前提條件下的確定性事件。在上述三種不同的事件中，風險性事件和完全不確定性事件是項目風險的根源，是造成項目未來發展變化的根源。

(2) 項目風險產生的原因。

項目風險主要是不確定性事件造成的，而不確定性事件又是信息不完備造成的，

即人們無法充分認識一個項目未來的發展和變化造成的。從理論上說，項目的信息不完備情況能夠通過人們的努力而降低，但是卻無法完全消除。這主要是因為：

①人們的認識能力有限。

世界上的任何事物都有各自的屬性，這些屬性是由各種數據和信息加以描述的，項目也一樣。人們只有通過項目的各種數據和信息去瞭解項目、認識項目並預見項目的未來發展和變化。但是由於人們認識事物的能力有限，所以人們在深度與廣度兩方面對世界上許多事物屬性的認識仍然存在著很大的局限性。從信息科學的角度上說，人們對事物認識的這種局限性，從根本上是人們獲取數據和信息的能力有限性和客觀事物發展變化的無限性這一矛盾造成的，這使得人們無法獲得事物的完備信息。人們對項目的認識同樣存在這種認識能力的限制問題，人們尚不能確切地預見項目的未來發展變化，從而性形成了項目風險。

②信息本身的滯後性。

從信息科學的理論出發，信息的不完備性是絕對的，而信息的完備性是相對的。造成這一客觀規律的根本原因是信息本身的滯後性。因為世上所有事物的屬性都是由數據和信息加以描述的，但是人們只有在事物發生以後才能夠獲得有關該事物的真實數據，然後必須由人們對數據進行加工處理以後才能產生有用的信息。由於數據加工需要一定的時間，所以任一事物的信息總會比該事物本身滯後，從而就形成了信息本身的滯後性。從這個意義上說，完全確定性事件是不存在的，項目更是如此。但是任何事物隨著本身的發展和數據的生成，人們對它的認識會不斷深入，其信息的完備性程度會不斷提高，直到事物完結，描述該事物的信息才有可能是完備的。這種信息的滯後性是信息不完備性的根本原因，也是項目風險的根本原因。

(3) 項目風險的分類。

我們可以按照不同的標準對項目風險進行分類，並通過分類去進一步認識項目風險及其特性。

項目風險分類的主要方法有：按風險發生概率分類的方法、按風險引發原因分類的方法，按風險結果分類的方法，按風險關聯程度分類的方法，按風險發生對象分類的方法等。我們分別使用這些項目風險分類方法可以更好地認識項目風險的特性。例如，按風險發生概率分類的方法可以使人們充分認識項目風險可能性的大小。通常，這些分類方法是按圖10-1中箭頭指出的方向，依次（或分層）進行分類的。另外，在一個項目的全過程中，我們需要隨項目環境與條件的變化和事物進展多次進行分類分析，因為每次分類分析都會幫助我們更進一步地認識項目的風險。例如，某項目風險概率在前次分析中是60%，在第二次分析有可能會變成80%或40%，這樣對該風險的管理就可以根據第二次分析的信息進行改變。

10.1.2 項目風險管理的概念

項目風險管理是指通過項目風險識別、風險界定和風險度量等工作去認識項目的風險，並以此為基礎，合理地使用各種風險應對措施和管理方法對項目風險實行有效的控制，妥善地處理項目風險事件所造成的不利結果，以最少的成本保證項目總體目

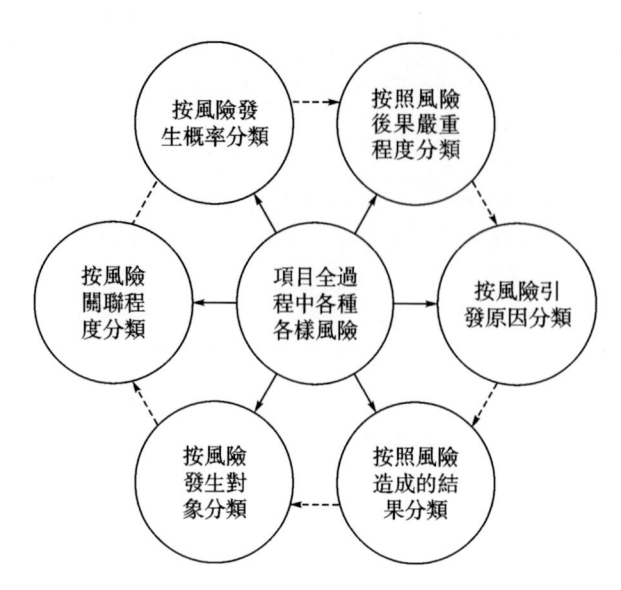

圖 10-1　項目風險分類方法及其關係

標的實現的管理工作。項目風險管理的主體是項目經理和項目業主/客戶，他們必須採取有效措施確保項目風險處於受控狀態，從而保證項目目標最終能夠實現。項目的一次性使項目的不確定性比日常營運活動大得多，而且項目風險一旦形成，也沒有改進和補償的機會，所以項目風險管理的要求通常要比日常營運管理的要求高得多。此外，項目風險管理更注重項目前期階段的風險管理和預防工作，因為在這一時期，項目的不確定因素較多，項目風險高於後續階段。

（1）項目風險管理理論。

按照項目風險有無預警信息，項目風險可以分成兩種不同性質的風險，所以也有兩種不同的項目風險管理理論。一種是針對無預警信息項目風險的管理方法和理論。由於這種風險很難提前識別和跟蹤，所以難以進行事前控制，而只能在風險發生時採取類似「救火」式的方法去控制或消減這類項目風險的後果，所以無預警信息項目風險的管理控制主要有兩種方法：一是消減項目風險後果的方法，二是項目風險轉移的方法（即通過購買保險等方式轉移風險）。項目風險管理的另一種理論和方法是針對有預警信息項目風險的（絕大多數項目風險都屬於這一類）。對於這類風險，人們可以通過收集預警信息去識別和預測它，並通過跟蹤其發生和發展變化而採取各種措施控制這類項目風險。

對於一個項目來說，究竟存在什麼樣的風險，一方面取決於項目本身的特性（即項目的內因），一方面是指項目所處的外部環境與條件（即項目的外因）。內因主要是指參加項目的團隊成員情況，如他們對風險的認識能力以及團隊成員之間的溝通等。不同的項目、不同的項目環境與條件、不同的團隊成員與團隊間的溝通會有不同的項目風險。外因主要是指項目風險的性質和影響因素的發展變化。不同的影響因素和不同的發展變化規律決定了不同的項目風險。

（2）項目風險管理的方法。

項目風險的漸進性給人們提供了識別和控制項目風險的可能性。因為在風險漸進的過程中，人們可以設法去分析、觀察和預測它，並採取相應措施對風險及其後果進行管理和控制。如果有了正確的方法，人們就可以在項目進程中識別出存在的風險和認識這些風險發展進程的主要規律和可能後果。這樣，人們就可以通過主觀能動性的發揮，在項目風險漸進的過程中根據風險發展的客觀規律，開展對項目風險的有效管理與控制了。項目風險的階段性給人們提供了認識和控制風險的可行性，項目風險的階段性使人們可以在項目風險不同階段去對項目風險採取不同的管理與控制措施。針對項目風險潛在階段、項目風險發生階段和項目風險後果階段的主要控制方法如下：

①項目風險潛在階段的管理方法。

人們可以通過預先採取措施對項目風險的進程和後果進行適當的控制和管理。在項目風險潛在階段，我們都可以使用這種預先控制的方法。這類方法通常被稱為風險規避的方法。一般而言，最大的項目災難後果是由於在項目風險潛在階段，人們對項目風險的存在和發展一無所知。當人們在項目風險潛在階段就能夠識別各種潛在的項目風險及其後果，並採取各種規避風險的辦法，就可以避免項目風險的發生。顯而易見，如果能夠通過項目風險規避措施使項目風險不進入發生階段就不會有項目風險後果發生。例如，若已知某項目存在很大的技術風險（技術不成熟），就可以採取不使用該技術或不實施該項目的辦法去規避這種風險。

②項目風險發生階段的管理方法。

在這一階段中，人們可以採用風險轉化與化解的辦法對項目風險及其後果進行控制和管理。這類方法通常被稱為項目風險化解的方法。人們不可能預見所有的項目風險。如果人們沒能盡早識別出項目風險，或者雖然在項目風險潛在階段識別出了項目風險，但是所採用的規避風險措施無效，項目風險就會進入發生階段。在風險的發生階段，如果人們能立即發現問題，找到解決問題的科學方法並積極解決風險問題，多數情況下，可以降低風險、甚至防止風險後果的出現，減少項目風險後果所帶來的損失。

③項目風險後果階段的管理方法。

在這一階段，人們可以採取消減風險後果的措施去降低項目風險的發生和發展所造成的損失。人們不僅很難在風險潛在階段預見項目的全部風險，也不可能在項目風險發生階段全面解決各種各樣的項目風險問題，所以總是會有一些項目風險進入項目風險後果階段。在這一階段，人們仍可以採取各種各樣的措施去消減項目風險的後果和損失，消除由於項目風險後果帶來的影響等。如果人們採取的措施得當，就會將項目風險的損失減到最少，將風險影響降到最小。不過到這一階段，人們能採用的風險管理措施就只有對項目風險後果的消減等被動方法了。

由此可以看出，人們對項目的不確定性，或者說項目的風險並不是無能為力的。人們可以通過主觀能動性的發揮，運用正確的方法，去自覺地開展對項目風險的管理與控制活動，從而規避風險、化解風險，或者消減風險帶來的後果。在項目風險的不同階段，人們都是可以對風險有所作為的。正是由於項目風險的漸進性和階段性，人

們能夠在項目風險的不同階段採取不同的措施去實現對項目風險的控制和管理。

(3)項目風險管理主要工作和內容。

項目風險管理的主要工作和內容包括如下幾個方面：

①項目風險的識別。

項目風險的識別是指識別和確定項目究竟存在哪些風險，這些風險可能影響項目的程度和可能帶來的後果的一項項目風險管理工作。項目風險識別的主要任務是找出項目風險，識別引起項目風險的主要因素，並對項目風險後果做定性的估計。項目風險識別中最重要的原則是通過分析和因素分解，把比較複雜的事物分解成一系列要素，並找出這些要素對事物的影響。在識別項目風險時，我們需要將一個綜合性的項目風險問題首先分解成許多具體的項目風險問題，再進一步分析找出形成項目風險的影響因素。在識別項目風險的影響因素時，需要使用分析和分解的原則；對項目風險後果的識別也需要使用分析和分解的原則。在這種分析和分解的過程中，各種樹形分析方法，如故障樹、風險樹等方法，就成了常用風險識別方法。項目風險識別在很大程度上還取決於項目決策者與風險分析者的知識與經驗，因此，像德爾菲法、專家會議法、情景分析法這樣一些「軟科學」的方法使用的較多。

②項目風險的度量。

項目風險的度量是指對項目風險和項目風險後果進行的評估和定量分析。項目風險度量的任務是對項目風險發生可能性大小和項目風險後果的嚴重程度等做出定量的估計或做出新情況的統計分佈描述。項目風險是一種不確定性，即存在著會出現一定經濟損失的可能性。人們之所以會冒一定風險去開展一個項目，就是因為項目風險可能發生，也可能不發生。因此，項目風險發生概率（P）是度量風險可能性的一個主要參數。項目風險的大小同其風險後果的嚴重程度有關，所以其項目風險後果嚴重程度（C，損失多少）也是度量項目風險大小的一個基本參數。因此，項目風險度量 R 就可看成項目發生概率 P 與項目風險後果嚴重程度 C 的函數，即：

$$R=F(P, C)$$

要估計項目風險可能性，就需要使用統計學的方法和一些主觀估計的方法，因為有許多風險可能性的數據是要靠主觀估計給定的。

③制定項目風險應對措施。

確定項目風險的應對措施也是項目風險管理中一項非常重要的工作。項目風險識別和度量的任務是確定項目風險大小及其後果。制定項目風險應對措施的任務是計劃和安排對項目風險的控制活動方案。在制定項目風險應對措施的過程中，需要採用一系列的項目風險決策方法。在制定項目風險應對措施的工作中，通常運用項目風險成本與效益分析、效用分析、多因素分析和集成控制等方法。在制定項目風險應對措施時，必須充分考慮項目風險損失和代價的關係。這裡所說的「代價」是指為應對項目風險而進行的信息收集、調查研究、分析計算、科學實驗和採取措施等一系列活動所花的費用。因此，我們一方面要設計好項目風險應對的措施，盡量減少風險應對措施的代價。另一方面，我們在制定項目風險應對措施時，還必須考慮風險應對措施可能帶來的收益，並根據收益的大小決定是否需要付出一定量的代價去應對項目風險，避

免出現得不償失的情況。

④項目風險的控制。

項目風險的控制是指根據項目風險識別、度量和制定的項目風險應對措施開展的,對整個項目全過程中各種風險的控制工作。項目風險控制工作的具體內容包括:根據項目發展與變化的情況,不斷地重新識別和界定項目的風險,不斷地更新項目風險應對措施,不斷地決策和實施項目風險應對措施,以最終確保項目目標的成功實現。確切地說,項目風險控制工作是一個動態的工作過程。在這一過程中,項目風險管理的各項作業(包括項目風險識別、界定和項目風險應對措施的制定)是相互交叉和相互重疊的。通常,在項目各個階段,都要開展項目風險控制。這種控制是一種周而復始地、全面地開展項目風險識別和界定,制定和實施應對措施(項目風險應對措施的實施就是項目風險控制的核心內容)的工作循環。

10.2 項目風險的識別

10.2.1 項目風險識別的概念

項目風險識別是一項貫穿項目實施全過程的項目風險管理工作。這項工作的目標是識別和確定出項目究竟有哪些風險,這些項目風險究竟有哪些基本特性,這些項目風險可能會影響項目哪些方面等。例如:一個項目究竟存在著項目工期風險、項目成本風險,還是項目質量風險;一項項目風險究竟是有預警信息風險,還是無預警信息風險;這一項目風險會給項目範圍、工期、成本、質量等帶來什麼影響;等等。

項目風險識別還應該識別和確認項目風險是屬於項目內部因素造成的風險,還是屬於項目外部因素造成的風險。對於項目內部因素造成的風險,項目組織或項目團隊可以較好地控制和管理。例如,項目團隊通過項目團隊成員安排和項目資源的合理調配可以克服許多項目拖期或項目質量方面的風險。但是,項目外部因素造成的風險是項目組織或團隊難以控制和管理的。項目組織和項目團隊對這種風險的控制和影響是很小的,所以只能採取一些規避或轉移的方法去應對。例如,項目所需資源的市場價格波動,項目業主/客戶或政府提出的項目變更等都屬於項目外部因素,由此引發的項目風險很難通過項目組織或團隊的努力去化解。

嚴格地說,項目風險不僅包括蒙受損失的可能性,還包括一些獲得收益的可能性。因此在項目風險識別的過程中,必須識別項目風險可能帶來的威脅和機遇兩個方面。通常,項目風險帶來的機遇是一種項目風險的正面影響,而項目風險帶來的威脅是一種負面的影響。在項目風險識別中,我們在充分認識項目風險威脅的同時,也要識別項目風險可能帶來各種機遇,並分析項目風險的威脅與機遇的相互轉化條件和影響這種轉化的關鍵因素,以便能夠在制定項目風險應對措施和開展項目風險控制中,通過主觀努力和正確應對,使項目風險帶來的威脅得以消除,而使項目風險帶來的機遇轉化成組織的實際收益。

項目風險識別是項目風險管理中的首要工作，項目風險識別的主要工作內容包括如下幾個方面：

(1) 識別並確定項目有哪些潛在的風險。

這是項目風險識別的第一目標。因為只有首先確定項目可能會遇到哪些風險，我們才能夠進一步分析這些風險的性質和後果。所以在項目風險識別工作中，我們首先要全面分析項目發展與變化中的各種可能性和風險，從而識別出項目潛在的各種風險並整理匯總成項目風險清單。

(2) 識別引起這些風險的主要影響因素。

這是項目風險識別的第二項工作目標。因為只有識別清楚各個項目風險的主要影響因素，我們才能把握項目風險的發展變化規律，進一步才有可能對項目風險進行應對和控制。所以在項目風險識別活動中，我們首先要全面分析各個項目風險的主要影響因素和它們對項目風險的影響方式、影響方向，影響力度等；然後要運用各種方式將這些項目風險的主要影響因素同項目風險的相互關係描述清楚，圖表的方式、文字說明或數學公式均可。

(3) 識別項目風險可能引起的後果。

這是項目風險識別的第三項任務和目標。在識別出項目風險和項目風險主要影響因素以後，我們還必須全面分析項目風險可能帶來的後果和後果嚴重程度。項目風險識別的根本目的就是縮小和消除項目風險帶來的不利後果，同時爭取擴大項目風險可能帶來的有利後果。當然，在這一階段，對項目風險的識別和分析主要是定性的分析，定量的項目風險分析將在項目風險度量中給出。

10.2.2 項目風險識別的方法

項目風險識別的方法有很多，既有結構化方法也有非結構化方法，既有經驗性方法也有系統性方法，但是使用最多的是如下幾種方法：

(1) 系統分解法。

項目風險識別中最常用的一種方法是利用系統分解的原理將一個複雜的項目分解成比較簡單和容易認識的子系統或系統元素，從而識別各子系統或系統要素造成的風險的方法。比如，在投資建造一個化肥廠項目時，項目分析評價人員可以首先根據項目本身的特性，將項目風險分解成為以下幾個方面：市場風險、投資風險、經營風險、技術風險、資源及原材料供應風險、環境污染風險等。然後，項目分析評價人員還可以對這些項目風險再做進一步的分解，如項目的市場風險又可以分解成三個方面：競爭風險（市場競爭造成項目失敗或虧損的風險）、替代風險（項目建成後，可能出現替代產品而使項目蒙受損失的風險）、需求風險（項目建成後，產品市場出現需求不足、需求下降和市場飽和，從而使項目蒙受損失的風險）。

(2) 流程圖法。

項目流程圖是給出一個項目的工作流程，項目各部分之間的相互關係等信息的圖表。它包括項目系統流程圖、項目實施流程圖、有項目作業流程圖等各種形式的、有不同詳細程度的項目流程圖。流程圖法就是使用這些流程圖去全面分析和識別項目風

險的一種方法。這種方法的結構化程度比較高,所以對於識別項目的系統風險和各種風險要素是非常有用的。流程圖法通過使用項目流程圖幫助項目風險識別人員分析和識別項目的風險、項目各個環節存在的風險,以及各個項目風險的起因和影響。運用這種方法得出的項目風險識別結果還可以為後面項目實施中的風險控制提供依據。

(3) 頭腦風暴法。

對於風險識別來說,頭腦風暴法是一種運用創造性思維、發散性思維和專家經驗,通過會議的形式去分析和識別項目風險的方法。項目風險識別人員在使用這種方法識別項目風險時,要允許各方面的專家和分析人員暢所欲言,搜尋和發現項目的各種風險。使用這種方法時,組織者要善於提問並能及時整理項目風險分析的結果,並促使與會者不斷發現和識別項目的各種風險和風險影響因素。一般使用這種方法可以回答下列問題:如果進行這個項目會遇到哪些風險?風險的危害程度如何?風險的主要成因是什麼?風險事件的徵兆有哪些?風險有哪些基本特性?

(4) 情景分析法。

情景分析法是通過對項目未來的某個狀態或某種情況(情景)的詳細描述並分析所描繪情景中的風險與風險要素,從而識別項目風險的一種方法。在項目風險分析與識別中,需要有這樣一種能夠識別各種引發風險的關鍵因素以及它們的影響程度等問題的方法。情景(對於項目未來某種狀態或情況)的描述可以用圖表或曲線給出,也可以用文字給出。對於涉及因素較多、分析計算比較複雜的項目風險識別,情景分析法可以借助於計算機完成。這種方法一般需要:先給出項目情景描述,然後變動項目某個要素再分析變動後項目情況變化和可能的風險與風險後果等。情景分析法對下列項目風險識別工作特別有用:

①分析和識別項目風險的後果。

通過情景描述與模擬,這種方法可以分析和識別項目風險發生後會出現的後果。這可用於提醒項目決策者注意採取風險控制措施,以防止可能出現的項目風險和風險後果。

②分析和識別項目風險波及的範圍。

通過情景描述與模擬以及改變項目風險影響因素等方式,這種方法可以分析和識別項目風險發生會波及的項目範圍並給出需要進行監視跟蹤和控制的項目風險範圍。

③檢驗項目風險識別的結果。

當各種項目風險識別的結果相互矛盾時,情景分析法可用於檢驗各種項目風險的可能性和發展方向與程度,並通過改變項目風險變量的情景模擬和分析,以檢驗項目風險識別的結果。例如,可以給出兩個極端情況和一個中間情況的情景模擬並通過觀察這些情景中風險的發生和發展變化去檢驗項目風險識別的結果。

④研究某些關鍵因素對項目風險影響。

情景分析法可以通過篩選、監測和診斷三項工作,研究某些關鍵因素對項目風險的影響。在「篩選」中,我們依據某種項目程序中對潛在的風險、風險因素進行分類選擇排序,並篩選出項目風險。在「監測」中,我們通過對某些風險模擬情景進行監測並根據風險發展變化找出影響風險的關鍵因素。在「診斷」中,我們通過對項目風

險和項目風險影響因素分析，診斷出風險起因、症狀、後果以及風險與起因的關係，最終找出項目風險的起因。

圖 10-2 是一個描述篩選、檢測和診斷關係的項目風險識別元素圖，它們由項目風險識別情景分析法中的三個過程，即疑因估計、仔細檢查和徵兆鑑別構成。在篩選、監測和診斷三項工作中，這三個過程的具體順序如下：

篩選：仔細檢查→徵兆鑑別→疑因估計。
監測：疑因估計→仔細檢查→徵兆鑑別。
診斷：徵兆鑑別→疑因估計→仔細檢查。

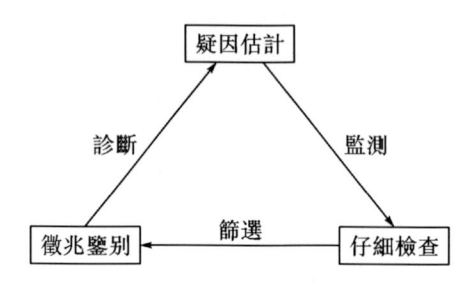

圖 10-2　情景分析法項目風險識別工作示意圖

10.3　項目風險度量

10.3.1　項目風險度量的內涵

項目風險度量是對項目風險的影響和後果進行的評價和估量。項目風險度量包括對項目風險發生可能性大小（概率大小）的評價和估量，對項目風險後果嚴重程度的評價和估量，對項目風險影響範圍的評價和估量以及對項目風險發生時間的評價和估量等方面。項目風險度量的主要作用是根據這種度量去制定項目風險的應對措施以及開展項目風險的控制。項目風險度量的主要工作內容有：

（1）項目風險可能性的度量。

項目風險度量的首要任務是分析和估計項目風險發生的概率，即項目風險可能性的大小。這是項目風險度量中最為重要的一項工作，因為一個項目風險的發生概率越高，造成項目損失的可能性就越大，對它的控制就應該越嚴格，所以在項目風險度量中，首先要確定和分析項目風險可能性的大小。

（2）項目風險後果的度量。

項目風險度量的第二項任務是分析和估計項目風險後果，即項目風險可能帶來的損失大小。這也是項目風險度量中的一項非常重要的工作，因為即使是一個項目風險的發生概率不大，但一旦發生則後果十分嚴重，那麼對它的控制也需要十分嚴格，否則這種風險的發生會給整個項目成敗造成嚴重的影響。

（3）項目風險影響範圍的度量。

項目風險度量的第三項任務是分析和估計項目風險影響的範圍，即項目風險可能影響到項目的哪些方面和工作。這也是項目風險度量中的一項十分重要的工作，因為即使是一個項目風險發生概率和後果嚴重程度都不大，但它一旦發生會影響到項目各個方面和許多工作，故也需要對它進行嚴格的控制，防止因這種風險發生而攪亂項目的整個工作和活動。

（4）項目風險發生時間的度量。

項目風險度量的第四項任務是分析和估計項目風險發生的時間，即項目風險可能在項目的哪個階段和什麼時間發生。這也同樣項重要，因為對項目風險的控制和應對措施都是根據項目風險發生時間安排的，越先發生的項目風險就應該越優先控制，而對後發生的項目風險可以通過監視和觀察它們的各種徵兆，做進一步識別和度量。

在項目風險度量中，人們需要克服各種認識上的偏見，這包括：項目風險估計上的主觀臆斷（根據主觀意志需要誇大或縮小風險，當人們渴望成功時就不願看到項目的不利方面和項目風險）、項目風險估計的思想僵化（對原來的項目風險估計，人們不能或不願意根據新獲得的信息進行更新和修正，最初形成的風險度量會成為一種定勢在腦子裡駐留而不肯褪去）、缺少概率分析的能力和概念（因為概率分析本身就比較麻煩和複雜）等。

10.3.2 項目風險度量的常用方法

在項目風險度量過程中，常用的方法主要有：

（1）損失期望值法。

這種方法首先要分析和估計項目風險概率和項目風險可能帶來的損失（或收益）大小，然後將二者相乘求出項目風險的損失（或收益）期望值，並使用項目損失期望值（或收益）去度量項目風險。我們在使用項目風險損失期望值去度量項目風險大小時，需要確定出的項目風險概率和項目風險損失大小。

①項目風險概率。

項目風險概率和概率分佈是項目風險度量中最基本的內容，項目風險度量的首要工作就是確定項目風險事件的概率分佈。一般說來，項目風險概率及其分佈應該根據歷史信息資料來確定。當項目管理者沒有足夠歷史信息和資料來確定項目風險概率及其分佈時，也可以利用理論概率分佈確定項目風險概率。由於項目的一次性和獨特性，不同項目的風險相差很遠，所以在許多情況下，人們只能根據很少的歷史數據樣本對項目風險概率進行估計，甚至有時完全是主觀判斷。因此，項目管理者在很多情況下要使用自己的經驗，要主觀判斷項目風險概率及其概率分佈，這樣得到的項目風險概率被稱為主觀判斷概率。雖然主觀判斷概率是憑人們的經驗和主觀判斷估算或預測出來的，但它也不是純粹主觀隨意性的東西，因為項目管理者的主觀判斷是依照過去的經驗做出的，所以它仍然具有一定的客觀性。

②項目風險損失。

項目風險造成的損失或後果需要從三方面來衡量：一是項目風險損失的性質，二

是項目風險損失的大小與影響，三是項目風險損失的時間與分佈。項目風險損失的性質項目風險可能造成的損失是經濟性的，還是技術性的，還是其他方面的。項目風險損失的大小和分佈包括項目風險可能帶來的損失嚴重程度和這些損失的變化幅度，它們需要分別用損失的數學期望和方差表示。項目風險影響是指項目風險會給哪些項目相關利益者造成損失，從而影響它們的利益。項目風險損失的時間分佈是指項目風險是突發的，還是隨時間的推移逐漸致損的；項目風險損失是在項目風險事件發生後馬上就能感受到，還是需要隨時間的推移而逐漸顯露出來以及這些風險損失可能發生的時間等。

③項目風險損失期望值的計算。

項目風險損失期望值的計算一般是將上述項目風險概率與項目風險損失估計相乘得到的。有關這種期望的計算請參見相關的概率統計教材或著作。

（2）模擬仿真法。

模擬仿真法是用數學模擬或系統仿真模型分析和度量項目風險的方法。這種項目風險度量方法使用蒙特卡羅模擬或三角模擬等分析法。這種方法可用來度量各種能量化的項目風險，通過改變參數並多次模擬項目風險，能得到模擬仿真計算的統計分佈結果，並可以此作為項目風險度量的結果。例如，項目工期風險和項目成本風險等的度量就可以使用這種方法。這種方法多數用在大項目或是複雜項目的風險度量上，小項目一般使用前面給出的損失期望值法。由於項目時間和成本的風險都是項目風險管理的重點，所以模擬仿真法在這些項目風險度量中的使用較為廣泛。

（3）專家決策法。

專家決策法也是在項目風險度量中經常使用的方法，它可以代替或輔助上面所講過的數學計算和模擬仿真的方法。例如，許多項目管理專家運用他們自己的專家經驗做出的項目工期風險、項目成本風險、項目質量風險等的度量通常是很準確可靠的，甚至有時比數學計算與模擬仿真確定的項目風險度量還要準確和可靠，因為這些專家的經驗通常是一種比較可靠的依據。另外，很多項目風險度量要求給出高、中、低三種項目風險概率和幾種項目風險損失程度的數據，而且精確程度一般要求並不高，所以使用專家決策法做出的項目風險度量一般是足夠準確和可靠的。專家決策法中用的專家經驗可以從搞過類似項目的專家處獲得，也可以通過查閱歷史項目有關經驗教訓、原始資料等方法獲得。

10.3.3　項目風險識別與風險度量的過程

項目風險識別與風險度量的具體步驟由圖 10-3 給出。

圖 10-3 中有關項目風險識別方法各個步驟的具體內容如下：

（1）項目風險管理信息系統的開發建立。

首先要根據項目風險管理的需要建立項目風險管理信息系統。這種系統既可以是以計算機為基礎的信息系統，也可以是純人工信息系統，當然也可以是整個項目管理信息系統的一個子系統。這一系統的主要功能是及時收集、處理和存儲有關項目每個具體活動與過程的各種風險信息，以便為項目風險的識別、度量和控制服務。

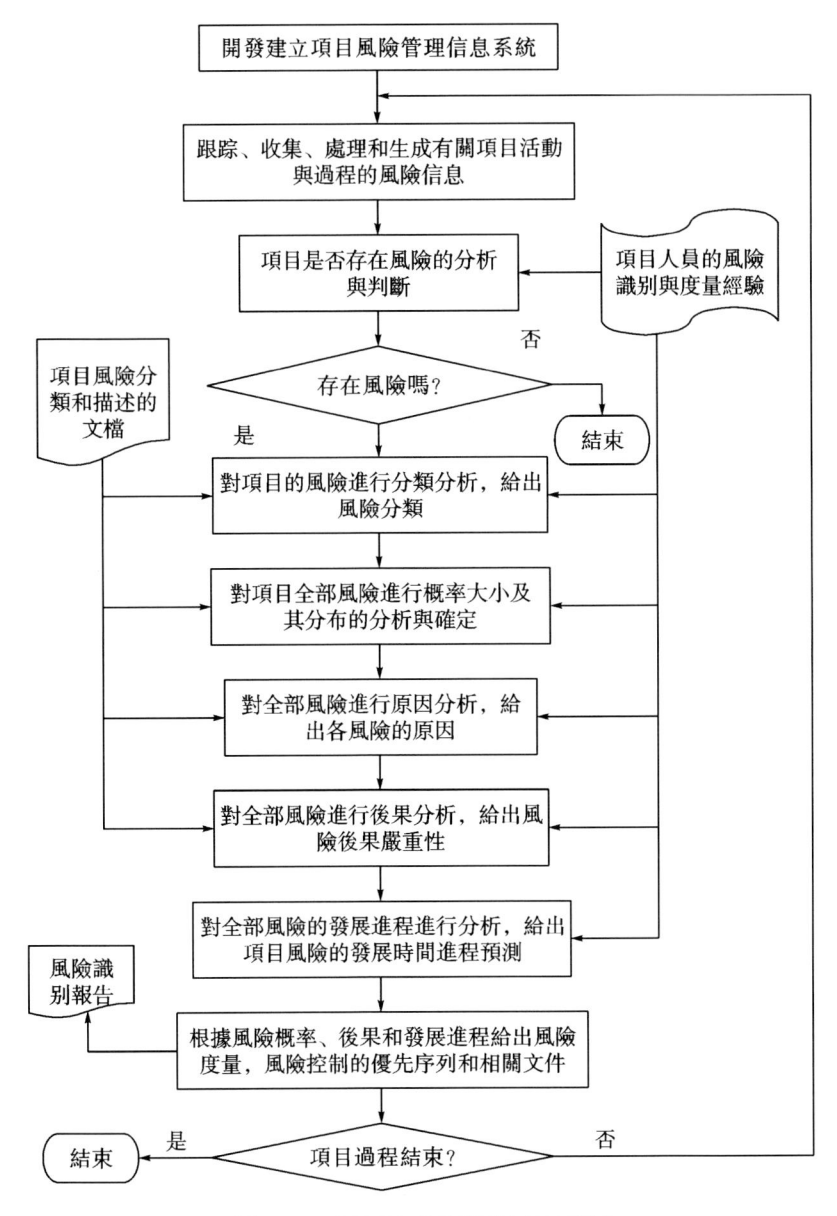

圖 10-3　典型項目風險識別方法流程圖

（2）項目風險信息的跟踪、收集、處理和生成。

這一步是使用項目風險管理信息系統去跟踪項目過程以及項目活動的發展，項目所處環境與條件的變化等信息，去收集、處理和生成有關項目全過程、項目具體活動與過程的風險信息。這是一個不斷的信息收集與處理工作，是為不斷開展的項目風險識別活動提供動態信息的工作。

(3) 項目風險的識別。

項目人員運用項目風險管理信息系統生成的信息，加上項目管理人員的風險管理經驗就可以對項目的各種風險進行全面分析與識別，並找出項目面臨的各種風險了。特別需要注意的是，由於存在有關項目風險的信息缺口，所以項目風險識別工作實際上是一項運用信息和經驗，運用開創性思維的分析與識別活動。許多時候，管理者需運用自己的經驗、判斷、甚至直覺去識別出各種項目風險。

(4) 項目風險的分類。

根據已識別出的項目風險，項目人員使用既定的項目風險分類標誌，即可對上一步識別出的項目風險進行分類，以便全面認識項目風險的各種屬性。例如：既可以按照風險發生概率的高低進行分類，也可以根據項目風險的引發原因進行分類，還可以根據項目風險後果的嚴重程度進行分類等。項目風險分類並不是一次完成的，它是通過反覆不斷地分析完善而完成的。

(5) 項目風險發生概率的分析與確定。

這一步要對所有已識別的項目風險進行概率分佈和大小的分析，以便為確定項目風險控制優先排序打下基礎。這一分析需要借助現有信息、歷史數據和經驗等，尤其是以前做過的類似項目或相近項目所發生的風險情況記錄是這一步分析工作的重要信息之一。另外，還需要依靠項目管理人員的經驗判斷和直覺。

(6) 項目風險原因的分析與確定。

這一步是運用現有項目風險信息與項目管理人員的經驗，對已識別的全部項目風險進行風險原因的分析，並通過分析找出引發風險事件的主要原因。如果引發項目風險的主要原因有多個，還要進行主因素分析、多變量分析等更深一步的項目風險因素風險。

(7) 項目風險後果的分析與確定。

這一步是對項目全部風險後果及其嚴重程度所做的全面分析。這裡不但要分析風險可能造成的後果，還要分析這些具體後果的價值大小。所謂「後果價值大小」的含義是指要把項目風險造成的後果進一步轉換成用貨幣單位表示的項目損失。這種「後果價值大小」是確定項目風險控制優先序列的依據之一。

(8) 項目風險發展時間進程的分析與確定。

這是指對已識別項目風險所進行的具體項目風險發展進程時間和發展變化標誌的分析。項目風險發展進程的分析是要找出風險事件何時發生以及引發它的原因何時會出現，誘發原因出現以後項目風險會如何發展等。對項目風險的發展時間進程的分析是制訂項目風險控制計劃的依據之一。

(9) 項目風險度量與風險控制優先序列的確定。

在完成上述分析與判斷之後，還要綜合各方面的分析結論，確定出項目風險的度量和項目風險控制的優先序列。因為在絕大多數情況下，一個項目會有許多種風險，而且這些風險可能會同時或在較短時間間隔內發生，這就需要根據項目風險的度量，確定出它們的優先序列安排。項目風險的發生概率、風險後果嚴重程度等度量都會影響對項目風險控制優先序列的安排。項目控制優先序列安排的基本原則是項目風險後

果最嚴重、發生概率最高、發生時間最早的優先控制。對於已經識別出的項目全部風險，都應該按照這種原則確定出其優先序列。

（10）給出項目風險識別和度量報告。

每進行一次項目風險識別和度量都要在這一工作的最後給出一份項目風險識別和度量報告。該報告不但要包括項目現有風險清單，而且要有項目風險的分類、原因分析和說明，項目風險度量的表述和全部項目風險控制優先序列書等內容。

上述這套項目風險識別與度量的方法是識別一個項目各種風險，度量一個項目各種風險，以便為項目風險控制提供有關項目風險、風險後果嚴重程度、風險成因和風險時間進程等方面信息與決策依據的基本方法。

10.4　項目風險應對措施的制定

10.4.1　項目風險應對措施的概念

經過項目風險識別和度量確定出的項目風險一般會有兩種情況：一是項目整體風險超出了項目組織或項目業主/客戶能夠接受的水準；二是項目整體風險在項目組織或項目業主/客戶可接受的水準之內。對於這兩種不同的情況，各自可以有一系列的項目風險應對措施。對於第一種情況，在項目整體風險超出項目組織或項目業主/客戶能夠接受的水準時，項目組織或項目業主/客戶至少有兩種基本的應對措施可以選擇：一是當項目整體風險超出可接受水準很高時，由於無論如何努力也無法完全避免風險所帶來的損失，所以應該立即停止項目或取消項目；二是當項目整體風險超出可接受水準不多時，由於通過主觀努力和採取措施能夠避免或消減項目風險損失，所以應該制定各種各樣的項目風險應對措施，並通過開展項目風險控制落實這些措施，從而避免或消減項目風險所帶來的損失。

10.4.2　項目風險應對的主要措施

一般的項目風險應對措施主要有如下幾種：

（1）風險規避措施。

這是從根本上放棄使用有風險的項目資源、項目技術、項目設計方案等，從而避開項目風險的一類風險應對措施。例如，堅決不在項目實施中採用不成熟的技術就是一種項目風險規避的措施。

（2）風險遏制措施。

這是從遏制項目風險事件引發原因的角度出發，控制和應對項目風險的一種措施。例如，對可能出現的因項目財務狀況惡化而造成的項目風險，項目人員採取注入新資金的措施就是一種典型的項目風險遏制措施。

（3）風險轉移措施。

這類項目風險應對措施多數是用來對付那些概率小，但是損失大，或者項目組織

很難控制的項目風險。例如，項目人員通過合同或購買保險等方法將項目風險轉移給分包商或保險商的辦法就屬於風險轉移措施。

(4) 風險化解措施。

這類措施從化解項目風險產生的原因出發，去控制和應對項目具體風險。例如，對於可能出現的項目團隊內部衝突風險，項目人員可以通過採取雙向溝通、消除矛盾的方法去解決問題，這就是一種風險化解措施。

(5) 風險消減措施。

這類措施是對付無預警信息項目風險的主要應對措施之一。例如，當出現雨天而無法進行室外施工時，管理者盡可能安排各種項目團隊成員與設備從事室內作業就是一種項目風險消減的措施。

(6) 風險應急措施。

這類項目風險應對措施也是對付無預警信息風險事件的一種主要的措施。例如，準備各種滅火器材以對付可能出現的火災等屬於風險應急的措施。

(7) 風險容忍措施。

風險容忍措施多數是對那些發生概率小，而且項目風險造成的後果較輕的風險事件所採取的一種風險應對措施。這是一種經常使用的項目風險應對措施。

(8) 風險分擔措施。

這是指根據項目風險的大小和項目團隊成員以及項目相關利益者不同的承擔風險能力，由他們合理分擔項目風險的一種應對措施。這也是一種經常使用的項目風險應對措施。

另外，還有許多項目風險的應對措施，但是在項目風險管理中，上述項目風險應對措施是最常使用的幾種項目風險應對措施。

10.5　項目風險控制

10.5.1　項目風險控制的概念

項目風險控制是指在整個項目過程中根據項目風險管理計劃和項目實際發生的風險與變化所開展的各種項目風險控制活動。項目風險控制是建立在項目風險的階段性、漸進性和可控性基礎之上的一種項目風險管理工作。對於一切事物來說，當人們認識了事物的存在、發生和發展的根本原因，以及風險發展的全部進程以後，這一事物就基本上是可控的了；而當人們認識了事物的主要原因及其發展進程的主要特性以後，那麼它就是相對可控的了；只有當人們對事物一無所知時，人們對事物才會是無能為力的。對於項目的風險而言，通過項目風險的識別與度量，人們已識別出項目的絕大多數風險，這些風險多數是相對可控的。這些項目風險的可控程度取決於人們在項目風險識別和度量階段給出的有關項目風險信息的多少。所以，只要人們能夠通過項目風險識別和度量得到足夠的有關項目風險的信息，就可以採取正確的項目風險應對措

施從而實現對項目風險的有效控制了。

項目的風險是發展和變化的，在人們對其進行控制的過程中，這種發展與變化會隨著人們的控制活動而改變。因為對項目風險的控制過程實際是一種人們發揮其主觀能動性去改造客觀世界（事物）的過程，而與此同時，在這一過程中所產生的信息也會進一步改變人對項目風險的認識和把握程度，使人們對項目風險的認識更為深入，對項目風險的控制更加符合客觀規律。實際上，人們對項目風險的控制過程也是一個不斷認識項目風險的特性，不斷修正項目風險控制決策與行為的過程。這一過程是一個通過人們的活動使項目風險逐步從相對可控向絕對可控轉化的過程。

項目風險控制的內容主要包括：持續開展項目風險的識別與度量、監控項目潛在風險的發展、追蹤項目風險發生的徵兆、採取各種風險防範措施、應對和處理發生的風險事件、消除和縮小項目風險事件的後果、管理和使用項目不可預見費、實施項目風險管理計劃等。

10.5.2 項目風險控制方法的步驟與內容

項目風險控制方法的步驟與內容見圖10-4。

```
根據項目風險識別和度量報告建立項目風險控制體制
           ↓
根據項目風險識別和度量報告確定要控制的具體項目風險
           ↓
確定和分配項目各具體項目風險的控制責任
           ↓
確定具體項目風險控制行動時間安排
           ↓
制訂各具體項目風險的控制行動方案
           ↓
實施各具體項目風險的控制方案
           ↓
跟踪具體項目風險的控制結果
           ↓
      ◇ 風險解除了？ ◇ ── 否 ── 返回風險識別
           │ 是
      項目風險控制結束
```

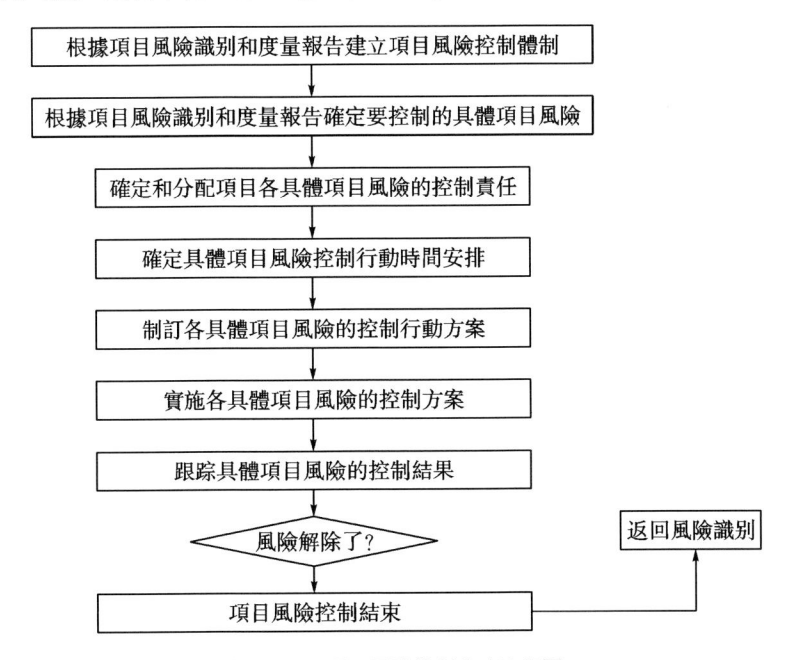

圖10-4　項目風險控制方法流程圖

項目風險事件控制中各具體步驟的內容與做法分別說明如下：

(1) 建立項目風險事件控制體制。

這是指在項目開始之前要根據項目風險識別和度量報告所給出的項目風險信息，制定出整個項目風險控制的大政方針、項目風險控制的程序以及項目風險控制的管理體制。這包括項目風險責任制、項目風險信息報告制、項目風險控制決策制、項目風

險控制的溝通程序等。

　　（2）確定要控制的具體項目風險。

　　這一步是根據項目風險識別與度量報告所列出的各種具體項目風險確定出對哪些項目風險進行控制，而對哪些風險容忍並放棄對它們的控制。通常這要按照項目具體風險後果嚴重程度和風險發生概率以及項目組織的風險控制資源等情況確定。

　　（3）確定項目風險的控制責任。

　　這是分配和落實項目具體風險控制責任的工作。所有需要控制的項目風險都必須落實具體負責控制的人員，同時要規定他們所負的具體責任。項目風險控制工作必須要由專門人去負責，不能分擔，也不能讓不合適的人去擔負風險事件控制的責任，因為這些都會造成大量的時間與資金的浪費。

　　（4）確定項目風險控制的行動時間。

　　這是指對項目風險的控制要制訂相應的時間計劃和安排，計劃和規定出解決項目風險問題的時間表與時間限制。因為沒有時間安排與限制，多數項目風險問題是不能有效地控制的。許多項目風險失控造成的損失都是因為錯過了風險控制的時機，所以必須制訂嚴格的項目風險控制時間計劃。

　　（5）制訂各具體項目風險的控制方案。

　　這一步由負責具體項目風險控制的人員，根據項目風險的特性和時間計劃去制訂出各具體項目風險的控制方案。在這一步當中，要找出能夠控制項目風險的各種備選方案，然後對方案做必要的可行性分析，以驗證各項目風險控制備選方案的效果，最終選定要採用的風險控制方案或備用方案。另外，還要針對風險的不同階段制訂不同階段使用的風險控制方案。

　　（6）實施具體項目風險控制方案。

　　這一步是要按照確定出的具體項目風險控制方案開展項目風險控制的活動。這一步必須根據項目風險的發展與變化不斷地修正項目風險控制方案與辦法。對於某些項目風險而言，風險控制方案的制訂與實施幾乎是同時的。例如，設計制定一條新的關鍵路徑並計劃安排各種資源去防止和解決項目拖期問題的方案就是如此。

　　（7）跟蹤具體項目風險的控制結果。

　　這一步的目的是收集風險事件控制工作的信息並給出反饋，即利用跟蹤去確認所採取的項目風險控制活動是否有效，項目風險的發展是否有新的變化等。這樣就可以不斷地提供反饋信息，從而指導項目風險控制方案的具體實施。這一步是與實施具體項目風險控制方案同步進行的。風險項目人員通過跟蹤而給出項目風險控制工作信息，再根據這些信息去改進具體項目風險控制方案及其實施工作，直到對風險事件的控制完結為止。

　　（8）判斷項目風險是否已經消除。

　　如果認定某個項目風險已經解除，則該具體項目風險的控製作業就已經完成。若判斷該項目風險仍未解除就需要重新進行項目風險識別。這需要重新使用項目風險識別的方法對項目具體活動的風險進行新一輪的識別，然後重新按本方法的全過程開展下一步的項目風險控製作業。

【本章小結】

（1）項目風險是影響項目目標實現的所有不確定因素的集合。項目風險管理是在項目過程中識別、評估各種風險因素，採取必要對策控制能夠引起不希望的變化的潛在領域和事件。項目風險管理的目的就是把有利事件的積極結果盡量擴大，而把不利事件的後果降低到最低程度。

（2）項目風險管理包括的過程有識別、評估不確定的因素，並對這些因素採取應對措施。風險識別是考察形勢，對潛在風險領域的確定和分類；風險評估是分析和確定事件發生的概率和後果，進而進行風險的處理，即考慮各種風險對策（控制、自留和轉移）。

（3）目前，風險管理已成為項目管理的組成部分。通過風險管理，項目管理者能有效地保證目標控制的順利進行，尋找項目實施的最大保障，最終使項目的總目標實現。

本章思考題

一、單選題

1. 對於項目管理而言，風險是指可能出現的影響項目目標實現的（　　）。
   A. 確定因素　　　　　　　　B. 肯定因素
   C. 不確定因素　　　　　　　D. 確定事件
2. 在風險管理中，將不確定的損失程度和損失發生的概率統稱為（　　）。
   A. 風險程度　　　　　　　　B. 風險機會
   C. 風險概率　　　　　　　　D. 風險量
3. 在事件風險量的區域圖中，若某事件經過風險評估，處於風險區 A，則應採取措施降低其概率，可使它移位至（　　）。
   A. 風險區 B　　　　　　　　B. 風險區 C
   C. 風險區 D　　　　　　　　D. 風險區 E
4. 在事件風險量的區域圖中，若某事件經過風險評估，處於風險區 C，則應採取措施，（　　），可使它移位至風險區 D。
   A. 降低其損失量　　　　　　B. 降低其概率
   C. 降低其影響程度　　　　　D. 降低其累計值
5. 在事件風險量的區域圖中，風險量最大和最小的區域分別是（　　）。
   A. 風險區 A 和 B　　　　　　B. 風險區 A 和 C
   C. 風險區 A 和 D　　　　　　D. 風險區 C 和 D
6. 對難以控制的風險進行投保是（　　）的主要工作內容。

A. 風險控制　　　　　　B. 風險分析
C. 風險轉移　　　　　　D. 風險辨識

二、問答題

1. 項目風險管理主要工作和內容有哪些？
2. 項目風險的識別可以採用哪些方法？
3. 項目風險度量的主要工作內容有哪些？
4. 項目風險出現時，可以採用應對的主要措施有哪些？
5. 項目風險控制的步驟有哪些？

第十章習題參考答案

11 項目竣工驗收

【本章教學要點】

知識要點	掌握程度	相關知識
標準、組織	掌握	竣工驗收、依據、一般標準
程序、內容	掌握	驗收報告、中間驗收、單項工程
竣工決算	掌握	決算表、財產明細表
決算審計	掌握	目標、完整審計

【關鍵詞】

竣工驗收　竣工決算　決算審計

導入案例

綜合網絡應用系統的建設

某地區政府部門建設一個面向公眾服務的綜合性網絡應用系統,對現有的零散管理系統和服務平臺進行重組和整合,整個項目由政府的信息中心負責統一規劃、分期建設。各共建單位的主要領導組成了領導小組,招標選擇了監理公司全程監理建設過程。一期重點建設了社保、民政和交換中心三個應用系統。建設過程中由於機構改革、職能重新定位等原因,《需求規格說明書》始終找不到最終用戶簽字,在監理方和承建單位的一再努力下,只有一個共建單位的主管領導在該子系統的需求分析上簽字確認。為了趕進度,承建單位決定先行設計和實施,監理方認為可以理解且就目前的實際情況而言,也只好默許。

工程竣工驗收時,承建單位向監理單位提交了驗收申請,並將竣工驗收所需的全部資料報送監理單位,申請竣工驗收。總監理工程師認為系統已經過初驗和 3 個月的試運行,並且運行情況良好,隨即對驗收申請予以簽字,並協助建設單位進行後續的驗收工作。

資料來源:薛大龍. 2015 信息系統監理師案例分析歷年真題詳解 2005—2014[M]. 北京:人民交通出版社,2015.

11.1 項目竣工驗收的標準與組織

竣工驗收是建設項目建設週期的最後一個階段，它是全面考核建設工作，檢查工程建設是否符合設計要求和工程質量的重要環節，也是保證工程質量的最後關口，對促進建設項目及時投產、發揮投資效果、總結建設經驗起著重要作用。這樣的情況需要相應的標準和組織來具體實施項目的竣工驗收。

11.1.1 竣工驗收的目的和作用

竣工驗收是建設項目建設週期的最後一個階段，它是全面考核建設工作，檢查工程建設是否符合設計要求和工程質量的重要環節，也是保證工程質量的最後關口，對促進建設項目及時投產、發揮投資效果、總結建設經驗起著重要作用。從施工企業來看，竣工驗收也能全面、綜合考察工程質量，保證建設項目施工符合設計要求、國家規範、質量標準，完成合同規定以及接受新的工程。

投資項目竣工驗收的重要意義和作用，歸納起來主要是：

（1）竣工驗收能考核投資建設成果，檢驗工程設計、設備製造和工程施工質量，及時發現和解決一些影響正常生產使用的問題，保證項目能按設計要求的技術經濟指標正常投入生產、交付使用。

（2）促進投資項目建成後及時投入生產和交付使用，批准動用固定資產，及時發揮投資效益。

（3）參加投資和建設的有關部門和單位，可借此總結經驗，提高項目決策和實施管理水準。

（4）可為投產企業的經營管理、生產技術和固定資產的保養和維修提供全面系統的技術經濟文件、資料和圖紙投資項目竣工驗收。這既是項目建設的結束，又是生產的開始。大量的檢驗工作，需要投資建設單位與各方密切合作。涉及利益的矛盾，必須遵循有關規定，並按合同依法履約並妥善處理。竣工工程未經驗收，不得投產或使用；工程不具備竣工條件，不得甩項竣工；已經具備了驗收條件的工程，不得遲遲不收尾，不報驗收，長期吃「基建飯」。

11.1.2 竣工驗收的範圍和依據

（1）竣工驗收的範圍。

所有列入固定資產投資計劃的建設項目或單項工程，已按國家批准的設計文件，包括初步設計、技術設計以及施工圖規定的內容全部建成，工業投資項目經負荷試車考核，試生產期間能夠正常生產出合格產品，非工業投資項目符合設計要求，能夠正常使用的，不論屬於哪種建設性質，如新建或改建、擴建等工程，都應及時組織驗收，辦理固定資產移交手續。使用技術改造資金進行的基本建設性質的項目，或屬於基本建設與技術改造項目，按現行投資規模和限額的規定，根據國家關於竣工驗收的法規，

辦理竣工驗收手續；有的工期較長、建設設備裝置較多的大型工程，為了及時發揮其經濟效益，對其能獨立生產的單項工程，也可以根據建成時間的先後順序，分期分批地組織竣工驗收；對能生產中間產品的一些單項工程，不能提前投料試車，可在生產要求與生產最終產品的工程同步建成竣工後，再進行全部驗收。

（2）竣工驗收的依據。

投資項目竣工驗收，要有一定的依據。國家規定，對已按設計文件規定的內容和施工圖紙的要求全部建成需要驗收的工程，其驗收的依據主要有：

①經上級審批機關批准的可行性研究報告；

②初步設計、施工圖和文字說明；

③設備技術說明；

④招標投標文件和工程承包合同；

⑤施工過程中設計修改簽證；

⑥現行的施工技術驗收標準及規範；

⑦上級主管部門有關審批、修改、調整的文件等。

建設項目的規模、工藝流程、工藝管線、建築結構的形式、建築面積、建築標準、技術標準、土地使用面積、建築物外形裝飾、技術裝備、環境保護、單項工程等都必須與多種批准文件內容及承包合同內容相一致。

施工過程中發生設計修改較大，如修改建築物結構、擴大建築面積、改變工藝流程等情況，則還需要有設計原批准機關的審批文件，才可作為竣工驗收的依據。

從國外引進技術或成套設備項目，以及中外合資建設的項目，必須按照簽訂的合同和外國提供的設計文件等資料進行驗收。國外引進項目的合同中沒有規定標準的，可按設計時採用國內的有關規定執行；若國內也沒有明確的標準，則按建設單位規定的技術要求執行。對於國外設計的土木、建築、結構安裝工程及驗收標準，如果中外規範不一致時，可參照有關規定進行協商，研究提出可行的規範標準，加以執行。

11.1.3 竣工驗收的標準和要求

（1）竣工驗收的一般標準和要求。

由於建設項目所在行業不同，驗收標準也不完全相同。進行建設項目驗收，一般情況下必須符合以下要求：

①生產性項目的輔助性公用設施，已按設計要求完工，能滿足生產使用。

②主要工藝設備配套設施經聯動負荷試車合格，形成生產能力，能夠生產出設計文件所規定的產品。

③必要的生活設施，已按設計要求建成。

④生產準備工作能適應投產的需要。

⑤環境保護設施、勞動安全衛生設施、消防設施已按設計要求與主體工程同時建成使用。

有的建設項目基本符合竣工驗收標準，只是零星土建工程和少數非主要設備未按設計規定的內容全部建成，但不影響正常生產，亦應辦理竣工手續。對剩餘工程，應

按設計留足投資，限期完成。有的項目投產初期一時不能達到設計能力所規定的產量，不應因此拖延辦理驗收和移交固定資產手續。有些建設項目或單項工程，已形成部分生產能力或實際上生產方面已經使用，近期不能按原設計規模續建，從實際情況出發，可縮小規模，報主管部門（公司）批准後，對已完的工程設備，盡快組織驗收，移交固定資產。

國外引進設備項目，按合同規定完成負荷調試、設備考核合格後，進行竣工驗收。其他項目在驗收前是否要安排試生產階段，按各個行業的規定執行。

（2）生產性投資項目土建、安裝、管道等工程的驗收標準。

生產性投資項目，如工業項目，一般包括土建工程、安裝工程、人防工程、管道工程、通信工程等，這些工程的施工和竣工驗收，必須按國家批准的《中華人民共和國國家標準××工程施工及驗收規範》和主管批准的《中華人民共和國國家標準××工程施工及驗收規範》執行。

對土木建築工程、安裝工程和大型管道工程的竣工驗收標準如下：

①土建工程驗收標準。生產性工程、輔助公用設施，均按照設計圖紙、技術證明書和驗收規範進行驗收。工程質量應符合規定的各項要求，工程內容應按規定全部施工完畢，不留尾巴。室內工程全部做完，室外的明溝暗腳、踏步斜道也要全部完工；內外粉刷完畢；建築物、構築物周圍2米以內場地平整，障礙物清除；道路、下水道、用電和通訊暢通；經驗收組織按驗收規範檢驗合格。

②安裝工程驗收標準。按照設計要求的施工項目內容、技術質量要求及驗收規範的規定，多道工序均保質保量施工完畢，不留尾巴。即工藝、物料、熱力等各種管道均已安裝完畢，並已做好清洗、試壓、吹掃、油漆、保溫等工作；各項設備、電氣、空調、儀表、通信等工程項目，全部安裝結束，經過單機、聯動無負荷及投料試車，全部符合安裝技術的質量要求，具備形成設計能力的條件，經驗收組織按驗收規範進行驗收合格。

③大型管道工程驗收標準。大型管道工程，主要包括鑄鐵管、鋼管、混凝土管和鋼筋混凝土預應力管等和各種泵類電動機工程，已按設計內容、設計要求、施工規範、驗收規範全部（或分段）按質按量建設完工，已達到質量要求；管道內部的垃圾和障礙物已清除乾淨；輸油管道和自來水管道或熱力管道等，還必須經過清洗和消毒；輸氣管道還要進行趕氣、換氣；所有這些管道均應經過泵驗。在施工前，對管道的材質和防腐層（內壁與外壁），要根據質量標準的要求進行驗收；對鋼管要檢查焊接的質量，並進行等級評定和驗收；對設計選定的閥門產品的質量要進行慎重驗收；地下管道在施工完畢後，管道上部復土，要按施工規範要求進行分層夯實，以確保管線上部的道路質量。大型管道工程全部完工，經驗收組織驗收合格後，才能辦理竣工驗收手續，交付使用。

11.2 項目竣工驗收的程序和內容

項目全部完成，經過各單項工程的驗收符合設計的要求，並具備竣工圖表、竣工決算、工程總結等必要文件資料，由項目（工程）主管部門或建設單位向負責驗收的單位提出竣工驗收申請報告，按程序驗收。

11.2.1 竣工驗收的程序

項目（工程）全部完成，經過各單項工程的驗收符合設計的要求，並具備竣工圖表、竣工決算、工程總結等必要文件資料，由項目（工程）主管部門或建設單位向負責驗收的單位提出竣工驗收申請報告，按程序驗收。其程序一般是：

(1) 報送竣工驗收報告。
(2) 組織竣工驗收機構（按項目規模和隸屬關係組織驗收委員會或驗收組）。
(3) 整理各種技術文件材料。

建設項目竣工驗收前，各有關單位應將所有技術文件進行系統整理，由建設單位分類立卷；在竣工驗收時，交生產單位統一保管，同時將與所在地區有關的文件交當地檔案管理部門，以滿足生產、維修的需要。

(4) 繪製竣工圖。

竣工圖是真實地記錄各種地下、地上建築物、構築物等情況的技術文件，是對工程進行交工驗收、維護、改建、擴建的依據，是國家的重要技術檔案。竣工圖的繪製，根據誰施工誰繪製的原則，在建設項目簽訂承發包合同時要明確規定繪製、檢驗和交接問題。

(5) 進行工程質量評定。

建築工程，按設計要求和建築安裝工程施工的驗收規範和質量標準進行質量評定驗收。

設備安裝工程，一般要進行單體無負荷試車、無負荷聯動試車、負荷試車及負荷聯動試車。

單體無負荷試車，是第一次啟動設備，是對設備製造質量和安裝質量的考核。無負荷聯動試車在設備經過單體無負荷試車合格，並且具備合格證書後方可進行。無負荷聯動試車主要是檢查電氣連鎖功能。按規定聯動、連鎖程序正確無誤，在要求的時間內未發生異常問題，即為無負荷聯動試車合格，可簽發無負荷聯動試車合格證。

單體無負荷試車及無負荷聯動試車由施工單位負責，建設單位、設計單位參加，無負荷試驗合格後，施工單位向建設單位移交交工資料，辦理交工手續，無負荷試車合格後，進行負荷試車。負荷試車由建設單位負責，施工單位參加。

驗收委員會或驗收組，在確認工程符合竣工標準和合同條款規定後，簽發竣工驗收合格證書。

（6）編好竣工決算。

建設項目辦理竣工驗收手續之前對所有財產和物資進行清理，編好竣工決算，分析概（預）算執行情況，考核投資效果，報上級主管部門（公司）審查。

（7）辦理固定資產移交手續。

竣工驗收交接後，要求及時辦理固定資產移交手續，加強固定資產的管理。

（8）簽署竣工驗收鑒定書。

竣工驗收鑒定書，是表示建設項目已經竣工並交付使用的重要文件，它是全部固定資產交付使用和建設項目正式動用的依據，也是承包商對建設項目消除法律責任的證件。竣工驗收鑒定書一般應包括：工程名稱、地點、驗收委員會成員、工程總說明、工程據以修建的設計文件、竣工工程是否與設計相符合、全部工程質量鑒定、總的預算造價和實際造價、結論，以及驗收委員會對工程動用時的意見和要求等主要內容。同時竣工驗收鑒定書應附有下列文件：

①驗收委員會進行檢查性試車的記錄；

②驗收委員會認為可以允許的建築安裝工程和設備偏差一覽表；

③建築安裝工程質量評定表；

④動用的固定資產一覽表等。

驗收委員會在進行正式全部驗收工作後，應簽發竣工驗收鑒定書，並組織有關人員簽名。

11.2.2 投資項目竣工驗收的內容和步驟

竣工驗收是關係投資項目能否按期建成投產、生產出合格產品、取得良好的投資效益的關鍵步驟。為了確保投資項目竣工驗收的順利進行，竣工驗收必須按照建設總體規劃的要求，有計劃、有步驟地進行，投資項目竣工驗收，一般按下列步驟完成竣工驗收工作的內容：

（1）竣工驗收的準備工作。

為保證竣工驗收工作的順利進行，竣工驗收前主要應做好以下幾項準備工作：

①做好項目施工的收尾工作。

建設安裝工程到接近交工階段，有時還不可避免會存在一些零星的未完項目，這就形成所謂收尾工程。收尾工程的特點是零星、分散、工程量小、分佈面廣，如果不及時完成，會直接影響工程的投產和使用。做好收尾工作，必須摸清收尾工程的項目。交工前的預檢須作一次徹底清查，按生產工藝流程和圖紙，逐一對照，找出漏項項目和需修補工作，制訂作業計劃，合理安排施工。

②竣工驗收資料準備工作。

竣工驗收資料和文件是建築物的主要檔案資料。它反應了建設項目的全面情況，對建設項目今後的使用與維護都是極其重要的。竣工驗收也可通過對有關文件資料的研究而發現項目存在的問題，及時糾正。

竣工驗收資料，主要包括以下各項：竣工工程項目一覽表。包括：

a. 竣工工程名稱、位置、結構、層次、面積、概（預）算、裝修標準、功能、開

工或竣工日期等。

　　b. 設備清單。其包括：設備名稱、規格、數量、產地、主要性能、單價及附帶的備品備件、隨機工具等。如設備是建設單位分包給成套設備供應部門供應的，則應由建設單位負責編製設備清單。

　　c. 竣工圖。

　　d. 材料、構件出廠合格證及試驗檢驗記錄。

　　e. 建設項目土建施工記錄。

　　f. 設備安裝調試記錄，管道系統安裝、試壓、試漏檢查記錄，建築設備（水、暖、電、衛、空調、通訊）檢驗、試驗記錄。

　　g. 建築物、構築物的沉降、變形、防震、防爆、絕緣、密閉、淨化、隔音、隔熱等指標的測試記錄，重要鋼結構的焊縫探傷檢查記錄。

　　h. 隱蔽工程驗收記錄。

　　i. 工程質量記錄、事故的發生處理記錄。

　　j. 圖紙會審記錄，設計變更通知和技術核定單。

　　k. 試運轉記錄、考核資料，如單機試運轉記錄、無負荷試運轉記錄、投料考核記錄和考核結果表，以及「三廢」治理的考核結果等。

　　l. 竣工決算。

　　③投資項目預驗收工作。預驗收是初步鑒定工程質量，避免竣工驗收過程拖延，保證工程順利移交。

　　(2) 項目中間驗收。

　　投資項目中間驗收是在項目實施過程中，由業主、承包單位、建設監理單位，根據工程建設進度，適時在質量檢查和隱蔽工程驗收的基礎上進行的一項工作。它是建設項目正式竣工驗收的基礎和前提。搞好中間驗收，可以確保項目的分部、分項工程和單位工程的質量和進度，確保項目目標的實現。

　　項目中間驗收是工程建設的國際慣例。菲迪克（FIDIC）合同條款的第 37 條和 38 條有較詳細的規定。如第 38 條中規定：「未經工程師批准，工程的任何部分都不能封蓋或掩蓋，承包商應保證工程師有充分的機會對即將覆蓋的或掩蓋起來的任何一部分工程進行檢查、檢驗，以及對任何部分將置於其上的工程基礎進行檢查。無論何時，當任何部分的工程或基礎已經或即將為檢驗做好準備時，承包商應通知工程師，除非工程師認為檢查無必要，並就此通知了承包商，否則工程師應參加對這部分工程的檢查和檢驗，以及對基礎的檢驗，並且不得無故拖延。」FIDIC 條款的這一規定，就是為了促使建設工程能夠正常進行，使工程質量得到切實可靠保證，使承包商必須無條件接受工程師對工程質量的檢查。與此同時，為了防止工程師借故檢查，對承包商進行無理刁難，確保承包商正常的工程施工，FIDIC 合同條款對工程師的職權也做了合理的必要限制。FIDIC 合同第 37 條規定：「承包商應同工程師商定對合同規定的任何材料和工程設備進行檢查和檢驗的時間和地方。工程師應在 24 小時之前將準備進行檢查或參加檢驗的打算通知承包商。若工程師或其授權代理人未能按商定的日期準時參加，除工程師另有指示外，承包商可繼續進行檢驗，並可將該項檢驗視為是在工程師在場的

情況下進行的。承包商應立即向工程師提交有適當證明的檢驗結果的副本。若工程師未參加檢驗，他應承認上述的檢驗結果為準確的結果。」

中國在投資項目建設中，也特別強調中間驗收的必要性。改革開放以來，隨著中國經濟與世界經濟的融合，項目建設與國際慣例接軌，中間驗收更顯重要。

（3）單項工程驗收。

單項工程驗收也稱交工驗收或初步驗收，指投資項目全部驗收前，承包商完成其承建的單項工程施工任務以後向建設單位（或業主）交工，接受建設單位驗收的過程。這個過程的程序是，建設項目的某個單項工程已按設計要求建完，並且能滿足生產要求或具備使用條件，施工單位就可以向建設單位發出交工通知。在發出通知的同時，施工單位按照國家規定，整理好文件、技術資料，作為驗收依據交給建設單位。建設單位接到施工單位交工通知後，在做好驗收準備的基礎上，組織施工、設計及使用等有關單位共同進行交工驗收。驗收中，對設備應按試車規程進行單體試車、無負荷聯動試車和負荷聯動試車。驗收合格，建設單位與施工單位應簽訂《交工驗收證書》。

（4）建設項目竣工驗收。

建設項目竣工驗收簡稱竣工驗收，指建設單位（項目業主）在建設項目按批准的設計文件規定的內容全部建成後，向國家交工並接受驗收的過程。它是在第一階段交工驗收的基礎上進行的全部建設項目的竣工驗收。其驗收程序是：整個建設項目（包括新建、擴建、改建的基本建設和技術改造項目）按設計要求全部建成，經過每一階段的交工驗收，符合設計要求，並在具備竣工圖表、竣工決算、工程結算等必要的文件資料後，由建設項目主管部門或建設單位，向負責驗收的單位提出竣工驗收申請報告，按現行竣工驗收組織規定，接受由銀行、物資、環保、勞動、統計、消防及其他有關部門組成的驗收委員會或驗收組驗收，並辦理固定資產移交手續。驗收有關單位的工作報告，審閱工程技術檔案資料，實地查驗建築工程和設備安裝情況，並對工程設計、施工和設備質量等方面做出全面的評價。

當建設項目規模較小、較簡單時，可以把單項工程驗收和建設項目竣工驗收合二為一，進行一次全部項目的竣工驗收。

（5）單項工程竣工驗收與建設項目竣工驗收的區別。

單項工程竣工驗收與建設項目竣工驗收的區別見表11-1。

表11-1　　　　　　　　單項工程與建設項目竣工驗收區的別

驗收類別	驗收對象	驗收時間	驗收主持單位	驗收參加單位	驗收目的
單項驗收（交工驗收）	單項工程	單項工程完工後	建設單位（業主）	建設單位（業主）、設計、施工單位	交工
建設項目竣工驗收（竣工驗收）	項目總體	項目全部建成後	項目主管部門或國家	驗收委員會、建設單位	移交固定資產

11.3　項目竣工決算與技術檔案管理

竣工決算是由建設單位編製的、所需的施工資料部分，由施工單位（項目經理部）提供。而投資項目技術檔案管理的任務是：按照一定的原則和要求，系統地收集記述項目建設全過程中具有保存價值的技術文件資料，並按歸檔制度加以整理，以便竣工驗收後完整地移交給有關技術檔案管理部門。

11.3.1　竣工決算

（1）竣工決算的內容。

竣工決算是以實物數量和貨幣為計量單位，綜合反應建設項目或單項工程的實際造價和投資效益、核定交付使用財產和固定資產價值的文件，是建設項目的財務總結。竣工決算是由建設單位編製的、所需的施工資料部分，由施工單位（項目經理部）提供。

竣工決算的內容，由文字說明和決算報表兩部分組成。文字說明主要包括：工程概況、設計概算和基建計劃的執行情況，各項技術經濟指標的完成情況，各項撥款的使用情況，建設成本和投資效益分析，以及建設過程中的主要經驗、存在問題和解決建議等。決算表格分大、中型項目和小型項目兩種。大、中型項目竣工決算表包括：竣工工程概況表（見表11-2）、竣工財務決算表（見表11-3）、交付使用財產總表（見表11-4）、交付使用財產明細表（見表11-5）。小型項目竣工決算表按上述內容合併簡化為：小型項目使用竣工決算表（見表11-6）。竣工決算編製出來後，根據國家規定，由建設銀行負責竣工決算的審查和簽證工作。

（2）竣工決算表式及要求。

①大、中型和限額以上基本建設和技術改造項目竣工工程概況表（見表11-2）主要是考核分析投資效果。表中「初步設計和概算批准機關日期、文號」按最後一次填列。「收尾工程」系指全部驗收投產以後還遺留極少量尾工。未完工程實際成本可根據具體情況進行估算，並作說明，完工以後不再編製竣工決算。「主要技術經濟指標」可根據概算或主管部門（總公司）規定的內容分別計算或按實際填列。對未經批准就任意增加建設內容、擴大建設規模、提高建築標準等的，要進行檢查說明。

表 11-2　　　　　　　　　　　大、中型建設項目竣工工程概況表

建設項目名稱					項目		概算	實際	主要事項說明
建設地址	設計		實際						
新增生產能力	能力名稱		設計	實際	建設成本	建安工程、設備工具、其他基本建設			
建設時間	計劃	從××年××月開工，××年××月竣工							
	實際	從××年××月開工，××年××月竣工							
初步設計和概算批准機關、日期、文號									
完成主要工程量	名稱	單位	數量		名稱	單位	概算	實際	
	建築面積、設備	平方米、噸、臺	設計	實際	主要材料消耗	鋼材、木材、水泥	平方米、噸		
收尾工程	工程內容	投資額	負責收尾單位	完成時間					
					主要技術經濟指標				

②大、中型和限額以上基本建設和技術改造項目竣工財務決算表（見表11-3），反應全部竣工項目的資金來源和運用情況。表中「交付使用財產」「應核銷投資支出」「應核銷其他支出」「經營（預算內）基金投資」「銀行貸款」等，應填列開始建設至竣工的累計數。「器材」應附設備、材料清單和處理意見。「施工機具設備」系指因自行施工購置的設備，應列出清單上報主管部門（總公司）處理，如作為固定資產管理的設備，可另列有關科目。

表 11-3　　　　　　　　大、中型建設項目竣工財務決算表

建設項目名稱：

資金來源	金額（元）	資金運用	金額（元）
一、經營（預算內）基金投資 二、銀行貸款 三、利用外資 四、專項基金 五、自籌		一、交付使用財產 二、在建工程 三、應核銷投資支出 四、應核銷其他支出 五、器材 六、施工機具設備 七、專用基金財產 八、應收款 九、銀行存款及現金	
	合計		合計

③大、中型和限額以上基本建設和技術改造項目交付使用財產總表（見表 11-4），反應竣工項目新增固定資產和流動資產的全部情況，可作為財產交接依據。

表 11-4　　　　　　大、中型建設項目交付使用財產總表　　　　單位：元

工程項目名稱	總計	固定資產			流動資產
^	^	合計	建安工程	設備	其他費用	^

交付單位　　　　　　　　　接收單位

蓋章：＿＿＿＿＿　××年××月××日　　蓋章：＿＿＿＿＿　××年××月××日

補充資料：由其他單位無償撥入的房屋價值：＿＿＿＿＿，設備價值：＿＿＿＿＿

④交付使用財產明細表（見表 11-5）反應竣工交付使用固定資產和流動資產的詳細內容，適用於大、中、小型基本建設和技術改造項目。固定資產部分，要逐項盤點填列。其中「建築結構」指磚木結構、混合結構、鋼筋混凝土框架結構、金屬結構等。「工具、器具和家具」等低值易耗品，可分類填報。固定資產和低值易耗品的劃分標準，按主要部門（總公司）和地區規定辦理。

表 11-5　　　　　　大、中、小型建設項目交付使用財產明細表

工程項目名稱	建築工程			設備、工具、器具、家具				
^	結構	面積（平方米）	價值（元）	名稱	規格、型號	單位	數量	價值（元）	設備安裝費用（元）
合計								合計	

交付單位　　　　　　　　　接收單位

蓋章：＿＿＿＿＿　××年××月××日　　蓋章：＿＿＿＿＿　××年××月××日

⑤小型和限額以下基本建設和技術改造項目竣工決算總表（見表 11-6），應反應

該類竣工項目的全部工程和財務情況。

表 11-6　　　　　　　　　小型建設項目竣工決算總表

建設地址	建設項目名稱			資金來源	項目	金額(元)	主要事項說明
	設計	實際					
新增生產能力	能力名稱	設計	實際		基建預算撥款、基建其他撥款、應付款		
建設時間	計劃	從××年××月開工，××年××月竣工					
	實際	從××年××月開工，××年××月竣工					
建設成本	項目	概算(元)	實際(元)	資金運用	交付使用固定資產、交付使用流動資產、應核銷投資支出等		
	建築安裝工程、設備、工具、器具、其他基本建設						

11.3.2　投資項目竣工圖的繪製

（1）竣工圖的作用和繪製程序。

業主在組織竣工驗收之前，要認真組織好竣工圖的繪製。竣工圖是項目實施的實際情況的反應，要求準確、完整、真實地紀錄投資項目地下和地上建築物、構築物等的詳細情況。它是項目竣工驗收、維護、擴建、技術改造的重要依據，是建設單位竣工驗收辦理固定資產移交的重要材料，須作為技術檔案長期保存。

根據現行規定，竣工圖作為竣工驗收的必備條件之一，要求準確且繪製完整，符合歸檔要求。有了合乎要求的竣工圖，方能進行竣工驗收。

繪製竣工圖的職責和具體要求是：

①投資項目建設按施工圖設計沒有變動的，由施工單位在原施工圖上加蓋「竣工圖」標誌後，即可作為竣工圖。

②在施工過程中，雖有一般性的設計變更，但能在原施工圖上修改、補充作為竣工圖的，可以不再重新繪製，由施工單位在原施工圖上繪製修改、補充部分，同時附

上設計變更通知單和施工說明，加蓋「竣工圖」標誌後，即可作為竣工圖。

③結構形式、工藝技術、平面布置乃至項目的改變以及不宜在施工圖上修改、補充的，應該重新繪製改變後的竣工圖。新的竣工圖的繪製單位確定原則是，誰造成項目變動的由誰來負責，例如，由於設計原因造成施工的變動由設計單位繪製竣工圖，並承擔其費用；對於施工原因造成的變動，應由施工單位重新繪製，所需費用由施工單位承擔；由其他原因造成的變動，則需建設單位自行繪製，或由其委託設計單位負責繪製，並由施工單位負責在新圖上加蓋「竣工圖」標誌，並附以有關記錄和說明，其所需費用，由建設單位在項目投資中解決。

④一切土建工程，特別是基礎、地下建築物、構築物、管線、結構、隧道、井巷、大壩、港口及設備安裝等隱蔽部位，都得仔細繪製竣工圖。竣工圖的繪製，在施工過程中就應著手準備，由現場施工人員負責，尤其要重視及時做好隱蔽工程的檢驗記錄，整理好設計變更文件以確保竣工圖的質量。

⑤竣工圖一定要如實反應投資項目的實際情況，確保圖紙量。要求做到規格統一、字跡清楚、圖面整潔，不得用易褪色的書寫材料書寫和繪製。竣工圖要經過承擔施工的技術負責人審核簽字。

大、中型項目的竣工圖不能少於兩套，其中一套移交生產單位保管，一套交有關主管部門或技術檔案部門永久保存。關係國計民生的特別重大項目，還要增加一套給國家檔案館保存。小型投資項目，至少要具備一整套竣工圖，移交生產使用單位保管。

11.3.3 投資項目技術檔案的整理和歸檔管理

（1）投資項目技術檔案管理的任務。

投資項目技術檔案是將記述和反應投資項目的設計施工、技術、科研、管理等具有保存價值的各種文件資料，按照一定的歸檔制度，作為真實的歷史記錄而集中保管起來的資料。這些資料包括建築設計圖紙、說明書、計算書、施工組織設計、照片、圖表、竣工圖以及總結和交工驗收等材料。歸檔後形成的工程技術檔案是該項目建設活動的產物，又是對該項目工程進行管理、維修、鑒定、改擴建、恢復等工作必不可少的依據。因此，在收集和整理後技術與管理資料必須與建設對象的實物保持一致。

投資項目技術檔案管理的任務是：按照一定的原則和要求，系統地收集記述項目建設全過程中具有保存價值的技術文件資料，並按歸檔制度加以整理，以便竣工驗收後完整地移交給有關技術檔案管理部門。

（2）技術檔案的收集與整理。

①收集。技術檔案資料的收集就是根據歸檔範圍，收集項目在實施過程中形成的具有保存和利用價值的原始記錄、圖紙、數據、照片、技術文件、成果報告等方面的資料，為及時整理分類、歸檔集中保管打好基礎。工程技術檔案資料是在項目建設中自然形成的，而不是由人們隨意編製的，因此，技術檔案的收集工作就成為投資項目檔案管理工作中的首要環節。同時，技術檔案資料是隨著項目的進展而不斷產生和累積的，因此，在項目申請立項時，就應著手開始進行各類資料的收集、累積、整理和審查工作。在項目實施的全過程中，施工單位要收集各個實施階段的各項工作中形成

的文字資料、圖紙、圖表、計算材料、聲像資料等形式的文件、材料。在項目竣工驗收時，又要及時做好技術檔案的歸檔、移交和保存工作。由此可見，技術檔案的收集工作將貫穿項目建設的全過程，只有充分、認真、細緻地收集技術檔案，才能滿足各項要求。對於投資項目來說，主要形成與歸檔的科技文件材料有：與上級主管機關的往來文件、審批文件，與建設單位、設計單位及有關的協作、供應單位的協議、合同文件，計劃任務書，施工組織設計文件，施工過程中形成的主要文件，竣工驗收文件，與建設單位移交的文件。

②整理就是將收集到的各種資料，遵循其自然形成的規律，保持各類文件材料之間的有機聯繫，以及便於保管和利用的原則，對項目技術檔案資料進行系統整理和編目工作。由於在一個投資項目中形成的各類檔案數量大、種類多、內容複雜，只有認真加以整理才能體現各類材料之間的有機聯繫，以便於保管和利用。對技術檔案資料的整理，可以確保收集歸檔的文件材料完整、準確，便於有計劃、有目的地進行收集和補充，有利於不斷改進收集歸檔工作，使技術檔案的內容更加充實完整。

技術檔案資料的整理，要按照技術檔案形成的固有次序，自然地進行分類和排列，而不能人為地、任意地把自然形成的成套檔案分散和打亂，或者沒有任何根據地把一堆互無關聯的檔案任意拼湊起來。

項目技術檔案資料的整理，還要從技術檔案多種多樣的制成材料及其不同特點的要求出發。比如底圖、藍圖、膠片、錄音帶、記錄紙等，應分別加以整理，有的還得專門保管。這對於保管和利用檔案都是十分重要的。

總之，檔案的整理工作是投資項目檔案管理工作的中心環節，是一項基礎性的工作。

③分類即按照投資項目形成的內在聯繫和系統性，為使檔案資料反應項目形成過程的真實面貌，便於保管和利用，而將技術檔案按一定的方式進行分類的過程。技術檔案的分類是技術檔案系統整理的第一步工作，正確地分類是保證系統整理的質量和進行科學編目的基礎。首先，分類應符合技術檔案本身自然形成的規律，只有在此基礎上選擇適當的分類方法才能實現分類的科學性。其次，分類採用的標準應一致。只有標準一致，技術檔案劃分的類或屬類才層次清楚、條理明晰，有利於編目工作的進行，也便於保存和利用。最後，分類層次要簡明，不宜過多、過繁。劃分類、屬類等二至三層，就可以做到眉目清楚，條理明晰，比較適宜；否則，層次過多過繁，易破壞技術檔案的自然形成規律，割裂技術文件固有的內在聯繫，不便於保管和利用。

各類技術檔案分類後，就可以對其編製目錄。應通過一定形式，按照一定要求，總結整理成果，顯示技術檔案的內容和它們之間的聯繫，便於檢索。

（3）投資項目資料的歸檔。

①技術檔案的特點。工程技術檔案來源於技術資料但不同於技術資料。因此，在收集技術資料和對其歸檔時首先要將兩者區別開來。技術檔案與技術資料的差別主要表現在：

a. 技術資料是項目建設中，為參考目的而收集和複製的技術文件資料（包括圖紙、照片、報表、文字材料等），它不是本項目在建設活動中自然形成的。而技術檔案則是

本項目在工程建設中直接產生和自然形成的。

　　b. 技術資料主要是通過交流、接受贈送、購買等方式收集或複製的，它對建設項目不具有工作依據和必須遵照執行的性質，只是作為一種參考資料。技術檔案則是本項目在實施過程中自然形成的技術文件材料，對投資項目實施起著指導和依據的作用，是本項目建設的直接成果。

　　做好技術檔案的收集和整理工作，還應區分工程技術檔案和文書檔案。技術檔案和文書檔案是國家全部檔案的有機組成部分，在一個單位內，它們共同記錄和反應著本企業工作活動的全貌，但是兩者是有區別的。在內容上，技術檔案是投資項目技術活動的記錄；文書檔案則記錄和反應的是企業黨政領導活動和行政管理活動。

　　②投資項目技術檔案的內容。投資項目技術檔案的內容應包括：

　　a. 竣工圖和竣工工程項目一覽表（竣工工程名稱、位置、結構、層次、面積或規格、附有的設備、工具、裝置等）；

　　b. 圖紙會審記錄、設計變更和技術核定單；

　　c. 材料、構件和設備的質量合格證明；

　　d. 隱蔽工程驗收記錄；

　　e. 工程質量檢查評定和質量事故處理記錄；

　　f. 設備和管線調試、試壓、試運轉等記錄；

　　g. 永久性水準點的坐標位置，建築物、構築物在施工過程中的測量定位記錄，沉陷觀測及變形觀測記錄；

　　h. 主體結構和重要部位的試件、試塊、焊接、材料試驗、檢查記錄；

　　i. 施工單位和設計單位提出的建築物、構築物、設備使用注意事項方面的文件；

　　j. 其他有關該項工程的技術決定。

11.4　項目竣工決算審計

　　竣工決算審計是投資項目審計的重要環節，加強竣工驗收審計監督，對提高竣工決算的質量，正確評價投資效益，總結建設經驗，改善投資項目管理具有重大意義。

11.4.1　施工決算審計的目標和內容

　　竣工決算是竣工驗收報告的重要組成部分。而竣工決算審計是投資項目審計的重要環節，主要從目標、內容方面闡述。

　　(1) 竣工決算審計的目標。

　　竣工決算是竣工驗收報告的重要組成部分。竣工決算審計是投資項目審計的重要環節，加強竣工驗收審計監督，對提高竣工決算的質量，正確評價投資效益，總結建設經驗，改善投資項目管理具有重大意義。

　　竣工決算審計的目標，歸納起來主要有四個方面：

　　①證明工程竣工決算形式的完整性；

②證明竣工決算內容的真實性和可靠性；
③證明竣工決算內容的合規性；
④分析和評價項目的建設效益和效果。

以上四個目標是互相聯繫、互相制約的整體。完整性是真實性和可靠性的前提，如果竣工決算形式上殘缺不全，審計就無從下手，根本就談不上真實性和可靠性。真實性可靠性又是合規性的前提，竣工決算如果不真實可靠，那麼內容就不可能符合法規；而建設效益和效果是竣工決算審計的最高目標，如果沒有完整性、真實性、可靠性和合規性，得出的結論肯定是不正確的。

（2）竣工決算審計的內容。

根據審計署、國家計委頒發的審基發〔1991〕430號關於下發《基本建設項目竣工決算審計試行辦法》的通知規定，竣工決算審計主要內容包括：

①竣工決算依據。審查決算編製工作有無專門組織，各項清理工作是否全面、徹底，編製依據是否符合國家有關規定，資料是否齊全，手續是否完備，對遺留問題的處理是否合規。

②項目建設及概算執行情況。審查項目建設是否按批准的初步設計進行，各單位工程建設是否嚴格按批准的概算內容執行，有無概算外的項目和提高建設標準、擴大建設規模的問題，有無重大質量事故和經濟損失。

③交付使用財產和在建工程。審查交付使用財產是否真實、完整，是否符合交付條件，移交手續是否齊全、合規；成本核算是否正確，有無擠占成本、提高造價、轉移投資問題；核實在建工程投資完成額，查明未能全部建成、及時交付使用的原因。

④轉出投資、應核銷投資及應核銷其他支出。審查其列出的支出依據是否充分，手續是否完備，內容是否真實，核算是否合規，有無虛列投資問題。

⑤尾工工程。根據修正總概算和工程形象進度，核實尾工工程的未完工程量，留足投資。防止將新增項目列作尾工項目、增加新的工程內容和自行消化投資包干結餘。

⑥結餘資金。核實結餘資金，重點是庫存物資，防止隱瞞、轉移、挪用或壓低庫存物資單價，虛列往來欠款，隱匿結餘資金等現象的出現。查明器材積壓、債權債務未能及時清理的原因，揭示建設管理中存在的問題。

⑦基建收入。基建收入的核算是否真實、完整，有無隱瞞、轉移收入問題；是否按國家規定計算成本，足額上交或歸還貸款；留成是否按規定交納「兩金」及分配使用。

⑧投資包干結餘。根據項目總承包合同核實包干指標，落實包干結餘，防止將未完工程的投資作為包干結餘參與分配；審查包干結餘分配是否合規。

⑨竣工決算報表。審查報表的真實性、完整性、合規性。

⑩投資效益評價。從物資使用、工期、工程質量、新增生產能力、預測投資回收期等方面評價項目效益。

⑪其他專項審計，可視項目特點確定。

11.4.2 竣工決算完整審計

（1）竣工決算編製依據的完整性。

竣工決算編製依據包括：

①批准的可行性研究報告、初步設計、投資概算、初步設計所附的設備清單；
②各年下達的固定資產投資計劃及其調整計劃；
③各年建設銀行批覆的年度財務決算；
④已辦理竣工驗收的單項工程的竣工驗收資料；
⑤多種具有法律效力的設備合同、材料合同和施工合同以及其他合同；
⑥其他經過認定可以作為竣工決算編製依據的文件、材料和數據。

（2）大、中型投資項目竣工工程概算表的完整性。

竣工工程概算表即竣工決算報表（見表 11-2），項目要求填寫完整、正確，不能故意遺漏項目。

（3）大、中型投資項目竣工財務決算表的完整性。

竣工財務決算表（見表 11-3）用以反應竣工項目財務狀況，其數據來源於歷年的年度財務決算與總帳有關科目，並且報表口徑與年度財務決算報表的口徑一致，可以直接匯總填列。

（4）大、中型項目交付使用財產總表的完整性。

交付使用財產有兩種表：大、中型建設項目交付使用財產總表（見表 11-4）和大、中、小型項目交付使用財產明細表（見表 11-5）。

11.4.3 竣工決算報表真實性審計

竣工決算報表的真實性審計主要包括兩個方面：

（1）竣工工程概況表的真實性審查包括：

①復核占地面積；
②復核建設時間；
③復核主要完成工作量；
④復核收尾工程工作量；
⑤復核建設成本；
⑥復核主要材料消耗。

（2）竣工財務決算的真實性審查包括：

①交付使用財產真實性審核；
②庫存器材的真實性審核；
③應收應付款審核；
④基建收入審核；
⑤撥借款累計支出審核；
⑥應核銷投資支出與應核銷其他支出審核。

11.4.4 竣工財務決算合規性審計

在對竣工財務決算的真實性進行審查時，會涉及許多合規性審查問題，而實際操作時往往不加區分而一併進行。下面就幾個前面未涉及的常見問題加以分析。

（1）審查計劃外投資的問題。

審查發現有計劃外投資，應要求建設單位調整竣工決算的交付使用財產成本，如未交納投資方向調節稅，應補交稅款，並處以一定數額的罰款。為了調整竣工決算，審計人員應編製計劃外工程表。

計算出計劃外工程的建築安裝工程投資和設備投資後，審計人員就可以計算計劃外工程應分攤的其他費用。建築安裝投資和設備投資加上其他費用即為計劃外投資總數。審計人員應要求建設單位將已納入交付使用財產的計劃外工程費用，調出交付使用財產成本。

（2）審查超概算工程和費用。

審計人員應列表（見表11-7）對照概算和實際發生支出。

表11-7　　　　　　　　超概算工程和費用分析表

序號	單項工程費用名稱	概算	修正概算	增減額（元）	增減比率（%）	實際	增減額（元）	增減比率（%）	原因分析

列表後，審計人員應把分析原因歸納起來，總結說明超概算原因，如勘察設計方面原因、工程管理原因、施工單位原因、外部環境原因（如漲價、攤派、投資未到位、供貨不及時等）。

【本章小結】

（1）竣工驗收是建設項目建設週期的最後一個階段，它是全面考核建設工作，檢查工程建設是否符合設計要求和工程質量的重要環節，也是保證工程質量的最後關口，對促進建設項目及時投產，發揮投資效果，總結建設經驗起著重要作用。在這樣的情況下，就需要相應的標準和組織來具體實施項目的竣工驗收。

（2）項目全部完成，經過各單項工程的驗收符合設計的要求，並具備竣工圖表、竣工決算、工程總結等必要文件資料，由項目（工程）主管部門或建設單位向負責驗收的單位提出竣工驗收申請報告，按程序驗收。

（3）竣工決算審計是投資項目審計的重要環節，加強竣工驗收審計監督，對提高竣工決算的質量，正確評價投資效益，總結建設經驗，改善投資項目管理具有重大意義。

【習題】

一、填空題

1. 項目竣工結算的內容包括（　　）、（　　）、（　　）、（　　）四個方面。
2. 項目管理消耗分析指標主要有（　　）、（　　）、（　　）、（　　）。
3. 項目單項分析的內容主要有（　　）、（　　）、（　　）。
4. 項目工程回訪的主要種類有（　　）、（　　）、（　　）三種。
5. 項目管理總結的主要內容有（　　）、（　　）、（　　）。
6. 投資項目技術檔案管理的任務是，按照一定的原則和要求，系統地收集記述項目建設全過程中具有保存價值的技術文件資料，按歸檔制度加以整理，（　　）。

二、問答題

1. 項目竣工驗收的目的和作用有哪些？
2. 項目竣工驗收的範圍包含哪些？
3. 項目竣工驗收的依據是什麼？
4. 項目竣工決算的內容有哪些？
5. 項目竣工圖的作用和繪製程序有哪些？

第十一章習題參考答案

12　項目後評價

【本章教學要點】

知識要點	掌握程度	相關知識
項目後評價	瞭解	含義、特性、作用與意義
項目後評價	理解	組織與管理、操作流程
項目後評價	掌握	內容、方法

【關鍵詞】

　　後評價　建設過程　財務效益　國民經濟

導入案例

土地整理項目後評價（略）[1]

12.1　概述

　　項目後評價是項目管理的一項重要內容，也是出資人對投資活動進行監管的重要手段。項目後評價反饋的信息可以反應項目決策與實施過程中的問題與不足，從而吸取經驗教訓，提高項目決策與建設管理水準。

12.1.1　投資項目後評價的含義

　　目前，對項目後評價還沒有一個統一、規範的定義。根據世界銀行、亞洲開發銀行和主要發達國家進行的項目後評價，以及國內開展項目後評價的時間，項目後評價含義可表述為：它是對已經完成的項目或正在實施的項目，就規劃目的、執行過程、效益、作用和影響所進行的系統的、客觀的分析。對投資活動實踐的檢查總結，可以確定投資預期目標是否達到，項目或規劃是否合理有效，項目主要效益指標是否實現；

---

[1] 內容詳見：http://www.docin.com/p-1688155137.html。

通過分析評價找出成敗的原因，總結經驗教訓；並通過及時有效的信息反饋，為未來項目的決策和實施營運中出現的問題提出改進建議。

狹義的項目後評價是指項目投資完成之後所進行的評價。把對項目實施過程、結果及其影響進行的調查研究和全面系統回顧，與項目決策時確定的目標以及技術、經濟、環境、社會指標進行對比，找出差別和變化，分析原因，總結經驗，吸取教訓，得到啟示，提出對策建議；通過信息反饋，改善新一輪投資管理和決策，達到提高投資效益的目的。

廣義的項目後評價還包括項目中間評價，或稱中間跟蹤評價、中期評價。它是指從項目開工到竣工驗收前所進行的階段性評價，即在項目實施過程中的某一時間節點，對建設項目實際狀況進行的評價。其一般在規模較大、情況較複雜、工期較長的項目，以及主客觀條件發生較大變化的情況下採用。中間評價除了總結經驗教訓以指導下階段工作外，還應以項目實施過程中出現重大變化因素為著眼點，並以變化因素對項目實施和項目預期目標的影響進行重點評價。

12.1.2 投資項目後評價的基本特性

與建設項目可行性研究和項目前評價相比，項目後評價具有以下基本特徵：

(1) 項目後評價內容的全面性。

項目後評價既要總結、分析和評價投資決策與實施過程，又要總結分析和評價項目的經營狀況；不僅要總結分析和評價項目的經濟效益、社會效益，而且要總結、分析和評價經營管理狀況，發掘項目的潛力。

(2) 項目後評價的動態性。

項目後評價主要是項目竣工投產 1~2 年後的全面系統評價，也包括項目建設中某些中期階段的事中評價或中間跟蹤評價，具有明顯的動態性。把建設項目評價納入項目管理過程，成為管理的組成部分，對建設項目進行階段性評價，有利於及時瞭解、改正項目建設過程中出現的問題，減少項目建設後期的麻煩，提高投資效益。

(3) 項目後評價方法的對比性。

只有對比才能找出差異，才能判斷決策、實施的正確與否，才能分析和評價成功或失誤的程度。對比是將實際結果與原定目標做對比，以及作同口徑對比。將已經實施完成的結果或某階段性結果，與建設項目原批准的可行性報告設定的各項預期指標進行詳細對比，找出差異，分析原因，總結經驗教訓。項目後評價有強烈的對比性。

(4) 項目後評價依據的現實性。

項目後評價是對項目已經完成的現實結果進行分析研究，所依據的數據資料是項目實際發生的真實數據或根據實際情況重新預測的數據。因此，項目後評價依據的有關資料，數據的採集、提供、取捨都要堅持實事求是的原則，否則將違反項目後評價的客觀性，導致錯誤的結論。

(5) 項目後評價結論的反饋性。

項目可行性研究和項目前評價的目的在於為計劃部門投資決策提供依據，而項目後評價的目的是為有關部門反饋信息，為今後改進和完善項目管理提供建議。要達到

這個目的，只有將項目後評價的成果和結論進行有效的反饋才能實現。也就是說，沒有反饋機制，項目後評價的目的就無法實現，作用無法發揮，項目後評價工作本身也就失去了存在的意義。

12.1.3 投資項目後評價的作用與意義

（1）投資項目後評價的作用。

①總結項目管理的經驗教訓，提高項目管理的水準。項目管理是一項極其複雜的活動，它涉及銀行、計劃、主管部門等，項目能否順利完成在於這些部門之間的配合與協調工作。項目後評價反饋的信息有利於及時發現和暴露決策過程中存在的問題，吸取經驗教訓，提高項目決策水準。

②為國家投資計劃、政策的制定提供依據。項目後評價能夠發現宏觀投資管理中的不足，從而為國家及時修正不適合經濟發展的技術經濟政策，修訂已經過時的指標參數提供借鑑，合理確定投資規模和投資流向。

③為銀行部門及時調整信貸政策提供依據。開展項目後評價有助於及時發現項目建設資金使用中存在的問題，分析研究貸款項目成功或失敗的原因，從而為銀行部門調整信貸政策、完善信貸管理制度和風險控制措施提供依據。

④對企業經營管理進行「診斷」，促使項目營運狀態的正常化。項目後評價是在項目營運階段進行，因而可以分析和研究項目投產初期和達產時期的實際情況，比較實際情況與預測情況的偏離程度，探索產生偏差的原因，提出切實可行的措施，從而促使項目營運狀態正常化，提高項目的經濟效益和社會效益。

（2）項目後評價的意義。

①確定項目預期目標是否達到，主要效益指標是否實現；查找項目成敗的原因，總結經驗教訓，及時有效反饋信息，提高未來新項目的管理水準。

②為項目投入營運中出現的問題提出改進意見和建議，達到提高投資效益的目的。

③後評價具有透明性和公開性，能客觀、公正地評價項目活動成績和失誤的主客觀原因，比較公正地、客觀地確定項目決策者、管理者和建設者的工作業績和存在的問題，從而進一步提高他們的責任心和工作水準。

12.2　項目後評價的內容

項目後評價一般包括項目目標評價、項目過程評價、項目效益評價、項目影響評價、項目持續性評價。

（1）項目目標評價。

項目目標評價的任務在於評價項目實施中或實施後是否達到項目前期決策中預定的目標和達到預定目標的程度，把項目實際產生的一些經濟、技術指標與項目決策時確定的目標進行比較，分析產生偏差的主客觀原因，確定其合理性、明確性和可操作性，提出調整或修改目標和目的的意義和建議。

(2) 項目過程評價。

項目過程評價是根據項目的結果和作用，對項目的各個環節進行回顧和檢查，對項目的實施效率做出評價。過程評價的內容包括項目前期決策、項目準備、項目實施、項目投產營運等。

①項目前期決策。回顧與評價的重點是項目策劃、立項與決策的正確性；評價項目建設的必要性、可行性、合理性；分析項目目標實現的程度、產生差異或失敗的原因。合理性和效率是項目前期決策階段評價衡量的重要標尺。

②項目準備。此階段評價的重點是各階段準備工作是否充分，開工前的各項報批手續是否齊全。效率是項目建設準備階段評價衡量的重要標尺。項目準備包括勘察設計、融資方案、採購招標、合同簽訂、開工準備。

③項目實施。項目實施評價的重點是項目實施活動的合理性和成功度，項目業主的組織能力與管理水準。此階段項目執行的效率和效益是評價衡量的重要標尺。

④項目投產營運。評價的重點是項目由建設實施到交付生產營運轉換的穩定、順暢。項目效益和可持續性是評價衡量的重要標尺。

(3) 項目效益評價。

項目效益評價是從項目投資者的角度，根據項目後評估時各年實際發生的投入產出數據，以及這些數據重新預測得出的項目計算期內未來各年將要發生的數據，綜合考察項目實際或更接近於實際的財務盈利能力狀況，據此判斷項目在財務意義上成功與否，並與項目前評估相比較，找出產生重大變化的原因，總結經驗教訓。項目效益評價包括技術效果評價、財務和經濟效益評價、管理效果評價。

(4) 項目影響評價。

項目影響評價包括經濟影響評價、環境影響評價和社會影響評價，是對項目建成投產後對國家、項目所在地區的經濟、社會和環境所產生的實際影響進行的評估。據此判斷項目決策宗旨是否實現。

(5) 項目持續性評價。

項目可持續性評價是對項目在未來營運中實現既定目標以及持續發揮效益的可能性進行預測分析。項目可持續能力受市場、資源、財務、技術、環保、管理、政策等多方面因素的影響。項目持續性評價在要素分析的基礎上，分析項目可持續性發展的主要條件，評價項目可持續能力，提出合理的建議和要求。

12.3　項目後評價的方法與評價指標

(1) 項目後評價的方法。

項目後評價方法的基礎理論是現代系統工程與反饋控制的管理理論。常用方法有邏輯框架法、對比法、調查法、專家打分法等。評價時應注意定量分析與定性分析相結合、靜態分析與動態分析相結合、宏觀投資效果與微觀投資效果分析相結合，對比分析與預測分析相結合。

①邏輯框架法。邏輯框架法是通過投入、產出、具體目標、宏觀目標四個層面對項目進行分析和總結的綜合評價方法。它用一張簡單的框架表（見表12-1）清晰地分析一個複雜項目的內涵和關係，將幾個內容相關且必須同步考慮的動態因素組合起來，按層次分析其內涵，得出項目目標和達到目標所需手段之間的因果邏輯關係，用以明確工作範圍和任務，是指導、管理和評價一項活動的工作方法。

表12-1　　　　　　　　　　邏輯框架模式

垂直邏輯＼水準邏輯	預期指標	驗證實現指標	驗證方法	外部條件
宏觀目標	目標與影響	目標指標	監測和監督手段及方法	實現目標的主要條件
具體目標	目的與作用	目的指標	監測和監督手段及方法	實現目的主要條件
產出	產出與結果	產出物定量指標	監測和監督手段及方法	實現產出的主要條件
投入	投入與措施	投入物定量指標	監測和監督手段及方法	落實投入的主要條件

a. 宏觀目標。項目的宏觀目標即宏觀計劃、規劃、政策和方針等所指向的目標，一般超越了項目的範疇，是指國家、地區、部門或投資組織的整體目標，包括對國民經濟發展、產業結構調整、經濟增長方式轉變、改善基礎設施、環境保護、資源合理利用、節能降耗減排、技術進步、人力資源開發等的作用與影響。宏觀目標的確定和指標的選擇一般由國家或行業部門選定，與國家發展目標相聯繫，並符合國家產業政策、行業規劃等的要求。

b. 具體目標。具體目標也叫直接目標，是指項目的直接效果，是項目立項的重要依據，一般應考慮項目為受益目標群體帶來的效果，主要包括財務和國民經濟效益，環境和社會效益，對行業、地區的作用與影響，對當地人民群眾物質文化生活質量的作用與影響。這個層次的目標由項目實施機構和獨立的評價機構來確定，目標的實現由項目本身的因素來確定。

c. 產出。產出是指項目的建設內容或投入的產出物，一般要提供可計量的直接結果，包括形成的固定資產實體、產出物（功能）及其生產規模，或改善機構制度、政策法規等。在分析中應注意，在產出中項目可能會提供的一些服務和就業機會，往往不是產出而是項目的目的或目標。

d. 投入和活動。投入和活動是指項目的實施過程及內容，主要包括資源和時間等的投入。

上述四個層次即為垂直邏輯的四要素，自下而上由三個邏輯關係相連接，相鄰的低一級層次和高一級層次之間均構成因果關係。同時在邏輯框架中還存在水準邏輯關係。水準邏輯分析的目的是通過主要驗證指標和驗證方法來衡量一個項目的資源和成果。與垂直邏輯中的每個層次目標對應，水準邏輯對各層次的結果加以具體說明，由

預期指標、驗證指標、驗證方法和外部條件所構成。

邏輯框架分析方法不僅僅是一個分析程序，更重要的是一種幫助思維的模式，通過明確的總體思維，把與項目運作相關的重要關係集中起來加以分析，以確定「誰」在為「誰」幹「什麼」,「什麼時間」、「為什麼」, 以及「怎麼幹」。編製邏輯框架雖然是一件比較困難和費時的工作，但是對於項目決策者、管理者和評價者來講，可以事先明確項目應該達到的具體目標和實現的宏觀目標，以及可以用來鑑別其成果的手段，對項目的成功計劃和實施奠定基礎。

②對比法。對比法是項目後評價的常用方法，是將項目已經實現的各項指標，與項目決策時所確定的相應指標進行同口徑對比，找出差異、分析原因，得出結論和經驗教訓，提出對策和建議。對比法不僅包括「前後」對比、「有無」對比，還可以與其他項目進行對比，可以與同行業對比、同規模對比、同地區對比等，由此擴展出「橫向」對比。

a.「前後」對比。「前後」對比是指將項目實施之前與項目完成之後的相關指標加以對比，以確定項目效益的一種方法。在項目後評價中，將項目前期的可行性研究和評估預測結論一級初步設計確定的技術經濟指標，與項目的實施結果一級在評價時所做的新的預測指標相對比。這種對比用於揭示計劃、決策和實施的質量，是項目目標評價的常用方法。採用「前後」對比法要注意數據口徑一致，數據才有可比性，結論才具有可信度。

b.「有無」對比。「有無」對比是將「有」項目時發生的情況與「無」項目時發生的情況進行對比，用以度量「有」項目本身的真實效益、作用及影響，區分項目本身因素的作用和影響與項目以外因素的作用和影響，是項目投資效益評價和影響評價的常用方法，適用於項目實施後的效果與影響含有項目以外因素的效果與影響的項目。

「有無」對比的關鍵是要求投入的代價與產出的效果口徑一致。也就是說，所度量的效果要真正歸因於項目，要分清建設項目的作用和影響與建設項目以外因素的作用和影響。但是很多項目，特別是大型社會經濟項目，實施後的效果不僅僅是項目本身的效果和作用，還有項目以外多種因素的影響，簡單的對比不能得出真正的項目效果的評價結論。此類項目在進行效益評價時，重點是要剔除非項目因素，對歸因於項目的效果加以正確的定義和度量。由於無項目時可能發生的情況往往無法準確地描述，評價時，理想的做法是在該受益地區之外，找一個類似項目區的「對照區」進行比較。

c.「橫向」對比。橫向對比是將項目實施後實現的結果與同一行業內的類似項目相關指標進行對比，分析項目建設對調整產業結構和行業發展的作用，是評價項目社會競爭力和可持續性評價的常用方法。

③調查法。調查法是項目後評價常用的方法，也是比較實用、比較有效的項目後評價方法。調查法分為資料查閱、問卷調查、專家研討、訪談調查和現場調研法等。

a. 資料查閱法。資料查閱法又稱文獻調查法，主要通過查閱有關文獻資料獲取項目信息。資料查閱法一般和其他調查法配合使用，以達到相互佐證的目的。

b. 問卷調查法。問卷調查法是一種以書面提問的方式獲取信息的方法，要求所有被調查者按統一的格式回答同樣的問題。問卷調查法所獲得的信息易於定量、便於對

比。問卷一般以表格的形式，在項目後評價時發送給項目單位相關人員填寫。問卷應說明調查的目的和對被調查者的要求、問卷填寫的方式，問卷中的問題可以採取開放、封閉和半開放半封閉的形式。

c. 專家研討法。項目後評價是對項目建設全過程、多方面的評價，涉及技術、經濟與管理等各方面的專業知識，需要多位相關專業的專家參與，最終形成綜合性的評價意見。

d. 訪談調查法。訪談調查法又稱訪問調查法，就是調查人員與被調查者之間以口頭交談的方式瞭解項目信息的方法。訪談法可分為個別訪談法和集體訪談法。個別訪談法通常又分為非正式的會話式訪談調查、重點問題訪談調查和標準化訪談調查。集體訪談調查法是一種更省時、更高效的訪談法，通過召集被調查者開會討論和交流，收集相關信息，但一些涉及保密性的問題不宜使用該方法在集體訪談中進行調查。

e. 現場調研法。現場調研法也稱實地調研法，通過調查者深入現場獲取所需信息。該法直觀性、可靠性強，但獲取的信息帶有一定的偶然性和表面性，許多信息不能或不宜進行現場參觀和考察。所以在實際調查中，現場調研法和文獻調查法、問卷調查法等結合使用。

④專家打分法，是指為了將定性的結論定量化，可以設計評價指標體系，由專家對項目在各評價指標的表現進行打分，進行綜合評定。這種方法的優點在於依靠專家在專業領域的能力，能夠在缺乏足夠統計數據和原始資料的情況下做出定量估計。專家評價的準確程度取決於專家的閱歷、經驗以及知識的廣度和深度，也取決於專家在打分前對項目的瞭解和認知程度。因此，為減少專家打分偏差，應慎重編製專家的打分表格，謹慎選擇評價專家。

（2）項目後評價指標體系。

項目後評價指標與可行性研究指標基本相同，構建項目後評價的指標體系，應按項目邏輯框架構建，從項目的投入、產出、具體目標和宏觀目標四個層面出發，將各層次的目標進行分解，落實到各項具體指標中。

①技術評價指標，如設計能力，技術或工藝的合理性、可靠性、先進性、適用性、設備性能，工期、進度、質量等。

②財務和經濟評價指標。

a. 項目投資指標：項目總投資、建設投資、預備費、財務費用、資本金比例等；

b. 營運期財務指標：單位產出成本與價格、財務內部收益率、借款償還期、資產負債率等；

c. 項目經濟評價指標：內部收益率、經濟淨現值等。

③生態與環境評價指標。其主要包括物種、植被、水土保持等生態指標，環境容量、環境控制、環境治理與環保投資以及資源合理利用和節能減排指標等。

④社會效益評價指標。其主要包括利益相關群體、移民和拆遷、項目區貧困人口、最低生活保障線等。

⑤管理效能評價指標。其主要包括前期工作相關程序、採購招標、施工組織與管理、合同管理、組織機構與規章制度等。

⑥項目目標和可持續性評價指標。

a. 項目目標評價指標：項目投入、項目產出、項目直接目的、項目宏觀影響。

b. 項目可持續性評價指標：財務可持續性指標、環境保護可持續性指標、項目技術科持續性指標、管理可持續性指標、需要的外部政策支持環境和條件。

12.4　項目後評價的組織與管理

雖然項目後評價工作已在中國發展了三十餘年，但在各部門、各行業、各不同類型的企業中，發展還很不均衡，項目後評價的組織與管理方式也略有差異。

12.4.1　項目後評價工作的組織與管理

（1）中央政府投資項目後評價的組織與管理。

根據國家發改委印發的《中央政府投資項目後評價管理辦法》，項目後評價是指在項目竣工驗收並投入使用或營運一定時間後，運用規範、科學、系統的評價方法與指標，將項目建成後所達到的實際效果與項目的可行性研究報告、初步設計（含概算）文件及其審批文件的主要內容進行對比分析，找出差距及原因，總結經驗教訓，提出相應對策建議並反饋給項目參與各方，形成良性項目決策機制。其組織與管理如下：

①接受和審查項目自我總結評價報告。

《中央政府投資項目後評價管理辦法》要求，項目單位應在項目竣工驗收並投入使用或營運一年後兩年內，將自我總結評價報告報送國家發改委。其中，中央本級項目通過項目行業主管部門報送，同時抄送項目所在地省級發展改革部門；其他項目通過省級發展改革部門報送，同時抄送項目行業主管部門。

項目單位可委託具有相應資質的工程諮詢機構編寫自我總結評價報告，項目單位對自我總結評價報告及相關附件的真實性負責。

項目單位在提交自我總結評價報告時，應同時提供開展項目後評價所需要的文件及相關資料。包括：項目審批文件，如項目建議書、可行性研究報告、初步設計和概算、特殊情況下的開工報告、規劃選址和土地預審報告、環境影響評價報告、安全預評價報告等相關資料以及相關批覆文件；項目實施文件，如項目招投標文件、主要合同文本、年度投資計劃、概算調整報告、施工圖設計會審及變更資料、監理報告、竣工驗收報告等相關資料，以及相關的批覆文件；其他資料，如項目結算和竣工財務決算報告及資料，項目運行和生產經營情況，財務報表以及其他相關資料，與項目有關的審計報告、稽查報告和統計資料等。

國家發改委督促項目單位按時提交項目自我總結評價報告並進行審查。

②制訂項目後評價年度計劃。

國家發改委結合項目單位自我總結評價情況，確定需要開展項目後評價工作的項目，制訂項目後評價年度計劃，印送給有關項目行業主管部門、省級發展改革部門和項目單位。列入項目後評價年度計劃的項目主要從以下項目中選擇：

a. 對行業和地區發展、產業結構調整有重大指導和示範意義的項目；
b. 對節約資源、保護生態環境、促進社會發展、維護國家安全有重大影響的項目；
c. 對優化資源配置、調整投資方向、優化重大佈局有重要借鑑作用的項目；
d. 採用新技術、新工藝、新設備、新材料、新型投融資和營運模式，以及其他具有特殊示範意義的項目；
e. 跨地區、跨流域、工期長、投資大、建設條件複雜，以及項目建設過程中發生重大方案調整的項目；
f. 徵地拆遷、移民安置規模較大，可能對貧困地區、貧困人口及其他弱勢群體影響較大的項目，特別是在項目實施過程中發生過社會穩定事件的項目；
g. 使用中央預算內投資數額較大且比例較高的項目；
h. 重大社會民生項目；
i. 社會輿論普遍關注的項目。

③委託項目後評價任務。

國家發改委根據項目後評價年度計劃，委託具有相應資質的工程諮詢機構承擔項目後評價任務。

④指導和督促項目後評價工作。

國家發改委制定項目後評價編製大綱，指導和規範項目後評價報告的編製工作。委託任務下達後，指導和督促有關方面保障項目後評價工作順利開展和解決項目後評價中發現的問題。

項目行業主管部門負責加強對項目單位的指導、協調、監督，支持承擔項目後評價任務的工程諮詢機構做好相關工作。

項目所在地的省級發展改革部門負責組織協調本地區有關單位配合承擔項目後評價任務的工程諮詢機構做好相關工作。

項目單位做好自我總結評價，並配合承擔項目後評價任務的工程諮詢機構開展相關工作。

承擔項目後評價任務的工程諮詢機構在接受委託後，應組建滿足專業評價要求的工作組，在現場調查、資料收集和社會訪談的基礎上，結合項目自我總結評價報告，對照項目的可行性研究報告、初步設計（概算）文件及其審批文件的相關內容，對項目進行全面系統地分析評價。

⑤建立項目後評價成果反饋與應用機制。

國家發展改革委建立項目後評價信息管理系統和項目後評價成果反饋機制，推廣通過項目後評價總結的成功經驗和做法。

國家發改委應及時將項目後評價成果提供給相關部門、省級發展改革部門和有關機構參考，加強信息溝通。對於通過項目後評價發現的問題，有關部門、地方和項目單位應認真分析原因，提出改進意見，並報送國家發改委。項目後評價成果應作為規劃制定、項目審批、資金安排、項目管理的重要參考依據。

國家發改委會同有關部門，定期以適當方式匯編項目後評價成果，大力推廣通過項目後評價總結出來的成功經驗和做法，不斷提高投資決策水準和政府投資效益。

⑥加強項目後評價執業管理。

承擔項目後評價任務的工程諮詢機構，應當按照國家發改委的委託要求和投資管理相關規定，根據業內應遵循的評價方法、工作流程、質量保證要求和執業行為規範，獨立開展項目後評價工作，在規定時限內完成項目後評價任務，提出合格的項目後評價報告。

國家發改委委託中國工程諮詢協會，定期對有關工程諮詢機構和人員承擔項目後評價任務的情況進行執業檢查，並將檢查結果作為工程諮詢資質管理及工程諮詢成果質量評定的重要依據。

⑦明確項目後評價經費來源。

國家發改委委託的項目後評價所需經費，由國家發改委支付，付費標準按照《建設項目前期工作諮詢收費暫行規定》（計價格〔1999〕1283號）關於編製可行性研究報告的有關規定執行。承擔項目後評價任務的工程諮詢機構及其人員，不得收取項目單位的任何費用。

項目單位編製自我總結評價報告的費用在投資項目不可預見費中列支。

（2）中央企業投資項目後評價的組織與管理。

根據國資委印發的《中央企業固定資產投資項目後評價工作指南》，項目後評價既包括項目事後評價，也包括項目中間評價。項目後評價實行分級管理。中央企業作為投資主體，負責本企業項目後評價的組織和管理；項目業主作為項目法人，負責項目竣工驗收後進行項目自我總結評價並配合企業具體實施項目後評價。中央企業對項目的自評報告進行評價並得出評價結論，在此基礎上選擇典型項目，組織開展企業內項目後評價。

①中央企業投資項目後評價的主要工作。

制定本企業項目後評價實施細則；對企業投資的重要項目的自我總結評價報告進行分析評價；篩選後評價項目；制訂項目後評價計劃；安排相對獨立的項目後評價；總結投資效果和經驗教訓，配合完成國資委安排的項目後評價工作等。

②項目業主後評價的主要工作。

完成項目自我總結評價報告；在項目內及時反饋評價信息；向項目後評價承擔機構提供必要的信息資料；配合項目後評價現場調查以及其他相關事宜。

企業重要項目的業主在項目完工投產後 6~18 個月內必須向主管中央企業上報《項目自我總結評價報告》。

（3）地方政府投資項目後評價的組織與管理。

省（市）地方政府投資主管部門依據《國務院關於投資體制改革的決定》，結合本地政府投資項目的實際情況，分別制定了投資項目後評價管理辦法，對後評價項目的投資規模、項目自我評價總結報告完成時間做出了規定，並明確由省（市）發改委負責項目後評價的組織與管理。

12.4.2 項目後評價工作的操作流程

項目後評價應由相應資質的工程諮詢機構承擔，其實施操作的基本流程如下：

(1) 簽訂委託合同，收集相關資料。

項目評價單位通過投標或接受委託，承攬評價任務後，要與招標方或項目主管單位簽訂合同或協議，明確雙方權利與義務；同時，項目主管單位應將評價要求事項通知被評價項目單位，要求配合現場調查，提供被評價項目的相關文件資料等。

(2) 明確項目經理，組織後評價組。

評價單位應及時確定執行該任務的「項目經理」，即落實評價報告執筆人，並具體負責評價工作的組織與聯絡；根據項目性質和複雜程度確定參評人員，籌建項目後評價組，並按專業分為若干小組。

(3) 制訂工作計劃，涉及調查方案。

根據項目後評價合同或協議，制訂項目後評價工作計劃，確定工作時間進度、質量要求、經費預算、專家名單等。涉及調查方案，擬定調查內容、調查對象、調查方式等，用以說明所評價項目的目標、效益和影響；要設計好調查問卷、專家意見與打分表。

(4) 聘請相關專家，明確任務分工。

根據項目專業性質與技術特點，聘請部分專家；聘請的專家應是沒有參加過被評價項目前期工作、設計工作和建設管理的人員。召開預備會，明確各小組、各專家應完成的具體任務，做到分工明確、責任落實到人。

(5) 查閱項目資料，熟悉「自評報告」。

項目後評價人員閱讀項目的相關文件資料，包括項目前期文件、實施文件、經營管理資料等；重點閱讀「自評報告」。根據已有資料文件，各小組擬定現場座談提綱及需要重點瞭解的問題，提出需現場補充、核實的文件資料，並進一步收集國家和行業有關的規定與政策等。

(6) 開展現場調查，聽取各方反應。

察看現場，瞭解項目在國民經濟發展中的地位和作用等宏觀情況；瞭解項目建設、設備運行、生產管理、項目效益、可持續發展條件、對周圍地區經濟發展與生態環境的作用和影響等微觀情況，以及項目資料文件中沒有記載的「活」情況等。項目後評價人員聽取業主對工程項目的全面介紹，設計、施工與監理等單位的工作匯報；分組進行專業性座談；查證、核實有關資料檔案；對於有重大社會和環境影響的項目，要進行廣泛的社會調查，聽取項目所在地區人們對項目的反應。

(7) 進行目標對比，提出專家意見。

將項目現實結果與項目決策時確定的目標做比較，並結合現場調查情況找出差距、發現問題、分析原因；在此基礎上，各專家可從項目、企業、行業和宏觀層面，總結歸納項目建設的成績與不足，提出自己的評價意見，並在評價組內進行交流。

(8) 交流溝通觀點，聽取業主意見。

為使評價意見盡量符合項目實際情況，體現客觀求實、公正合理的原則，防止產生重大失誤，可在現場與項目業主進行一次交流，各評價小組專家從不同專業角度提出個人見解，並聽取項目業主意見。

（9）綜合分析匯總，形成報告初稿。

在查閱文件和現場調查、獲取大量信息資料基礎上，依據專家組意見，分析、匯總、提煉所獲得的信息資料，形成後評價報告草稿；將報告草稿反饋給項目業主徵求意見，修改後形成報告初稿。

（10）完善報告初稿，提交評價報告。

評價報告初稿形成後，向委託單位簡要通報其主要內容，就報告初稿提出的某些重大問題進行討論，經修改後定稿，並按項目後評價協議或合同，分別報送相關單位。

【本章小結】

（1）通過項目後評價可以及時反饋信息，調整相關政策、計劃、進度、改進或完善在建項目；可以增強項目實施的社會透明度和管理部門的責任心，提高投資管理水準；可以通過經驗教訓的反饋，修訂和完善投資政策和發展規劃，提高決策水準，改進未來的投資計劃和項目的管理，提高投資效益。

（2）項目後評價的內容，包括項目建設過程評價、效果效益和影響評價、項目目標和可持續性評價。

（3）項目後評價常用方法有邏輯框架法、對比法、調查法、專家打分法等。在評價時應動態分析與靜態分析、綜合分析與單項分析、宏觀分析與微觀分析、定量分析與定性分析相結合。

【習題】

1. 投資項目後評價的含義與特性是什麼？
2. 投資項目後評價的主要內容有哪些？
3. 投資項目後評價的方法和評價指標有哪些？
4. 中央政府對投資項目後評價是如何進行組織和管理的？
5. 投資項目後評價實施操作流程是什麼？

第十二章習題參考答案

案例

案例1 ×××區城市棚戶區改造×××安置點可行性研究報告

1 總論

1.1 項目名稱及承辦單位

1.1.1 項目名稱

×××區城市棚戶區改造×××安置點一期工程

1.1.2 項目建設地點

×××市×××區×××

1.1.3 項目建設性質

新建

1.1.4 項目承辦單位

單位名稱：×××市×××區土地徵收協調辦公室、×××區移民辦公室。

單位概況：×××市×××區土地徵收協調辦公室、×××區移民辦公室是×××區政府派出機構，機構規格為正科級，總編製9名，下設×××區徵地服務中心和×××區移民服務中心。

1.2 可行性研究報告編製依據

（1）關於編製項目可行性研究報告的委託書。

（2）×××省國民經濟和社會發展「十一五」規劃。

（3）×××市國民經濟和社會發展「十一五」規劃。

（4）×××市土地利用總體規劃。

（5）×××市城市總體規劃。

（6）×××省棚戶區改造工程實施方案。

（7）×××市棚戶區改造工程實施方案。

（8）×××市×××區城市棚戶區改造工程實施方案。

（9）國家計委、建設部聯合頒發的《建設項目經濟評價方法與參數》（第三版）。

（10）國家計委頒發的《投資項目可行性研究指南》。

（11）項目單位提供的與本項目有關的資料、數據。

(12) 國家其他有關規範、標準等。

1.3 研究範圍與工作概況

1.3.1 研究範圍

本項目可行性研究範圍包括：項目建設的背景及必要性、項目選址及建設條件、建設規模及方案、節能、環保、消防與安全、項目管理、投資估算、效益評價等。

1.3.2 工作概況

受×××市×××區土地徵收協調辦公室與×××區移民辦公室的委託，我公司依據國家和地方有關棚戶區項目建設的法規和政策對項目單位實際情況進行了查證，並組織有關專家現場踏勘，查閱資料，根據工程項目建設條件及有關技術規範要求，對工程建設地點、建設規模、技術標準、工程投資、技術經濟等方面進行了系統分析和論證，在此基礎上完成了本項目可行性研究報告的編製工作。

1.4 主要技術經濟指標

項目用地面積20,000平方米，總建築面積32,000平方米，總投資4,610萬元，總工期18個月（2014年10月—2016年3月），建設內容包括：住宅、停車場、道路、綠化等。主要經濟技術指標見表1。

表1　　　　　　　　　　　　主要經濟技術指標表

序號	名稱	單位	指標	備註
1	用地面積	平方米	20,000	
2	建築面積	平方米	32,000	
3	容積率		1.6	
4	綠地率	%	36	
5	建築密度	%	24.8	
6	居住戶數	戶	406	
7	居住人數	人	1,274	
8	單位造價	元/平方米	1,440.63	
9	總投資	萬元	4,610	
10	工期	月	18	

1.5 結論與建議

1.5.1 結論

（1）本項目符合國家住房政策，選址符合城市總體規劃要求，建設場地具有交通、生活便利的優越性，項目具備良好的建設環境。

（2）根據需求調查表明，本項目建設將在很大程度上改善現有棚戶區居民的居住條件，因此本項目的建設是必要的。

（3）本項目的建設內容主要包括住宅、道路、停車場、綠化等，目前國內對此的

設計和施工技術都十分成熟，結合選址點較好的地質地形條件，本項目的建設是可行的。

（4）本項目符合×××市總體規劃要求，基本建設條件較好，項目的建設具有較好的社會、政治、環境效益，建議盡快組織實施。

1.5.2 建議

（1）資金是否到位是制約本項目能否順利實施的關鍵因素，項目單位應根據擬建規模盡快組織落實資金，建議各方面從資金上給予大力支持。

（2）抓緊時間按有關程序辦妥相關手續，加大籌資力度，確保項目順利實施。

（3）加強工程項目管理，在項目建設中引進競爭機制，通過招投標形式擇優選擇施工企業、監理單位等，以保證工程項目質量、進度，使投資按預期計劃得到控制，並滿足調研報告中預期的目標。

（4）做好建設期間拆建戶的妥善安置，保證拆除房屋的原住戶在項目建設期間的基本生活條件。同時協調各方面的利益，做到和諧拆建。

（5）項目單位抓緊時間進行場地的「三通一平」工作，為項目的建設提供良好的建設條件。

（6）對項目諸多方面的研究表明，該項目的投資開發切實可行，建議有關部門給予大力支持，並從政策上加以扶持，以促進項目的順利實施。

2 項目背景及必要性

2.1 項目建設背景

2.1.1 項目區基本情況

×××市是與中國西南川滇交界相毗鄰的區域性中心城市，它是×××省重要的能源、原材料基地，也是中國西部具有南亞熱帶風光、以資源綜合開發利用為主的現代工業城市。×××市轄三區、兩縣，即×××區、×××區、×××區、×××縣、×××縣，其中，×××區位於市區西部，東與×××區為鄰，南北與×××區接壤，西與雲南華坪縣交界，面積153.6平方千米，下轄1個鎮，6個街道辦事處，34個居委會。全區有28個少數民族，約1.1萬人，其中彝族是×××區主要的少數民族。全區年平均氣溫28.9℃，屬於典型的亞熱帶立體氣候。區內蘊藏有豐富的礦產資源，已探明煤炭資源4.8億噸，水泥石近6億噸，溶劑石灰岩3億噸，漢白玉100餘萬立方米，同時還蘊藏著鐵、鋁、鋅等礦產資源。

×××區作為×××市傳統的能源、建材產業基地，轄區內有攀煤集團等煤炭及化工工業企業，有4個火力發電廠，1個中型水泥企業及其他眾多的建材企業。這些企業在×××區經濟發展中長期處於支配地位，是×××區的經濟支柱。

×××鎮位於×××市西端，與雲南省華坪縣大興鄉接壤。其地處金沙江北岸，因境內有一塊方圓1.5平方千米的大壩子——×××而得名。20世紀80年代，其因經濟繁榮、文化生活豐富而被譽為×××的「小香港」。1994年劃歸×××區管轄，是×××區獨一的鄉鎮。全鎮轄區面積117.4平方千米，轄10個行政村、57個農業合作社、12個居委會、

84個居民小組，全鎮24,000餘人，其中農業人口10,800餘人，全鎮共有14個少數民族，屬多民族聚居區域。全鎮氣候宜人，冬暖夏涼，降雨充沛，年平均氣溫28.9℃，極端最高氣溫41℃，最低氣溫0℃，屬典型的亞熱帶氣候；主產水稻、小麥、玉米，盛產豌豆、胡豆等早市蔬菜，出產石榴、芒果、葡萄、酸棗、桃、梨等優質水果。全鎮交通便利，四通八達，成昆鐵路×××支線終點位於鎮區內。寧華路縱貫區中心地段，是川滇南來北往人員和攀西地區的一處重要的物資集散地。1996年經省人民政府批准，×××被列為個體經濟示範區，同時又被列為×××省301家試點小城鎮建設鎮，市、區出抬了一系列招商引資的優惠政策。

2.1.2　項目建設背景

黨中央、國務院高度重視棚戶區改造問題，《國務院關於解決城市低收入家庭住房困難的若干意見》專門提出要加快集中成片棚戶區的改造，使困難住戶的住房問題得到妥善解決。文件指出，對集中成片的棚戶區，城市人民政府要制訂改造計劃，因地制宜進行改造。棚戶區改造要符合以下要求：困難住戶的住房得到妥善解決，住房質量、小區環境、配套設施明顯改善，困難家庭的負擔控制在合理水準。

根據《國務院關於解決城市低收入家庭住房困難的若干意見》，按照×××省委、省政府啟動實施棚戶區改造工程的決策部署，為切實做好棚戶區改造工作，著力改善棚戶區人民群眾的居住條件，×××省人民政府通過了《×××省棚戶區改造工程實施方案》。該方案強調，棚戶區改造要與城市發展、產業結構調整、社會事業發展及生態環境保護統籌推進，要充分發揮政府的組織協調作用，在政策和資金上給予必要的支持，棚戶區改造要符合城市建設總體規劃、住房保障計劃、礦區發展規劃等，使改造後的區域內居民的生活環境得到明顯改善，配套設施相對完善，能夠滿足居民入住使用的基本要求。

根據《×××省人民政府辦公廳關於印發×××省棚戶區改造工程實施方案的通知》，×××市結合實際情況，制定了《×××市棚戶區改造工程實施方案》，根據實際摸底排查，確定整個×××市棚戶區總戶數為26,104戶，涉及人口79,909人，其中城市棚戶區7,760戶。該實施方案強調要以棚戶區廣大群眾的利益為重，妥善解決棚戶區住戶的住房問題，對改造工程給予政策傾斜和合理照顧，把城市棚戶區改造與舊城改造、基礎設施建設和社會事業發展相結合，界定改造範圍，分期分批進行。在資金來源上，棚戶區改造工程建設資金由國家、省、市、區、企業及棚戶區改造居民共同出資，其中以政府投資的保障性住房方式實施的棚戶區改造項目，主要通過中央、省、市、區政府性資金支持、政策性貸款等方式解決。

根據×××區棚戶區住房實際情況以及財政、居民的經濟狀況，×××區政府制定了《×××市×××區城市棚戶區改造工程實施方案》，決定從2014年起，用三年時間，按照年度完成30%、40%、30%的改造任務要求，力爭在2016年年底前，全面完成×××區的棚戶區改造任務。本項目為×××區城市棚戶區改造工程×××安置點一期工程。

2.2　項目建設必要性

擬建項目的建設必要性主要體現在以下幾個方面：

（1）擬建項目體現了「以人為本」執政理念的迫切需求，是×××城鎮發展的必然結果。

改善居民生活條件，妥善解決棚戶區居民的住房問題是每級政府的一項重要職責。衣、食、住、行是人民生活的四大基本需求，住房問題已經成為影響老百姓生活質量的突出問題。改善人們的生活條件，提高居住水準，既是民生工程、民心工程，更是×××發展的必然結果。安置工程是集中體現「以人為本」執政理念的迫切需求。

（2）擬建項目是維護×××社會安定和諧的重要舉措。

改革開放以來，中國經濟社會發生了翻天覆地的變化，棚戶區安置工程的建設是讓居住狀態不佳的廣大人民群眾特別是弱勢群體共享改革開放成果的一次實實在在的活動，「溫暖弱勢群體」既是構建和諧社會的必要條件又是構建和諧社會的必然結果。

（3）擬建項目是節約用地，保增長擴內需的一個重要舉措。

啓動擬建項目建設，能盤活存量土地，提升了容積率，實現土地的節約集約利用。同時，該區域土地開發可刺激以服務業為主的第三產業發展，有利於培育新的經濟增長點。在全球經濟危機的影響下，這無疑也是保增長擴內需的一項重要舉措。

（4）擬建項目有利於完善×××的配套設施，改善場鎮景觀面貌，增強自身聚集效應，為新項目的建設提供必要的建設場地。

近年來，×××市的發展日新月異，直接帶動×××區及各鄉鎮的城鎮建設。其作為×××區核心經濟區的重要組成部分，通過安置小區的建設，能進一步增強其自身的吸納能力，增強對人口、對資金的聚集效應，營造良好的外部環境，為符合政策規定的項目提供必要的建設場地，促進整個×××區經濟的發展。

3 項目選址及建設條件

3.1 項目選址

項目建址位於×××市×××區×××，周邊自然環境優美，交通便利，地理位置優越，周圍資源設施條件完善。

該地塊現狀為規劃居住用地，土地使用年限70年，總用地面積20,000平方米。

該項目所在地有約50戶農房，現拆除工作正在進行，所有住戶基本上已簽署拆遷協議，拆遷工作由政府組織。

3.2 建設條件

3.2.1 建設地自然條件

（1）氣象條件。

項目所在地屬於亞熱帶立體氣候，根據氣象資料並結合各海拔高度區的植被群落結構和類型分析，區內有準熱帶、南亞熱帶、中亞熱帶、北亞熱帶、南溫帶5個氣候垂直帶譜，與水準氣候帶不銜接。四季不分明，干濕季節明顯。氣溫日變化大，年際變化小，垂直差異大，小氣候複雜多樣，年平均氣溫20℃。年日照充足，長達2,361~2,749小時；輻射強，熱量豐富，干燥炎熱。年降雨量776.3~990毫米，集中在6~8月份，最短71天，最長153天，平均119.9天；雨季4個月平均年降水量660.6毫米，

占全年降水的86%。干季最長278天，最短217天，平均245.3天。多夜雨，年降夜雨542.5毫米，占總降雨量70%，降夜雨77.2天，平均每夜降雨7毫米；白天降雨總量232.8毫米，降雨62.3天，平均日降雨3.7毫米。蒸發量大，除8月降水量大於蒸發量外，年蒸發量是降水量的3.2倍，2月蒸發量是降水量的148.1倍。年平均風速不大，谷地年平均風速為每秒1.9米，秋季風速最小為每秒0.6米。風向受地形控制，多東南風，稍偏南北，頻率8%；大風日多在春季，靜風日多在夏季。年無霜期長達300天以上，隨海拔升高，霜日增多，寒凍強度增大。

(2) 水文特徵。

項目所在地水資源豐富，水質達到國家Ⅱ級標準。界河金沙江平均流速為每秒3,683立方米，平均徑流量554.25億立方米。水質屬重碳酸鈣鎂型，偏鹼，低碳化度。過境入江的巴關河，平均流速為每秒2.3立方米，平均徑流量0.73億立方米，干季斷流。

江岸坡面有季節性流水溝9條，二級支溝10條，其中岔河流長9.5千米，流域面積51.3平方千米，日徑流量10,541噸。

3.2.2 交通運輸條件

×××區距×××機場32千米，成昆鐵路×××支線、省道310線縱貫全境。隨著蘇鐵中路、法拉大橋、格薩拉大道、石華路等道路交通設施的新建和改造完畢，該區已形成方便快捷的城市交通網絡。

3.2.3 地質構造與地震效應

×××區地質主要由水層岩構成。水層岩因地殼的不穩定性、不等量升降和歷史上幾大構造運動而形成，區內地層有7個構造層：10億年前沉積的震旦系上統觀音岩組(Zbg)，總厚度961~1,350米，從巴關河由東北向西北邊境分佈，組成中低山地；古生界泥盆系中泥盆統(D2)，總厚度445米，出露在西北角邊境，組成中低山地；古生界二疊系下統涼山組(P1V)，總厚度56.4~184.3米，主要分佈在長坪子以上，水泥廠至龍坪子以北的兩塊長2.3~3千米，寬300~600米地段，組成低山地；中生界三疊系上統炳南組(T3b)，總厚度956.3~2,940.3米，主要分佈在金沙江北岸中東部，組成低山崗丘陵地貌；中生界侏羅系下統馮家河組(Jf)，總厚度3,739米，出露在該區南側，組成低山丘陵區；新生界第三系上新統昔格達組(N2)，厚10~180米，主要分佈在烏龜井至新莊臺地；新生界第四系更新統(Q2)，總厚度53~62米，主要分佈在河門口公園與河門口水廠以北，水泥廠至河門口和莊上村沿河地段。

依據《建築抗震設計規範》(GB50011-2001)的規定，場地土層等效剪切波速>140m/s，覆蓋層厚度<15米，本場地為Ⅱ類建築場地，其地震基本烈度為7度，建議工程按照7度進行抗震設防。設計基本地震加速度0.1g，設計特徵週期值0.35s。

本項目詳細地質情況需要專業勘察設計單位對項目的建設條件做進一步的勘察。

3.2.4 社會經濟條件

×××區區委區政府全面貫徹科學發展觀，大力實施「工業強區」戰略，積極推進新農村建設，全面開展惠民行動，地方經濟繼續保持了良好的發展勢頭。促進了社會經濟的又好又快發展，2012年×××區經濟總量強勢增長，經濟效益全面提升，經濟結

構顯著優化，社會事業協調發展。2012 年×××區地區生產總值完成 85.67 億元，現價同比增長 11.3%。其中，第一產業實現增加值 7,930 萬元，增長 0.31%；第二產業實現增加值 72.54 億元，增長 87.35%；第三產業實現增加值 12.34 億元，增長 12.34%。其實現人均地區生產總值 19,371 元，實現地方財政收入 2.884 億元，同比 2011 年增長 2.9%。×××區經濟社會進入了「全面提速，加快發展」的新階段，由此可見×××區城市棚戶區×××安置點一期工程的社會經濟條件都已具備。

3.2.5 施工條件

項目所在地的交通運輸條件比較便捷，施工材料運輸方便；勞動力資源充足，具有能夠滿足施工需要的勞務人員、技術水準及施工能力，同時項目所在地的工業狀況較好，項目地附近有與施工相配套的混凝土構件廠、木制構件廠、金屬加工廠等，這些廠的生產能力、產品質量、供貨服務水準能夠滿足本工程施工的需求。建築工程當地的建材如磚、瓦、灰、砂、石等地方材料供應可靠；施工場地地下無古墓文物、管線設施等，施工道路比較平坦，運輸車輛、施工機械設備進出方便。

4 擬建規模及方案

4.1 項目方案設想

4.1.1 基本要求

（1）規劃佈局力求具有整體性、經濟性、時代性、超前性，該方案作為安置點一期工程的方案，充分考慮整個安置點的佈局要求以及與周邊環境的協調統一。

（2）堅持「以人為本」的規劃設計原則，著重於對環境的打造，創造一個方便、安全、舒適、和諧的居住環境。

（3）住宅建築設計力求達到居室方便、舒適、安全，居住生活空間佈局合理，設施齊全的要求。

（4）總圖布置滿足規劃要求。根據×××市城市建設總體規劃的要求、周邊環境以及整個安置點佈局要求，因地制宜靈活布置各住宅。

4.1.2 道路系統與交通組織規劃

一期工程的臨時出入口設計為：新建一條道路通往平江西路。

規劃區內道路系統規劃以加強內部功能組織和便利內外交通聯繫為首要原則。規劃將道路線型、斷面設計與城市設計相結合，以優先步行交通為前提，滿足通達性和景觀性並存的要求，充分考慮停車場的設置，對於不同交通方式進行適當分流，同時確保各類交通方式的便捷到達性。

設置環行車道來實現人車分流，停車場布置主要採取地面停車方式，滿足十戶一個停車位的要求。

主要道路寬 8 米，最小轉彎半徑 6 米，最大縱坡不超過 8.0%；內部形成人車分流體系，保障人行系統的安全、完整。人行系統的設計要做到保證人行安全、注重人性化、強化景觀效果。

4.1.3 空間組織和景觀特色

（1）規劃設計理念。

規劃通過建築的圍合與半圍合形成半公共庭院空間，通過步行道路將各個空間形成相互而緊密的聯繫。

規劃通過設置文化活動廣場來為人們提供一個公共活動、休閒、交流場所，為人們創造一個人性化的公共活動空間。

（2）開放空間系統。

規劃中形成休閒廣場開放空間、公共綠地開放空間兩個層面，在沿街通過豐富的建築界面給予界定。使空間變化豐富多彩，同時在公共綠地開放空間體系中，形成串珠式的景觀節點體系，使整個開放空間系統形成點、線、面有機組成的網絡系統。

（3）景觀設計特色。

景觀軸線由兩條不同特色軸線組成，串聯起不同層次的景觀節點。庭院內的主要景觀軸線，以樹、花、草、架和座椅為主要景觀要素組成；道路兩旁的喬木、灌木、草坪相結合形成景觀空間的通行道。

4.1.4 綠地規劃

（1）居住組團綠化。

組團綠化主要體現在建築圍合內所形成的中庭空間，組團綠化遵循了小而精的設計思路，種植花卉和觀賞性喬灌木，局部可結合市民健身運動布置健身器械或兒童活動器械。

（2）道路綠化。

道路綠化主要以行道樹的形式體現，主幹道兩側控制 3 米綠化帶，次干道兩側控制 2.5 米綠化，支路兩側控制 2 米的綠化，主要通行道路兩側控制 2 米綠化，布置以喬木為主，並與宅間路的綠化和組團內的集中綠化相結合。

地面停車位也採用植草磚鋪砌，使整個基地內綠意盎然。

（3）擋土牆和護坡。

擋土牆作為構成空間界面的重要要素來設計，並且為重要的環境要素，結合整體綠化系統，進行深入的綠化和景觀設計。

4.2 擬建規模

依據《住宅設計規範》《城市用地分類與規劃建築用地標準》《城市居住區規劃設計規範》《民用設計通則》，針對地域氣候特徵和文化傳統，以及不同的服務對象和消費群體，該規劃將創造出市場能夠接受的舒適居住環境，體現以人為本的原則。注重住宅的套型結構，合理的空間尺度，明確的功能分區，使人們既有一個活動、散步、休閒的地方，又有一個好的居住環境。精心的立面設計，使住宅充分體現美感。

主要技術指標如下：

（1）項目占地面積：20,000 平方米。

（2）總建築面積：32,000 平方米。

（3）容積率：1.6。

（4）綠地率：36%。

（5）建築密度：24.8%。

（6）安置規模：居住戶數為406戶，居住人數1,274人。在戶型比例上，根據市場需求，科學確定各種戶型的比例，分別為60平方米154戶、75平方米112戶、90平方米112戶、120平方米28戶。

4.3 基礎及結構

4.3.1 工程概況

本項目場地地質條件較好，可選擇淺基礎形式，主體結構採用磚混結構。抗震設防具體根據《中國地震動參數區劃圖》（GB18306-2001）以及相關地質勘查報告，按照×××市地震行政主管部門確定的抗震設防要求按照7度進行抗震設防。

4.3.2 設計依據

（1）本工程設計依據建築、給排水、電氣等專業提供的有關圖紙及資料進行設計。

（2）有關規範規程。

① 《建築結構荷載規範》（GB50009-2001）；

② 《混凝土結構設計規範》（GB50010-2002）；

③ 《建築地基基礎設計規範》（GB50007-2001）；

④ 《建築抗震設計規範》（GB50011-2001）；

⑤ 《砌體結構設計規範》（GB50003-2001）；

⑥ 《建築地基處理技術規範》（JGJ79-91）；

⑦ 《設置鋼筋混凝土構造柱多層磚房抗震技術規程》（JGJ/T13-94）。

（3）荷載取值。

a. 恒荷載標準值。恒荷載標準值均按實際計算值取。樓面裝修及粉刷取 $1.5kN/m^2$。

b. 活荷載標準值。

住宅	$2.0kN/m^2$
衛生間	$2.5kN/m^2$
挑出陽臺及走廊	$2.5kN/m^2$
上人屋面	$2.0kN/m^2$
不上人屋面	$0.5kN/m^2$

c. 風荷載基本風壓值 $W_0 = 0.40kN/m^2$。

d. 基本雪壓值 $S_0 = 0.55kN/m^2$。

4.3.3 結構選型

本工程為磚混結構體系。

4.3.4 基礎設計

本工程暫定採用牆下條形基礎。為保證基礎設計的準確合理性，工程要求建設方在設計方進行施工圖設計之前，提供施工圖設計階段的工程地質勘查報告。

4.4 公用輔助工程

4.4.1 給排水

（1）編製依據。

《室外給水設計規範》（GBJ13-86）（1997年版）；

《室外排水設計規範》（GBJ14-87）（1997年版）；

《建築給排水設計規範》（GBJ15-88）（2001年版）；

《建築設計防火規範》（GBJ16-87）（2001年版）；

《污水綜合排放標準》（GB8978-1996）；

《建築滅火器配置設計規範》（GBJ140-90）。

（2）編製範圍。

本項目室外、室內給排水及消防。

（3）給水（生活給水及消防用水）。

①水源：本項目的生活用水、消防用水及其他用水均由市政供水管網供給，其水量、水質均可滿足本項目的要求。

②用水量：用水量預測是根據總體規劃，遠期人均綜合用水量220升/人·日，供水普及率100%，規劃人口為1,274人，則總用水量為1.274×0.22=0.28（萬立方米/日）。

管網布置與消防：小區供水干管布置採用環狀布置，分別由該區干道的入口引入，以保證供水安全，干管管徑DN150。

消防用水與生活用水使用同一供水系統，消防栓為地上式，在主要路口及沿街布置，每兩個消防栓的間距不大於120米。

給水管的管位設在人行道下，管頂覆土不小於0.7米。

（4）排水。

排水體制：為了保護水環境，根據總體規劃規定，排水體制採用雨、污分流制。

①污水規劃。污水量按用水量的75%計算，為（0.28+0.14）×0.75＝0.32（萬立方米）。污水管布置根據小區地形特點，沿小區道路布置干管，收集小區的生活污水，管徑200~500mm，根據集鎮的總體規劃，生活污水納入污水廠統一處理。污水管坡向與道路一致，流速以不淤流為宜，最小坡度>7‰，污水管管徑不小於0.70m。

②雨水規劃。根據就近分散和直捷的原則，密切結合地形，以最短路線，較小管徑，將雨水就近排入水體。

暴雨公式採用×××市降雨公式：

$q=1,272.8(1+0.63\lg P)/(t+6.64)0.56$

其中：重現期P取1，由於地形坡度較大，地面集水時間短，因此地面集水時間取7min，綜合徑流系數取0.6，綠地取0.15。

雨水管網規劃與布置：結合小區地形，充分利用區內自然衝溝設置雨水暗溝；雨水干管沿小區道路一側布置，坡向與道路一致；建築組團內的雨水排除，結合建築散水、道路及擋牆邊溝，匯集雨水就近排入雨水干管或雨水暗溝。

雨水管管徑300~500mm，雨水溝斷面視匯水面積、徑流系數和暴雨強度來確定，

雨水管埋深不小於 0.70m。

4.4.2 供配電

(1) 依據。

國家有關電氣設計相關規範、規定。

項目單位對本工程的有關要求。

(2) 變、配電系統。

①本小區內的負荷性質均為三類負荷，普通住宅每戶按 6kW 設計。整個片區內共有住宅 406 戶，加上部分公建，總設備容量為 3,155kW，總計算負荷為 1,301kW。整個片區分開安裝兩臺 1,000kVA 箱變供電。

②本工程的 10kV 高壓電源從變電站引來，進線用交聯絕緣電纜穿碳素纖維管埋地敷設，高壓線先進入 1#箱式變電站，再由 1#箱變引至 2#箱變。整個高壓部分的供電形式為樹杆式供電。

③整個小區的計費採用箱式變壓器低壓側計量，到每一戶再單獨計量。

④小區的功率因數補償採用在箱式變壓器低壓側補償，補償後的功率因數不小於 0.9。

(3) 電纜敷設。

低壓配電系統採用 220/380V 放射式與樹干式相結合的方式。低壓電力電纜一般穿碳素纖維管暗埋於地下 0.8 米，施工完畢後在地面做好下有電纜敷設的標記。電纜與水管、煤氣管道的平行敷設間距大於 1 米，交叉間距大於 0.5 米，電纜與通訊線纜間距大於 0.5 米，電纜與公路平行間距大於 1.5 米，交叉間距大於 1 米。電纜穿過道路，穿 GG 厚型鋼管保護，深埋至地下 1.1 米。

(4) 照明系統。

照明燈具主要採用節能燈為主，室內部分由甲方二裝自定，室外燈具主要採用庭院燈，燈具的控制採用時控方式，電源由小區內的箱式變電站引來。

(5) 防雷及接地。

①箱變整體獨立接地，接地電阻小於 4Ω。

②小區內每幢建築物接地型式為 TN-C-S，入戶電纜做重複接地，該接地與弱電接地和防雷接地系統共用。接地電阻小於 1Ω。

4.4.3 弱電

有線電視系統。信號干線為拓撲星形結構，小區電視前端箱設在小區綠地內。電視信號採用 GYSTA-53-12 光纜將電視信號發送到各棟建築物。戶內電纜採用 SYWV-75-5 同軸電纜。每戶按兩個電視插座設計。

電話系統。電話交換機設於小區綠地內，再從交換機引 HYV 型電纜至各單體內的電話分線箱，各戶按兩個電話插座設計。

寬帶多媒體網絡系統。寬帶數據的接入（包括接入方式和中心交換機位置）由甲方與因特網服務商協商完成，從小區的中心交換機到各單體的線纜採用多模光纖，每棟樓內採用非屏蔽雙絞線，每戶設一個信息插座。

整個弱電系統均採用兩級星型拓撲結構。進入小區後，三箱（防水）落地安裝

（高出地坪20厘米）。

4.4.4 消防工程

消防水源：規劃區以給水管網作為主要消防水源。

消防水量：片區消防用水量與整個安置小區總體規劃統一考慮，清水池常備水量作為消防水量。

消防設施規劃：消防給水管網採用鄉鎮供水管網，布置成環狀，在鄉鎮供水管網上設置室外消火栓，管道最小管徑不小於100毫米，最不利點的市政消火栓壓力不小於0.1MP，流量不小於10L/S~15L/S，確保消防壓力要求。

室外消火栓沿道路設置，間距不大於120米，並靠近交叉路口。

應保證消防通道暢通，保證消防車的進入和停放。

建設先進的有線、無線火災報警和消防通信指揮系統，設置專線通信，保證報警、滅火、救援工作。

4.4.5 管線綜合

各類管線均以埋地敷設為主，布置在道路下部空間。

埋地電力電纜、通信導管以及配水、配氣管安排在人行道或非機動車道下；雨、污水管原則上布置在非機動車道下，當非機動車道下空間有限時，可布置在車行道下。

離建築物的水準排序，由近及遠宜為，電力管線或電信管線、燃氣管、熱力管、給水管、雨水管、污水管；各類管線的垂直排序，由淺入深宜為，電信管線、熱力管、小於10kV電力電纜、大於10kV電力電纜、燃氣管、給水管、雨水管、污水管。

當地下管線交叉敷設時，遵循管線綜合避讓原則，壓力管讓重力管，可彎曲管讓不可彎曲管，支管讓干管，小管徑讓大管徑。

地下管線水準和垂直距離應滿足《城市居住區規劃設計規範》（GB50180-93）（2002版）中管線綜合部分的要求。

4.5 住宅設計

4.5.1 單元設計

本項目為城市棚戶區改造工程，安置戶數406戶，分別為60平方米154戶、75平方米112戶、90平方米112戶、120平方米28戶。

4.5.2 單體設計

體現居住性、舒適性、安全性、耐久性和經濟性，並注意單體局部和整體效果，採取不同的處理手法，使單位建築美觀雅致，在考慮經濟適用特點的同時，注重內在質量和外在美學。

5 節能、環保、消防與安全

5.1 節能節水措施

5.1.1 節能

（1）節能設計依據。

①《公共建築節能標準》（GB50189-2005）；

②《綠色建築評價標準》（GB/T50378-2006）。

（2）節能措施。

項目建成後，用電範圍主要是照明、商業辦公設備、空調等，為了減少能耗，採取以下措施：

①供電設計按就近原則合理配置，以減少線路損耗，供電設備採用節能、安全器件，線路採用銅芯電線、電纜供電。

②採取低壓電容器補償，減少無功損耗。

③在電器設備的選型及建築物內、外照明燈具選用上，採用新型節能設備、高效燈具，減少用電負荷。如採用節能型筒燈，日光燈採用電子啟動器，公共場所不使用白熾燈等。

④加強用電管理，降低能耗。

⑤本項目建築物的設計，充分考慮利用自然通風和採光，以減少不必要的電能消耗，同時也有利於居民、商業營業人員、賓客和場內其他人員的身心健康。

5.1.2 節水

（1）採取節水型設備設施，降低水資源消耗。

（2）加強用水管理，搞好供水系統的防滲、防漏。

5.2 環境保護

5.2.1 依據

（1）《污水綜合排放標準》（GB8978-1996）；

（2）《城市區域環境噪聲標準》（GB3096-93）；

（3）《大氣污染物綜合排放標準》（GB16297-90）；

（4）《建築施工場界噪聲限值》（GB12523-93）；

（5）《地下水環境質量標準》（GB/T14848-93）；

（6）《地表水環境質量標準》（GB3838-2002）。

5.2.2 污染源與污染物

目前無大的污染源，適合本項目的建設。

本項目建設主要污染源與污染物是施工過程中運輸車輛將帶來不同程度的粉塵、噪音以及項目營運時產生的生活垃圾、生活污水、場地沖洗廢水等，擬建項目無工業污染和化學污染。項目的建設不會對原有生態環境狀況造成負面影響，在對相關污染物進行處理後基本沒有污染。

5.2.3 環保措施

（1）粉塵。

本項目粉塵的形成是在工程建設期間。按環保標準和規定，灑水降塵等措施可把粉塵控制在每立方米空氣含量不超過10毫克，控制粉塵對周圍環境的污染。

（2）噪音。

建設期內機械及運輸車輛產生的噪音，通過建築機械設備選用和避免深夜作業（一般不超過晚上十點）來進行控制。

（3）廢水。

生活廢水採取雨污分流和污水、廢水經相應處理後實施達標排放。

（4）其他廢棄物。

區域內設置垃圾站，生活垃圾和一般包裝廢棄物由專職人員清掃並送至垃圾站，再由環衛清潔車每天運往垃圾處理場實行垃圾無害化、資源化、減量化的「三化」處理。

（5）項目建成後，積極搞好區域綠化，創造良好的衛生環境，減少噪聲和粉塵污染。

5.3 消防

5.3.1 設計依據和原則

（1）依據。

a.《建築設計防火規範》（GBJ16-87）（2001年修訂本）。

b.《建築滅火器配置設計規範》（GB50140-2005）。

（2）原則。

a. 消防必須貫徹「預防為主，防消結合」的方針。

b. 本項目在同一時間內按一處著火點考慮。

5.3.2 消防措施

（1）區域內設置消防栓和滅火器，消防栓、滅火器數量與間距按照當地消防部門的要求布防。

（2）平面布置上，要考慮設置消防通道、消防龍頭。

（3）室內裝修及走廊採用非燃燒材料或難燃燒材料，夾板等裝飾材料要用防火塗料浸泡塗刷，地毯、簾布盡量採用阻燃材料制成的。

（4）電器、電線的布置與裝飾物要有一段安全距離。

（5）設計時留出消防通道出口。

（6）施工時，施工單位要嚴格按照設計要求施工，不得擅自更改施工圖。

（7）項目建成後，要建立安全巡視制度，制定安全規章，設置安全警示，對區域內居民和全體工作人員進行安全教育。

（8）注意火警預防，將本項目平面布置圖交予×××市消防支隊，圖中標明每一處消防箱和消防龍頭的位置，定期請消防支隊到街區來進行滅火示範。

5.4 安全衛生

（1）為了嚴防火災發生，除採取消防措施外，必須加強消防安全教育。

（2）為確保人身安全，各住戶對所有配電設備、用電設備和金屬外殼及管線支架等金屬件採用接零保護，並設置必要的工作接地系統。

（3）加強設備選型，合理布置噪聲源，努力降低噪聲對環境的影響。

（4）合理安排功能分區和安全疏散通道，滿足防護安全距離要求，從規劃上防止各類事故。

（5）充分利用空坪隙地進行場地綠化，創造一個優美舒適的環境。

（6）按規定搞好抗震設防和防雷減災設計。

6 項目管理

6.1 項目實施進度

本項目自 2014 年 6 月完成可行性研究及相關審批後，計劃 2014 年 9 月完成施工圖設計、施工前準備（場地平整、招投標、材料採購等）；本工程施工工期計劃為 18 個月（不含前期工作），即 2014 年 10 月開工到 2016 年 4 月竣工驗收。具體實施計劃詳見表 2。

表 2　　　　　　　　　　　項目實施進度計劃

日期 內容	2014 年								2015 年												2016 年			
	5	6	7	8	9	10	11	12	1	2	3	4	5	6	7	8	9	10	11	12	1	2	3	4
前期																								
施工圖設計																								
施工前準備																								
施工																								
竣工驗收																								

6.2 機構設置與勞動定員

本項目的建設按照現代企業制度的要求，本著精簡、高效的原則設置職能部門和進行勞動定員。

工程建設按照現代企業管理制度，實行項目法人責任制，機構按照統一領導、分層管理、人員精簡的原則設置。設立工程部，勞動定員 7 人，其中合約部 2 人，協助項目前期手續的報批以及工程建設招投標、工程建設各方組織協調、合同管理等工作；財務部 2 人，負責工程項目財務計劃、材料採購管理等工作；工程預算部 1 人，負責工程項目建設的預結算、工期控制、成本控制等工作；工程技術部 1 人，負責工程項目建設的質量控制、安全管理等工作；項目經理 1 人，負責職權內本項目的協調管理工作。

本項目建設管理組織機構如圖 1 所示。

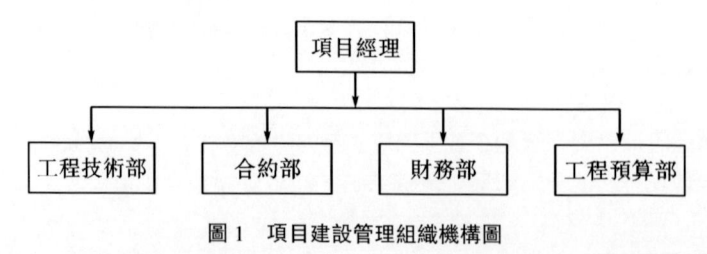

圖 1　項目建設管理組織機構圖

6.3 招投標與合同管理

按照公開公平的市場競爭原則，採取招標的方式選擇有資質、資信好、有實力、經驗豐富的勘察設計單位、監理單位、施工單位及大宗材料設備供應商等簽訂工程承包合同。嚴格履行合同，加強合同管理，確保工程質量，控制項目投資和工程實施進度。

（1）招標範圍。

本項目勘察、設計、施工、監理以及水泥、鋼材等大宗設備材料的採購均為招標的範圍。

（2）招標組織形式。

對項目勘察、設計、施工、監理以及水泥、鋼材等大宗設備材料的採購採取委託招標的組織形式。

（3）招標方式。

根據不同的標的物，按國家有關規定和要求擬分別採用公開招標方式或邀請招標方式。

（4）招標公告發布。

根據國家招投標法及×××省實施的《中華人民共和國招投標法》辦法，擬在省、市級媒體或其他公開刊物上公開招標信息。

（5）合同管理。

本項目實施過程中，建設方應根據《中華人民共和國合同法》及國際通用的 FIDIC 條款同項目參與各方簽訂工程承包合同，安排專人從事工程合同管理，嚴格把關工程質量、確保工程實施進度、加強工程投資控制，並注重索賠與反索賠管理。

6.4 施工項目管理

工程在施工建設時，必須採取整體規劃，分項施工的方針。在管理制度上制定籌建工作條例，實行崗位責任制，對工程質量、實施進度、合同、資金、施工現場等進行管理協調和成本控制。在工程的改造建設中要注意管理工作中的以下問題。

（1）質量管理。

從建築材料、施工質量等方面加強質量控制，堅持質量高標準，質量控制規範化，建立和健全質量保證體系，使質量管理工作制度化。招標選擇有相應資質的監理機構，督促承包單位設專職質量科及質檢員，形成質檢網絡。

（2）進度管理。

要求承包單位針對工程特點制訂施工方案，合理安排工程進度，採用先進的網絡控制技術，按工程各工序間的先後邏輯順序組織施工，在嚴格遵守安全規範的情況下，組織平行流水，交叉作業，充分利用工作面，以提高效率，控制各工序施工進程，以確保工程總進度計劃的落實。

（3）合同管理。

合同管理貫穿於合同談判簽訂、履行、合同期滿直至歸檔全過程。本工程要體現合同公平、程序公開、公平競爭和機會均等性。實行全過程合同管理，使得每個分項

工程都處於有效的控制之下，以確保整個工程的順利完成。

(4) 資金管理。

本項目在建設過程中要加強工程款的預結算管理，嚴格控制工程量變更，對項目資金實行分階段驗收報帳管理，對不達進度、不合質量標準的工程堅決不予驗收和撥付資金。

(5) 現場管理。

工程施工期間，要確保施工現場有條不紊、文明施工；要以系統、合理、可行為原則，加強現場管理，組織科學文明施工。結合施工現場周邊的具體情況，嚴格控制施工噪聲、施工灰塵對周邊環境的影響，對出入施工現場的人員要制定相應的管理制度作為其基本行為準則，以保證施工現場人員的管理得到有效的控制。

7 投資估算與資金籌措

7.1 編製範圍及依據

7.1.1 編製範圍

×××區城市棚戶區改造×××安置點一期工程投資估算範圍包括：住宅、停車場、道路、綠化等。

7.1.2 編製依據

本次投資估算依據×××市類似工程近期造價水準估算，並參照：

(1) ×××省定額管理站的有關文件；

(2) 有關建築安裝指標；

(3) 現行市場有關材料調查價格；

(4)《×××省建築工程概算定額》；

(5)《×××省其他費用定額》。

7.2 投資估算

本項目總投資估算為4,610萬元，具體內容詳見表3。

表3　　　　　　　　　　投資估算表

序號	名稱	費率（除註明外元/m²）	計算基礎	計算結果（萬元）	占總成本（％）
1	土地費用			598.00	12.97
1.1	土地出讓金	約300	用地面積約19,933.33m²	598.00	12.97
2	勘察設計及前期工程費（除規費）			484.12	10.50
2.1	策劃費用			8.20	0.18
2.1.1	項目建議書			4.00	0.09

表3(續)

序號	名稱	費率(除註明外元/m²)	計算基礎	計算結果(萬元)	占總成本(％)
2.1.2	可行性研究			3.00	0.07
2.1.3	環境影響評價			1.20	0.03
2.2	規劃設計費			57.60	1.25
2.2.1	規劃	3	建築面積32,000m²	9.60	0.21
2.2.2	工程設計費	15	建築面積32,000m²	48.00	1.04
2.3	地質勘查費			32.00	0.69
2.3.1	工程勘察費	10	建築面積32,000m²	32.00	0.69
2.4	三通一平	150	土地面積20,000m²	300.00	6.51
2.5	施工圖審查費	0.14% 0.11%	建築面積32,000m²	5.65	0.12
2.6	監理費	2.5% 2% 1.4%	建築面積32,000m²	80.67	1.75
3	建安工程費	800	建築面積32,000m²	2,560.00	55.53
4	基礎設施建設費用			554.24	12.02
4.1	小區道路工程費	15	建築面積32,000m²	48.00	1.04
4.2	小區供電工程費		建築面積32,000m²	273.44	5.93
4.3	小區供水工程費	10	建築面積32,000m²	32.00	0.69
4.4	小區室外地下管網建設費	20	建築面積32,000m²	64.00	1.39
4.5	小區綠化工程費	17	建築面積32,000m²	54.40	1.18
4.6	小區通信工程費	10	土地面積20,000m²	20.00	0.43
4.7	小區消防建設費	3	建築面積32,000m²	9.60	0.21
4.8	小區連至平江西路道路建設費	8,000,000	66m	52.80	1.15
4.9	排污費			10.00	0.22
5	代建費			63.00	1.37
6	規費			38.64	0.84
6.1	建委系統收費			11.26	0.24
6.1.1	建設工程質量監督費	0.20%	建安工程費2,560萬元	5.12	0.11
6.1.2	建設工程交易所服務費	0.06%	建安工程費2,560萬元	1.54	0.03

表3(續)

序號	名稱	費率 (除註明外 元/m²)	計算基礎	計算結果 (萬元)	占總成本 (%)
6.1.3	招標管理費	0.04%	建安工程費2,560萬元	1.02	0.02
6.1.4	定額測定費	0.14%	建安工程費2,560萬元	3.58	0.08
6.2	超標噪聲排污費	4	建築面積32,000m²	12.80	0.28
6.3	國土房管系統規費			11.85	0.26
6.3.1	初始登記費	0.10%	建安工程費2,560萬元	2.50	0.05
6.3.2	房產測繪費	0.3	建築面積32,000m²	0.96	0.02
6.3.3	地質災害評估收費	0.2	建築面積32,000m²	0.64	0.01
6.3.4	建設項目用地勘測費	0.1	建築面積32,000m²	0.32	0.01
6.3.5	地籍房產圖成果資料費	65元/幅	10幅	0.07	0.00
6.3.6	白蟻防治費	2.3	建築面積32,000m²	7.36	0.16
6.4	防雷相關費用			2.73	0.06
6.4.1	防雷工程設計審核收費	0.3‰ 0.2‰ 0.01‰	建安工程費2,560萬元	0.41	0.01
6.4.2	防雷裝置安全檢測收費	45元/套	406萬元	1.83	0.04
6.4.3	防雷工程施工監審收費	500元/次	10萬元	0.50	0.01
7	不可預見費			312.00	6.77
8	合計			4,610.00	

7.3 資金籌措

本項目總投資4,610萬元,其中土地費用598萬元,占項目總投資的12.97%;勘察設計及前期工程費484.12萬元,占項目總投資的10.50%;建安工程費2,560萬元,占項目總投資的55.53%;基礎設施建設費554.24萬元,占項目總投資的12.02%;代建費63萬元,占項目總投資的1.37%;規費38.64萬元,占項目總投資的0.84%;不可預見費312萬元,占項目總投資的6.77%。

擬通過銀行貸款、地方政府自籌及爭取省上專項資金等方式解決資金籌措問題。

8 社會效益評價

(1)擬建項目的建設能有力地拉動經濟增長,擴大就業範圍。擬建項目的建設不僅直接促進當地建築業、建材業發展,也帶動了運輸業、金融業、服務業等30多個相

關產業發展。項目建設投資大、週期長、需大量的鋼材、水泥、木材、瀝青、砂卵石等材料。在拉動相關行業的同時，也為從事建築施工、物業管理、社區服務等方面的人員提供就業機會，擴大就業範圍。對解決下崗職工再就業和農村剩餘勞動力等問題和增加農民收入都具有重要的作用。

（2）擬建項目的建設解決了群眾的現實困難，顯著提高了他們的生活質量，充分體現了以人為本的科學發展觀的要求。

（3）擬建項目的建設使規劃更趨合理，不僅改善了城市面貌，更使城市土地實現了集約高效利用，為未來城市發展提供了空間。

（4）擬建項目的建設，可完善城市基礎設施，拉動投資，城鎮的綜合承載能力和輻射帶動作用進一步增強；為吸引外來投資，擴大招商引資規模，加快×××區發展創造了良好的環境。

（5）擬建項目有利於城鎮經濟規模的進一步調整，區域經濟結構得到進一步優化，對區域經濟和社會發展將起到極大的推動作用。

9 結論與建議

9.1 結論

（1）×××區城市棚戶區×××安置點一期工程符合國家產業政策和×××區建設總體規劃。

（2）項目的實施能加快城市建設，完善基礎設施建設，提升城鎮風貌，改善投資環境，促進×××區經濟的快速發展。

（3）項目的實施利於改善居民居住水準和人居環境，加快×××區的城市化進程，具有較好的社會效益。

（4）項目選址合理、設計標準合理、技術方案設計科學。

9.2 建議

（1）資金是否到位是制約本項目能否順利實施的關鍵因素，項目單位應根據擬建規模盡快組織落實資金，建議各方面從資金上給予大力支持。

（2）抓緊按有關程序辦妥相關手續，加大籌資力度，確保項目順利實施。

（3）加強工程項目管理，在項目建設中引進競爭機制，通過招投標形式擇優選擇施工企業、監理單位等，以保證工程項目質量、進度，使投資按預期計劃得到控制，並滿足報告中預期的目標。

（4）做好建設期間拆建戶的妥善安置，保證拆除房屋的原住戶在項目建設期間的基本生活條件，同時協調各方面的利益做到和諧拆建。

（5）項目單位抓緊時間進行場地的「三通一平」工作，為項目的建設提供較好的建設條件。

（6）對項目諸多方面的研究表明：該項目的投資開發切實可行。建議有關部門給予大力支持，並從政策上加以扶持，以利於項目的順利實施。

案例2　國家電網四川×××××縣供電公司生產配套用房可行性研究報告

1　工程項目概述

1.1　項目概況

1.1.1　項目名稱
國家電網四川×××××縣供電公司生產配套用房。

1.1.2　建設性質
新建。

1.1.3　項目建設單位、法人代表
項目建設單位：國網四川×××××縣供電公司。
法人代表：王某。

1.1.4　項目擬建地點
×××市鹽邊縣。

1.1.5　承擔可行性研究的單位及法人代表
承擔可行性研究的單位：×××展宏電力勘測設計有限公司。
法人代表：李某。

1.1.6　可行性研究報告編製的依據
（1）關於編製項目可行性研究報告的委託書；
（2）國家電網公司《國家電網公司小型基建項目可行性研究報告內容》；
（3）國家電網公司《國家電網公司項目可研經濟性與財務合規性評價指導意見》；
（4）國家電網公司《國家電網公司小型基建項目建設標準》；
（5）國家計委、建設部聯合頒發的《建設項目經濟評價方法與參數》（第三版）；
（6）國家計委頒發的《投資項目可行性研究指南》；
（7）項目單位提供的與本項目有關的資料、數據；
（8）現場勘查所得的資料和數據；
（9）國家其他有關規範、標準等。

1.1.7　可行性研究報告編製範圍
本項目可行性研究範圍包括：項目建設的背景及必要性、建設規模、場址選擇、建設方案、節能節水措施、環境影響評價、組織機構與人力資源配置、項目實施進度、投資估算與資金籌措、項目招標內容、社會評價、風險分析、結論與建議等。

1.1.8　可行性研究報告編製原則
（1）堅持「可持續發展」策略；
（2）認真貫徹落實「全面規劃、合理佈局、綜合利用、保護環境、安全節能、技術先進、造福民眾」的基本方針；

（3）堅持以人為本和生態環境保護相結合的原則；

（4）按照「政府推動、政策支持、企業營運、市場機制、科學管理、社會服務」的原則，建設本項目；

（5）堅持「基礎設施配套、土地集約使用、人力資源充分發揮、經濟效益、環境效益和社會效益統籌協調」的設計理念，搞好項目建設；

（6）嚴格執行國家和地方制定的現行法規、標準和規定。

1.1.9 可行性研究報告編製工作概況

（1）項目建設的必要性。

項目建成後，將解決現有食堂存在的諸多問題。

①按未來可能有就餐需求的職工人數確定建設規模，能夠有效滿足職工要求，給職工提供一個乾淨、整潔、規範的就餐環境和放心的就餐質量。職工們在辛苦的工作後，能夠在食堂供應時間迅速獲得美味乾淨的食物，有利於職工的身心健康。

②食堂建設完成後，將成為鹽邊縣供電公司的標準配置，按規模和就餐人數配置食堂工作人員，避免工作人員過度勞累而導致食物、服務質量跟不上，從而有利於保障食堂的正常運行。

③就餐職工的車輛可以就近放在公司的專用停車位上，既保證了車輛安全，又不會妨礙交通。

④舒適的食堂環境為職工提供了一個安心的有保障的就餐和交流場所，有利於營造家的氛圍。項目投入使用後，將更好地增強職工凝聚力，更有利於發揮職工的主觀能動性，為×××市電力事業發展做出更大貢獻。

（2）項目發展及可行性研究工作概況。

從本項目的可行性研究來看，本項目用地範圍內主要為空地，在空地僅有臨時搭建的車棚和簡易庫房，無其他永久性建築物。存量空地面積為4,382平方米，無外部影響因素，國土手續已辦理取得使用證書，證書號「鹽國用〔2014〕023號」，項目選址條件可行。項目所在地交通便捷，鹽邊縣城緊靠成昆鐵路和108國道，距金江火車站和×××飛機場僅30千米，距×××市中心32千米，項目交通條件具備。鹽邊縣政府和相關職能部門對該項目的建設非常重視，在建設用地、行政手續簡化等方面給予大量政策支持，項目社會環境條件具備。項目所在地在鹽邊供電公司用地範圍內，公共配套設施較為完善，且無須徵地拆遷工作，能夠滿足項目建設及建成後的需要，項目公共設施條件具備。項目所在地的交通運輸條件比較便捷，施工材料組織方便；勞動力資源飽滿，具有能夠滿足施工需要的勞務人員、技術水準及施工能力，項目所在地項目施工條件具備。

1.2 可行性研究報告結論

1.2.1 項目建設規模

本項目建設內容為生產配套用房建築安裝工程及裝修、室外工程（給排水、雨水、污水、電力、室外道路及場地硬質工程、綠化、化糞池等）等。整個項目在現鹽邊縣供電公司內部建設，建設用地面積約1,555.27平方米，新建建築總建築面積為515平

方米（根據國家電網公司《國家電網公司小型基建項目建設標準》6.6.3.c 進行計算得出），建築占地面積 515 平方米，建築密度 32.57%，容積率 0.33。

1.2.2 項目建設地址

×××市鹽邊縣，供電公司內，無新徵用地。

1.2.3 項目工程技術方案

整個食堂樓較為規整，長 30.24 米，寬 16.34 米，西南側局部凹陷，為一層建築物，建築面積為 515 平方米，層高 5.10 米，耐火等級為二級，上人屋面。食堂結構為輕型門式鋼架結構，抗震設防烈度為 7 度。本項目設有餐廳、廚房操作區、蔬菜清洗區、肉類清洗區、冷藏室、食庫、衛生間等。基礎擬採用獨立基礎，上部結構為輕鋼結構。在內裝修上，衛生間滿貼瓷磚，瓷磚面層採用嵌入平貼，以免突出部位積灰影響美觀。其餘均為混合砂漿乳膠漆牆面。廚房、衛生間的樓地面為防滑地磚，其餘均為地磚地面。外牆窗為塑鋼型窗，門為鋼木複合門。

1.2.4 項目建成後的使用方式

項目建成後作為食堂使用。

1.2.5 項目建設進度

項目建設期 13 個月。項目建設進度如下：

2015 年 12 月 1 日至 2016 年 3 月 30 日完成前期相關工作；

2016 年 5 月 1 日至 2016 年 5 月 30 日完成施工圖設計工作；

2016 年 6 月 1 日至 2016 年 11 月 25 日完成招標及施工準備工作；

2016 年 12 月 26 日至 2017 年 12 月 31 日完成施工及竣工驗收工作。

1.2.6 投資估算和資金籌措

經過對本項目的分析測算，本項目所需投資為 183 萬元，其中建築安裝工程費用為 136.79 萬元，占項目總投資的比例為 75.75%；室外配套工程費 14.3 萬元，占項目總投資的比例為 7.81%。工程建設其他費用投資 26.27 萬元，占建設投資的比例為 14.34%，不可預見費 5.64 萬元，占建設投資的比例為 3.2%。資金來源為企業自籌。

1.2.7 項目建成後原有用房的處置

現有食堂用房為租賃用房，出租人為鹽邊縣味正鮮餐廳。根據租賃合同，租賃期限為 1 年，從 2015 年 12 月 1 日至 2016 年 12 月 1 日。本項目建成投入使用時，租賃合同已經到期。因此，不存在現有用房需進行處置的問題。

1.2.8 項目綜合評價結論

（1）本項目符合國家政策，選址符合綜合服務用房建設要求，建設場地滿足項目實際需要，項目具備良好的建設環境。

（2）本項目建設標準適當，建設規模和功能與需求相符合。

（3）本項目建成後，能夠為公司員工提供一個良好的就餐環境，解決目前租用食堂影響周邊居民的問題。

因此本項目是必要的，也是可行的，建議有關部門批准該項目建設。

1.3 存在問題及建議

（1）嚴格按照國家有關政府投資項目管理的規定，按照國家基本建設程序，完善

各項手續，認真做好各項目前期準備工作。建設中要嚴格加強項目資金、質量、安全管理工作。

（2）充分考慮項目建設資金到位時間與建設進度一致性的問題，擬訂切實可行的資金需求與使用計劃，確保資金量滿足實際需要。

（3）抓緊工程地質勘查工作，為設計提供必要的設計依據。

（4）建設方案進行設計時，應符合規劃建設主管部門的相關要求，項目建設的配套設施盡可能與周邊現有的市政基礎設施銜接，充分利用現有的基礎設施來滿足項目的需求。

（5）通過招投標擇優選定承包商，做好合同管理及協調工作，在項目實施過程中注意對質量、工期、建設成本進行全過程的動態控制。

（6）設計單位應嚴格按國家強制性標準規範的要求設計，盡量減少設計變更，如果對設計進行變更，必須按照國家的規定和合同約定的程序進行，並考慮其對建設成本及工期的影響。建議採用組織措施、經濟措施、技術措施和合同措施，按照經濟性原則、全面與全過程原則、責權利相結合原則、政策性原則，各類人員共同配合，實現由分項工程、分部工程、單位工程、整體工程整體糾正和控制工程造價的偏差，確保工程質量，使建設工程按時按質完成並投入使用，防止實際投資超投資估算。

2 工程建設依據

2.1 工程建設背景

2.1.1 建設單位供電生產及人員情況

國家電網四川鹽邊縣供電有限責任公司成立於2011年12月24日，由原鹽邊縣電力公司改制而成。目前公司採用領導層、職能部室二級管理模式，設職能部室15個，變電站、供電營業所等21個；全公司在冊職工總人數410人；截至2014年年底，公司供電面積3,326平方千米、供電人口20萬人、售電量7.16億kWh、供電可靠率99.4%、110kV及以下線損率2.1%、10kV及以下線損率6.515%、綜合電壓合格率94%、一戶一表率92.5%。公司實行董事會領導下的總經理負責制。經營管理層設總經理1名、黨委書記1名、副總經理3名、工會主席1名、總工程師1名、總經理助理1名、財務總監1名，下設7個職能部門（辦公室、發展建設部、財務部、人力資源部、黨群工作部、安全監察質量部、鄉鎮供電所管理部）3個專業支撐部門（電力調度控制分中心、運維檢修部、行銷部），6個供電所（桐子林供電所、漁門供電所、新九供電所、國勝供電所、箐河供電所、共和供電所，負責供區內配網維護，電費抄收等工作），5個110kV變電站（新城變電站、新九變電站、城南變電站、桑園變電站、箐河變電站），6個35kV變電站（螞蝗溝變電站、安寧變電站、國勝變電站、高梁坪變電站、龍蟒變電站、廣川變電站）。

2.1.2 建設單位現有生產用房情況

公司現有各類生產辦公用房總建築面積17,218.44平方米。按項目類別分為生產管理用房11,299.13平方米，行銷服務用房2,044.93平方米，其他用房3,874.38平方米。

按建設年代分為20世紀90年代房屋8棟，建築面積3,959.26平方米；2000年至今，房屋39棟，建築面積13,259.18平方米。

2.1.3 建設用地情況

本項目位於現有鹽邊公司辦公樓以南，土地權屬為鹽邊供電公司所有，用地範圍內主要為空地及臨時搭建的車棚和簡易庫房，無其他永久性建築物。具體如圖1所示。

圖1　國家電網四川×××××縣供電公司生產配套用房項目用地位置圖

2.1.4 項目建成後，現有生產用房的用途

現有食堂用房為租賃用房，出租人為鹽邊縣味正鮮餐廳。根據租賃合同，租賃期限為1年，從2015年12月1日至2016年12月1日。本項目建成投入使用時，租賃合同已經到期。因此，不存在現有用房需進行處置的問題。

2.2 工程建設的必要性

供電公司代管前為地方企業，一直無職工食堂。控股後為解決職工就餐問題，公司決定成立職工食堂，並於2012年12月12日在鹽邊縣東環北路（距離公司辦公樓2千米）臨時租用街邊鋪面成立職工食堂，如圖2、圖3所示。

自食堂開辦以來，職工解決了工作期間的就餐困擾，反應較好，但同時也出現了幾個問題。第一，由於食堂位置臨街，就餐時間人員較多（就餐人數200人，其中職能部門46人、生產班組96人、桐子林供電所22人、網源鹽邊分公司36人），對周邊居民造成了較大的交通擁堵、噪聲等負面影響，不利於公司「四風」建設。第二，由於食堂所在地為租住的房屋，無法長期使用，目前出租戶也有意向將其收回另作他用，屆時食堂將面臨關閉。第三，租用的食堂無法完全按照標準進行裝修，難以滿足食堂標準化操作，且面積較小，就餐時間食堂內極為擁堵。第四，為保障員工的正常就餐，食堂工作人員不得不加班加點，工作十分辛苦，但由於硬件上的缺陷，食堂在場地和設備方面的不足，造成就餐員工排隊時間過長，不僅延長了就餐時間，而且在點餐時沒有齊全的菜品供其選擇，員工對此頗有微詞。基於以上四點，為著力解決公司員工

圖2　租用食堂衛星圖

圖3　租用食堂實景圖

的就餐問題，結合打造「大後勤」及群眾路線教育的要求，提升後勤保障水準，鹽邊縣供電公司擬自建食堂。從目前公司內部地塊來看，現有辦公樓後面有一塊4,382多平方米的空置土地，可將其中一部分用作修建食堂。修建公司職工健康食堂後將能完全滿足現有就餐中存在的各種問題，且縮短了職工就餐的交通距離，為職工上班期間就餐休息提供了更多便利條件。因此，本項目的建設是迫切的、急需的。

　　針對食堂現狀，鹽邊縣供電公司擬新建職工食堂，根據需求，擬將整個食堂設置為近似長方形，長30.24米，寬16.34米，西南側局部凹陷，為一層建築物，建築面積為515平方米，層高5.10米，耐火等級為二級，上人屋面。食堂結構為輕型門式鋼架結構，抗震設防烈度為7度。本項目設有餐廳（面積為249平方米。每人1.1平方米，

加上成品食材區組成)、廚房操作區（34平方米）、蔬菜清洗區（10平方米）、肉類清洗區（10平方米）、冷藏室（15平方米）、食庫（15平方米）、衛生間（34平方米）等，嚴格按照國家電網公司要求的大後勤安全食堂標準及《飲食建築設計規範》（JGJ 64-89）進行設計。

項目建成後，將解決現有食堂存在的諸多問題：

（1）項目按未來可能有就餐需求的職工人數確定建設規模，能夠有效滿足職工要求，給職工提供一個乾淨、整潔、規範的就餐環境和放心的就餐質量。職工們在辛苦的工作後，能夠在食堂供應時間迅速獲得美味乾淨的食物，有利於職工的身心健康。

（2）食堂建設完成後，將成為鹽邊縣供電公司的標準配置，按規模和就餐人數配置食堂工作人員，避免工作人員過度勞累而導致食物、服務質量跟不上，從而有利於保障食堂的正常運行。

（3）就餐職工的車輛可以就近放在公司的專用停車位上，既保證了車輛安全，又不會妨礙交通。

（4）舒適的食堂環境為職工提供了一個安心的有保障的就餐和交流場所，有利於營造家的氛圍。項目投入使用後，將更好地增強職工凝聚力，更有利於發揮職工的主觀能動性，為×××市電力事業發展做出更大貢獻。

鹽邊縣供電公司目前在鹽邊縣東環北路租用了當地民房作為食堂，租用面積不足200平方米。從租用場所的現狀來看，該房屋面積較小，廚房操作間面積狹小，就餐空間也嚴重不足。面積狹小引發了諸多衛生、管理上的問題，如在衛生上，雖然食堂工作人員盡可能嚴格按照食堂管理制度執行，但狹小的面積導致食堂設施及原材料無法按規定擺放，通風情況不良導致食物新鮮度較難達到要求，大量餐具的消毒存放也是一個難點。管理上，200人擁擠在300平方米左右的空間內同時就餐，帶來了管理上的難題，因此，當人數無法容納時，常會占用室外空間，帶來的交通不便、噪聲問題早已引起了周邊居民的不滿。現有食堂不僅要滿足辦公樓職能部門和生產班組員工的需要，同時輻射桐子林供電所和網源鹽邊分公司員工，就餐時，員工們的交通工具無處停放，只有放置在街邊，也給交通帶來了一定的問題。本項目的建設將完全遵守食堂建設的相關要求，建成後食堂內設施設備齊全，操作間實行封閉管理，生熟區分，成品與半成品隔離，食品與雜物隔離，就餐間清潔明亮，能夠滿足所有職工的就餐需求。從交通來看，本項目位處辦公樓後面，職工們下樓後步行即可到達，桐子林供電所和網源鹽邊分公司員工到此距離也很近，如要乘坐交通工具，辦公樓前的停車位和樓後的車棚可以方便停車，既不會對公司外居民造成影響，也不會在公司內部造成擁堵。可見，本項目的建設能夠為鹽邊縣供電公司員工提供一個更加舒適、衛生、可靠的就餐環境，解決目前食堂存在的一系列問題，保證員工隊伍的穩定，從而對當地用電戶提供更全面到位的服務。

2.3 工程進展情況

2.3.1 已完成工作

可行性研究報告申報前，項目的背景和必要性研究已經完成，包括項目選址研究、

建設方案研究、環境影響評價研究、項目管理研究、投資估算及資金來源分析、項目中存在的風險分析等內容。有關工程重要問題的決策由建設單位確定，可行性研究報告編製單位充分履行諮詢單位職責，協助建設單位工作，為建設單位決策提供必要的參考。

2.3.2 可行性研究的重點和問題

可行性研究的重點在於項目的必要性分析、項目選址、項目規模的確定、所需資金的構成等方面。在本可行性研究報告編製過程中，項目擬選場址尚未進行詳細地質勘查，以現場初步勘測及周邊新建建築物地質狀況為依據開展工作，下一步需盡快開展地質勘查工作，確定項目地下狀況。

3 方案設計說明

3.1 設計依據

（1）《中華人民共和國城鄉規劃法》；
（2）《×××市城市總體規劃（2007—2025 年）》；
（3）《×××市城市規劃管理技術規定》；
（4）《鋼結構設計規範》（GB50017-2014）；
（5）《公共建築節能設計標準》（GB50189-2005）；
（6）《建築設計防火規範》（GB50016-2011）；
（7）《建築照明設計標準》（GB50034-2004）；
（8）《城市道路和建築物無障礙設計規範》（JGJ50-2001）；
（9）《建築結構荷載規範》（GB50009-2006）；
（10）《建築抗震設計規範》（GB50011-2010）；
（11）《建築地基基礎設計規範》（GB50007-2011）；
（12）《建築物防雷設計規範》（GB50057-94）（2000 年版）；
（13）《城市用地豎向規劃規範》（CJJ83-99）；
（14）《建築結構可靠設計統一標準》（GB50068-2001）；
（15）《建築抗震設防分類標準》（GB50223-2008）；
（16）《工程建設標準強制性條文》（房屋建築部分，2009）；
（17）其他國家及地方相關的法律和法規。

3.2 工程的自然條件

本項目位於現有鹽邊公司辦公樓以南，土地權屬為鹽邊供電公司，用地範圍內主要為空地及臨時搭建的車棚和簡易庫房，無其他永久性建築物。具體如圖 4 所示。

（1）地理位置。

鹽邊縣地處×××市北部，地理坐標介於北緯 26°25′~27°21′和東經 101°08′~102°04′。東鄰米易縣、涼山彝族自治州會理縣，南接市郊仁和區，西與雲南省華坪縣、寧蒗彝族自治縣接壤，北與涼山彝族自治州鹽源縣毗鄰。縣政府駐桐子林鎮，距×××市 28 千米，距桐子林火車站 3 千米，距×××機場 44 千米、西攀高速公路 18 千米。境內礦產資

圖 4　國家電網四川×××××縣供電公司生產配套用房項目用地位置圖

源富集，光熱資源豐富，旅遊資源獨特。鹽邊縣轄區面積 3,269.453 平方千米，下轄 4 個鎮、12 個鄉、164 個村、826 個村民小組、7 個居民委員會，共居住有 25 個民族，其中漢族人口最多，其餘人口較多的依次為彝族、傈僳族、苗族、回族、納西族、傣族等。

（2）地形地貌。

鹽邊縣境內地形以四周高山峽谷，中部丘陵盆地為總特徵。一般海拔在 2,300 米至 2,800 米，最高海拔 4,393 米，最低海拔 1,200 米。

（3）水文氣象。

鹽邊縣屬於南亞熱帶為基帶的立體氣候，垂直差異顯著，下半年受熱帶大陸氣團控制，天氣晴朗干燥，上半年受熱帶季風影響，雨量充沛。氣溫年差異較小，日差異較大，全年只分干、雨兩季，6~10 月為雨季，11 月至次年的 5 月為干季。90%以上的降水集中在雨季。日照充足，太陽輻射強，蒸發量大，小氣候複雜多樣。年平均氣溫 20.9℃，最高氣溫 41℃，最低氣溫-1℃。年日照時數為 2,640 小時左右，年平均晴天約 240 天，雨天約 60 天，陰天約 65 天。氣候干燥，年降雨量在 800 毫米左右，年蒸發量為 2,400 毫米，年平均相對濕度為 59%。全年主導風向為夏季和冬季均為東南風。年最大風速 18.3 米/秒，年平均大風日數為 12.2 天，年靜風頻率為 46%。年無霜期在 300 天以上，海拔 1,400 米以下基本無冬季，夏季長達半年左右。

（4）地質構造與水文地質。

×××地區位於康滇南北向構造帶中段西側，出露的地層較全，以元古界、古生界和中生界最早發育，新生界分佈少且零散。總厚度為 36,010~47,870 米，出露地層約占全市面積的一半，其中以巨厚的中生界地層占主要部分。

元古界的前震旦系變質岩主要分佈在鹽邊新坪、漁門、桔子坪一帶及米易北部的普威和市區中部的仁和；震旦系為砂頁岩、白雲岩沉積，分佈在雅礱江與魚敢魚河匯合口附近及鹽邊西部和市區西北的老鷹岩至竹林坡一線。古生界的濱海-淺海相沉積，

地層僅在鹽邊西北部的擇木龍至大坪子成片出露，只有上二疊系的火山噴發岩-峨眉山玄武岩大片露出於米易東部的龍肘山、雅礱江的二灘一帶及鹽邊北部，市區大黑山至格里坪也有分佈。中生界的沉積岩主要是三疊系砂、礫岩夾煤和侏羅系的砂岩夾泥岩等陸相沉積地層，分佈範圍較廣，包括米易馬頸子至鹽邊紅坭、仁和區務本、寶鼎山和保安營等大片地區，其中上三疊系是主要產煤地層。新生界的沉積以第三系昔格達組粉砂質泥頁岩為主，分佈在市區東部紅格一帶及安寧河、金沙江河谷階地上；第四系現代堆積僅零星分佈剝蝕面、河流階地上和河谷之中，為河流、湖泊相沉積，面積較昔格達組較小。×××市轄區內岩漿岩分佈面積約占全市面積一半。岩漿活動種類複雜，形式多樣，分佈不均並具多期性。岩體出露嚴格受南北向為主的構造控制。各類岩體集中分佈在金河-箐河斷裂東南的南北向構造帶內，形成南北向延展的「雜岩帶」；金河-箐河斷裂西北除玄武岩有大片分佈外，其他岩類出露很少。

青藏和川滇構造及其活動，對×××市的構造生成及活動均有影響。川滇南北向斷裂構造帶的中段經×××市東側，是影響×××市構造和地震的主要斷裂帶。鹽邊縣斷裂構造主要有：

昔格達斷裂指川滇南北斷裂帶中的磨盤山-綠汁江斷裂中段，於九道溝（新九）以北分為東西兩支，向南經昔格達、紅格至拉鮓以南，區內長150千米，是市區規模最大、地震活動最強的斷裂；總體走向呈南北走向，傾向時東時西，傾角一般60~70度，局部地段達85度，為壓性斷裂。該斷裂切割了前震旦紀至中生代地層，局部地段在昔格達組和全新世地層中有跡象。破碎帶寬度一般在1~5米，局部達30~80米。

桐子林斷裂位於李明久斷裂東側，主要展布於桐子林之南，經老臺子梁崗、大平地、棉花地、石門墳至叭喇河橋一帶，長20千米，總體走向呈北北西向，與李明久斷裂南段近於平行展布，斷層面傾向東，傾角50~60度。

金河-箐河斷裂北起里莊，向南經金河後，逐漸向西偏轉，經鹽邊縣的箐河進入雲南省，與永勝-賓川斷裂相接。該斷裂在市區一段的走向為北40~45度東，傾向北西，傾角60~70度，長85千米，破碎帶寬50~70米，最寬達250米，屬壓扭性。

本項目詳細地質情況需要專業勘察設計單位對項目的建設條件做進一步的勘察。

（5）交通條件。

項目所在地交通便捷，鹽邊縣城緊靠成昆鐵路和108國道，距金江火車站和×××飛機場僅30千米，距×××市中心32千米。

（6）社會環境條件。

2014年，面對增長速度換擋、結構調整陣痛、前期刺激政策消化「三期」疊加和倒逼機制等嚴峻複雜的宏觀形勢，在縣委、縣政府的正確領導下，在縣人大、縣政協的監督支持下，全縣牢牢把握「轉方式調結構、育產業夯基礎、抓改革激活力、惠民生促和諧」的工作基調，圍繞縣人大第十七屆四次會議確定的經濟社會發展目標，堅定不移推進南北發展戰略，克服各種困難，統籌做好穩增長、促改革、調結構、惠民生等工作，全縣國民經濟和各項社會事業保持穩中有進的發展態勢。2014年，全縣實現縣域生產總值108.89億元，同比增長6%（2010年不變價），完成調整計劃的100.8%。縣屬生產總值（不含二灘）完成91.2億元，同比增長11%。縣域生產總值

中，第一產業完成增加值8.52億元，同比增長4.5%，完成調整計劃的101.4%；第二產業完成增加值83.03億元，同比增長5.7%，完成調整計劃的100.9%（工業增加值76.98億元，同比增長6.6%，完成調整計劃的101.3%。其中規模以上工業增加值增速5.8%；建築業增加值6.05億元，下降7%，完成調整計劃的96.03%）；第三產業完成增加值17.34億元，增長8.3%，完成計劃的100.43%。非公有制經濟增加值達50.38億元，同比增長9.4%，完成調整計劃的109.5%。農業總產值完成16.16億元，同比增長4.7%，完成調整計劃的101%。工業產值完成176億元，同比增長4.76%，完成調整計劃的100%，其中規模以上工業產值完成161億元，增長11.2%（縣屬規模以上工業產值133.3億元，增長18.8%；二灘27.7億元，下降15%；縣屬規模以上工業增加值增長15.3%，二灘下降13%），完成調整計劃的100%。地方財政收入7.3億元，下降2.65%，完成調整計劃的100.3%，其中公共財政收入7.07億元，增長22.02%，完成調整計劃的100.23%。招商引資到位資金80.39億元，增長6.35%，完成年初計劃的103.1%。固定資產投資81.09億元，增長14.9%，完成年初計劃的114.21%。實現社會消費品零售總額12.96億元，增長12.1%，完成年初計劃的100.04%。農民人均純收入達10,055元，增長11.4%，完成年初計劃的99.54%。城鎮居民人均可支配收入達23,999元，增長9.6%，完成年初計劃的99.63%。2015年上半年，全縣實現地區生產總值52.51億元，增長12.8%（在全市五個區縣中排第一位，比第二位的米易縣高0.1個百分點），佔年度計劃的44.5%，欠進度5.5個百分點。其中第一、二、三產業增加值分別為3.15億元、40.53億元、8.83億元，增速分別為3.5%、14.9%、6%。

縣政府和相關職能部門對該項目的建設非常重視，在建設用地、行政手續簡化等方面給予大量支持政策。良好的外部環境條件為項目建設提供了有力的保障。

（7）公共設施條件。

項目所在地在鹽邊供電公司用地範圍內，公共配套設施較為完善，且無須徵地拆遷工作，能夠滿足項目建設及建成後的需要。

（8）施工條件。

×××市是鋼鐵和水泥生產基地，項目所在地的交通運輸條件比較便捷，施工材料組織方便；勞動力資源豐富，具有能夠滿足施工需要的勞務人員、技術水準及施工能力；同時項目所在地的工業狀況較好，離項目地不遠有與施工相配套的混凝土構件廠、木製構件廠、金屬加工廠等，這些廠的生產能力、產品質量、供貨服務水準能夠滿足本工程施工的需求；建築工程當地的建材如磚、瓦、灰、砂、石等地方材料供應可靠；施工道路比較平坦，運輸車輛、施工機械設備進出較為方便。可見，本項目的施工條件具備。

3.3 工程規模

本項目建設內容為生產配套用房建築安裝工程及裝修、室外工程（給排水、雨水、污水、電力、室外道路及場地硬質工程、綠化、化糞池等）等。整個項目在現鹽邊縣供電公司內部建設，建設用地面積約1,555.27平方米，新建建築總建築面積為515平方米（根據國家電網公司《國家電網公司小型基建項目建設標準》6.6.3.c進行計算

得出），建築占地面積 515 平方米，建築密度 32.57%，容積率 0.33。

3.4 總體規劃及總布置

本項目位於現有鹽邊公司辦公樓以南，土地權屬為鹽邊供電公司，用地範圍內主要為空地及臨時搭建的車棚和簡易庫房，無其他永久性建築物。項目建設過程中，只考慮本棟食堂樓的建設，項目場地較為平整，外部交通已經形成。本項目建設過程中，將注重對周邊環境的保護，不破壞植被。項目擬選場址的場地以空地為主，無植被，建設完成後將增加約 170 平方米的綠化。因此本項目的建設不會對環境造成破壞，反而對環境有美化作用。

項目在建設過程中，遵循以下原則：

（1）執行國家有關工程建設的法律、法規，執行國家及地方現行有關標準和規範的要求。

（2）安全牢固原則。嚴格執行工程建設標準，將安全放在首位，確保項目建設質量。

（3）功能合理原則。在滿足辦公生活和合理交通路線的前提下，結合場地特點做到功能分區明晰，佈局合理，管理方便，並符合國家和地方政府有關城鎮規劃、環境保護、安全衛生、消防、節能、綠化等方面的規範和要求。強調佈局合理，人流、車流合理分開，公用線路和交通短捷、順暢。

（4）防震減災原則。建築和環境應綜合採取抗震、防火、防洪、抗風雪和防雷擊等防災安全措施，確保人民安全，並能結合城市防災總體規劃需要進行建設。

（5）以人為本原則。注重環境設計，創造一個舒適宜人的生產、生活空間，並使整個項目建築與周圍環境融合協調，形成景觀與綠色構築的區域，充分展示現代化企業形象和企業的文化理念。

（6）因地制宜原則。充分利用現有地形地貌特點進行設計，尊重自然，注重保護地域環境和地形地貌的多樣性。

（7）可持續發展原則。統一考慮，為未來生產發展考慮拓展的可能性。

3.5 建築

整個食堂樓較為規整，長 30.24 米，寬 16.34 米，西南側局部凹陷，為一層建築物，建築面積為 515 平方米，層高 5.10 米，耐火等級為二級，上人屋面。食堂結構為輕型門式鋼架結構，抗震設防烈度為 7 度。本項目設有餐廳、廚房操作區、蔬菜清洗區、肉類清洗區、冷藏室、食庫、衛生間等。

本項目在建築物立面設計上，主要遵循外觀大方、內涵豐富、細部考究的設計思路，設計過程中仔細推敲建築各部位體塊比例，並對各部位的開口及用材認真思考，採用不同的材料進行穿插。整體的建築構思，力圖把建築與環境、形式與功能、意境與手段盡可能完美地融合在一起。屋面上採用構架的形式以豐富建築輪廓的天際線，立面上採用橫向通長的水準線條，配合豎向立柱線條，再佐以建築體量的凹凸變化，在視覺上給人以舒展的韻律感。

在內部裝修上，衛生間滿貼瓷磚，瓷磚面層採用嵌入平貼，以免突出部位積灰影

響美觀。其餘均為混合砂漿乳膠漆牆面。廚房、衛生間的樓地面為防滑地磚，其餘均為地磚地面。外牆窗為塑鋼型窗，門為鋼木複合門。

3.6 結構設計

3.6.1 結構設計原則

（1）結構設計應充分考慮×××地區建築物應抗震設防的特點，選擇對抗震有利的結構體系，力求受力合理、安全可靠、環保、節能、美觀、經濟耐用。

（2）在結構設計中，結構構件在所規定的使用年限和安全等級要求下的承載能力極限狀態及正常使用極限狀態的設計均應滿足《建築結構可靠度設計統一標準》（GB50068-2001）、《鋼結構設計規範》（GB50017-2014）及其他相應結構規範的設計要求。

（3）結構基礎設計應根據《建築地基基礎設計規範》（GB50007-2002）及其他有關的地基及基礎規範的要求進行，達到安全可靠、經濟合理的效果。

（4）結構設計中還應考慮其所涉及的間接問題，如地基變形、混凝土收縮、焊接變形、溫度變化等。

3.6.2 荷載取值

（1）風荷載：該工程基本風壓取值為 $0.40kN/m^2$。

（2）結構抗風設計應符合《建築結構荷載規範》（GB50009-2001）及相應各類結構規範的要求。

（3）活荷載：

①不上人屋面 0.5（kN/m^2）；

②上人屋面 2.0（kN/m^2）；

③屋頂花園 3.0（kN/m^2）；

④停車道、汽車道（室內）4.0（kN/m^2）；

⑤庫房 8.0（kN/m^2）；

⑥樓梯、走道、前室 3.5（kN/m^2）；

⑦陽臺（人群可能密集時）2.5（3.5）（kN/m^2）。

附註：樓面、地面如有大型設備集中荷載時，按實際荷載設計。

3.6.3 建築分類等級

（1）建築結構安全等級為二級。

（2）抗震設防烈度為七度（0.10g），設計地震分組為第三組，設計特徵週期取值 $Tg=0.45$ 秒，建築抗震設防類別為丙類抗震。

（3）基礎設計等級為乙級。

（4）設計使用年限為 50 年。

（5）耐火等級為二級。

3.6.4 上部結構

輕鋼結構。

3.6.5 基礎選型

本工程基礎擬採用獨立基礎。

3.7 建築電氣

3.7.1 編製依據

(1)《民用建築電氣設計規範》(JGJ16-2008);

(2)《建築設計防火規範》(GB50016-2006);

(3)《建築照明設計標準》(GB50034-2004);

(4)《建築物防雷設計規範》(GB50057-94);

(5)《火災自動報警系統設計規範》(GB50116-98)。

3.7.2 變配電系統

(1) 供電電源:本工程用電擬就近從縣電網直接引入。

(2) 供電方式:本工程採用放射式與樹干式相結合的供電方式;消防負荷採用放射式供電,雙電源末端切換。

3.7.3 照明系統

(1) 光源:視裝修要求定。主要通道、電梯前室及樓梯間為節能燈。燈管均選用節能型,$\cos\Phi \geq 0.90$。

(2) 照明、插座均由不同的支路供電;除空調插座(H=2m)外,所有插座回路均設漏電保護器。

(3) 應急照明:在建築的主要通道及樓梯間設應急照明,在主要通道設安全出口指示及疏散方向指示,並在主要通道的地面設置保持視覺連續的光致發光輔助疏散方向指示。出口標誌燈在門上方安裝時,底邊距門框0.2m;若門上無法安裝時,在門旁牆上安裝,頂距吊頂50mm;疏散指示燈暗裝,底邊距地小於0.7m。

3.7.4 建築物防雷、接地與安全措施

(1) 建築物防雷。

①本工程的防雷等級為三類。

②接閃器。在屋頂採用Φ10熱鍍鋅圓鋼作避雷帶,屋頂避雷帶連接線網格不大於10m×10m或12m×8m。

③引下線。利用兩根Φ16以上鋼筋焊接作為引下線,引下線間距不大於18m。所有外牆引下線在室外地面下1m處引出一根40×4熱鍍鋅扁鋼,扁鋼伸出室外,距外牆皮的距離不小於1m。

④接地極。接地極為建築物基礎底梁上的上下兩層鋼筋中的兩根通長焊接形成的基礎接地網。

⑤引下線上端與避雷帶焊接,下端與接地極焊接。建築物四角的外牆引下線在室外地面上0.5m處設測試卡子。

⑥凡突出屋面的所有金屬構件、金屬通風管、金屬屋面、金屬屋架等均與避雷帶可靠焊接。

(2) 接地及安全措施。

①本工程的防雷接地、電器設備的保護接地及弱電設備的接地共用統一接地極,

要求接地電阻不大於 1Ω，實測不滿足要求時，增設人工接地極。

②凡正常不帶電，而當絕緣破壞有可能呈現電壓的一切電氣設備金屬外殼均應可靠接地。

③過電壓保護。在電源總配電箱、各弱電系統總箱及屋頂配電箱內設電湧保護器（SPD）。

3.7.5 有線電視、電話、網絡系統

本工程有線電視信號進線採用 GYSTA-53-12 光纖電纜，埋地引至室內，再分別引至各樓層控制箱，電視插座安裝高度為 0.3 米，用戶電纜採用 SYWV-75-5 同軸電纜。用戶的接收電平滿足 69±6dB。

本工程電話信號由電信網絡引來，進線電纜採用 HYV 型電纜，在單體的一層設電話分線箱，由分線箱再引 RVS 電話軟線至各用戶插座，電話插座安裝高度為 0.3m。

本工程寬帶網絡由電信寬帶網引來，用戶插座安裝高度為 0.3m。

3.8 給排水工程

3.8.1 編製依據

《室外給水設計規範》（GB50013-2006）；
《室外排水設計規範》（GB50014-2006）；
《城市給水工程規劃規範》（GB50282-98）；
《城市排水工程規劃規範》（GB50318-2000）；
《城市工程管線綜合規劃規範設計規範》（GB50289-98）；
《建築設計防火規範》（GBJ16-87）。

3.8.2 給水系統

本工程擬從周邊市政給水管網引入兩路 DN100 的引入管，在紅線內連接成環狀供水。

3.8.3 排水系統

（1）概述。

①雨水與生活污水嚴格分流排放。

②屋面雨水、場地雨水由室內外雨水管道收集後，可用作沖洗和綠化澆灌之用，多餘部分排至市政雨水管。

③衛生間污水、沖洗地面水由室內外污水管收集，經由化糞池處理合格後，排至市政污水管。

（2）污廢水排水系統。

污水排入室外污水管，經由化糞池處理合格後，排至市政污水管。

（3）雨水系統。

①屋面採用重力流排至室外雨水管網。

②雨水重現期。雨水排水設計重現期按 10 年設計，屋面雨水排水工程和溢流設施的總排水能力按 50 年設計。雨水室外場地和道路雨水重現期取 2 年。

③×××市暴雨強度公式參照×××強度公式：

$q = 2495 (1+0.49 \lg P) / (t+10)^{0.84}$；

P＝1aq5＝192.26 升/秒·公頃；
P＝2aq5＝227.01 升/秒·公頃；
P＝5aq5＝265.08 升/秒·公頃；
P＝10aq5＝287.82 升/秒·公頃。

3.8.4 消防系統

（1）本項目擬從周邊市政給水管網上，引兩路 DN100 引入管，在紅線內連成環狀供水；環上設置室外消火栓，其間距按不大於 120 米並結合水泵結合器的位置合理設置。

（2）室內消防系統由消防水泵供水。

（3）室內消火栓系統。

消火栓系統增壓泵選型：DL100×3，Q＝20L/s，H＝60m，N＝15kW，一用一備。

（4）自噴系統。

噴淋系統增壓泵選型：DL150×3，Q＝30L/s，H＝60m，N＝22kW，一用一備。

（4）滅火器設置。

本項目滅火器的配備原則為：按 A 類火災，中危險等級，每處滅火器配置點安裝 MF/ABC5 手提式滅火器兩具，其配置點最大保護距離不大於 20 米。

3.8.5 節能

（1）充分利用市政水壓力，在市政給水壓力範圍內的用水點採用市政壓力直供。

（2）採用節水衛生間設備，包括單/雙衝水大便器，自動感應衝水小便器，自動感應盥洗龍頭等。衛生器具和配件應符合現行行業標準《節水型生活用水器具》（CJ164）的有關要求。

（3）根據不同功能在建築物引入管設置水表，並在衛生間等用水集中的地方均設水表計量，做到用水有量。

3.9 採暖通風與空氣調節

本項目擬採購品牌中央空調，各種參數及設計標準將由供應商根據本項目特點及使用人數予以確定。

3.10 節能、環保、消防

3.10.1 節能措施

根據建築功能要求和當地的氣候參數，在總體規劃和單體設計中，科學合理地確定建築朝向、平面形狀、空間佈局、外觀體型、間距、層高，選用節能型建築材料，保證建築外維護結構的保溫隔熱等熱工特性及對建築周圍環境進行綠化設計，設計要便於施工和維護，全面應用節能技術，最大限度減少建築物能耗量，獲得理想的節能效果。

（1）建築朝向和平面形狀。

同樣形狀的建築物，南北朝向比東西朝向的冷負荷小，因此建築物應盡量採用南北向。如對一個長寬比為 4：1 的建築物，經測試表明：東西向比南北向的冷負荷約增加 70%。在建築物內布置空調房間時，盡量避免布置在東西朝向的房間及東西牆上有

窗戶的房間以及平屋頂的頂層房間。因此，選擇合理的建築物朝向是一項重要的節能措施。本項目沿南北方向布置，避免了東西朝向的房間，在建築朝向上能夠達到節能效果。建築的平面形狀，應在體積一定的情況下，採用外維護結構表面積小的建築。因為外表面積越小，冷負荷越小，能耗越小。

(2) 合理規劃空間佈局及控制體型系數。

如果是依靠自然通風降溫的建築，空間佈局應比較開敞，開較大的窗口以利用自然通風。而設有空調系統的建築，其空間佈局應十分緊湊，盡量減少建築物外表面積和窗洞面積，這樣可以減少空調負荷。

(3) 綠化對節能建築的影響。

綠化對氣候條件起著十分重要的作用，它能調節改善氣溫，調節碳氧平衡，減弱溫室效應，減輕城市的大氣污染，減低噪聲，遮陽隔熱，是改善居住區微小氣候，改善建築室內環境，節約建築能耗的有效措施。本項目可充分利用攀附植物對建築物進行隔熱處理，如種植爬山虎等植物以遮陽隔熱。

(4) 增強建築維護結構的保溫隔熱性能。

改善建築的保溫隔熱性能可以直接有效地減少建築物的冷熱負荷。據有關資料介紹，圍護結構的傳熱系數每增大 $1W/m^2 \cdot k$，在其他工況不變條件下，空調系統設計計算負荷增加近 30%，所以改善建築外圍護結構的保溫性能是建築設計上的首要節能措施。中國《採暖通風和空氣調節設計規範》（GBJ42）對空調建築外維護的傳熱系數做了規定，對舒適性空調的最大傳熱系數規定為 0.9~1.3，可採用玻璃棉、聚苯乙烯板、加氣混凝土等保溫材料，也可採用雙玻璃、頂層架空隔熱層等空氣間層起隔熱作用。

①外牆的節能措施。使用環保、節能型建築材料，可有效減少圍護結構的傳熱，從而減少各主要設備的容量，達到顯著的節能效果。採用新型牆體材料與複合牆體圍護結構。在進行經濟性、可行性分析的前提下，採用外牆外保溫形式，通過保溫砂漿實現外牆保溫性能。屋面無透明部分保溫材料用 30mm 厚 EPS 保溫板。

②門窗的節能技術措施。提高門窗的氣密性：有資料表明，當室內外溫差很大時，建築門窗的氣密性能對空調負荷和室溫的穩定有顯著影響，當居室的空氣換氣次數由每小時 0.5 次增至 1.5 次時，設計日冷負荷大約增加 41%，運行負荷增加 27%。因此設計中應採用密閉性良好的門窗。改進門窗產品結構（如加裝密封條）來提高門窗氣密性，防止空氣對流傳熱。加設密閉條是提高門窗氣密性的重要手段之一。門窗的氣密性不低於 4 級。

盡量使用新型保溫節能門窗，採用熱阻大、能耗低的節能材料製造的新型保溫節能門窗（塑鋼門窗）可大大提高熱工性能。同時還要特別注意玻璃的選材。玻璃窗的主要用途是採光，但由於玻璃窗的耗冷量占制冷機最大負荷的 20%~30%，冬季單層玻璃窗的耗熱量占鍋爐負荷的 10%~20%，因而控制窗牆比在 30%~50%時，窗玻璃盡量選特性玻璃，如吸熱玻璃、反射玻璃、隔熱遮光薄膜。採用可見光的透射比不小於 0.4 的玻璃。

(5) 電氣節能措施。

各照明開關控制燈的數量不要太多，以利於管理及節能。對大面積照明，採用分

區控制方式，增加靈活性，利於節能；室外照明採用光敏控制器，以利節能；在窗邊及人不經常去的地方單獨設置面板開關，以利節電。

照明供電干線採用三相四線制供電，減少電壓損失，三相照明負荷盡量均衡，減少對光源發光效率的影響；使用高功率因數鎮流器，減少線路損失；合理布置照明配電箱，使照明電壓保持在允許的電壓偏移之內。

採用高效光源，主要採用高效熒光燈及緊湊型熒光燈。

根據規範要求，選擇高效燈具，採用非對稱光分佈燈具，選用變質速度較慢的材料制成的燈具。

3.10.2　節水措施

建築節水是一個系統工程，除制定有關節水的法律法規、加強日常管理和宣傳教育、利用價格槓桿促進節水工作外，項目主要是通過採取有效的技術措施，以保證建築節水工作全面深入地開展。

（1）在做給水系統設計時，要設計最短距離將水輸送到用水點，減少輸送過程中的壓力損失。

（2）衛生潔具及閥門、水龍頭均採用節能、節水型產品，滿足《節水型生活用水器具標準》（CJ164-2002）的要求，設計以瓷芯節水龍頭和充氣水龍頭代替普通水龍頭，在水壓相同的條件下，節水龍頭比普通水龍頭有著更好的節水效果，節水量為3%~50%，大部分為20%~30%。

（3）冷熱水管均採用節能的化學管材。在設備選購時參照當前國家鼓勵發展的節水設備（產品）目錄的設備使用優質管材、閥門。採用新型管材如PP-R管、PE管、PVC-U管等，從一定程度上解決水資源浪費問題。

（4）水箱長時間溢流排水。採用延時自閉式水龍頭和光電控制式水龍頭的小便器，在出水一定時間後自動關閉，可避免長流水現象。

（5）所有供、用水裝置、計量裝置都必須定期進行檢測、校驗和維修，使其處於完好狀態。

（6）利用項目排水及消防水池設施，設置沉砂及隔油池，建立雨水收集系統，用於沖洗和花木灌溉。

3.10.3　消防

（1）設計依據。

①《建築設計防火規範》（GBJ16-87）（2001年修訂本）。

②《建築滅火器配置設計規範》（GB50140-2005）。

（2）設計原則。

①消防必須貫徹「預防為主、防消結合」的方針。

②本項目在同一時間內按一處著火點考慮。

（3）消防措施。

①區域內設置消防栓和滅火器，消防栓、滅火器數量與間距按照當地消防部門的要求布防。

②平面布置上，要考慮設置消防通道、消防龍頭。

③室內裝修及走廊採用非燃燒材料或難燃燒材料，夾板等裝飾材料要用防火塗料浸泡塗刷，地毯、簾布盡量採用阻燃材料制成的。

④電器、電線的布置與裝飾物要有一段安全距離。

⑤設計時留出消防通道出口。

⑥施工時，施工單位要嚴格按照設計要求施工，不得擅自更改施工圖。

⑦項目建成後，要建立安全巡視制度，制定安全規章，設置安全警示，對區域內居民和全體工作人員進行安全教育。

⑧注意火警預防，將本項目平面布置圖交予消防管理部門，圖中標明每一消防箱和消防龍頭的位置，定期請消防管理部門進行滅火示範。

3.10.4 安全

影響勞動安全的因素：

（1）施工過程中材料產生的有害物質對健康的影響。

（2）施工中加工設備產生噪音對人體的影響。

①設備在安裝時未採取減震及減噪措施。

②作業人員未戴個體護耳用具。

③護耳用具失效。

④操作人員本身有職業禁忌症，不適合高噪音崗位。

⑤機械設備在運行時產生高於 85dB 噪音。

（3）施工及使用過程中電氣設備對人體可能造成的觸電影響。

①設備漏電。

②室內線路安全距離不夠。

③絕緣損壞、老化。

④保護接地、接零不當。

⑤手持電動工具類別選擇不當，疏於管理。

⑥建築結構未做到「五防一通」（防火、防水、防漏、防風雪、防小動物和通風良好）。

⑦手及其他部位、手持導電物體觸及帶電體。

⑧使用的電氣設備漏電、絕緣老化損壞。

⑨在潮濕環境、夏季出汗情況下不使用 12V 以上手持電動工具。

⑩電工違章作業，非電工違章（無特殊工種作業證者）進行電氣作業。

（4）施工過程中登高、檢查、維修等操作可能造成的高空墜落。

①高處作業場所臨邊無護欄，不小心造成墜落。

②無腳手架板，造成高處墜落。

③梯子無防滑措施或強度不夠，人字梯無拉繩等造成墜落。

④屋頂、管線架橋及護欄等銹蝕嚴重或強度不夠造成墜落。

⑤系安全帶或安全帶掛結不可靠。

⑥安全帶、安全網損壞或不合格。

⑦違反「十不登高」。

⑧未穿防滑鞋及緊身工作服。
⑨違章指揮，違章作業、違反勞動紀律。
⑩未穿防滑鞋或防護用品穿戴不當，造成滑跌墜落。
（5）施工過程中高空物體可能導致的物體打擊。
①未戴安全帽。
②高處作業區域行進或停留。
③高處有浮物或設施不牢固將要倒塌的地方行進或停留。
④堆垛不穩倒塌。
安全防護措施：
（1）為了嚴防火災發生，除採取消防措施外，必須加強消防安全教育。
（2）對於噪音可能對施工設備操作人員造成的聽力損失，可採取一些安全防護措施。
①將發聲物體與周圍環境隔離開，如加工機械，特別是傳動部分可採用密閉消聲罩等。
②應用吸聲材料和吸聲結構。
③對噪聲環境作業人員的防護主要是佩戴護耳器，如耳塞、耳罩、防聲頭盔等。
（3）電氣設備可能造成的觸電風險可採取相應安全措施。
①配電建築結構、配電裝置及線路要嚴格執行有關電氣規程，同時做好「五防一通」工作。
②電氣設備、線路採用與電壓相符、與使用環境和運行條件相適應的絕緣，並定期檢查、維修，保持完好狀態。
③採用遮攔、護罩（蓋）、箱閘等防護裝置以及確保安全距離，將帶電體與外界隔開，防止人體接觸到帶電體。
④室內線路、配電設備、用電設備、檢修作業，應按規定要有一定安全距離。
⑤根據要求對用電設備做好保護接地或保護接零。
⑥在潮濕環境中進行檢修等作業時，應採用12V電氣設備，並要有現場監護。
⑦根據作業場所正確選擇Ⅰ、Ⅱ、Ⅲ類手持電動工具，Ⅰ類手持電動工具安裝漏電保護器並根據有關要求正確作業，做到安全可靠。
⑧建立和健全電氣安全規章制度和安全操作規程，並嚴格執行。
⑨對職工做好安全用電知識教育，掌握觸電急救方法。
⑩定期進行安全檢查，杜絕「三違」。
⑪對靜電接地、防雷裝置定期進行檢查、檢測、保持完好狀態，使之有可靠的保護作用。
⑫做好配電室、電氣線路和單相電氣設備、手持電動工具、臨時用電的安全作業和維護保養。
⑬嚴禁非電工進行電氣作業。
（4）防止高空墜落風險的安全措施。
①高處作業人員必須嚴格執行「十不登高」。

②高處作業人員必須戴好安全帽、系好安全帶、穿好防滑鞋及緊身工作服。
③事先搭設腳手架等安全措施。
④臨邊、洞口要做到「有洞必有蓋」「有臺必有欄」，以防墜落。
⑤上、下層同時進行立體交叉作業時，中間必須搭設嚴密牢固的中間擱板、罩棚等隔離設施。
⑥對平臺、欄杆、護牆及安全帶、安全網等要定期檢查，確保完好。
⑦六級以上大風、暴雨、雷電、下雪、大霧等惡劣天氣應停止高處作業。
⑧可以在平地做的作業，盡量不要拿到高處做，即「高處作業平地做」。
⑨加強對高處作業人員的安全教育、培訓、考核工作；
⑩杜絕違章作業、違章指揮、違反勞動紀律。
（5）預防高空物體打擊可能造成風險的安全防範措施。
①不在高處作業、高處有浮物或設施不牢固處行進或停留。
②高處需要的物件應擺放固定好。
③將要倒塌的設施及時修復或拆除。
④作業人員要穿、戴好勞動防護用品。
⑤加強防止物體打擊的檢查和安全管理工作。
⑥加強對職工的安全教育，杜絕違章作業、違章指揮、違反勞動紀律。
（6）合理安排功能分區和安全疏散通道，滿足防護安全距離要求，從規劃上防止各類事故。
（7）鑒於國家大力推廣使用綠色環保材料，所以，施工單位在施工過程中須盡量使用綠色環保材料，以減少對人體的損害。

3.11 環境影響評價

3.11.1 編製依據及執行標準

（1）《污水綜合排放標準》（GB8978-1996）；
（2）《城市區域環境噪聲標準》（GB3096-93）；
（3）《大氣污染物綜合排放標準》（GB16297-90）；
（4）《建築施工場界噪聲限值》（GB12523-93）；
（5）《地下水環境質量標準》（GB/T14848-93）；
（6）《地表水環境質量標準》（GB3838-2002）。

3.11.2 項目場址環境狀況

項目建設選址位於×××市鹽邊縣，根據×××環境保護局《2014年環境狀況公告》，2014年，×××市水環境質量達到功能區劃要求，環境空氣質量達標率92.6%，聲環境質量保持穩定。

（1）地表水質量。

地表水每月監測一次，監測指標28項；監測斷面為龍洞、倮果、二灘、雅礱江、金江5個斷面。2014年地表水監測結果按照《地表水環境質量評價辦法（試行）》評價（水溫、總氮、糞大腸菌群不參與評價）：5個斷面參與評價的監測項目全部達到或

優於國家《地表水環境質量標準》（GB3838-2002）中Ⅱ類水質標準，其中石油類、揮發酚、汞、硒、砷、六價鉻、氰化物、陰離子表面活性劑等指標全年在所有斷面均未檢出。金沙江、雅礱江×××段河流水質類別除金江斷面為Ⅱ類水質外，其餘斷面水質均為Ⅰ類水質。

（2）飲用水源地水質。

按全省統一部署，2014年我市每月對國控集中式飲用水三個斷面開展了63項指標監測；按季對縣（區）城鎮集中式飲用水源地開展63項指標監測；每半年對全市鄉鎮集中式飲用水源地開展監測，地表水水源地監測30項指標，地下水水源地監測24項指標。2014年7月對全部水源地開展了水質全分析監測。飲用水源地水質監測結果如下：

①城區集中式飲用水源地水質監測結果。本年度每月對金沙江上徐家渡、水文站、金江水廠三個飲用水水源斷面實施63項指標監測，監測結果按《地表水環境質量評價方法（試行）》要求進行評價。其中水溫、葉綠素a和總氮不做評價，糞大腸菌群作為參考指標，單獨評價。全年飲用水源地水質狀況為：所有指標均達到《地表水環境質量標準》（GB3838-2002）標準限值。

②縣（區）城鎮集中式飲用水水源地水質監測結果。對縣（區）城鎮集中式飲用水水源地——鹽邊縣水廠、米易縣晃橋水庫、仁和區勝利水庫開展了63個項目的監測。監測結果按《地表水環境質量標準》（GB3838-2002）Ⅲ類水域水質標準評價：鹽邊水廠水源地除糞大腸菌群超Ⅲ類水質標準外，其餘指標全部達標；米易縣晃橋水庫水質監測指標均達Ⅱ類水域水質標準，水庫水質營養狀態為中營養；仁和區勝利水庫水質監測指標均達到Ⅱ類水域水質標準，水庫水質營養狀態為中營養。本年度飲用水源地水質全分析監測結果除鹽邊縣水廠糞大腸菌群超標外，其餘水源地水質監測指標全部達標。

③鄉鎮集中式飲用水水源地水質監測結果。對全市15個鄉鎮集中式飲用水水源地開展監測。地表水水源地水質監測30項指標，監測結果按《地表水環境質量標準》（GB3838-2002）Ⅲ類水域水質標準評價：益民鄉紅格提灌站、漁門鎮漁門水廠、同德集鎮供水站水質中糞大腸菌群超標，其餘水源地水質均達標準要求。地下水水源地水質監測24項指標，監測結果按《地下水質量標準》（GB/T14848-93）Ⅲ類地下水質量標準評價：全部地下水源地水質均達到標準要求。

（3）環境空氣質量。

主城區空氣質量狀況為，2014年，×××市中心城區環境空氣質量對二氧化硫、二氧化氮、可吸入顆粒物、細顆粒物、臭氧、一氧化碳6因子開展自動監測，總監測天數為365天。空氣質量達Ⅰ級天數50天，達Ⅱ級天數288天，Ⅲ級天數27天，全年空氣質量達標率達為92.6%，與2013年相比，全市達Ⅰ級天數增加，Ⅱ級天數減少，Ⅲ級天數持平，首要污染物為可吸入顆粒物（PM10）。二氧化硫（SO_2）年均濃度為0.051mg/Nm^3，2014年與2013年SO_2年均值0.064mg/Nm^3相比，下降0.013mg/Nm^3，下降百分比為20.3%；二氧化氮（NO_2）年均濃度為0.032mg/Nm^3，與2013年NO_2年均值0.037mg/Nm^3相比，下降0.005mg/Nm^3，下降百分比為13.5%；可吸入顆粒物

（PM10）年均濃度為 0.083mg/Nm^3，與 2013 年 PM10 年均值 0.094mg/Nm^3 相比，下降 0.011mg/Nm^3，下降百分比約 11.7%；細顆粒物（PM2.5）年均濃度為 0.040mg/Nm^3，臭氧（O$_3$）年均濃度為 0.100mg/Nm^3，一氧化碳（CO）年均濃度為 3.229mg/Nm^3。

兩縣空氣質量狀況為，米易縣城空氣質量採用自動監測，監測項目為二氧化硫（SO$_2$）、二氧化氮（NO$_2$）和可吸入顆粒物（PM10）。2014 年環境空氣質量達標率（Ⅰ、Ⅱ級）為 98.9%，二氧化硫（SO$_2$）年均濃度為 0.049mg/Nm^3，二氧化氮（NO$_2$）年均濃度為 0.029mg/Nm^3，可吸入顆粒物（PM10）年均濃度為 0.055mg/Nm^3。與 2013 年相比，2014 年二氧化硫、可吸入顆粒物濃度下降，二氧化氮濃度上升。

鹽邊縣空氣質量採用自動監測，監測項目為二氧化硫（SO$_2$）、二氧化氮（NO$_2$）和可吸入顆粒物（PM10）。2014 年環境空氣質量達標率（Ⅰ、Ⅱ級）為 99.7%。二氧化硫（SO$_2$）年均濃度為 0.034mg/Nm^3，二氧化氮（NO$_2$）年均濃度為 0.013mg/Nm^3，可吸入顆粒物（PM10）年均濃度為 0.045mg/Nm^3。與 2013 年相比，2014 年二氧化硫、二氧化氮、可吸入顆粒物濃度均下降。

（4）聲環境質量。

①城市區域環境噪聲。2014 年×××市城市區域環境噪聲均值為 51.6dB（A），達到城市環境綜合整治定量考核中城市區域環境噪聲<60 分貝的規定，與 2013 年持平。

②功能區環境噪聲。2014 年功能區晝間、夜間噪聲測量值均低於 2013 年。全市功能區噪聲 2014 年晝間測量值比 2013 年低 1.7 分貝，夜間測量值比 2013 年低 4.3 分貝。

③道路交通干線噪聲。全市道路交通干線噪聲平均等效聲級值 67.8 分貝，未超過國家推薦的交通噪聲控制值（70 分貝），比 2013 年（67.9 分貝）下降 0.1 分貝。全市道路干線中超過 70 分貝的干線長度為 19.5 千米，較 2013 增加了 11.5 千米。

（5）周圍環境質量分析。

本項目位於鹽邊縣供電公司內部，對周圍居民的影響主要在於材料運輸過程中可能存在的揚塵、建設過程中的噪音影響。但本項目規模較小，且為輕鋼結構，實施過程中的揚塵和噪音較小，這些影響並不大，並可以採取一定的措施加以控制，如通過調整作業時間，將對周邊居民的影響降至最低。

從上述水環境、空氣環境和聲環境質量現狀可見，目前項目場址及其附近區域能夠滿足本項目建設的需要。

3.11.3 項目建設與營運對環境的影響

本項目建設在施工期會產生一定的噪聲污染和揚塵，同時會排放一定的廢水、廢氣和建築垃圾等。項目建成後產生的污染主要為生活污水、生活垃圾等。

3.11.4 環境保護措施

（1）施工期間環境保護措施。

①施工期廢氣污染控制措施。施工期間的料堆、土堆等應採取防起塵的措施，挖出的土壤等固體廢棄物應及時清運，運輸車輛要採用防止散落和塵土飛揚的措施；工地周圍用圍牆或防護板圍護，減少工地揚塵對環境的影響；保持出入口的路面清潔、濕潤，以減少汽車車輪滾動引起的揚塵，並盡量減緩行駛速度；加強施工人員的環保

教育，提高其環保素質，提倡文明施工。

②施工期噪聲污染控制措施。執行《建築施工場界噪聲限值》（GB12523-2011）對各施工階段噪聲限值的要求。合理安排作業時間，高噪聲施工盡可能安排在晝間時段，如需夜間施工，須提前向環境保護部門提出申請，或批准後方可在指定日期內進行；將施工現場的固定噪聲源，如攪拌機（車）、臨時加工車間、建築料場等相對集中，並盡可能布置於遠離周邊聲敏感點處；工地周圍設立圍護；規定運輸車輛出入路線，盡量避開居民區。

③施工廢水、建築垃圾污染控制措施。施工期工地廢棄物應指定地點堆放並及時組織清運，以避免大雨時被地面徑流衝入下水道，流入水體；施工現場要嚴格規定排水去向，或安排簡易排水管道，嚴禁污水遍地橫流；嚴禁將施工泥漿排入下水道，以免引起排水不暢而導致周圍地區積水內澇。

④施工期清潔生產與綜合污染防治對策。用先進的施工技術；加強施工管理；採用預制裝配施工方案；採用先進的施工機械設備；採用優質、環保型的工程材料。

在施工時，積極採用這5種對策，可將施工造成的影響減少並限定到較小範圍內。
（2）項目建成投入使用後的環境保護措施。

項目建成後產生的污染主要為生活污水、生活垃圾。生活污水不直接排放，經治理後（進入化糞池及沼氣化處理）排入市政管網；對生活垃圾，採取先行收集、通過市政管理及時轉運的方式，同時項目區域內設置環保的分類垃圾桶（可回收和不可回收），保證項目區域內空氣清新及衛生文明環境。

3.11.5　環境影響評價

（1）在項目施工期通過精心組織、合理安排施工，使用化糞池處理生活污水；採用沉澱池處理工程用水；合理安排作業時間，設置臨時噪音屏障等控制施工噪聲；增加防揚塵、防雨淋、防滲漏設施，減少粉塵向空氣中擴散；對固體廢物統一收集、集中處理。

（2）項目建成後產生的污染主要為生活污水、生活垃圾。通過市政管網排除污水和垃圾的收集轉運方式，污水和生活垃圾不會對環境造成多大影響。

如上所述，經過對產生環境污染的各因素的分析可見，上述有效的環境保護措施可保證項目的建設及建成後不會對環境造成較大影響。因此，從環境保護角度考察，該項目的實施是可行的。

4　方案設計圖紙（略）

5　投資估算

5.1　編製依據

本次投資估算依據×××市類似工程近期造價水準估算，並參照：
（1）四川省定額管理總站的有關文件；
（2）有關建築安裝指標；

（3）現行市場有關材料調查價格；

（4）初步設計方案；

（5）《四川省建築工程概算定額》；

（6）《四川省其他費用定額》；

（7）國家計委和建設部聯合頒發《建設項目經濟評價方法與參數》（第三版）。

5.2 投資估算

本項目建設內容主要包括：

（1）工程費用。

建築物土建、給排水、動力、電氣等公用管線系統參考當地定額及材料價格水準按單位面積造價指標估算。

工程費用 177.33 萬元，占建設投資的比例為 96.8%。

其中，建安工程費 136.79 萬元，占建設投資的比例為 75.75%。室外配套工程費 14.3 萬元，占建設投資的比例為 7.81%。

（2）其他費用。

建設單位管理費：按財建〔2002〕394 號文估算。

工程勘察費：根據《工程勘察設計收費標準 2002 版》估算。

前期諮詢費：根據川價字費〔2000〕35 號文估算。

工程設計費：根據《工程勘察設計收費標準》（2002 年）估算。

工程監理費：根據發改委、建設部發改價格〔2007〕670 號文估算。

工程量清單及控制價編製費、建設工程造價諮詢費、工程結算審核費：依據川價發〔2008〕141 號文估算。

行政事業型收費：依據×××市一站式收費標準估算。

其他費用 26.27 萬元，占建設投資的比例為 14.34%。

（3）預備費。

按工程費用和其他費用的 3.2% 計算。

預備費 5.64 萬元，占建設投資的比例為 3.2%。

（4）工程總投資。

本項目工程總投資為 183 萬元。

詳見表 1～表 3。

表 1　　　　國家電網四川×××××縣供電公司生產配套用房項目總估算表

序號	分部分項工程名稱	費用金額（萬元）	建築面積（m²）	單位造價（元/m²）	備註
一	建築、安裝工程費	136.79			
1	主體結構	85.60	515	1,662	
2	室內外裝修	35.10	515	682	
3	給排水	1.52	515	30	

表5-1(續)

序號	分部分項工程名稱	費用金額（萬元）	建築面積（m²）	單位造價（元/m²）	備註
4	電氣	3.09	515	60	
5	弱電	1.03	515	20	
6	採暖、通風與空調	8.9			
7	消防	1.55	515	30	
8	電梯				
二	室外配套工程費	14.30			
三	其他費用	26.27			
四	不可預見費	5.64			(一+二+三)×3.2%
五	建設用地費用				
	估算總投資	183.00			

表2　　　　　　　　　　室外配套工程估算表　　　　　　　金額單位：元

序號	分部分項工程名稱	單位	工程量	單價	總計
1	綜合管線				
2	給水	米	120	50	6000
3	污水	米	5	80	400
4	雨水	米	110	50	5,500
5	電力	米	90	570	51,300
6	通信				
7	道路、場地硬質工程	平方米	420	130	5,460
8	地基處理				
9	擋土牆				
10	綠化工程	平方米	170	120	20,400
11	化糞池	立方米	8	600	4,800
	合計				143,000

表 3　　　　　　　　　　其他費用估算表

編號	費用名稱	計費基數（元）	計費費率	金額（元）	備註
1	三通一平			0	
2	建設單位管理費	1,500,000	0.30%	4,500	財建〔2002〕394號文
3	工程量清單及控制價編製費	1,500,000	1.0%	15,000	川價發〔2008〕141號文
4	建設工程監理費	1,500,000	2.0%	30,000	發改價格〔2007〕670號文
5	工程結算審核費	1,500,000	0.34%	5,100	川價發〔2008〕141號文
6	建設項目前期工作費			0	
7	可研報告編製費			65,000	川價字費〔2000〕35號文
8	施工圖審查費			3,200	
9	地災評估				
10	礦產壓覆評估				
11	地震評估				
12	文物調查				
13	環境影響諮詢費				
14	工程勘察費			0	工程勘察設計收費標準2002版
15	工程設計費	1,500,000		89,000	工程勘察設計收費標準2002版
16	項目行政事業性收費	515	60	30,900	×××市一站式收費標準
17	工程保險費	1,500,000	1%	15,000	
18	工程測繪定位費			5,000	
19	合計			262,700	

5.3　資金籌措

資金來源為企業自籌。

6　社會效益分析

（1）國家電網四川×××××縣供電公司生產配套用房項目的實施有利於為員工提供一個更加整潔、衛生、舒適的就餐環境，保證員工隊伍的穩定，提升員工工作熱情，從而為用電戶提供更加全面周到的服務。

（2）本項目的實施在一定程度上能有力地拉動經濟增長，擴大就業範圍。項目的建設不僅直接拉動當地建築業、建材業的發展，也帶動了相關產業發展。項目建設所需的相關裝飾材料能直接帶來材料行業的發展。同時本項目的建設提供可一定的就業

機會，對解決下崗職工再就業和農村剩餘勞動力，增加農民收入都具有重要的作用。

（3）本項目的實施無須在項目所在地進行拆遷和移民，不存在因拆遷和移民工作造成經濟損失的問題。

本項目的建設得到×××市鹽邊縣縣委縣政府以及各相關部門的全力支持，符合×××市鹽邊縣相關規劃，與鹽邊縣快速穩定的社會和經濟發展水準相適應。項目是必要的、可行的。

7　風險分析

經研究，本項目可能存在的風險主要有技術風險、管理風險、資金風險、人員風險等。

7.1　技術風險

本項目技術方面存在的風險可能主要是設計、施工方面存在的風險，造成項目不能順利施工或施工質量差，使項目不能如期交工，影響項目的正常經營。

經研究，該項目所有建（構）築物均是常規的民用建築物，設計、施工技術難度不高；在項目設計、施工方面，僅×××市內就有眾多具有承擔此類項目設計、施工資質的專業設計和施工單位；項目建設管理單位可通過招投標方式擇優選擇，只要設計單位按國家有關設計規範精心設計，施工單位按照設計圖紙和施工要求規範細緻施工，監理單位恪守職責，嚴格按工作程序進行監理、嚴把材料質量關、施工進度控制關和投資控制關，做好合同管理和信息管理，協調好項目業主、施工單位、設計單位、材料供應商之間的關係，項目的施工質量就可得到保障。

因此，本項目的技術風險屬於一般性風險，通過採取適當防範措施，是可以避免的，即使發生了，也能夠採取得力措施，及時進行補救。

7.2　管理和人員風險

本項目在管理方面存在的風險主要表現在項目建設過程中，由於項目管理單位缺乏管理經驗而給項目建設帶來的風險。

本項目將由鹽邊縣供電公司負責運作。鹽邊縣供電公司設有專門的基建部門，該部門中包括了合同管理、技術管理、預算等多個科室，完全能夠勝任對本項目的監督管理工作。同時，×××市內有眾多的項目管理公司和代建公司，也可以通過聘請專業的管理公司來實施對項目的管理。

因此，本項目在管理和人員方面存在的風險從風險性質來看，屬於一般性風險，通過採取適當防範措施是可以避免的，即使發生了，也能夠採取得力措施，及時進行補救。

7.3　資金風險

本項目存在的資金風險主要在於建設資金未能及時落實和到位，致使項目無法按期實施。

經研究分析，建設資金不能及時落實和到位是本項目存在的較大風險。本項目資

金需求量有將近兩百萬，一旦項目開工建設，建設資金不能及時投入，將影響工期，致使項目不能及時投入運行。

通過對各類風險的分析可見，本項目在建設資金方面存在的風險從風險性質來看，屬於較大性風險，需要給予足夠的重視，應積極與上級管理部門申請協商，制訂周密細緻、具有可操作性的資金到位計劃，確保隨著項目的進展資金能夠及時到位，以保證項目建設的順利實施。

8 結論與建議

8.1 結論

（1）本項目符合國家政策，選址符合綜合服務用房建設要求，建設場地滿足項目實際需要，項目具備良好的建設環境。

（2）本項目建設標準適當，建設規模和功能與需求相符合。

（3）本項目建成後，能夠為公司員工提供一個良好的就餐環境，解決目前租用食堂影響周邊居民的問題。

因此本項目是必要的，也是可行的，建議有關部門批准該項目建設。

8.2 建議

（1）嚴格按照國家有關政府投資項目管理的規定，按照國家基本建設程序，完善各項手續，認真做好各項目前期準備工作。建設中要嚴格加強項目資金、質量、安全管理工作。

（2）充分考慮項目建設資金到位時間與建設進度一致性的問題，擬訂切實可行的資金需求與使用計劃，確保資金量滿足實際需要。

（3）抓緊工程地質勘查工作，為設計提供必要的設計依據。

（4）設計建設方案時，應符合規劃建設主管部門的相關要求，項目建設的配套設施盡可能與周邊現有的市政基礎設施銜接，充分利用現有的基礎設施來滿足項目的需求。

（5）項目通過招投標擇優選定承包商，做好合同管理及協調工作，在項目實施過程中注意對質量、工期、建設成本進行全過程的動態控制。

（6）設計單位應嚴格按國家強制性標準規範的要求設計，盡量減少設計變更，如果對設計進行變更，必須按照國家的規定和合同約定的程序進行，並考慮其對建設成本及工期的影響。建議採用組織措施、經濟措施、技術措施和合同措施，按照經濟性原則、全面與全過程原則、責權利相結合原則、政策性原則，各類人員共同配合，實現由分項工程、分部工程、單位工程、整體工程整體糾正和控制工程造價的偏差，確保工程質量，使建設工程按時按質完成並投入使用，防止實際投資超投資估算。

案例 3　×××市社區生活電子商務可行性研究報告

1　總論

1.1　項目概況

1.1.1　項目名稱
×××市勵展科技有限責任公司社區生活電子商務項目

1.1.2　建設性質
新建。

1.1.3　擬建地點
×××市×××區×××民政局負一樓。

1.1.4　項目業主
項目承辦單位：×××市勵展科技有限責任公司。

地址：×××市×××區×××民政局負一樓。

項目負責人：張某。

單位簡介：×××市勵展科技有限責任公司成立於 2009 年 11 月 17 日，以回應四川省「十二五」電子商務發展規劃，屬於國家鼓勵發展類行業，涉及新型電子商務、平臺軟件自主開發、社區綜合服務，技術含量高，後期發展空間巨大，能夠帶動地區第三產業發展和就業增長，是一項便民利民的民生工程。

公司坐落於×××市×××市民政局臨街一樓，中心機房及呼叫中心位於郵政大樓 10 樓，原始註冊資金 300 萬元，是一家集電子商務、公共服務、家政服務網絡平臺營運和通信網絡增值業務營運於一體的信息化綜合服務公司。為了規範服務和提升×××第三產業發展，創建一個強有力的服務型電子商務平臺，×××市勵展科技有限責任公司擬建設×××市社區電子商務綜合服務平臺項目，項目建立的目標是整合×××市公共服務和社區服務資源以及社會資源，採用網絡平臺（門戶網站）、電話（呼叫中心 96519）、短信（信息發布回饋）、社區服務中心（管理和服務及前端倉儲實體）、物流（末端配送體系）等多種服務渠道，為行政事業單位、社區居民、轄區企業等提供全方位的供需信息服務，包括社區家政服務、社區網絡商城、社區電子政務、社區文化與宣傳、人才與就業等。該平臺的營運帶動商務、物流、支付、行銷、公共服務、社會服務等產業鏈的運轉，以服務支撐消費，以消費帶動服務，形成產、供、銷、物流、末端配送、個性化服務一體的一條龍綜合服務型電子商務模式。這樣的模式將帶來新的消費模式、增加就業、孵化新的經營模式，促進第三產業發展和電子政務與電子商務的發展，推進城市信息化發展的進程。

1.1.5　建設內容及規模
整個項目分三期建設，預計總投資 5,000 萬元。一期完成網絡平臺和網銀系統、呼叫中心建設以及 20 個社區店的建設工作，預計投資 1,200 萬元；二期完善網絡平臺

擴容呼叫中心，繼續建設社區點預計完成 80 個，預計投資 2,800 萬元；三期完成 50 個社區點建設，同時啓動生活物資物流配送體系、中心物流中心管理系統的建設和基礎設施的設計建設工作，預計投資 1,000 萬元。

1.1.6 投資規模

本項目投資規模為 5,004.48 萬元。

1.1.7 建設期

項目建設期 3 年，項目建設進度為：

2013 年 12 月完成一期相關工作；

2014 年 12 月完成二期相關工作；

2015 年 12 月完成三期相關工作。

1.1.8 資金方式與籌措渠道

本項目擬採用自有資金與銀行貸款相結合的方式，其中申請銀行貸款 2,000 萬元，其餘資金由企業自籌。

1.2 可行性研究報告編製的依據

(1) 關於編製項目可行性研究報告的委託書；

(2) 城鄉社區服務體系建設十二五規劃；

(3) ×××市商業網點規劃；

(4) 國家計委、建設部聯合頒發的《建設項目經濟評價方法與參數》（第三版）；

(5) 國家計委頒發的《投資項目可行性研究指南》；

(6) 項目單位提供的與本項目有關的資料、數據；

(7) 現場勘查所得的資料和數據；

(8) 國家其他有關規範、標準等。

1.3 研究範圍與工作概況

1.3.1 研究範圍

本項目可行性研究範圍包括：項目建設的背景及必要性、項目市需求分析、實施方案、項目管理、投資估算、資金籌措、項目的財務評價、社會評價等方面，並對項目進行全面分析論證，提出項目可行性研究的結論意見和建議。

1.3.2 工作概況

受×××市勵展科技有限公司委託，負責方依據國家和地方有關法規和政策對項目實際情況進行了查證，並組織有關專家現場踏勘，查閱資料。根據項目實施條件及有關技術規範要求，對項目需求、投資、技術經濟等方面進行了系統分析和論證，在此基礎上完成了本項目可行性研究報告的編製工作。

1.4 項目開發主要經濟指標

項目開發主要經濟指標如表 1 所示。

表1　　　　　　　　　　　　項目主要經濟指標表

序號	項目	單位	數值	備註
一	基本數據			
1	營業收入（含稅）	萬元	3,188.81	達產年
2	建設投資	萬元	4,460.00	
3	建設投資借款	萬元	2,000.00	
4	資本金	萬元	3,000.00	
5	流動資金	萬元	300.00	
6	項目總投資	萬元	5,004.48	
二	評價指標			
1	每元建設投資投入產出比		0.64	
2	項目投資內部收益率（稅前）	%	15.95	
3	項目投資內部收益率（稅後）	%	12.06	
4	項目投資回收期（稅前）	年	7.86	
5	項目投資回收期（稅後）	年	8.66	
6	項目投資財務淨現值（稅前）	萬元	1,449.04	
7	項目投資財務淨現值（稅後）	萬元	445.50	
8	資本金內部收益率（稅後）	%	13.05	
9	資本金財務淨現值（稅後）	萬元	512.73	

項目的盈利水準較高，符合一般投資者期望。但從具體指標來看，盈利能力不是非常強，如果國家能夠給予項目一定的政策扶持和資金支持，將對投資者具有更大的吸引力。

1.5 結論與建議

1.5.1 結論

（1）本項目符合國家經濟社會發展規劃、產業政策。

《中華人民共和國國民經濟和社會發展第十二個五年規劃綱要》中提出要「推動研發設計、生產流通、企業管理等環節信息化改造升級，推進先進質量管理，促進企業管理創新」。在「第十章培育發展戰略性新興產業」中提出：「新一代信息技術產業重點發展新一代移動通信、下一代互聯網、三網融合、物聯網、雲計算、集成電路、新型顯示、高端軟件、高端服務區和信息服務。」本項目屬於《產業結構調整指導目錄》（2005年）鼓勵類第三十一項「科技服務業」中的第3條「行業（企業）管理和信息化解決方案開發、基於網絡的軟件服務平臺、軟件開發和測試服務、信息系統集成、諮詢、營運維護和數據挖掘等服務業務」的建設項目。

（2）本項目符合電子信息產業調整和振興規劃。

《電子信息產業調整和振興規劃》（2009—2011）在「三、產業調整和振興的主要任務」中提出：在通信設備、信息服務、信息技術應用等領域培育新的增長點。

加速信息基礎設施建設，大力推動業務創新和服務模式創新，強化信息技術在經濟社會領域的運用，積極採用信息技術改造傳統產業，以新應用帶動新增長。

加快培育信息服務新模式新業態。把握軟件服務的發展趨勢，促進信息服務業務和模式創新，綜合利用公共信息資源，進一步開發適應中國經濟社會發展需求的信息服務業務。提高信息服務業支撐服務的能力，初步形成功能完善、佈局合理、結構優化、滿足產業國際化發展要求的公共服務體系。加強信息技術融合應用，以研發設計、流程控制、企業管理、市場行銷等關鍵環節為突破口，推進信息技術與傳統工業相結合，提高工業自動化、智能化和管理現代化水準。支持信息技術企業與傳統工業企業開展多層次的合作，進一步促進信息化與工業化融合。提高信息技術服務「三農」的水準，加速推進農業和農村信息化，發展壯大涉農電子產品和信息服務產業。

（3）本項目具有較好的經濟效益。

由財務分析的結果可見，本項目總投資為5,004.48萬元，稅前投資內部收益率為15.95%，稅後投資內部收益率為12.06%，符合一般投資者期望，具有較好的經濟效益。

（4）本項目具有較好的社會效益。

本項目可以創造許多的就業崗位，項目中門店所需員工，基本都來自門店所在社區，能夠在一定程度上緩解社區就業壓力。項目能夠改善社區生活環境，使交通和較偏遠的社區居民能就近享受購物、醫療保健、新聞等服務，通過平臺開展各種健康活動和有益的活動，有利於居家養老，提高社區居民的生活品質。傳輸積極上進的精神食糧，形成良好的社區文化氛圍，平臺可以開展服務技能培訓、遠程教育、社區論壇，提高居民學習和社區自治的參與度。提高對各項社區服務的管理能力，平臺的使用可以將社區傳統的工作信息化，加快社區信息化進程，提高社區工作效率和數據處理能力。

綜上所述，本項目符合國家相關政策規劃，具有較好的經濟效益和社會效益，因此本項目是可行的。

1.5.2 建議

（1）本項目能否順利實施，關鍵在於資金能否及時到位，應抓緊時間進行前期相關工作，保證資金及時到位。

（2）本項目具有較大的社會效益，但從經濟效益來看，對投資者能夠形成一定吸引力，但吸引力不是非常顯著。根據國家相關政策，對此類項目可以給予一定的扶持，包括技術、經濟和政策的扶持。項目開展過程中，建議投資者積極關注相關政策，充分合理地加以運用。

（3）項目的銷售收入對項目可行性造成較大影響，建議投資者進行門店選址時，進行深入的調查研究，確保門店選址合理，輻射範圍大，實現預期銷售收入。

2 項目建設背景及其必要性

2.1 項目建設背景

實現全面建設小康社會的目標離不開社區服務,滿足城鄉居民過上美好生活的新期待離不開社區服務,維護社會的和諧穩定離不開社區服務。隨著工業化、信息化、城鎮化、市場化、國際化的進程逐步加快,中國城鄉基層社會正在發生著深刻變化,對社區服務體系建設提出了新的要求。為了適應城鎮化和老齡化快速發展的現狀,有效滿足社區居民個性化、多元化的服務需求,需要加快社區服務體系建設。

2011年,民政部發布了《城鄉社區服務體系建設「十二五」規劃》,其中明確提出,要大力發展便民利民服務。鼓勵和支持各類組織、企業和個人興辦居民服務業,重點發展社區居民購物、餐飲、維修、美容美髮、洗衣、家庭服務、物流配送和廢舊資源回收等服務,培育新型服務業態和服務品牌,鼓勵有實力的企業運用連鎖經營的方式到社區設立超市、便利店、標準化菜店等便民利民網點,鼓勵郵政、金融、電信、供銷、燃氣、自來水、電力等公用事業單位在社區設點服務,滿足居民多樣化生活需求。優化社區商業結構佈局,完善社區便民利民服務網絡,繼續實施以「便利消費進社區、便民服務進家庭」的社區商業「雙進工程」「萬村千鄉市場工程」和「新農村現代流通服務網絡工程」,初步建立規劃合理、結構均衡、競爭有序的社區商業體系。優化配置社區資源,積極推動駐區單位後勤服務社會化。大力推行物業管理服務,建立社區管理和物業管理聯動機制,提高物業服務質量。建立政府扶持、企業和居民主辦、社區組織幫助的社區便民利民服務新格局。研究制定社區服務稅收、公用事業收費、用工保險、工商和社會組織登記等優惠政策,鼓勵發展社區服務業。

四川省和×××市「十二五」社區服務體系建設發展規劃提出了完善社區功能的內容,包括困有所助、難有所幫、業有所就、病有所醫、學有所教、老有所養、物有所購、安有所保及居有所適,其中實現物有所購,是配套完善社區服務的一項重要內容。積極發展便民利民服務,不斷滿足城鄉居民多元化、主體化、個性化的日常生活生產需求。鼓勵引導購物、餐飲、家政服務、農資等與居民生活密切相關的經銷商,以連鎖經營方式進入社區,為群眾提供質優價廉的服務,逐步形成方便快捷的社區生活生產服務圈。農村社區要強化生產服務,以農村社區服務站為平臺,圍繞農業生產的產前、產中、產後,加快構建和完善以生產銷售服務、科技服務、信息服務和金融服務為主體的農村社會化服務體系。整合社區服務資源,提高資源利用率,構建社區「51015」生活圈,即居民出家門步行5分鐘以內可以到達便利店,10分鐘以內到達超市和餐飲店,15分鐘以內到達社區「一站式」服務大廳或服務中心。

在當今信息迅速發展的時代,網絡的全球化特性使網絡和企業很自然地走到了一起,形成了風靡全球的電子商務。電子商務是指應用電子信息技術和現代網絡技術在客戶、廠商及其他交易主體之間進行的、以信息為依託的商務活動,如產品和服務的網上推銷、銷售、購買,以便提高交易速度、提升服務品質、降低成本,更好地為企業服務。近年來,隨著全球信息網應用的快速發展,越來越多人想使用其無國界、無時間

限制的便利環境來經營與拓展商務。因此電子商務（Electronic Commerce，EC）越來越流行，越來越多的企業開始使用該方法與技術進行商業上的交易以降低成本，並通過電子商務平臺設計的不斷發展和進步，充分利用其優勢，發揮電子商務的最大功能。在此大背景下，國家提出了「以信息化帶動工業化，以工業化促進信息化」的發展綱要，並在國家信息化領導小組第五次會議審議並原則通過《2006—2020年國家信息化發展戰略》。溫家寶指出，信息化是當今世界發展的大趨勢，是推動經濟社會發展和變革的重要力量。制定和實施國家信息化發展戰略，是順應世界信息化發展潮流的重要部署，是實現經濟和社會發展新階段任務的重要舉措。要按照全面貫徹科學發展觀的要求，站在現代化建設全局的高度，大力推進國民經濟和社會信息化，不斷把中國信息化提高到新水準。他同時指出，實施中國信息化發展戰略，要堅持以鄧小平理論和「三個代表」重要思想為指導，貫徹落實科學發展觀，堅持以信息化帶動工業化、以工業化促進信息化，堅持以改革開放和科技創新為動力，大力推進信息化建設，充分發揮信息化在促進經濟、政治、文化、社會和軍事等領域發展的重要作用，不斷提高國家信息化水準，走中國特色的信息化道路，促進中國經濟社會又好又快發展。電子商務與企業信息化有著極為密切的關係。作為中國信息化戰略的重要組成部分，電子商務一直得到了國家的大力支持和行業的積極推動。企業信息化是電子商務的基礎，電子商務是企業信息化的歷史產物。企業信息化進程孕育了電子商務，推動了電子商務的發展；而電子商務的發展又促進了企業信息化的深入進行和深層次開發。沒有企業信息化，社會對電子商務不可能有強烈的追求意願，置身於電子商務中，人們才能感受到企業信息化的重大意義。在網絡和信息化社會中，電子商務以其顯著的信息優勢為企業奠定了在激烈競爭中的生存之源和立足之本。這些信息優勢主要取決於企業的信息化程度，信息化程度決定著電子商務信息優勢的創造與發揮。因此，現代企業的自動化、信息化與電子商務活動必須融合在一起。

　　總體來看，就×××市目前的信息化水準還相對落後，信息化建設與發展相對緩慢，已成為制約經濟、社會可持續發展的瓶頸。為了回應國家鼓勵電子商務發展的相關文件精神，加快我市的信息化服務建設的步伐。我們通過學習和瞭解其他先進地區的城市信息化建設的經驗，同時結合本市的特點認為：發展社區電子商務，將有效地改變×××市現有的消費架構，刺激整個城市經濟的發展，提升城市的整體形象。社區電子商務服務平臺體系的引導可以改變市民傳統的消費習慣，從而形成一個新興的省心、省力、省錢、省時的新型消費模式。

　　積極推進×××市社區電子商務綜合服務平臺建設，是在國家「十二五」規劃大力推廣電子商務發展的契機下，結合我公司原有家政服務網絡平臺的優勢孕育而生的，目標是整合×××市社會資源和公共服務資源，通過網站、呼叫中心、社區服務中心等多種服務渠道，為社區居民、企業提供全方位的供需信息服務和配送服務，包括社區家政服務、網絡商城、社區電子政務、社區文化與宣傳、社區人才與就業等。

　　×××市社區電子商務綜合服務平臺的開發，旨在打造一個實用、便捷、功能性強的服務平臺，在「服務至上」思想的指導下，在「便民利民、全心服務」的服務精神主導下，憑藉其先進的技術平臺和良好的用戶體驗設計，以快捷的服務回應速度、便利

的網絡服務體系、人性化的交易服務和不斷優化的交易安全機制為交易雙方提供每週7×24小時全天候的社區電子商務網絡服務。

信息產業是國家「十二五」規劃鼓勵發展的產業，電子商務進社區更是各級政府主導的與城鄉居民生活息息相關的民生大事，是讓人們享受科技發展成果的最佳選擇，在「×××市社區電子商務綜合服務平臺」項目實施、建設、發展過程中將得到各級政府及居民委員會的大力支持，為平臺的發展提供了良好的軟環境。

×××作為一座新興的工業城市，城市化水準較高，工作、生活節奏較快。同時由於地理特性的限制，人們工作、生活消費常常因為路途、交通、時間等因素受到局限。加之城市人口的老齡化，傳統的消費、生活方式給人們帶來了諸多不便。近年來，隨著一、二、三產業的協調發展，城市居民的收入逐年增加，富裕程度位居西南區域性城市之首。人們對物質、文化、生活的要求越來越高，傳統的工作、消費習慣正在淡出人們的生活。這需要有一種新的模式來替代傳統的模式，以滿足人們在新時期物質文化生活的需要。×××市社區電子商務綜合服務平臺的功能正好填補了人們的需求空白，為人們享受方便快捷、省時、省力、省錢、省心的美好生活創造了條件，先進的科技成果轉化成了可行的現實。×××社區電子商務綜合服務平臺採取的是一站式服務模式，給客戶帶來貨真價實、物美價廉、服務規範、方便快捷的生活。縮減渠道成本、時間成本、宣傳成本等綜合購物和服務成本，可以讓更多的人享受網絡平臺為其帶去的優質的服務和產品，讓更多的人獲得更高的生活品質。公司借助網絡信息平臺提供銷售、行銷、支付、技術、物流等全套服務，幫助更多的企業開拓市場、建立品牌，實現產業升級，幫助更多的居民實現消費和就業同行，實現新型經濟生活模式。

而政府支持信息化社區服務平臺建設，將更加有利於各部門通過平臺獲取有效信息，提高社區服務工作的透明度；有利於建設和諧社會，極大地豐富社區服務資源，對於推進社會信息化進程具有十分重大而深遠的意義。在×××市政府和各區政府的支持下，×××市勵展科技公司建立和鋪設了「×××市社區電子商務綜合服務平臺」，同時為政府、各級機關與街道社區之間搭起了網絡通信的橋樑和為市民與商戶之間搭建了一個交易的平臺。

政府與企業、市民之間需要通過網絡、語音服務、物流服務提高互動性和回應性，溝通需要充分利用先進的信息化手段，為社區經濟、文化、生活質量的提高，和諧社區的建設發展插上飛翔的翅膀。×××市轄三區兩縣，有360個社區，每個街道和社區內都設有管理機構。各機構之間都有各自的特點且社區的條件不一樣，而且許多社區還以傳統的方式進行管理和服務。如今傳統街道、居委會模式的服務能力已經不能適應現代社會居民的需求，現代物業管理服務由於居民分散、收入差距較大、服務成本高不能廣泛地拓展，社會失業人員增多，缺乏創業、再就業輔導和孵化環境，現有社區服務內容不健全、缺乏監管機制、無法保證服務質量。為了推動社區信息化服務的進程，建設高效的社區網絡體系、語音服務體系、現代物流體系，我公司根據×××社區的具體情況，制訂了社區信息化服務平臺建設方案。社區信息化服務平臺建設包括網絡平臺、語音平臺、基於GIS應用的現代物流體系、社區終端服務銷售體系的建設。網絡平臺是指利用城域光纖網絡無線網絡構建統一的社區服務網絡接入平臺，建立專門

的服務平臺網站開展網上購物和網上支付等。語音平臺是指建立一個綜合服務呼叫中心，並利用已建成的網絡形成分佈式座席系統提供各種語音服務，包括語音訂購、語音諮詢、語音支付等。基於 GIS 應用的現代物流體系是指運用城市地理信息系統和 GPS 技術建立一套通過呼叫中心、社區服務中心、物流人員三位一體的集管理、指揮、調度一體的體系。社區終端服務銷售體系是指以基於社區服務中心和社區服務店為基礎的直接為居民提供面對面服務的體系。

2.2 項目建設的必要性

(1) 推進社區便民服務，創新商業模式。

為了進一步方便社區居民生活、發展便民商業，承接×××市打造「15 分鐘社區服務圈」的規劃，實業公司以社區作為平臺，通過社區電子商務平臺，做大產業鏈，提高服務的附加值，圍繞都市社區居民和客戶的需求，發展相關便民業務。選擇社區便利店作為率先進入的行業，結合電子商務網絡平臺和語音平臺實現線上交易店面服務模式（B2C 結合 O2O 模式），平時店面線下以便利店的模式經營同時增加各種代收費、快遞接件等增值業務，以及社區 15 分鐘經濟圈的配送服務。

(2) 加快社區信息化進程，發展社區電子商務。

目前社區電子商務利潤大、競爭小，進入門檻低，而且電子商務市場正趨向於個人消費為主，企業間電子商務交易為輔的主流態勢。社區居民作為銷售終端，市場潛力巨大，而社區電子商務作為直接針對社區用戶的門戶，其市場潛力巨大。

另外，像蘇寧、國美等連鎖家電企業，他們對社區方面投入的廣告費每年達兩百多萬元。即便如此，他們仍在尋找直接面對社區家庭的機會，紛紛通過入駐社區的促銷或展銷活動等的方式來尋找機會。如果能將電子商務引入社區項目中，通過建立電子商務平臺，給了他們又一次直接面對社區家庭居民的機會，不僅方便社區居民的信息獲取，更能大力提高整體項目的盈利水準。因此，本項目無論在門店的選址還是在無店鋪配送中心的建設上，都必然要與社區電子商務相互銜接，建立與電子商務聚集區相配套的設施，採用現代信息開展服務，方便居民、提高收益。

(3) 安置社區閒置勞動力。

本項目每年可以通過平臺形成家政和其他服務崗位 2,000 個以上，這些服務崗位基本可從社區閒置人員中選拔，同時可通過平臺扶植居民自主創業。

3 需求分析

21 世紀是信息的時代、網絡的時代、電子商務的時代。電腦網絡的建立與普及將徹底地改變人類生存及生活的模式，而控制與掌握網絡的人將擁有更多的發展機會和更大的發展空間。據中國互聯網絡信息中心第 20 次發布，「中國互聯網絡發展狀況統計調查，截至 2007 年 6 月，中國網民人數已經達到 1.62 億，僅次於美國 2.11 億的網民規模，位居世界第二。2010 年電子商務的交易額約 1 萬億美元，電子商務是 21 世紀經濟增長的引擎」。

在中國，隨著家庭結構的演變和社會經濟的發展，事業型、困難型（家有老人、

孩子、病人需要照顧）、富裕型家庭大量出現，希望從繁瑣的家務勞動中解脫出來，以便有更多的時間從事生產、學習和娛樂的人越來越多。據統計，有約 70% 的城市居民對社區電子商務綜合服務有需求。另外，作為第三產業的社區電子商務綜合服務，有巨大的市場潛力，有利於擴大就業，為各級政府所支持。因此，社區電子商務綜合服務這一朝陽產業的發展前景和市場前景是極其廣闊的。

從×××市現有社區及城鎮居民收入支出水準來看：

（1）×××市共有 360 個社區，覆蓋城市整體範圍。社區是人們工作之餘的主要生活、消費區域，也是政府服務功能延伸的終端。調查顯示，全市共有社區人口 72.97 萬人，占人口總量的 60.1%。社區平均基本消費水準為 2,484.2 萬元/社區/年，全年居民總消費額為 894,320.32 萬元。

（2）2012 年，全市城鎮居民人均可支配收入 22,808 元，增長 15.6%，其中工資性收入 16,283 元，增長 16.4%；財產性收入 336 元，增長 38.9%；轉移性收入 7,114 元，增長 6.2%。城鎮居民人均消費支出 15,286 元，增長 7.8%。其中，食品支出 6,500 元，增長 6.4%，恩格爾系數為 42.5%；衣著支出 1,326 元，增長 1.0%；居住支出 1,308 元，下降 2.4%；家庭設備用品及服務支出下降 12.9%；交通和通信支出增長 24.0%；醫療保健支出下降 2.5%；教育文化娛樂服務支出增長 37.4%。

根據以上調查數據資料，社區居民消費主要為對食品購買的需求，其次由於居民在家庭設備用品和服務、交通和通信、醫療保健方面的支出在一定的程度上的增加，說明居民更加注重其生活的舒適性和對高質量生活的需求越來越高。而×××市社區電子商務綜合服務平臺能夠更好地為居民提供食品、日常生活用品及設備、家庭服務、醫療服務、交通和通信類服務。所以×××市居民生活消費的特點為×××市社區電子商務綜合服務平臺提供了廣闊的市場空間。

隨著互聯網的迅猛發展，社區服務業開始走電子商務之路。這是因為在傳統商務市場，往往需要花費大量的人力、物力、財力資源，使得營運成本增加，從而提供給消費者的商品和服務價格偏高，並且因為自身營運成本的限制，使得其可操作性比較低。而電子商務的發展，就是立足於取消中間環節，增大可操作空間而來的，近年來隨著電子商務行業的快速發展，其已經成了很多傳統行業的額外延伸部分，用於增加企業的收入，增大產品的可操作空間。其主要優勢體現在以下幾點：

（1）降低了企業活動的成本；
（2）降低了企業獲得信息的成本；
（3）推動了產品的創新；
（4）提高了管理水準，改善管理環境；
（5）擴大企業影響力，構成企業未來的競爭優勢。

目前發展比較好的社區電子服務如「53wang.com 網上家政」「媽媽在線」這類全國性的服務平臺，採用的是 B2C 運作模式，直接為消費者提供家政公司的業務信息，同時在全國各大城市誠招營運商加盟。消費者通過網站選擇自己滿意的「產品和服務」，特別是「網上服務」率先實行網上對話產品的網上客服，使消費者和家政公司可以直接取得聯繫，進行及時溝通，充分發揮了網上服務的便捷性和實效性。

另一類，像「中國家政網」「浙江家政網」屬下的地區性網站，均在地方開展業務，它們採取的是C2C模式，客戶和家政服務人員直接交流，實現雙向溝通。消費者可以上網查詢各公司的服務項目、收費標準，以及服務員的詳細資料；服務員也可以隨時查看雇主信息，選擇適合自己的家庭服務。這些家政網站的成功營運告訴我們，在×××市推行社區電子商務綜合服務業是非常必要和可行的。

隨著電子商務行業的不斷發展，各類電子商務網站風靡全球。電子商務行業也因此進入了一個快速發展和不斷更新的時期。就中國內地而言，比較出名的阿里巴巴採用的B2B商務模式，後來崛起的京東商城採用的B2C的商務模式。這些傳統電子商務模式雖然在各領域都取得了一定的成績，但是在營運過程中都相繼遇到了一些不能突破的瓶頸。淘寶由於其商戶的零散性管理，使得其一直為其商戶銷售的產品質量而苦惱；京東商城雖然解決了淘寶商城上產品質量的問題，但是又因其大量的倉儲和物流投資讓其叫苦不迭。雖然社區服務業逐步開始走電子商務之路，並且已經將服務通過電子商務的形式進行營運和管理，但是在營運過程中提供的產品或者服務相對比較單一。

×××市社區電子商務綜合信息平臺，結合上述各種比較流行的商務模式，通過不斷地發展和創新，在傳統電子商務的基礎上，首次將服務和產品進行了一個融合，主要體現在以下幾個方面：

（1）將傳統的商品買賣服務體系與服務訂購體系相結合，建立起了一套全新的一站式全方位服務體系，從而解決居民不能一站式完成自己購買需求及服務的問題。

（2）把傳統的B2B、B2C、C2C商務模式進行了一個完美的融合，孵生出了新的電子商務模式B2B2C，從而為商家、客戶提供了一個更廣闊的商務服務平臺，能夠對供應商進行嚴格的控制和管理，以此來解決淘寶所面臨的產品質量和服務質量得不到保證的問題。

（3）結合本地物流體系架構、本市地理情況和居民情況，以×××市社區電子商務綜合信息平臺為核心，結合社區物流資源（社區零散配送車輛和社區下崗、失業人員）形成一套完整的物流配送體系，實現「零庫存」的物流體系架構，從而解決因為倉儲和物流投資過大的問題。

（4）傳統電子商務市場，大多只使用了單一的網絡平臺訂購體系，由於人群的差異性，使得其所能服務的人群範圍比較狹窄。而×××市社區電子商務綜合信息平臺，跨越了以上障礙，在傳統網站訂購的基礎之上，增加了呼叫中心訂購和社區服務中心訂購的模塊。以此，平臺通過呼叫中心對整個平臺需求的調度和管理，實現全民化的服務，解決傳統電子商務在人群服務對象上的瓶頸。

（5）延伸建立社區服務中心，即在×××市超過2,000戶的居民聚居區設立一個服務中心，以200戶為基礎設立一個社區服務點的理念。將服務和產品直接帶到社區居民的生活中，與居民實現面對面的交流，從而突破傳統電子商務模式中只能在網上交流而不能面對面服務的問題。同時，可以通過以上社區服務中心（點）來逐步的改變居民的消費習慣，從而形成一種新興的消費習慣。

（6）×××市社區電子商務綜合服務平臺結合電子政務發展部分，在發展商業電子

商務的同時，將公共服務融入其中，通過與政府單位、社區各級管理機構的完美結合，將公共服務直接帶到居民的生活中，方便居民的查詢和公共事務的辦理工作。同時，加快政府各單位辦公自動化體系的建設，提高整體工作效率。

（7）×××市社區電子商務綜合服務平臺的同時融入了人才培訓及管理模塊，通過吸納社區下崗失業人員，並與×××市的高校——×××學院的合作進行再就業培訓，從而形成人力資源庫。

4 實施方案（略）

5 項目管理

5.1 項目實施進度

項目建設期三年。項目建設進度：
2013 年 12 月完成一期相關工作；
2014 年 12 月完成二期相關工作；
2015 年 12 月完成三期相關工作。

5.2 研發中心組建和運行方案

（1）研發中心領導體制：研發中心實行總經理負責制，在總經理的領導下，以專家為核心，以創新團隊為基礎，以科技部、各部室、片區、社區、加盟商、加盟店為依託。

（2）組織機構與職責：×××市勵展科技有限責任公司總經理領導下的研發中心領導負責制，以技術開發為主，兼具技術管理、人才培訓等職能，採用矩陣式管理結構，按照產品線和功能模塊進行劃分，規劃組織各條產品線的具體事務；在項目開發方面，採用項目負責制，提高了企業對項目的反應速度，也有利於項目對市場的適應能力。

項目主要負責人的情況如表 2 所示。

表 2　　　　　　　　　　主要負責人概況表

姓名	學歷	職稱	從事行業
××	本科	工程師	軟件開發與管理
××	本科	高級工程師	軟件開發
××	本科	工程師	軟件開發
×××	本科	技術員	硬件維護
××	本科	技術員	網絡維護
×××	本科	技術員	網絡維護

（3）研發中心職責。

①參與制訂、執行企業技術發展戰略和技術創新、技術改造、技術引進、技術開發規劃與計劃。

②根據企業的發展規劃，制定公司技術創新規劃及公司高級技術人才培訓、選拔的基本原則和目標，並負責公司重大技術創新、技術發行、合作交流、新產品開發項目實施方案的審定。

③負責科研設施建設方案、關鍵設備、貴重儀器選購方案的審定及科研經費預算和審定。

④推廣應用新技術、新設備。

⑤創造有利條件，建立人才激勵機制，吸納高級人才。

⑥負責與高等院校、研究院所的合作和對外技術交流。

⑦負責技術情報資料的收集與整理。

⑧組織企業科技人才的培訓、人才隊伍建設。

（4）項目實施各口子管理關係。各部門實行部門負責人制，部門成員直接受部門負責人的管理和調遣。各部門負責人除了要監督其成員每日保質保量完成工作計劃、安排以外，還要於每日工作完成後向自己所管轄部門負責人匯報當日工作進展情況。社區建設推進小組各組員要將所管轄口子和自己責任範圍內的工作在每天對各任務小組進行工作匯報並歸類後報送推進組組長（總經理）處。

各部門職責：

市場部負責平臺內產品資源的整合和社區建設管理以及營運工作。

綜合部負責平臺內各部門的協調、後勤管理以及人事管理工作。

科技部負責平臺技術支持和業務管理系統的開發、維護和管理工作。

呼叫中心負責平臺需求和服務的處理以及投訴、回訪工作。

財務部負責平臺資金的支撐和帳務的處理工作。

業務發展部負責平臺內各種成熟產品的營運、銷售和拓展工作。

相關部門負責人的組織架構如圖1所示。

（5）定期召開課題或項目研討會。研發中心每週星期六定期舉行課題研討會，除專職研發人員必須參加外，還邀請兼職專家，對項目提供的課題進行逐一論證，以項目負責制的形式分發給相應的實驗室著手研發。

5.3 項目招標

（1）編製依據：《建設項目可行性研究報告增加招標內容以及核准招標事項暫行規》定。

（2）招標內容。

①項目招標範圍：勘察、設計、施工、監理。

②招標組織形式：委託招標。

③招標方式：比選或公開招標。

④項目招標基本情況匯總表（如表3所示）。

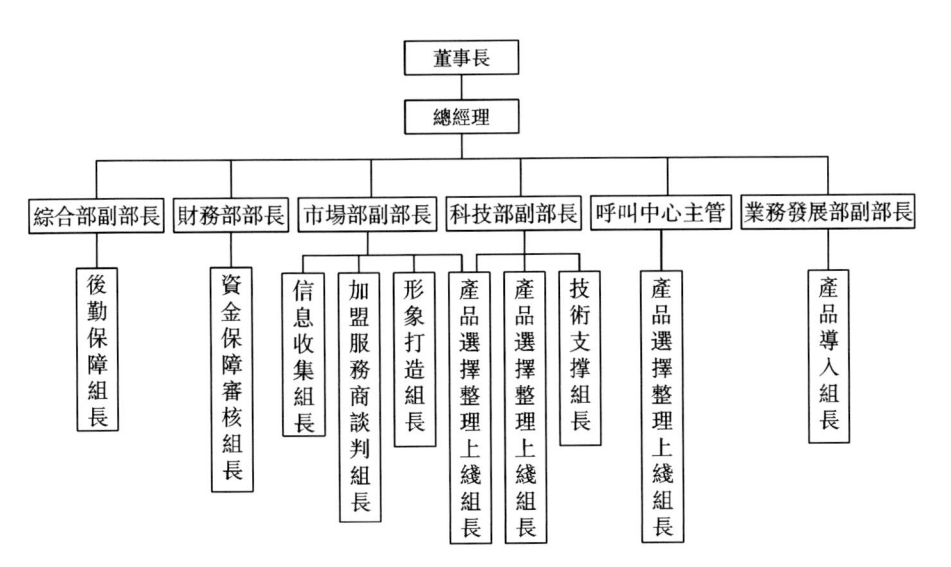

圖 1　項目組織機構圖

表 3　　　　　　　　　　　招標基本情況表

項目	招標範圍		招標組織形式		招標方式		不採用招標方式
	全部招標	部分招標	自行招標	委託招標	公開招標	邀請招標	
招標代理	√		√			√	
項目監理	√		√			√	
裝修改造	√			√	√		
軟硬件採購	√			√	√		
其他							

5.4　項目管理措施（略）

6　節能、環保、安全與消防（略）

7　投資估算與資金籌措

7.1　投資估算依據

本次投資估算依據×××市類似項目近期造價水準進行估算，並參照：
（1）建設工程造價管理總站的有關文件。
（2）現行市場有關材料調查價格。
（3）初步實施方案。

7.2 投資估算

本項目總投資 5,004.48 萬元，其中 2,000 萬元申請銀行長期貸款，其餘由企業自籌。鋪底流動資金 300 萬元，全部由企業自籌。由於項目建設期較長，需三年時間，因此項目建設貸款借款按五年考慮，三年建設期按只還利息不還本金考慮，建設期結束後，按四年等額還本利息照付考慮。根據當前貸款利率規定，五年以上貸款利率為 6.55%，結合目前銀行對貸款利率的上浮規定，暫按上浮 20%考慮，即 7.86%，實際利率為 8.15%。

項目投資估算表詳見本案例的附表 1。

7.3 資金籌措

本項目資金由自有資金和銀行貸款兩部分構成，其中自有資金為 3,004.48 萬元，銀行貸款為 2,000 萬元。項目總投資使用計劃與資金籌措表詳見本案例的附表 2。

8 財務分析

8.1 財務評價依據

本項目的取費標準按照企業財務制度和國家稅收政策規定執行。根據項目的市場開拓週期，本項目計算依據如下：

(1) 國家計委和建設部聯合頒發《建設項目經濟評價方法與參數》(第三版)。
(2) 各種原料及產品按現行市場價格。
(3) 各生產部門的原料、輔料、包裝材料消耗量按工藝提供的單位產品消耗定額測算。
(4) 收費標準：增值稅 17%，城市維護建設費 7%，教育附加費 3%。
(5) 稅收政策：所得稅按 25%計取。
(6) 項目計算期：暫按 13 年考慮 (其中建設期三年，營運期十年)。

8.2 收入支出預測

8.2.1 收入估算

本項目收入主要來自社區門店，門店主要是為社區提供便利，銷售各種日常用品及社區居民所需的其他便利服務。門店包括自營部分和攤位出租，攤位出租主要是租給與門店合作的農戶及農村專業合作社，從目前已有門店的運行及周邊其他超市中生鮮的收入情況來看，出租部分的收入與成本基本持平，在本項目中可不予考慮。門店自營部分現收入情況大致為每個門店 1 萬元/月，現已建成投入使用的有 6 個。一期擬完成社區門店建設 20 個，二期擬完成社區門店建設 80 個，三期擬完成社區門店建設 50 個。一期將於 2013 年全部完成，即從 2014 年開始，有 20 個門店可投入使用，2015 年，有 100 個門店可投入使用，2016 年，有 150 個門店可投入使用。隨著門店營運進入正軌及物價上漲，假定投入的門店收入年增長 10%。

8.2.2 成本估算

本項目運行過程中的主要成本包括人工、貨品流動資金、水電、房租、通信網絡費用、稅金、物流費用等。門店分為形象店、標準店和緊湊店。其中形象店人員在 8

人，包括1名店長、2名收銀員兼其他增值業務受理、4名營業員、1名配送人員；標準店6人，其中1名店長、2名收銀員兼其他增值業務受理、3名營業員兼配送人員；緊湊型店4人，店長1名，3名業務人員。形象店面積約為400平方米，標準店面積約為200平方米，緊湊店在100平方米以內。目前以已建成使用的6個門店包含了這三種門店，擬建成的150個門店的三種形式所占比例大致為1:2:3。以已建成門店的成本數據為基礎，大致項目的經營成本為銷售收入的50%。

8.3 財務盈利能力分析

項目投資財務內部收益率（所得稅前）FIRR＝15.95%
項目投資財務內部收益率（所得稅後）FIRR＝12.06%
項目投資財務淨現值（所得稅前）FNPV＝1,449.04萬元
項目投資財務淨現值（所得稅後）FNPV＝445.50萬元
項目投資投資回收期（所得稅前）＝7.86年
項目投資投資回收期（所得稅後）＝8.66年
項目資本金財務內部收益率（所得稅後）FIRR＝13.05%
項目資本金財務淨現值（所得稅後）FNPV＝512.73萬元

可見，項目的盈利水準較高，符合一般投資者期望。但從具體指標來看，盈利能力不是非常強，如果國家能夠給予項目一定的政策扶持和資金支持，將對投資者具有更大的吸引力。

詳見本案例附表3項目投資現金流量表、本案例附表4資本金現金流量表。

8.4 項目償債能力分析

利息備付率＝6.93～71.14
償債備付率＝2.32～3.75

可見，項目的利息備付率及償債備付率均大於2，項目具備償債能力。

詳見本案例附表5借款還本付息表。

8.5 不確定性分析

本項目的財務不確定性分析主要考慮敏感性分析。

以項目投資內部收益率FIRR（所得稅後）為指標對銷售收入、經營成本、建設投資三項不確定因素作敏感性分析如表4所示。

表4　　　　　　　　　　敏感性分析表

序號	項目名稱	增加10% 計算值	增加10% 影響率	基本值	減少10% 計算值	減少10% 影響率	敏感度系數
1	銷售收入	17.58%	−45.81%	12.06%	5.64%	53.22%	4.95
2	經營成本	8.99%	25.43%	12.06%	14.90%	−23.59%	−2.45
3	建設投資	10.32%	14.40%	12.06%	14.06%	−16.62%	−1.55

註：以全部投資稅後內部收益率為基本值。

由上表可以看出銷售收入是最敏感因素，價格下降 10%時的 FIRR 為 5.64%；上升 10%時的 FIRR 為 17.58%。

產品銷售量及建設投資的變化在一定程度上也影響內部收益率指標，但相對來說影響程度較弱。

可見，本項目財務風險的主要來源來自銷售收入，在項目選址階段一定要對市場給予深入的調查，確保門店能夠產生足夠的銷售收入以維持營運。

8.6 財務評價主要數據和指標

本項目的財務評價的主要數據和指標如表 5 所示。

表 5　　　　　　　　　　　　財務評價主要數據和指標

序號	項目	單位	數值	備註
一	基本數據			
1	營業收入（含稅）	萬元	3,188.81	達產年
2	建設投資	萬元	4,460.00	
3	建設投資借款	萬元	2,000.00	
4	資本金	萬元	3,000.00	
5	流動資金	萬元	300.00	
6	項目總投資	萬元	5,004.48	
二	評價指標			
1	每元建設投資投入產出比		0.64	
2	項目投資內部收益率（稅前）	%	15.95	
3	項目投資內部收益率（稅後）	%	12.06	
4	項目投資回收期（稅前）	年	7.86	
5	項目投資回收期（稅後）	年	8.66	
6	項目投資財務淨現值（稅前）	萬元	1,449.04	
7	項目投資財務淨現值（稅後）	萬元	445.50	
8	資本金內部收益率（稅後）	%	13.05	
9	資本金財務淨現值（稅後）	萬元	512.73	

9 社會效益分析（略）

10 項目風險分析（略）

11 結論和建議

11.1 結論

（1）本項目符合國家經濟社會發展規劃、產業政策。

《中華人民共和國國民經濟和社會發展第十二個五年規劃綱要》中提出了：「推動研發設計、生產流通、企業管理等環節信息化改造升級，推進先進質量管理，促進企業管理創新。」在「第十章培育發展戰略性新興產業」中提出：「新一代信息技術產業重點發展新一代移動通信、下一代互聯網、三網融合、物聯網、雲計算、集成電路、新型顯示、高端軟件、高端服務區和信息服務。」本項目屬於《產業結構調整指導目錄》（2005 年）鼓勵類第三十一項「科技服務業」中的第 3 條「行業（企業）管理和信息化解決方案開發、基於網絡的軟件服務平臺、軟件開發和測試服務、信息系統集成、諮詢、營運維護和數據挖掘等服務業務」的建設項目。

（2）本項目符合電子信息產業調整和振興規劃。

《電子信息產業調整和振興規劃》在「三、產業調整和振興的主要任務」中提出：在通信設備、信息服務、信息技術應用等領域培育新的增長點。

加速信息技術基礎設施建設，大力推動業務創新和服務模式創新，強化信息技術在經濟社會領域的運用，積極採用信息技術改造傳統產業，以新應用帶動新增長。

加快培育信息服務新模式新業態，把握軟件服務的發展趨勢，促進信息服務的業務和模式創新，綜合利用公共信息資源，進一步開發適應中國經濟社會發展需求的信息服務業務。提高信息服務業支撐服務的能力，初步形成功能完善、佈局合理、結構優化、滿足產業國際化發展要求的公共服務體系。加強信息技術融合應用，以研發設計、流程控制、企業管理、市場行銷等關鍵環節為突破口，推進信息技術與傳統工業相結合，提高工業自動化、智能化和管理現代化水準。支持信息技術企業與傳統工業企業開展多層次的合作，進一步促進信息化與工業化融合。提高信息技術服務「三農」的水準，加速推進農業和農村信息化，發展壯大涉農電子產品和信息服務產業。

（3）本項目具有較好的經濟效益。

由財務分析的結果可見，本項目總投資為 5,004.48 萬元，稅前投資內部收益率為 15.95%，稅後投資內部收益率為 12.06%，符合一般投資者期望，具有較好的經濟效益。

（4）本項目具有較好的社會效益。

本項目可以創造許多的就業崗位，項目中門店所需員工，基本都來自於門店所在社區，能夠在一定程度上緩解社區就業壓力。項目能夠改善社區生活環境，使交通和較偏遠的社區居民能就近享受購物、醫療保健、新聞等服務，平臺開展各種健康活動和有益的活動，有利於居家養老，提高社區居民的生活品質。傳輸積極上進的精神食糧，形成良好的社區文化氛圍，平臺可以開展服務技能培訓、遠程教育、社區論壇，提高居民學習和社區自治的參與度。提高對各項社區服務的管理能力，平臺的使用可以將社區傳統的工作信息化，加快社區信息化進程提高社區工作效率和數據處理能力。

綜上所述，本項目符合國家相關政策規劃，具有較好的經濟效益和社會效益，因此本項目是可行的。

11.2 建議

（1）本項目能否順利實施，關鍵在於資金能否及時到位，應抓緊時間進行前期相關工作，保證資金及時到位。

（2）本項目具有較大的社會效益，但從經濟效益來看，對投資者能夠形成一定吸引力，但吸引力不是非常顯著。根據國家相關政策，對此類項目可以給予一定的扶持，包括技術、經濟和政策的扶持。項目開展過程中，建議投資者積極關注相關政策，充分合理地加以運用。

（3）項目的銷售收入對項目可行性造成較大影響，建議投資者進行門店選址時，進行深入的調查研究，確保門店選址合理，輻射範圍大，實現預期銷售收入。

附表：

附表 1　　　　　　　　　　　項目投資估算表

序號	名稱	數量（個/件）	單價（萬元）	金額（萬元）	備註
1	整體方案設計	1	30	30	
2	應用系統設計與開發			570	
2.1	企業信息門戶建設	1	80	80	
2.2	企業分銷資源管理系統	1	120	120	
2.3	供應鏈管理系統	1	100	100	
2.4	商業智能系統	1	120	120	
2.5	企業客戶關係管理系統	1	70	70	
2.6	企業進銷存	1	50	50	
2.7	辦公自動化系統	1	30	30	
3	物流中心倉儲、配送基礎設施建設			500	
3.1	物流中心倉儲	1	300	300	
3.2	配送基礎設施建設	1	200	200	
4	計算機網絡中心建設			950	
4.1	WEB 服務器	1	100	100	
4.2	應用服務器	1	100	100	
4.3	認證服務器	1	100	100	
4.4	磁盤陣列系統	1	100	100	
4.5	CA 認證系統	1	90	90	
4.6	單點登錄系統	1	60	60	
4.7	VPN 系統	1	100	100	

附表1（續）

序號	名稱	數量（個/件）	單價（萬元）	金額（萬元）	備註
4.8	計算機設備（含系統軟件及數據庫）	15	10	150	
4.9	計算機安全系統	1	150	150	
5	信息中心建設	1	110	110	
6	企業內部網絡完善	1	150	150	
7	系統集成費	1	300	300	
8	開辦費			100	
9	人員培訓			50	
10	前期及項目管理費用			200	
11	門店裝修費用	150	10	1500	
12	流動資金			300	
13	建設期利息			244.48	借款 2,000 萬元，分三年借入
				5,004.48	

附表2　　　項目總投資使用計劃與資金籌措表　　　單位：萬元

序號	項目	建設期 1	建設期 2	建設期 3	計算期 1	2	3	4	5	6	7	8	9	10	合計
1	總投資	1,200.37	2,531.49	1,172.62	100.00										5,004.48
1.1	建設投資	1,180.00	2,400.00	880.00											4,460.00
1.2	建設期利息	20.37	81.49	142.62											244.48
1.3	流動資金		50.00	150.00	100.00										300.00
2	資金籌措														
2.1	項目資本金	700.37	1,531.49	672.62	100.00										3,004.48
2.1.1	用於建設投資	680.00	1,400.00	380.00											2,460.00
	企業自籌	680.00	1,400.00	380.00											2,460.00
2.1.2	用於流動資金		50.00	150.00	100.00										300.00
	企業自籌		50.00	150.00	100.00										300.00
2.1.3	用於建設期利息	20.37	81.49	142.62											244.48
	企業自籌	20.37	81.49	142.62											244.48
2.2	債務資金	500.00	1,000.00	500.00											2,000.00
2.2.1	用於建設投資	500.00	1,000.00	500.00											2,000.00
	長期借款	500.00	1,000.00	500.00											2,000.00
2.2.2	用於建設期利息														
2.2.3	用於流動資金														0.00
	流動資金短期借款														0.00
2.3	其他資金														

附表3　項目投資現金流量表

單位：萬元

序號	項目	建設期			計算期							
		1	2	3	1	2	3	4	5	6	7	8	9	10
1	現金流入		240.00	1,320.00	2,178.00	2,395.80	2,635.38	2,898.92	3,188.81	3,507.69	3,858.46	4,244.31	4,668.74	5,435.61
1.1	營業收入		240.00	1,320.00	2,178.00	2,395.80	2,635.38	2,898.92	3,188.81	3,507.69	3,858.46	4,244.31	4,668.74	5,135.61
1.2	補貼收入													
1.3	回收固定資產餘值													
1.4	回收無形資產餘值													300.00
1.5	回收流動資金													3,440.86
2	現金流出	1,180.00	2,610.80	1,914.40	1,559.26	1,605.19	1,765.70	1,942.28	2,136.50	2,350.15	2,585.17	2,843.68	3,128.05	0.00
2.1	建設投資	1,180.00	2,400.00	880.00										0.00
2.2	流動資金	0.00	50.00	150.00	100.00									0.00
2.3	經營成本		120.00	660.00	1,089.00	1,197.90	1,317.69	1,449.46	1,594.40	1,753.85	1,929.23	2,122.15	2,334.37	2,567.81
2.4	稅金及附加		40.80	224.40	370.26	407.29	448.01	492.82	542.10	596.31	655.94	721.53	793.69	873.05
2.5	維持營運投資													
3	所得稅前淨現金流量	−1,180.00	−2,370.80	−594.40	618.74	790.61	869.68	956.64	1,052.31	1,157.54	1,273.29	1,400.62	1,540.68	1,994.75
4	累計所得稅前淨現金流量	−1,180.00	−3,550.80	−4,145.20	−3,526.46	−2,735.85	−1,866.17	−909.53	142.78	1,300.32	2,573.61	3,974.23	5,514.91	7,509.66
5	調整所得稅						217.42	239.16	263.08	289.38	318.32	350.16	385.17	498.69
6	所得稅後淨現金流量	−1,180.00	−2,370.80	−594.40	618.74	790.61	652.26	717.48	789.23	868.15	954.97	1,050.47	1,155.51	1,496.06
7	累計所得稅後淨現金流量	−1,180.00	−3,550.80	−4,145.20	−3,526.46	−2,735.85	−2,083.59	−1,366.11	−576.88	291.28	1,246.25	2,296.71	3,452.22	4,948.29

	所得稅前	所得稅後
項目投資財務內部收益率	15.95%	12.06%
項目投資財務淨現值（ic=10%）	1,449.04	445.50
投資回收期（從建設期開始）	7.86	8.66

附表 4

项目资本金现金流量表

单位：万元

序号	项目	建设期 1	建设期 2	建设期 3	计算期 1	计算期 2	计算期 3	计算期 4	计算期 5	计算期 6	计算期 7	计算期 8	计算期 9	计算期 10
1	现金流入	0.00	240.00	1,320.00	2,178.00	2,395.80	2,635.38	2,898.92	3,188.81	3,507.69	3,858.46	4,244.31	4,668.74	5,435.61
1.1	营业收入	0.00	240.00	1,320.00	2,178.00	2,395.80	2,635.38	2,898.92	3,188.81	3,507.69	3,858.46	4,244.31	4,668.74	5,135.61
1.2	补贴收入													0.00
1.3	回收固定资产余值													
1.4	回收无形资产余值													
1.5	回收流动资金													300.00
2	现金流出	700.37	1,692.29	1,557.02	2,201.88	2,207.05	2,544.24	2,701.81	2,399.58	2,639.54	2,903.49	3,193.84	3,513.22	3,939.55
2.1	项目资本金	680.00	1,450.00	530.00	100.00									
	借款本金偿还				500.00	500.00	500.00	500.00	0.00	0.00	0.00	0.00	0.00	0.00
2.2	建设投资借款本金偿还				500.00	500.00	500.00	500.00						
	流动资金借款本金偿还													
	短期借款本金偿还													
2.3	借款利息支付	20.37	81.49	142.62	142.62	101.87	61.12	20.37	0.00	0.00	0.00	0.00	0.00	0.00
	建设投资借款利息支付	20.37	81.49	142.62	142.62	101.87	61.12	20.37						
	流动资金借款利息支付													
	短期借款利息支付													
2.4	经营成本	0.00	120.00	660.00	1,089.00	1,197.90	1,317.69	1,449.46	1,594.40	1,753.85	1,929.23	2,122.15	2,334.37	2,567.81
2.5	营业税金与附加	0.00	40.80	224.40	370.26	407.29	448.01	492.82	542.10	596.31	655.94	721.53	793.69	873.05
2.6	所得税	0.00	0.00	0.00	0.00	0.00	217.42	239.16	263.08	289.38	318.32	350.16	385.17	498.69
2.7	维持营运投资				-23.88	188.75	91.14	197.11	789.23	868.15	954.97	1,050.47	1,155.51	1,496.06
3	净现金流量	-700.37	-1,452.29	-237.02	-2,413.56	-2,224.81	-2,133.68	-1,936.57	-1,147.34	-279.18	675.79	1,726.25	2,881.76	4,377.83
4	累计净现金流量	-700.37	-2,152.67	-2,389.68						512.73				
	项目资本金财务内部收益率（税后）	13.05%			项目资本金财务净现值（i=10%）									

附表 5　　　　　　　　　　　　　借款還本付息表　　　　　　　　　　　單位：萬元

序號	項目	建設期			計算期				
		1	2	3	1	2	3	4	5
1	借款1（長期借款）								
1.1	期初借款餘額	500.00	1,500.00	2,000.00	2,000.00	1,500.00	1,000.00	−687.17	
1.2	當期還本付息				642.62	601.87	561.12	520.37	
	其中：還本				500.00	500.00	500.00	500.00	
	付息	20.37	81.49	142.62	142.62	101.87	61.12	20.37	
1.3	期末借款餘額	500.00	1,500.00	2,000.00	1,500.00	1,000.00	500.00	0.00	
2	借款2（流動資金）								
2.1	期初借款餘額								
2.2	當期還本付息								
	其中：還本								
	付息								
2.3	期末借款餘額								
3	借款3（短期借款）								
3.1	期初借款餘額								
3.2	當期還本付息								
	其中：還本								
	付息								
3.3	期末借款餘額								
4	借款總計								
4.1	期初借款餘額	500.00	1,500.00	2,000.00	2,000.00	1,500.00	1,000.00	500.00	
4.2	當期還本付息				642.62	601.87	561.12	520.37	
4.2.1	其中：還本				500.00	500.00	500.00	500.00	
4.2.2	付息				142.62	101.87	61.12	20.37	
4.3	期末借款餘額	500.00	1,500.00	2,000.00	1,500.00	1,000.00	500.00	0.00	
5	息稅前利潤				989.00	1,197.90	1,317.69	1,449.46	
6	息稅折舊攤銷前利潤				1,489.00	1,697.90	1,817.69	1,949.46	
計算指標	利息備付率				6.93	11.76	21.56	71.14	
	償債備付率				2.32	2.82	3.24	3.75	

附錄　投資項目後評價報告編製大綱（試行）

第一部分　項目概況

（一）項目基本情況。對項目建設地點、項目業主、項目性質、特點（或功能定位）、項目開工和竣工、投入營運（行）時間進行概要描述。

（二）項目決策理由與目標。概述項目決策的依據、背景、理由和預期目標（宏觀目標和實施目標）。

（三）項目建設內容及規模。項目經批准的建設內容、建設規模（或生產能力），實際建成的建設規模（或生產能力）；項目主要實施過程，並簡要說明變化內容及原因；項目經批准的建設週期和實際建設週期。

（四）項目投資情況。項目經批准的投資估算、初步設計概算及調整概算、竣工決算。

（五）項目資金到位情況。項目經批准的資金來源，資金到位情況，竣工決算資金來源及不同來源資金所占比重。

（六）項目營運（行）及效益現狀。項目營運（行）現狀，生產能力（或系統功能）實現現狀，項目財務及經濟效益現狀，社會效益現狀。

（七）項目自我總結評價報告情況及主要結論。

（八）項目後評價依據、主要內容和基礎資料。

第二部分　項目全過程總結與評價

第一章　項目前期決策總結與評價

一、項目建議書主要內容及批覆意見

二、可行性研究報告主要內容及批覆意見

（一）可行性研究報告主要內容，主要包括項目建設必要性、建設條件、建設規模、主要技術標準和技術方案、建設工期、總投資及資金籌措，以及環境影響評價、經濟評價、社會穩定風險評估等專項評價主要結論等內容。

（二）可行性研究報告批覆意見，包括項目建設必要性、建設規模及主要建設內容、建設工期、總投資及資金籌措等內容。

（三）可行性研究報告和項目建議書主要變化。對可行性研究報告和項目建議書主要內容進行對比，並對主要變化原因進行簡要分析。

三、項目初步設計（含概算）主要內容及批覆意見（大型項目應在初步設計前增加總體設計階段）

主要包括：工程特點、工程規模、主要技術標準、主要技術方案、初步設計批覆意見。

四、項目前期決策評價

主要包括項目審批依據是否充分，是否依法履行了審批程序，是否依法附具了土地、環評、規劃等相關手續。

第二章　項目建設準備、實施總結與評價

一、項目實施準備

（一）項目實施準備組織管理及其評價。組織形式及機構設置，管理制度的建立，勘察設計、諮詢、強審等建設參與方的引入方式及程序，各參與方資質及工作職責情況。

（二）項目施工圖設計情況。施工圖設計的主要內容，以及施工圖設計審查意見執行情況。

（三）各階段與可行性研究報告相比主要變化及原因分析。根據項目設計完成情況，可以選取包括初步設計（大型項目應在初步設計前增加總體設計階段）、施工圖設計等各設計階段與可行性研究報告相比的主要變化，並進行主要原因分析。

對比的內容主要包括：工程規模、主要技術標準、主要技術方案及營運管理方案、工程投資、建設工期。

（四）項目勘察設計工作評價，主要包括：勘察設計單位及工作內容，勘察設計單位的資質等級是否符合國家有關規定的評價，勘察設計工作成果內容、深度全面性及合理性評價，以及相關審批程序符合國家及地方有關規定的評價。

（五）徵地拆遷工作情況及評價。

（六）項目招投標工作情況及評價。

（七）項目資金落實情況及其評價。

（八）項目開工程序執行情況。主要包括開工手續落實情況，實際開工時間，存在問題及其評價。

二、項目實施組織與管理

（一）項目管理組織機構（項目法人、指揮部）。

（二）項目的管理模式（法人直管、總承包、代建、BOT 等）。

（三）參與單位的名稱及組織機構（設計、施工、監理、其他）。

（四）管理制度的制定及運行情況（管理制度的細目、重要的管理活動、管理活動的績效）。

（五）對項目組織與管理的評價（針對項目的特點分別對管理主體及組織機構的適宜性、管理有效性、管理模式合理性、管理制度的完備性以及管理效率進行評價）。

三、合同執行與管理
（一）項目合同清單（包括正式合同及其附件並進行合同的分類、分級）。
（二）主要合同的執行情況。
（三）合同重大變更、違約情況及原因。
（四）合同管理的評價。
四、信息管理
（一）信息管理的機制。
（二）信息管理的制度。
（三）信息管理系統的運行情況。
（四）信息管理的評價。
五、控制管理
（一）進度控制管理。
（二）質量控制管理。
（三）投資控制管理。
（四）安全、衛生、環保管理。
六、重大變更設計情況
七、資金使用管理
八、工程監理情況
九、新技術、新工藝、新材料、新設備的運用情況
十、竣工驗收情況
十一、項目試營運（行）情況
（一）生產準備情況。
（二）試營運（行）情況。
十二、工程檔案管理情況

第三章　項目營運（行）總結與評價

一、項目營運（行）概況
（一）營運（行）期限。項目營運（行）考核期的時間跨度和起始時刻的界定。
（二）營運（行）效果。項目投產（或營運）後，產品的產量、種類和質量（或服務的規模和服務水準）情況及其增長規律。
（三）營運（行）水準。項目投產（或營運）後，各分項目、子系統的運轉是否達到預期的設計標準；各子系統、分項目、生產（或服務）各環節間的合作、配合是否和諧、正常。
（四）技術及管理水準。項目在營運（行）期間的表現，反應出項目主體處於什麼技術水準和管理水準（世界、國內、行業內）。
（五）產品行銷及佔有市場情況。描述產品投產後，銷售現狀、市場認可度及佔有市場份額情況。
（六）營運（行）中存在的問題
（1）生產項目的總平面布置、工藝流程及主要生產設施（服務類項目的總體規模、

主要子系統的選擇、設計和建設）是否存在問題，屬什麼性質的問題。

（2）項目的配套工程及輔助設施的建設是否必要和適宜。配套工程及輔助設施的建設有無延誤，原因是什麼，產生什麼副作用。

二、項目營運（行）狀況評價

（一）項目能力評價。項目是否具備預期功能，達到預定的產量、質量（服務規模、服務水準）。如未達到，差距多大。

（二）營運（行）現狀評價。項目投產（或營運）後，產品的產量、種類和質量（或服務的規模和服務水準）與預期存在的差異，產生上述差異的原因分析。

（三）達到預期目標可能性分析。項目投產（或營運）後，產品的產量、種類和質量（或服務的規模和服務水準）增長規律總結，項目可達到預期目標的可能性分析。

第三部分　項目效果和效益評價

第一章　項目技術水準評價

一、項目技術效果評價

（一）技術水準。項目的技術前瞻性，是否達到了國內（國際）先進水準。

（二）產業政策是否符合國家產業政策。

（三）節能環保。節能環保措施是否落實，相關指標是否達標，是否達到國內（國際）先進水準。

（四）設計能力是否達到了設計能力，營運（行）後是否達到了預期效果。

（五）設備、工藝、功能及輔助配套水準是否滿足營運（行）、生產需要。

（六）設計方案、設備選擇是否符合中國國情（包括技術發展方向、技術水準和管理水準）。

二、項目技術標準評價

（一）採用的技術標準是否滿足國家或行業標準的要求。

（二）採用的技術標準是否與可研批覆的標準吻合。

（三）工藝技術、設備參數是否先進、合理、適用，符合國情。

（四）對採用的新技術、新工藝、新材料的先進性、經濟性、安全性和可靠性進行評價。

（五）工藝流程、營運（行）管理模式等是否滿足實際要求。

（六）項目採取的技術措施在本工程的適應性。

三、項目技術方案評價

（一）設計指導思想是否先進，是否進行多方案比選後選擇了最優方案。

（二）是否符合各階段批覆意見。

（三）技術方案是否經濟合理、可操作性強。

（四）設備配備、工藝、功能佈局等是否滿足營運、生產需求。

（五）輔助配套設施是否齊全。

（六）營運（行）主要技術指標對比。
四、技術創新評價
（一）項目的科研、獲獎情況。
（二）本項目的技術創新產生的社會經濟效益評價。
（三）技術創新在國內、國際的領先水準評價。
（四）分析技術創新的適應性及對工程質量、投資、進度等產生的影響等。
（五）對新技術是否在同行業等相關領域具有可推廣性進行評價。
（六）新技術、新工藝、新材料、新設備的使用效果，以及對技術進步的影響。
（七）項目取得的知識產權情況。
（八）項目團隊建設及人才培養情況。
五、設備國產化評價（主要適用於軌道交通等國家特定要求項目）
（一）所選用的設備國產化率評價，進口設備是否可採用國產設備。
（二）設備採購對工程帶來的利弊評價。
（三）國產化設備與國外同類產品的技術經濟對比分析。
（四）國產設備對營運、維修保養的影響評價。

第二章　項目財務及經濟效益評價

（一）竣工決算與可研報告的投資對比分析評價，主要包括：分年度工程建設投資，建設期貸款利息等其他投資。
（二）資金籌措與可研報告對比分析評價，主要包括：資本金比例、資本金籌措、貸款資金籌措等。
（三）營運（行）收入與可研報告對比分析評價，主要包括：分年度實際收入、以後年度預測收入。
（四）項目成本與可研報告對比分析評價，主要包括：分年度營運（行）支出、以後年度預測成本。
（五）財務評價與可研報告對比分析評價，主要包括：財務評價參數、評價指標。
（六）國民經濟評價與可研報告對比分析評價，主要包括：國民經濟評價參數、評價指標。
（七）其他財務、效益相關分析評價，比如項目單位財務狀況分析與評價。

第三章　項目經營管理評價

（一）經營管理機構設置與可研報告對比分析評價。
（二）人員配備與可研報告對比分析評價。
（三）經營管理目標。
（四）營運（行）管理評價。

第四章　項目資源環境效益評價

（一）項目環境保護合規性。
（二）環保設施設置情況。項目環境保護設施落實環境影響報告書及前期設計情況、差異原因。
（三）項目環境保護效果、影響及評價。

（四）公眾參與調查與評價。
（五）項目環境保護措施建議。
（六）環境影響評價結論。
（七）節能效果評價。項目落實節能評估報告及能評批覆意見情況、差異原因，以及項目實際能源利用效率。

第五章　項目社會效益評價

一、利益相關者分析
（一）識別利益相關者，可以分為直接利益相關者和間接利益相關者。
（二）分析利益相關者利益構成。
（三）分析利益相關者的影響力。
（四）項目實際利益相關者與可行性研究對比的差異。

二、社會影響分析
（一）項目對所在地居民收入的影響。
（二）項目對所在地區居民生活水準的生活質量的影響。
（三）項目對所在地區居民就業的影響。
（四）項目對所在地區不同利益相關者的影響。
（五）項目對所在地區弱勢群體利益的影響。
（六）項目對所在地區文化、教育、衛生的影響。
（七）項目對當地基礎設施、社會服務容量和城市化進程的影響。
（八）項目對所在地區少數民族風俗習慣和宗教的影響。
（九）社會影響後評價結論。

對上述第（一）至（八）部分，分別分析影響範圍、影響程度、已經出現的後果與可行性研究對比的差異等。

三、互適應性分析
（一）不同利益相關者的態度。
（二）當地社會組織的態度。
（三）當地社會環境條件。
（四）互適應性後評價結論。

對上述第（一）至（三）部分，分別分析其與項目的適應程度、出現的問題、可行性研究中提出的措施是否發揮作用等。

四、社會穩定風險分析
（一）移民安置問題。
（二）民族矛盾、宗教問題。
（三）弱勢群體支持問題。
（四）受損補償問題。
（五）社會風險後評價結論。

對上述第（一）至（四）部分，分別分析風險的持續時間、已經出現的後果、可行性研究中提出的措施是否發揮作用等。

第四部分　項目目標和可持續性評價

第一章　項目目標評價

（一）項目的工程建設目標。
（二）總體及分系統技術目標。
（三）總體功能及分系統功能目標。
（四）投資控制目標。
（五）經濟目標。對經濟分析及財務分析主要指標、營運成本、投資效益等是否達到決策目標的評價。
（六）項目影響目標。項目實現的社會經濟影響、項目對自然資源綜合利用和生態環境的影響以及對相關利益群體的影響等是否達到決策目標。

第二章　項目可持續性評價

（一）項目的經濟效益，主要包括：項目全生命週期的經濟效益、項目的間接經濟效益。
（二）項目資源利用情況。
（1）項目建設期資源利用情況。
（2）項目營運（行）期資源利用情況，主要包括：項目營運（行）所需資源，項目營運（行）產生的廢棄物處理和利用情況，項目報廢後資源的再利用情況。
（3）項目的可改造性，主要包括：改造的經濟可能性和技術可能性。
（4）項目環境影響，主要包括：對自然環境的影響，對社會環境的影響，對生態環境的影響。
（5）項目科技進步性，主要包括：項目設計的先進性，技術的先進性。
（6）項目的可維護性。

第五部分　項目後評價結論和主要經驗教訓

一、後評價主要內容和結論
（一）過程總結與評價。根據對項目決策、實施、營運階段的回顧分析，歸納總結評價結論。
（二）效果、目標總結與評價。根據對項目經濟效益、外部影響、持續性的回顧分析，歸納總結評價結論。
（三）綜合評價。
二、主要經驗和教訓
按照決策和管理部門所關心問題的重要程度，主要從決策和前期工作評價、建設目標評價、建設實施評價、徵地拆遷評價、經濟評價、環境影響評價、社會評價、可

持續性評價等方面進行評述。
　　（一）主要經驗。
　　（二）主要教訓。

第六部分　對策建議

　　（一）宏觀建議，即對國家、行業及地方政府的建議。
　　（二）微觀建議，即對企業及項目的建議。

附表　邏輯框架表和項目成功度評價表

附表 1　　　　　　　　　後評價項目邏輯框架表

項目描述	實施效果（可客觀驗證的指標）			原因分析		項目可持續能力
	原定指標	實現指標	變化情況	內部原因	外部條件	
項目宏觀目標						
項目直接目標						
產出/建設內容						
投入/活動						

附表 2　　　　　　　　　後評價項目成功度評價表

評定項目指標	項目相關重要性	評定等級
宏觀目標和產業政策		
決策及其程序		
佈局與規模		
項目目標及市場		
設計與技術裝備水準		
資源和建設條件		
資金來源和融資		
項目進度及其控制		
項目質量及其控制		
項目投資及其控制		
項目營運		
機構和管理		
項目財務效益		
項目經濟效益和影響		
社會和環境影響		
項目可持續性		
項目總評		

註：1. 項目相關重要性分為：重要、次重要、不重要。
　　2. 評定等級分為：A——成功、B——基本成功、C——部分成功、D——不成功、E——失敗。

國家圖書館出版品預行編目（CIP）資料

項目專案投資管理學(第二版) / 張旭輝、趙萍 主編. -- 第二版.
-- 臺北市：崧博出版：崧燁文化發行, 2019.05
　　面；　公分
POD版

ISBN 978-957-735-879-0(平裝)

1.投資管理

563.5　　　　　　　　　　　　　　　　　　108007220

書　　名：項目專案投資管理學(第二版)
作　　者：張旭輝、趙萍 主編
發 行 人：黃振庭
出 版 者：崧博出版事業有限公司
發 行 者：崧燁文化事業有限公司
E - m a i l：sonbookservice@gmail.com
粉 絲 頁：　　　　　　網　址：
地　　址：台北市中正區重慶南路一段六十一號八樓 815 室
8F.-815, No.61, Sec. 1, Chongqing S. Rd., Zhongzheng Dist., Taipei City 100, Taiwan (R.O.C.)
電　　話：(02)2370-3310　傳　真：(02) 2370-3210

總 經 銷：紅螞蟻圖書有限公司
地　　址: 台北市內湖區舊宗路二段 121 巷 19 號
電　　話:02-2795-3656 傳真:02-2795-4100　　網址：

印　　刷：京峯彩色印刷有限公司（京峰數位）

　　本書版權為西南財經大學出版社所有授權崧博出版事業股份有限公司獨家發行電子書及繁體書繁體字版。若有其他相關權利及授權需求請與本公司聯繫。

定　　價：500元
發行日期：2019 年 05 月第二版

◎ 本書以 POD 印製發行